세계화시대 동아시아의
민족주의와 민주주의

Nationalism and Democracy:
East Asia in the Era of Globalization

Edited by
SUH Jin-Young & KIM In-Seong

ORUEM Publishing House
Seoul, Korea
2006

세계화시대 동아시아의
민족주의와 민주주의

서진영 · 김인성 공편

발간사

벌써 7년이 지났다. 1단계 BK21 사업이 출범한 것이 1999년이었고, 최장 7년 기한으로 시작된 사업이었기 때문에 지난 2006년 2월로 1단계 BK21 사업은 공식 종결되었고, 금년부터 2단계 BK21사업이 시작되었다. 1999년 당시 정부가 '선택과 집중'의 원칙을 내걸고, 처음으로 대규모 연구지원 사업을 착수하려고 했을 때만 해도 BK21사업이란 다소 생소한 이름의 프로젝트에 대한 의구심도 많았고, 여러 가지 논란과 오해도 제기되었다. 일부에서는 사업단이 추구하는 목표와 선발 방식 등에 대해 의문을 제기하였고, 지나치게 획일적이고 기계적인 기준으로 재단하고 평가하려고 한다는 반발도 있었다. 특히, 인문사회과학 분야의 학문적 특수성을 고려하지 않고 자연과학 분야의 평가기준을 기계적으로 적용하는 것은 문제가 있다는 의견이 제기되기도 하였다.

실제에 있어 1단계 BK21사업은 자연과학 분야의 발전에 중점을 두었고, 대부분의 연구기금도 이 분야에 집중 투입되었기 때문에 자연히 선발과정과 평가과정에서도 인문사회과학 분야의 특수성이 반영되기 보다는 자연과학 분야의 기준이 적용되는 경향이 있었다. 따라서 인문사회과학 분야의 관점에서 보면 '두뇌한국21(Brain Korea 21)'이란 명칭도 어쩐지 자연과학적 발상의 소산인 것처럼 보였고, 선발과 평가과정에서도 인문사회과학의 특수성을 백안시하는 기준이 적용되었다는 판단으로 인해 인문사회과학계 일각에서는 BK21사업에 대해 떨떠름한 반응을 보이기도 하였다.

더구나 1단계 BK21사업의 구체적 내용과 성격이 조금씩 알려지면서 일부 기성학계에서는 불만과 비판이 더욱 확산되었다. BK21사업이 기성학자들의 연구를 지원하는 것이 아니라, 학문 후속세대의 훈련과 배출에 중점을 두고 있다는 사실이 드러나면서 일부 기성학자들은 BK21사업을 추진하기 위해 여러 가지 까다로운 조건들을 충족하려고 노력할 필요가 있느냐는 불만도 제기되었다. 사실, BK21사업에 응모하고, 그것을 추진하기 위해서는 여러 가지 개혁이 요구되었다. 학부제의 실시와 대학원 중심대학으로 가기 위한 제도개혁과 더불어, 참여교수들과 신진연구인력들의 업적에 대한 엄격한 평가제도의 실시가 요구되었다. BK21사업에 참여하는 교수들은 매년 자신의 연구업적에 대한 공개와 엄격한 평가의 압력에 노출되기 때문에 상당한 압박감을 느끼지 않을 수 없었다. 따라서 참여교수들에 대한 직접적인 지원을 제공하지 않는 BK21사업에 대해 일부 참여교수들의 불만이 제기된 점은 이해할 만한 일이었다.

그러나 우리나라 고등교육 역사상 처음으로 정부가 대규모 연구자금을 조성하여 학문후속세대 육성사업에 투자할 계획을 수립하고 이를 실행에 옮긴 점은 중요한 의미를 갖는다. 당시 우리의 고등교육은 커다란 어려움을 겪고 있었다. 모든 분야가 그러했지만 특히 인문사회과학 분야의 연구여건은 매우 열악하여 그대로 방치할 경우 학문후속세대 배출을 책임지는 대학원 교육이 완전히 붕괴될 수도 있는 위기상황에 처해 있었다. 1단계 BK21사업은 바로 이와 같은 학계의 절박한 위기상황을 타개하기 위하여 시작되었다.

따라서 BK21사업에 대한 학계 일각에서의 불평과 비판에도 불구하고 위기에 직면한 인문사회과학 분야의 새로운 활로를 찾는다는 의미에서 BK21사업에 관심과 기대가 모아지기 시작하였다.

　고려대학교 정치외교학과의 동아시아교육연구단도 이러한 배경에서 출범하였다. 즉, BK21사업을 통하여 고려대학교가 한국의 동아시아연구의 중심이 될 뿐만 아니라, 세계적 차원에서도 경쟁할 수 있는 연구교육기관이 되고자 하였다. 여러 가지 어려운 여건에도 불구하고, 우리 사업단을 세계수준의 동아시아연구교육기관으로 자리매김하는 것이 실현불가능한 이상이라고 생각하지는 않았다. 왜냐하면 동아시아연구분야와 관련해서 우리가 구비하고 있는 인적 자원과 잠재력을 고려하면 최소한 한국에서 가장 앞서는 동아시아교육연구기관이 될 수 있다고 자신했기 때문이다. 따라서 우리 동아시아교육연구단은 1999년 1단계 BK21사업단으로 선정된 이후 지난 7년 동안 정부의 지원을 받으면서 세계적 수준의 동아시아연구를 진행하고, 동아시아연구분야에서 우수한 학문후속세대를 배출하기 위해 노력하였다.

　그렇다면 BK21사업의 지원으로 고려대학교 동아시아교육연구단이 세계수준의 연구기관으로 발전했는가. 물론 7년이라는 기간은 우리 사업단을 세계적 수준으로 도약시키기에는 매우 짧은 시간이었다. 그럼에도 불구하고 고려대학교 동아시아교육연구단은 상당한 학문적 성과를 축적할 수 있었고, 앞으로 동아시아연구를 견인해 갈 신진학자들과 석·박사과정의 전문연구인력을 지원하고 육성하는 일에 상당히 힘을 쏟아 왔다는 점은 강조하고자 한다.

　고려대학교 동아시아교육연구단은 다양한 프로그램을 통해 학문후속세대의 연구능력을 향상시키고자 노력하였다. 정규의 석·박사 교과과정을 통한 연구인력의 질적 향상에도 심혈을 기울였을 뿐만 아니라, 이들의 학문 활동을 자극하고 격려하기 위해 다양한 형태의 프로젝트를 추진하였다. 이를테면 저명한 해외석학들의 초청강연과 다양한 국제 세미나, 그리고 해외 연수 프로그램 등을 통해 세계적으로 저명한 전문가들이나 전문기관들과의 토론 및 교류의 기회를 가급적 많이 제공하려고 하였고, 국내 차원에서도 다양한 논문 발표 기회를 마련하였다.

　특히, 참여학생들과 신진연구인력들의 우수한 학문적 성과들은 우리

사업단이 발간하는 전문학술지인 『동아시아연구』와 단행본 출간을 통해 발표할 수 있는 기회를 제공하였다. 지난 7년 동안 『동아시아연구』 총 11권이 발행되었고, 단행본은 3권이 발간되었다. 따라서 이번에 발간하는 『세계화시대 동아시아의 민족주의와 민주주의』는 고려대학교 동아시아교육연구단이 1단계 BK21사업을 마무리하면서 출간하는 4번째이며 마지막 단행본이다.

이 책에는 총 12편의 논문들이 수록되었다. 일부 논문들은 석사 및 박사학위 논문을 바탕으로 재구성한 것이며, 일부는 과거 『동아시아연구』나 다른 학술지에 실렸던 것을 수정 보완한 것이기도 하지만, 이들 논문들은 모두 최근 우리 동아시아교육연구단의 연구 성향을 보여주는 것이란 점에서 의미가 있다. 여기에 수록된 논문들이 하나의 주제를 가지고 조직적으로 집필된 것이 아니기 때문에 언뜻 보면 주제와 형식도 제각각이고 주장하는 내용도 조금 다르지만, 21세기 동아시아에서 전개되고 있는 세기적 이슈인 민족주의와 민주주의 문제를 분석대상으로 하고 있다는 점에서 대단히 흥미롭고도 중요한 학문적 성과들이라 할 수 있다.

사실 21세기 동아시아를 지배하는 주제는 탈냉전과 세계화라는 시대적 조류 속에서 민족주의의 부활과 민주주의의 확산이라고 해도 과언이 아니다. 따라서 이 책에서도 크게 '민족주의', '민주주의', 그리고 '탈냉전의 국제정치'라는 3가지 주제와 관련된 논문들이 수록되었다. 제1부에서는 동아시아의 민족주의와 정치변화를 추적하는 논문 4편을 수록하였고, 제2부에서는 동아시아의 민주주의에 대한 논문 6편을, 그리고 제3부에서는 동아시아의 국제정치 논문 2편을 수록하였다.

우선 제1부에서는 권두 논문의 형식으로 서진영 교수와 조정남 교수의 논문이 게재되었다. 서진영 교수의 「세계화시대의 중화민족주의」는 1990년대 이후 중국사회에서 등장하고 있는 중화민족주의의 특징과 성향을 분석하는 것이었으며, 서진영 교수의 또 다른 논문, 「'성공의 역설'과 중국적 사회주의의 미래」는 개혁개방의 '성공'이 중국 정치의 위기를 만들어 낸다는 '역설'을 통해 현대 중국정치의 변화 방향을 검토하고 있다. 조

정남 교수의 「일본 '전후총결산'의 논리구도」는 현대 일본정치가 가지고
있는 갈등구조의 원천적인 뿌리를 분석함으로써 21세기 일본정치의 한계
와 성향을 추적하고 있다. 이외에도 제1부에 수록된 이상원의 「대만 민족
주의에 관한 연구」는 정당을 통한 대만 민족주의 형성과정을 분석하고,
대만이 당면한 통일과 독립의 딜레마를 설명하였다.

제2부에는 동아시아 민주주의의 여러 가지 모습과 문제점을 집중적으
로 분석하는 논문 6편이 수록되었다. 김인성 박사의 「러시아 정치제제 이해
와 '준(準)대통령제' 개념」은 신생 러시아의 정치체제에 '준대통령제(semi-
presidentialism)' 개념을 적용하는 데 따르는 이론적 문제점을 검토하고 있
으며, 이학수의 「중국 온라인 정치참여의 함의와 전망」은 국가와 사회의
상호 작용이란 관점에서 중국의 온라인 정치참여의 성격을 분석하고 있
다. 그리고 홍승현의 「말레이시아의 다종족 민주주의」는 민주주의 과정에
서 종족과 계급문제가 어떻게 작동하는가를 분석하고 있으며, 이은아 · 김
형구의 「필리핀 민주주의 공고화 과정과 그 취약성」은 필리핀의 시민사회
가 민주화이후 국가와 시민을 매개하는 역할을 제대로 수행하지 못함으로
써 필리핀 민주주의 공고화과정에서 민주주의의 취약성이 노정되고 있음
을 고찰하고 있다.

고승연의 「16대 대선에서의 무당파(無党派)층 특성 및 행태연구」는 16
대 대선 관련 유권자 의식 조사를 바탕으로 증가하고 있는 무당파층의
특성을 분석, 향후 한국의 선거와 정당정치에 미칠 영향을 검토하고 있으
며, 송종호의 「일본의 포스트 55년 체제 거버넌스 형성과 발달과정」은
1993년 이후 일본 정치의 급격한 변화 속에서 발견되는 중앙과 지방의
2중 권력체제를 분석하고 있다.

끝으로 제3부에서는 동아시아의 국제정치와 관련된 논문 2편이 수록
되어 있다. 조화성 박사의 박사학위논문을 요약한 「북한 김일성의
Operational Code와 대미협상전략」은 북한 협상전략의 핵심적 특징이라
고 할 수 있는 위기 외교와 벼랑끝 전술의 근원을 김일성의 Operational
Code를 분석하여 추적하고 있는데, 조박사의 학위논문은 2006년 한국정

치학회 최우수논문으로 선정된 바 있다. 최미진의 「게임 이론적 관점에서 본 탈냉전기 미중 관계」는 클린턴 행정부 시대인 1999년에 발생한 유고 주재 중국대사관에 대한 오폭사건과 부시 행정부 초기인 2001년 4월에 발생한 미중 정찰기 충돌사건을 게임 이론적 관점에서 분석하여 탈냉전시대 중미 관계의 성격을 규명하고 있다.

이상에서 간단히 소개한 바와 같이 이 책에 수록된 12개의 논문은 모두 탈냉전과 세계화 시대를 맞이하여 동아시아가 당면한 역사적 현상, 즉 민족주의와 민주주의의 발전과 확산과정에서 제기되는 문제점을 분석하고 있다는 점에 공통점이 있다. 이러한 논문들을 통해서 21세기 동아시아가 당면한 세기적 과제의 성격을 좀 더 폭넓게 이해할 수 있게 되기를 바라면서 이 책의 발간을 위해 시간과 정성을 들인 김인성 박사를 비롯한 여러 논문 집필자들에게 감사한다. 그리고 끝으로 이 책을 포함하여 고려대학교 동아시아교육연구단이 지난 7년 동안 단행본으로 발행한 총 4권의 논문집을 발간해 주신 <오름> 출판사 관련자들에게 감사의 말씀을 전하고자 한다.

2006년 8월
고려대학교 동아시아교육연구단장
고려대학교 정치외교학과 교수
서진영

차례

제1부　동아시아의 민족주의

제1장　세계화시대의 중화민족주의 │ 서진영

제2부 동아시아의 민주주의

제3부 동아시아의 국제정치

제1부

동아시아의 민족주의

|제1장|
세계화시대의 중화민족주의

서진영
|고려대학교 정치외교학과 교수

I. 머리말

최근 중국뿐만 아니라, 한국과 일본은 물론, 미국과 러시아, 그리고 서방국가들에서도 '민족주의적 성향'의 주장과 운동이 표출되고 있다. 개별 국가들의 국경을 넘어 전 지구적 차원에서 인적·물적 교류가 활발하게 진행되고 있는 세계화 시대에 민족주의적 성향이 확산되고 있는 현상은 분명 '이상한 일(funny thing)'이 아닐 수 없다.[1]

사실 10여 년 전까지만 해도 서방 학자들은 21세기를 세계화의 시대라고 정의하고, 세계화의 물결이 전 세계로 확산되면서 개별 국가 간의 정

---

[1] 중국의 반일 시위, 일본 총리의 신사참배, 프랑스의 유럽통합헌법 부결, 러시아 푸틴 대통령의 청년민족주의 고취, 미국의 일방주의 등 전세계적으로 민족주의 색채가 더욱 뚜렷해지는 '이상한 일'이 벌어지고 있다는 주장에 대해서는 David Ignatius, "The New Nationalism," *Washington Post* (April 20, 2005) 참조.

체성과 차별성을 강조하는 민족주의는 약화·소멸될 것이라고 예측하기
도 하였다.

그러나 그런 예측과는 달리, 세계화의 진행과 더불어 오히려 구시대의
유물로 간주되었던 민족국가에 대한 충성심과 민족에 대한 정체성 강조
현상이 부활하고 있다. 오히려 탈냉전시대가 본격화되면서 냉전시대 우
리를 지배했던 체제와 이념의 공백지대에 민족주의 정서가 등장, 그 영향
력을 확장하고 있는 양상이 전개되고 있다는 것이다. 이런 점에서 민족주
의는 더 이상 과거의 현상이 아니라 현재와 미래의 운명에 영향을 미칠
수 있는 현실의 이데올로기가 아닐 수 없다. 그렇다면 오늘의 민족주의는
어떤 특성을 가지고 있는가. 특히 개혁 개방 이후 중국 사회에서 등장한
중화민족주의는 어떤 특징을 가지고 있는가.

II. 민족주의는 무엇인가

오늘의 중국 민족주의를 설명하기 이전에 먼저 민족주의가 무엇인지
간단히 개념화할 필요가 있다. 민족주의에 대한 정의는 다양한 차원에서
시도될 수 있지만, 여기서는 간단히 민족(nation)과 민족국가(nation-state)를
충성과 정체성의 단위로 설정하는 근대적 정서 및 이데올로기라고 이해
하고자 한다. 이런 점에서 민족주의는 (민족)국가에 대한 충성을 강조하
는 국가주의와 애국주의, 그리고 종족적-문화적-역사적 공동체적 유대감
을 강조하여 민족의 정체성을 견지하려는 민족주의로 구성되어 있다고
할 수 있다.2) 그렇다면 중국의 근대 민족주의는 어떤 배경에서 등장하였
고, 어떤 특징을 가지고 있는가.

---

2) 이와 같은 민족주의에 대한 정의에 대해서는 Yongnian Zheng, *Discovering
Chinese Nationalism in China: Modernization, Identity, and International Relations*
(Cambridge University Press, 1999), pp.1-20 참조.

III. 근대 중화민족주의의 등장배경과 특징

이미 잘 알려진 바와 같이 중국과 같은 제3세계에서 근대적 의미의 민족주의가 등장한 배경에는 서구와 일본의 제국주의 침략과 중화문명의 몰락으로 조성된 민족적 위기의식이 작동하고 있었다. 1840년 아편전쟁을 계기로 노골화되기 시작한 중국에 대한 서방과 일본 등 제국주의 국가들의 중국 침략은 당시 중국을 지배하던 만주족의 청(淸) 제국의 정권적 차원의 위기를 조성했을 뿐만 아니라, 중국 문명 자체를 위협하는 문명사적 위기로 인식되었다. 왜냐하면 서구 제국주의의 침략과 공격은 단순한 청 제국에 대한 무력적 침략과 공격으로 끝나는 것이 아니라 중국 문명의 근간을 부정하는 문명사적 도전이기도 하였기 때문이다.

따라서 당시 중국의 지식인들은 제국주의 세력의 중국 침략을 계기로 무엇보다도 내외의 도전에 적극적으로 대응할 수 있는 중앙집권적인 강력한 민족 국가의 건설이 필요하다고 인식하였고, 동시에 문명사적 위기에 대응하여 중화민족의 민족적 정체성과 자존심을 보존할 수 있는 새로운 이념적 질서가 필요하다고 인식하였다. 그러나 근대화의 위기 초기에는 중국 문명과 문화의 정체성을 유지하면서도 서방의 제도와 문명을 수용, 중국 문명의 위기를 극복할 수 있다고 믿었다. 이른바 동도서기론(東道西器論), 혹은 중체서용론(中體西用論)으로 대표되는 개혁론자들은 동양적 정신문화와 서양적 물질기술문명의 결합이 가능하고, 중국의 근대화 위기는 이런 개혁적 방법으로 극복할 수 있을 것이라고 믿었다는 것이다.[3]

그러나 이런 개혁적 방법이 실패로 돌아가면서 중국사회에서는 전통적 질서를 전면적으로 부정하고, 새로운 문명사적 인식을 바탕으로 민족 국가를 건설해야 한다는 혁명파들이 등장하였다. 이들 혁명파들은 이민

---

[3] 아편전쟁이후 중국 근대사에서 전통질서 붕괴와 혁명적 위기상황의 조성, 그리고 개혁의 실패에 대한 개괄적인 설명은 필자의 『중국혁명사』(한울: 1992 / 2002), pp.26-56 참조.

족인 만주족의 지배질서의 청산을 요구했을 뿐만 아니라, 중국의 전통질
서도 부인하면서 서구의 신문명을 바탕으로 한족 중심의 민족국가인 신
중국 건설을 주장했다는 점에서 과거의 개혁파들과 달랐다. 과거의 양무
개혁파들은 점진적 개혁을 통해 전통 문명의 보존과 유지를 강조했다는
점에서 이민족 지배체제와 구질서를 전면적으로 부정하는 혁명파들과 구
별되는 것이었다.

중국에서 근대적 의미의 민족주의가 등장한 것은 바로 이런 혁명파들
의 등장과 궤를 같이 하는 것이라고 할 수 있다. 다시 말해 이들 혁명파들
은 신문화운동을 통해 표출된 것처럼, 전통적 가치와 제도를 날카롭게 비
판·부정하고 전면적 서구화를 통한 신중국의 건설을 모색했다는 것이다.
이미 잘 알려진 바와 같이 혁명파의 선두주자인 쑨원(孫文)은 민생주의와
민본주의와 더불어 민족주의를 3민주의의 주요 구성요소로 강조하기 시
작했으며, 중국 최초의 마르크스주의자라고 할 수 있는 천두슈(陳獨秀)와
같은 급진적 지식인들도 '과학과 민주주의'를 받아들여 신 중국을 건설해
야 한다고 주장하면서 민족국가로서 현대중국의 부활을 강조하였다.

이런 점에서 중국혁명은 현대적 민족국가로서 신 중국 건설을 주장하
는 혁명파들이 주도하기 시작했으며, 국민당과 공산당은 근대적 민족주
의 세력을 대표하는 혁명파의 쌍생아로 등장하여 부강한 신 중국 건설을
위한 경쟁과 협력을 모색하였다. 사실 국민당과 공산당은 여러 차원에서
같은 뿌리를 가진 민족주의 세력이라고 할 수 있다. 국민당과 공산당은
모두 한족을 중심으로 한 다민족국가 건설을 추구하면서도 1당 국가 체제
에 바탕을 둔 강력한 중앙집권적인 현대국가의 건설을 강조했다는 점에
서 국가주의적 민족주의 성향을 공통적으로 대변하고 있다고 하겠다.

그러나 국민당과 공산당은 전면적 근대화와 서구화의 부작용에 직면,
민족의 정체성을 새롭게 모색하게 되면서 서로 다른 입장의 민족주의 정
서를 대변하였다. 국민당은 근대화와 서구화의 부작용을 극복하기 위해
중국 전통의 재해석을 통해 민족적 정체성을 되찾으려고 했다는 점에서
보수주의적 민족주의 정서를 대변했다면, 공산당, 특히 마오쩌둥을 중심

으로 한 중국공산당은 마르크스주의의 중국화를 통한 중국적 사회주의의 모색을 통해 민족적 정체성을 찾으려 했다는 점에서 좌파적 민족주의 정서를 대변했다고 할 수 있다.

IV. 개혁 개방과 현대 중화민족주의의 특징

이처럼 근대 중국의 민족주의는 서구와 일본의 제국주의 침략으로 조성된 국가적-문명사적 위기의식에서 출발하여 내외의 도전에 적극적으로 대응할 수 있는 강력한 국가의 건설을 강조하는 국가주의적 성향과 동시에 전통의 재해석이나 또는 마르크스주의의 중국화를 통한 민족적 정체성의 회복을 추구하는 특징을 보여준다고 할 수 있다. 그렇다면 이런 중국의 근대민족주의와 1990년대에 등장하기 시작한 중국의 현대 민족주의는 어떤 공통점이 있으며, 어떤 점에서 차별성을 가지는가.

현대중국에서 민족주의적 정서가 공개적으로, 그리고 본격적으로 표출되기 시작한 것은 1990년대 초라고 할 수 있다. 1989년 천안문사태 이전에도 민족주의적인 정서가 간헐적으로 표출된 사건들이 없었던 것은 아니지만, 1989년 천안문사태와, 1991년 소련 및 동구 사회주의의 몰락 등으로 중국적 사회주의가 안팎에서 심각한 신심의 위기에 봉착한 상황에서 중화민족주의적 성향의 주장들이 공개적으로, 그리고 대중적으로 등장·확산하기 시작했다는 것이다. 특히, 젊은 지식인들을 중심으로 중국의 특수성을 강조하면서 중국 국내 문제에 대한 외세의 간섭을 경계하고, 중국의 정체성을 견지해야 한다는 이른바 신보수주의와 신좌파의 주장이 급속히, 그리고 광범위하게 확산되기 시작하였다. 특히, 1990년대 이후 중국 지식인 사회에서는 중국의 특수성을 규명하려는 다양한 작업들이 진행되었는데, 이런 작업 중에서 전통의 재발견을 통해 중국 민족의 정체성을 찾으려는 노력이 중국 사회의 국학열(國學熱)과 문화열(文化熱) 현상으로 나타나기도 하였다.[4]

이처럼 일부 신보수주의 성향의 학자들은 전통의 재발견을 통해 중국의 민족적 정체성을 찾으려고 하였고, 또 다른 한편에서는 신좌파 지식인들을 중심으로 마오쩌둥 사상을 재해석하여 근대화·현대화의 문제점을 극복하고, 새로운 문명의 전환기에 중국이 살아 나갈 길을 찾으려고 하였다. 그러나 1990년대 중국 민족의 정체성을 모색하는 중화민족주의 정서를 가장 직접적으로 촉발시킨 것은 역시 미국과 일본에 대한 재평가를 통한 것이었다. 이미 잘 알려진 바와 같이 1990년대에 중국은 미국과 일본 등 서방세계와의 협력을 바탕으로 고도경제성장을 추진하면서도, 동시에 중국을 견제하려는 미국이나 일본 등 외세에 대한 반감도 표출되기 시작하였다.

특히, 중국의 젊은 세대들은 미국 문화와 가치를 동경하면서도, 또 한편으로는 중국의 개혁파 정권이 지나치게 미국과의 협력을 강조하고 미국에 대해 순종적인 태도를 견지하는 것에 대해 불만이 가지고 있었다. 따라서 이들 젊은 지식인들을 중심으로 미국에 대해 '노라고 말할 수 있는 중국(中國可以說不)'이 되어야 한다고 주장하는 중화민족주의 정서가 급속도로 확산되었다.

그리스(Gries)에 의하면, 1990년대의 중화민족주의는 3차례의 파동을 거치면서 중국 사회 저변으로 확산되었다고 한다. 즉, 1996년의 댜오위다오(釣魚島; 일본 명 센카쿠 尖閣) 열도 분쟁으로 촉발된 반일정서, 그리고 1996~1997년, 미국에 대해 '노라고 말할 수 있는 중국'이란 책 출판을 계기로 촉발된 미국에 대한 비판적 정서 확산, 그리고 1999년 유고 벨그라드 중국대사관에 대한 미군의 오폭사건으로 촉발된 대규모 반미시위 등을 거치면서 중화민족주의는 중국 사회 전체로 확산되었다는 것이다.5)

---

4) 90년대의 국학열에 대해서는 "五四" 時期的 "反傳統"與九十年代的 "國學熱" <光明日報> (2000年 12月 14日) 참조.
5) 1990년대의 중화민족주의의 3차례 파동에 대해서는 Peter Hays Gries, *China's New Nationalism: Pride, Politics, and Diplomacy* (University of Califonial Press, 2004), pp.116-134 참조.

이처럼 1990년대 이후 중국사회 전면에 확산된 중화민족주의의 특징이 무엇이고, 그것과 근대 민족주의를 비교하면 어떤 점에서 유사점이 있으며 어떤 점에서 차별성이 있는가. 그리고 무엇보다도 왜 1990년대에 중화민족주의 정서가 광범위하게 확산되었는가. 우선 1990년대의 중화민족주의 정서도 과거와 같은 정체성 위기와 전면적 서구화에 대한 반감에서 촉발되었다는 점에서 공통점이 있다고 할 수 있다. 근대 민족주의가 앞에서 지적한 바와 같이 전통질서의 위기에 대응하고 근대화를 추진하는 과정에서 '근대화 = 서구화'에 실망하고 민족적 정체성을 찾으려고 전통의 재발견을 강조하거나, 마르크스주의의 중국화와 중국적 사회주의를 모색하려고 한 것이었다면, 현대적 민족주의도 사회주의 위기와 신심의 위기, 그리고 개혁 개방과정에서 '근대화 = 서구화'에 대한 부작용과 반감이 표출된 것이란 점에서 공통점을 가지고 있다는 것이다. 특히, 1990년대 중화민족주의는 1980년 중국의 개혁 개방 논리인 전면적 서구화와 현대화에 대한 반발, 그리고 덩샤오핑 정권이 추진한 1980년대 분권화를 통한 개혁 개방전략의 부작용에 대한 반응이었다는 점이 강조된다.

잘 알려진 바와 같이 1980년대 덩샤오핑 정권의 개혁은 국가 중심의 위로부터의 개혁이 아니라 각 지방과 개별 집단들이 중심이 되어 밑으로부터의 자발적인 개혁 개방을 추진하는 것이었다. 따라서 개혁 개방의 구체적 실천 내용에 대한 결정권은 개인이나 지방, 하부 기관 등으로 분권화되었으며, 그 결과 개혁 개방이 진행되면서 중앙정부의 권한은 축소되거나 약화되고 개인과 개별 집단, 그리고 지방정부의 권한이 증대되는 현상이 나타났다는 것이다.

이처럼 1980년대의 개혁정책은 전략적인 차원에서는 밑으로부터 개혁을 추진하는 분권화 전략의 형태로 추진되면서 개혁의 부작용으로 중앙정부의 약화 현상이 나타났으며, 또한 중국 전통에 대한 비판의 연장선에서 정체성 위기에 직면하게 되었다. 1980년대 후반의 '구적(球籍)논쟁'이나 '하상(河殤)논쟁'에서 알 수 있는 바와 같이 당시 급진적 개혁파들은 중국의 전통문명과 전통사회에 대한 통절한 자기부정과 비판을 전제로

'현대화 = 서구화'의 논리를 강조하였으며, 이런 전통의 부정과 서구적 가치의 전면 수용의 개혁정책은 중국 민족의 정체성 위기를 심화시키는 결과를 초래했다는 것이다.[6]

V. 중화민족주의의 3가지 얼굴

앞에서 지적한 바와 같이 1990년대의 중화민족주의는 1980년대 개혁 개방정책의 부산물로 나타난 중앙 정부의 통제력 약화와 정체성 위기에 대한 대응이란 차원에서 제국주의적 서방세계의 중국 침략으로 조성된 국가와 민족의 정통성 위기에 대응하면서 등장한 근대 중화민족주의와 유사점이 있다고 할 수 있다. 그러나 1990년대의 현대 중화민족주의는 중국경제의 비약적인 발전과 더불어 점차로 중국 민족의 자신감이 회복되면서 국제사회에서 중국 자신의 목소리를 내고, 또 그에 걸맞는 대우도 받으려고 한다는 점에서 굴욕적이고 치욕적 역사에 대한 분노와 피해의식을 강조했던 근대적 민족주의와 구별된다고 할 수 있다.

이런 점에서 현대 중화민족주의는 중국 입장과 주장을 무시하거나 경

---

6) '구적(球籍) 논쟁'이나 '하상(河殤) 논쟁'은 모두 1980년 후반 전면적 개혁 개방을 추진한 급진적 개혁파들이 주도한 논쟁이었다. '구적 논쟁'은 1988년 초부터 1989년 6월 천안문사건 직전까지 상하이의 유명한 주간지, [世界經濟導報]를 중심으로 전개된 개혁파의 논쟁이었는데, 그것은 세계 각국에 비교하여 중국의 후진성을 강조하면서 이런 후진적 상황을 극복하기 위해 보다 더 과감한 개혁과 개방을 추진하지 않으면, 중국은 마침내 지구의 본적(球籍)에서 탈락되고 말 것이란 논리로 중국의 전면적 개혁과 개방을 요구하는 것이었다. '球籍 논쟁'에 대해서는 陸一, 主編『世界經濟導報特選書系 – 球籍: 一個世紀性的選擇』(上海: 百家出版社, 1989)참조; 그리고 '하상 논쟁'이란 중화문명의 쇠퇴와 재건을 호소한 1986년 TV 다큐인데, 중화문명의 상징인 황하강의 엘러지(挽歌)로 혼탁한 황하강의 낙후성과 폐쇄성을 타파하고, 대양의 개방성과 진보성을 고취하려는 역시 급진 개혁파들의 개혁 논리를 반영한 것이었다.

현대 중화민족주의의 3가지 얼굴

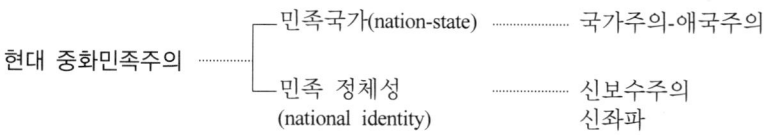

시하는 국내외 세력에 대한 항의와 분노(resentment)도 표출하고 있지만, 동시에 중국의 비약적 발전에 대한 자긍심(pride)도 은연중 반영하고 있다는 점에서 양면성을 가지고 있다. 이런 복합적인 성격의 중화민족주의는 아래와 같이 3가지 얼굴을 가지고 있다고 하겠다.

앞에서 우리는 현대 민족주의를 한편에서는 민족국가(nation-state)를 충성의 단위로 삼고, 국가의 역할과 기능을 강조하고 국가를 사랑하고 국가에 충성할 것을 요구하는 정서와, 또 한편에서는 민족(nation)을 자기 정체성(self-identity)의 단위로 삼는 정서로 구성되어 있다고 하였다. 그렇다면 1990년대 이후 중화민족주의에는 민족국가에 대한 충성을 강조하는 국가주의와 애국주의적 민족주의, 그리고 중국 사회의 정체성 위기에 대응하여 전통적 가치를 강조하는 신보수주의와 마오쩌둥 사상을 재강조하는 신좌파로 구별되는 중화민족주의의 3가지 얼굴이 있다고 할 수 있다.

1. 중화민족주의와 국가주의, 애국주의

이미 지적한 바와 같이 1980년대 개혁 개방은 기본적으로 분권화에 의한 밑으로부터의 개혁 개방 정책을 추구하는 것이었다. 농민 개개인들의 경제적 자율성을 최대한 보장하는 농업생산책임제도 그렇고, 기업의 독립채산제를 확대 실시하는 것도 개별적 기업에게 상당한 자율권을 제공하는 것이며, 선전(深圳) 등 경제 특구를 통해 기존의 정책과 제도의 틀에서 벗어나 외자 기업을 중심으로 적극적으로 새로운 자본주의적 경제활동이 발전할 수 있도록 허용하고, 동시에 선부론(先富論)을 강조하면서 어

느 집단과 어느 지역이든 먼저 발전할 수 있으면 먼저 발전하고 부유해
질 수 있어야 한다는 개혁 개방정책을 추진한 것도 분권화 개혁전략을
반영한 것이었다.

이와 같은 분권화 개혁 개방전략으로 중국 경제는 놀라운 속도로 발전
하기 시작하였다. 개별적 농민들과 농가를 중심으로 자유로운 경제활동
이 활성화되면서 농촌경제가 발전하기 시작했고, 도시지역에서도 개인과
개별 기업들을 중심으로 자본주의적 시장경제가 빠른 속도로 확산되기
시작했으며, 선전과 같은 개방 지역에서는 외자기업을 중심으로 한 수출
입 경제가 활발하게 발전하기 시작하였다. 이처럼 개별 기업들과 지방 단
위들의 경제적 자율권이 대폭 확대되면서 시장 경제는 활성화되었지만,
동시에 개별 지역이나 단위의 이익만을 앞세우는 이른바 제후경제(諸侯經
濟)의 부작용도 나타나기 시작하였다. 특히, 시장경제가 본격적으로 확산
되고 기존의 계획경제체제가 약화되면서 중앙정부의 역할과 기능은 현저
하게 위축되었다.

이런 현상, 중앙정부가 약화되고 지방과 하위 단위의 영향력이 과도하
게 증대되는 현상은 대단히 우려할 만한 것이었음에 틀림없다. 따라서
1990년대에 중국 정부는 사회주의 시장경제를 강조하면서도 중앙정부의
거시경제관리 기능을 보완 강화하려고 하였고, 외자 기업에게 자율권을
대폭 허용한 선전 특구의 경제발전 전략과는 달리 상하이 포동지구 개발
전략에서는 정부가 적극적인 역할을 수행하였으며, 세제개혁을 통해 중
앙정부의 재정권을 강화하기도 하였다. 이처럼 1990년대 이후 현재까지
중국 정부는 다각적으로 중앙정부의 기능과 역할을 강조하였고, 애국주
의 교육을 통해 국가(중앙정부)에 대한 충성심을 고취하고 경제발전과 정
치안정, 그리고 마침내 통일 민족국가의 건설이란 숙원 사업을 성취할 수
있다고 주장하고 있다.

이처럼 현대 중화민족주의는 국내 정치적 측면에서는 국가에 대한 충
성심을 강조하고, 중앙정부의 역할과 기능을 강화하려는 국가주의의 경
향을 보이고 있으며, 국제정치적 측면에서는 국가주권에 대해 민감하게

반응하고 있다. 그것은 두말할 것도 없이 제국주의 침략으로 국가주권이 심각하게 위협받았거나 훼손되었던 역사적 경험을 반영한 것이라고 할 수 있는데, 이런 점에서 중국과 제3세계의 민족주의는 인민주권을 강조하는 서방의 민족주의와 달리, 국가의 역할과 기능을 강조하고, 국제사회에서 국가주권의 독자성을 더 강조하는 특징을 보이고 있다.

2. 정체성 위기에 대한 반응 I: 신보수주의와 전통의 재해석

앞에서도 지적한 바와 같이 중국과 개발 도상국가들은 근대화·현대화의 초기단계에 전통을 부정하고 전면적인 서구화를 강조하는 경향이 있다. 20세기 초 신문화운동과 5·4운동과정에서 급진적 개혁파들은 철저한 전통 파괴와 전면적 '서구화 = 근대화'를 강조했고, 마찬가지로 1980년대의 개혁 개방도 구적(球籍)논쟁이나 하상(河殤)논쟁에서 알 수 있는 바와 같이 '전통 = 후진성'의 논리가 관철되면서 전통과 중국적인 것에 대한 부정과 서구적 가치의 전면적 수용을 강조하였다. 바로 이런 급진적 개혁파들의 논리에 대한 반발과 불만이 1990년대의 신보수주의와 신좌파라는 중화민족주의로 표출되었다.

여기서 신보수주의와 신좌파는 모두 1980년대의 급진 개혁파들이 추구하는 서구의 자유주의적 가치에 대한 비판에서 출발하고 있으며, 동시에 1990년대 소련과 동구 사회주의의 몰락에도 불구하고 중국에서는 개혁과 개방이 성공한 것에 대한 자부심도 반영하고 있다는 점에서 공통점이 있다고 하겠다. 특히, 신보수주의 이론가들은 중국 문명의 가치를 재발견하고, 중국의 전통적 문화와 문명의 위대성을 강조하면서 세계와 역사에서 중국과 중국인의 역할과 기능을 올바로 평가받아야 한다고 주장하고 있다. 따라서 이들은 그동안 무시되고 천대받았던 유교를 비롯한 중국의 전통적 가치를 복원하고, 중국 역사를 재정리하면서 중화민족의 영광을 강조함으로써 중국과 중국인의 정체성을 수립하려고 하였다.

이와 같이 한편으로는 중국의 전통 문화와 가치, 그리고 중국의 과거

영광의 재현을 강조하면서 동시에 이들 신보수주의자들은 세계무대에서 중국이 제대로 대우를 받아야 하고, 중국도 나름대로 자신의 목소리를 내어야 한다고 주장하고 있다. 따라서 중국은 현대화와 경제발전을 위해 미국과 일본, 그리고 서방세계와 협력을 계속해야 하지만, 그러나 미국에 대해서도 아니요 라고 말할 수 있어야하며, 미국이나 일본, 서방 국가들이 중국 주권이나 중국의 핵심적 이익을 훼손하려고 하면, 그런 외부세계의 내정간섭에 대해서 단호하게 대처해야 한다고 주장한다. 또한 대외정책에서도 실력을 감추고 기회를 기다리는 도광양회(韜光養晦)와 같은 소극적인 자세에서 벗어나 중국도 자신의 책임과 역할을 하는 적극적 외교를 추진해야 한다고 주장하고 있다.[7]

이처럼 중국이 고도성장의 경제발전을 바탕으로 자신감을 회복하고, 국제사회에서도 적극적으로 자기의 주장과 이익을 관철하려고 하면서 서방 일부 세력들은 중국 위협론을 제기하면서 중국을 견제하려고 하였다. 특히, 서방의 지식인 사회에서는 이른바 민주평화론에 입각하여, 중국의 팽창주의적이고 공격적인 대외정책을 경계하였다. 이에 대해 중국의 신보수주의 논자들은 중국 문명에 대한 자부심과 더불어 중국 문명과 중국 민족의 성격이 평화 지향적이라는 점을 들어 중국 위협론을 반박하고 있다. 이들에 의하면 대외 팽창과 공격적인 것은 서방문화이고 서방의 제국주의 국가들이고, 중국 문화와 중국 국가는 오히려 평화와 협력, 상호 조화를 지향하고 있다고 강변하고 있다. 이들에 의하면 서구문명의 종교적 바탕은 유일신을 주장하는 기독교 문명이며, 그것은 종교 자체가 유일신만 인정하고 다른 신의 존재를 거부하는 배타적 종교이며 문명이고, 또한 경쟁과 분쟁을 촉발하는 문명과 문화라는 특징을 가지고 있다고 주장한다. 그러나 동양의 유교나 불교, 도가 등 전통적 가치는 경쟁과 갈등보다

---

7) 이와 같이 소극적인 도광양회(韜光養晦)의 대외정책에서 중국의 등장, 중국의 평화적 궐기(和平崛起)를 강조하면서 국제사회에서 책임있는 강대국으로서의 역할을 모색하려는 중국의 대외정책 변화에 대해서는 필자의 『21세기 중국외교정책』(폴리테이아, 2006), pp.342-352 참고.

는 평화와 협력, 상호 조화를 지향하는 것이기 때문에 세계평화에 위협적인 것은 서방세계이지 중국과 동양세계는 그렇지 않다는 것이다. 이처럼 신보수주의는 서구적 가치와 문화를 비판하고, 중국의 전통가치를 강조함으로써 중국의 정체성 위기를 극복하려고 하였다.

3. 정체성 위기에 대한 반응 II: 신좌파와 마오쩌둥 사상의 재해석

1980년대의 급진적 개혁 개방파들이 비판과 극복의 대상으로 지목한 것은 중국의 전통가치와 더불어 전통적 마르크스주의와 마오쩌둥 사상도 포함되었다. 경직된 계획경제체제와 평등주의적 분배정책, 그리고 자력갱생을 고집하는 폐쇄적 대외 경제정책 등으로 중국경제가 장기간 침체와 정체에서 벗어나지 못했다는 것이다. 따라서 이들은 과감한 시장경제의 도입, 차등분배와 불균등발전 전략, 그리고 세계적 경제 분업체제에 적극적으로 참여하는 신자유주의적 개혁 개방정책만이 중국경제를 활성화시킬 수 있는 방안이라고 주장하였다. 바로 이와 같은 개혁 개방정책에로의 역사적 노선전환으로 중국은 1980년대 이후 세계가 놀랄 만큼 압축적 고도성장의 업적을 성취했지만, 동시에 황금만능주의와 부정부패의 만연, 계층 간 지역 간 극심한 불평등과 같은 자본주의적 시장경제의 부작용에 노출되고, 정체성의 위기에 직면하게 되었다.

신좌파는 신보수주의와 마찬가지로 1980년대의 신자유주의적 개혁 개방정책의 부작용과 그것이 초래한 정체성 위기에 대해 대응하려는 하였으며, 그런 과정에서 중국 특색의 현대화와 경제발전의 길, 이른바 제3의 길을 모색하려는 노력의 일단이었다. 신보수주의가 중국의 전통가치의 재발견을 통해 정체성 위기를 극복하려고 한 것이었다면, 신좌파는 마오쩌둥 사상의 재발견을 통해 중국의 정체성 위기를 극복하려는 것이라고 할 수 있다.

그런데 신좌파는 서구의 자유주의도 반대하지만, 기존의 마르크스-레닌주의의 당국가와 계획경제체제에 대해서도 비판적이다. 특히, 당 관료

지배를 초래한 전통적 마르크스-레닌주의적 당 국가체제, 대규모 국유기업 중심의 전통적 마르크스-레닌주의적 경제관리 체제, 그리고 도시 중공업 중심의 스탈린주의적 경제발전 전략에 대해서 신좌파는 신자유주의에 대한 비판에 못지않게 신랄하게 비판하고 있다. 그러나 신좌파의 공격 초점은 무엇보다도 '현대화＝서구화'의 연결고리에서 벗어나 중국 특색의 현대화와 경제발전의 길을 찾아야 하고, 그래야만 중국의 경제발전과 현대화도 달성하고, 민족적 정체성도 찾을 수 있으며, 세계 문명도 구원할 수 있다는 데 있다. 그렇다면 신좌파는 어떻게 중국 특색의 제3의 길을 찾을 수 있다고 주장하는가.

물론 신좌파가 하나의 통일된 이론적·틀을 가지고 있다기보다는 느슨한 형태의 이론적인 경향성으로 나타나고 있기 때문에 한마디로 신좌파의 주장을 요약하기는 어렵다. 그러나 신좌파는 대체적으로 자유주의적 언술, 시장경제의 논리, 그리고 정통(서구)사회과학의 합리주의를 비판하면서 자유주의와 고전적 마르크스-레닌주의가 해결하는 데 실패한 문제, 즉 정치적 억압과 시장의 독과점, 분배의 불평등, 그리고 경제주의와 물질만능의 병폐를 극복하기 위해서는 첫째, '민주주의로 돌아가자.' 둘째, '정치 주도로 돌아가자.' 셋째, '인문주의적 격정으로 돌아가자'고 주장한다.8) 다시 말해 신좌파는 자유민주주의가 해결할 수 없는 인민민주주의의 문제, 시장 주도적 사회경제체제가 해결할 수 없는 분배적 정의의 문제, 경제의 세계화시대에 해결할 수 없는 정서적 기쁨과 시적 상상력의 문제 등을 위의 3가지를 통해서 해결할 수 있다는 것이다.

이처럼 신좌파들은 신자유주의를 비판하면서도 고전적 마르크스-레닌주의와 차별화된 중국 특색의 사회주의를 주장하고 있는데, 이들의 논거는 마오쩌둥 사상과 마오쩌둥의 공동부유 사회주의 사회에 대한 이상과 열정을 재해석하는 것으로부터 영감을 얻고 있다. 다시 말해 신좌파들은

---

8) 신좌파에 대해서는 필자의 홈페이지 게시판에 올린 '왕후이와 신좌파'에 대한 질의응답에서 간략히 소개하였다.

마오쩌둥 시대의 대중 참여 인민민주의론, 공동부유의 이상을 집단적으로 추구하는 마오쩌둥 시대의 집단 경제 이론, 그리고 정부의 개입 필요성을 강조하면서 계획의 합리성을 견지하려는 마오쩌둥 시대의 경제관리 논리 등을 21세기 중국에 적용 실천해야만 현대 중국이 당면한 정치적 독재의 위험과 경제주의와 부정부패, 그리고 불평등의 심화 문제에 함몰되지 않고 참다운 현대화와 경제발전, 그리고 민주주의의 시대를 열어갈 수 있다는 것이다.

VI. 민족주의는 21세기의 요괴(妖怪)인가

이미 앞에서도 지적한 바와 같이 세계화 시대에 국가 간의 국경을 넘어 인적 물적 교류가 활발히 확산되고 있는데, 또 한편에서는 민족의 역사와 전통을 자랑하고, 민족 이익을 강조하는 민족주의적 목소리가 높아가고 있다. 따라서 한편으로 지역적, 세계적 차원에서의 교류와 협력이 증대되고 있지만, 동시에 민족 간 차이와 갈등이 현재화되고 증폭되는 위험한 현상도 증가하고 있다는 것이다.

이를테면 중국의 고대 역사와 문명을 재해석하려는 중화민족주의의 작업은 21세기에 중국의 정체성을 재확립하는 데 필요한 작업이라고 할 수 있지만, 그런 중국의 전통과 역사의 재해석 작업이 지나치게 중국 중심으로 전개되어 다른 나라의 역사와 전통을 훼손하거나 부정하게 되는 경우, 과거 역사의 해석이 현재의 국제적 갈등 요인이 되는 현상도 발생하고 있다. 중국의 동북공정(東北工程)이 바로 그런 사례라고 할 수 있다. 중국을 중심으로 고대 역사를 해석하려고 하는 과정에서 동북지방에 근거를 두었던 고구려를 중국의 변방 지방정권으로 해석함으로써 고구려를 자국의 주요 역사적 뿌리로 여기고 있는 남북한의 한반도 역사관과 정면으로 충돌하게 되었다는 것이다.

또한 1999년 유고 벨그라드 중국대사관에 대한 미군의 오폭 사건, 그리고 2001년 해남도 부근에서 발생한 미국 정찰기와의 충돌 사건 등으로 촉발된 반미 시위에서, 그리고 일본 고이즈미 총리의 신사참배 강행과 과거 역사문제에 대한 일본 정부의 미온적 태도, 그리고 댜오위다오(釣魚島; 일본 명 센카쿠 尖閣) 열도 분쟁 등으로 분출되고 있는 대중적인 반일 시위에서 그동안 잠복되었던 외국인에 대한 중국인들의 감정이 여과 없이 표출되기도 하였다. 특히, 미국과 일본에 대해서는 합리적·이성적 차원에서는 중국의 발전을 위해서 지속적으로 협력관계를 유지해야 한다고 주장하면서도 감정적인 차원에서는 미국과 일본의 '패권주의'와 '군국주의'에 대해 격렬하게 비판하면서 이들의 사악한 성격을 과장하기도 하였다.

물론 이와 같이 다분히 감정적이고 배타적인 중화민족주의에 대해서 중국 내부에서도 비판이 제기되고 있다. 이를테면 일부 축구 경기 중 표출되는 한국 팀에 대한 중국 관중들의 야유와 폄훼, 반일 운동의 일환으로 일본인들과 일본 국가를 요괴처럼 묘사하는 저열한 중화주의, 그리고 미국과 서방세계에 대한 무분별한 비난과 왜곡 행위 등과 같은 저급한 중화민족주의 정서의 표출에 대해서는 중국 내부에서도 비판이 제기되고 있다. 이를테면, 황칭(黃晴)과 같은 일부 논객들은 '민족주의는 마땅히 한도가 있어야 한다(民族主義應有個限度)'고 주장하면서 세계화 시대의 민족주의는 '온화하고 이성적이며 개방적인 것'으로 발전하도록 해야 한다고 강조하였다. 왕이웨이(王義桅)도 성숙한 민족주의는 '국가성, 현대성, 세계성'의 3가지 속성을 가지고 있다면서 중화민족주의가 중국의 국가적 정체성을 견지하면서도 현대화와 세계화의 시대적 요구에 부응해야 한다고 주장하였다.9)

그러나 린즈보(林治波)와 같은 논객들은 중화민족주의의 문제점, 특히, 저열하고 감성적인 민족주의를 경계하고, 세계화시대에 역행하는 언술이

---

9) 황칭과 왕이웨이의 주장에 대해서는 黃晴, "民族主义应有个限度(讨论)" <环球时报> (2005年 1月 24日); 王义桅, "用爱国主义超越民族主义(讨论)" <环球时报> (2005年 1月 31日) 참조.

나 행동을 삼가야 한다고 지적하면서도 민족주의에 대한 지나친 비판도 경계하였다. 린즈보는 중국사회에서 민족주의에 대한 비판이 충만하다면 서, 일부에서는 '민족주의를 맹수나 요괴, 마귀처럼 묘사하고 있지만, 나 는 결코 동의하지 않는다'고 단언하면서 민족주의는 "일종의 적극적이고 진취적인 사상의식과 정신역량"이라고 주장하였다. 따라서 린즈보는 이 를 통해 "민족의 자존심과 민족의 자신감, 민족의식과 국가의식, 민족역 량을 강화하고 동원해 응집시킬 수 있다"면서 민족주의의 긍정적 역할을 강조하였다. 특히, 약소국의 민족주의는 강대국의 민족주의와는 달리 기 본적으로 방어적·저항적인 것이기에 정당성을 지닌다고 주장하면서 중 국의 민족주의도 서방 제국주의 국가들의 민족주의와는 달리 방어적·저 항적이고, 따라서 정당하다고 주장하였다. 그러나 린즈보도 '극단적 민족 주의가 아닌 온화한 민족주의, 광신적 민족주의가 아닌 이성적 민족주의, 협소한 민족주의가 아닌 개방적 민족주의'를 추구해야 한다고 강조하였 다.10)

결국 중화민족주의는 급진적인 서구화와 현대화, 세계화의 부작용에 대한 반발로 등장한 것으로 한편으로는 분권화 개혁 전략으로 초래된 국 가의 약화에 대처하기 위해 중앙정부(국가)의 기능과 역할을 강화하여 민 족국가의 통합성을 유지하려는 국가주의와 애국주의, 그리고 또 한편으 로는 중국의 전통문명과 마오쩌둥 사상의 재해석을 통해 민족적 정체성 을 견지하고, 중국 특색의 현대화와 경제발전을 모색하려는 신보수주의 와 신좌파로 표출되고 있으며, 탈냉전시대 이념적 공백을 경험하고 있는 중국 사회에서 중화민족주의는 급속도로 확산되고 있다고 할 수 있다. 따 라서 실용주의적인 중국의 지도부는 때로는 중화민족주의의 경향에 호응 하거나 활용하려고 하기도 하고, 때로는 견제하면서 협력과 긴장관계를 유지하고 있다고 할 수 있다. 이런 점에서 현대중국의 이념적 지형에는

---

10) 린즈보의 주장에 대해서는 林治波, "不要妖魔化民族主义(热点热评)" <环球 时报> (2005年 1月 19日) 참조.

과거에는 전통적인 마르크스-레닌주의, 마오쩌둥의 연안공산주의, 그리고 신민주주의 혁명론 등이 공존해 있었다면, 오늘날에는 급진적 개혁 개방정책의 배경논리를 제공하고 있는 신자유주의와 세계화론, 그리고 신보수주의와 신좌파가 상호 대립 갈등하고 있는 가운데, 중국 지도부는 국가주의와 애국주의를 강조하면서 안정속의 발전이란 실용적 목표를 추진하고 있다고 할 수 있다.

|제2장|
일본 '전후총결산'의 논리구도*

조정남

|고려대학교 정치외교학과 교수

I. 서론

현금의 일본정치는 전후 일본이 견지해 온 '전후'적 상황의 탈피 즉 '전후총결산'을 통한 새로운 체제건설에 정책목표를 두고 있다. 일본은 그동안 태평양전쟁의 패배와 더불어 시작된 연합군사령부에 의한 점령기를 거쳤고, 그러한 점령기간 동안에 마련된 체제의 틀과 그러한 틀을 유지하기 위해 주어진 기본방침에 따른 타율적 체제를 유지시켜 오면서 '55년체제'라는 독특한 보혁구도 속에서 주권 없는 경제대국을 건설하는 특이한 '반국가(半國家)'1)의 상태를 유지시켜 왔다. 그러한 긴 전후를 지나 탈냉전의 새로운 시대상황을 배경으로 그동안의 일본정치를 내용지어 왔던

---

* 이 논문은 『민족연구』 제25호 (2006)에 게재되었음.
1) 伊部英男, 『半國家-日本』(ミネルブァ書房, 1993) 참조.

'전후'를 청산하고 명실상부한 건강성을 회복 하려는, 즉 그동안의 '편폐국가(片肺國家)'의 모습을 버리고 진정한 '보통국가'의 모습을 되찾으려는 '전후총결산'은 당대의 가장 중심적인 정치적 목표로 떠올라 있다.

일본이 1945년 8월 15일 패전 후 1951년 9월 8일의 '대일평화조약(Treaty of Peace with Japan)'과 '일미안전보장조약(Treaty of Mutual Cooperation and Security between Japan and the United States of America)'(1952년 4월 28일 발효)에 의해 독립국으로 국제사회에 복귀하기까지의 약 7년간은 연합군사령부(GHQ)에 의한 점령기간으로 이 기간 안에 만들어진 전후 일본의 골격[2]은 기본적인 뼈대로 군건한 모양을 유지하며 기본적인 틀을 주형 시키면서 이른바 피동체제(被動體制)로서의 일본의 체제구축이 이뤄졌다. 그리고 이런 피동적인 뼈대에 바탕을 두고 형성된 자민당 우월적인 보혁체제(保革體制), '55년체제'가 전후정치의 실질적인 내용으로 자리 잡아 특유의 일당 중심적 다당체제, 파벌간의 정권교체, 비군사화와 전수방위(專守防衛)를 원칙으로 한 경제중심 체제를 이어오면서 전후 일본정치의 실질적인 내용을 형성해 왔다.

그러나 이 같은 일본의 '전후'는 탈냉전이라는 새로운 국제환경의 대두와 이에 따른 일본 국내환경의 변화를 배경으로 하여 서서히 '탈 전후'의 기운이 점점 그 열기를 더해가면서 정치 사회 전 영역에서의 총제적인 '전후총결산'이 가장 핵심적인 당면 정책목표로 강력하게 대두되게 된다. 전후총결산의 설계자인 나카소네(中曾根)는 1986년 국회시정연설에서 "'전후정치의 총결산'은 전후 40년간의 성과를 적극적으로 평가, 동시에 지금까지의 기본적인 제도나 구조에 대해서, 새로운 입장에서 고쳐 그 뒤틀림과 결함을 시정하여 21세기를 준비하려 하는 것"으로 정의하고, 이를 위한 제반 개혁과제들을 다양한 영역에서의 거론하면서 이들 과제들의 효과적인 달성을 통하여 일본의 비정상적인 과거를 극복하고 정상적

---

2) 맥아더의 '일본 민주화지령(1945년 9월 11일),' '일본국헌법(1946년 11월 3일 공포).'

인 일본의 건설을 강조하고 있다.[3]

이 글에서는 전후 일본정치의 새로운 과제로 떠오른 전후총결산 노선의 기본적인 구도를 살핌으로써 일본정치의 오늘의 참 모습을 이해함은 물론 이들이 현실적으로 강구하고 있는 과거 청산과 미래건설에 대한 이중적인 논리구조를 파악하고 이들 명분적 논리와 실제적 논리 사이의 괴리를 확인함으로 현대 일본정치가 가지고 있는 갈등구조의 원천적인 뿌리를 파악하려 한다.

II. 전후총결산의 배경

전후 지속적으로 유지되어 오던 일본의 '전후체제'가 방향을 수정하여 '전후'를 청산하는 방향으로 그 궤도를 수정하게 된 배경은 다양하다. 일본 국내정치가 그동안의 전후체제의 경영을 통하여 만들어 낸 편향적인 발전이 가지는 문제점이 오히려 이 전후체제를 정면으로부터 벗어나려고 시도하는 역풍으로 작용한 면도 무시할 수 없을 것이며, 이와는 달리 국제적 상황에서 형성된 탈냉전의 새로운 국제질서가 일본의 전후체제를 더 이상 방치시키지 않았음도 주요한 배경으로 지적할 수 있을 것이다. 이러한 배경을 다음의 몇 가지 측면에서 정리할 수 있을 것이다.

첫째, 국제적 배경이다. 1900년대 말부터 본격화된 세계적인 냉전구도의 와해는 일본 전후총결산의 가장 중요한 촉매제 역할을 담당했다. 1989년의 '냉전종결선언'과 이에 뒤이은 '동구혁명', 1991년의 소연방해체 등으로 이어진 전후 세계질서를 관통해 온 냉전질서의 붕괴는 그동안 이러한 동서 냉전구도를 전제로 유지되어 온 일본의 '55년체제'의 존재기반을 강력하게 동요시켰다. 이러한 국제질서의 재편현상은 사회주의 종주국인 중국과 소련의 관계개선을 도모하면서 '평화공존'에 근거한 신 국제

---

3) 『週刊20世紀』第82号 / 1986 (昭和61年)(朝日新聞社), 2000년 8월 24일자.

평화질서의 재건을 모색하고 있던 시기에 등장했던 다나카(田中) 내각 후의 미키(三木) 내각에서, 1985년의 소련의 고르바초프의 등장과 그에 의해 추진되었던 '페레스토로이카', '글라스노스챠'가 실시되던 시점에 끝난 나카소네 내각4)에 이르는 약 13년간의 전후총결산의 준비기로 볼 수 있다.

원래 미키 내각에서 나카소네 내각 시기, 또 '55년체제' 그 자체는 자민당과 사회당의 '2대 정당'간의 독특한 관계보다도, 국제정치에서의 동서대립를 내용으로 한 냉전구조에 대한 일본적인 대응이라고 볼 수 있다. 이는 1989년 12월 3일 미국과 소련 간의 '냉전종결선언'이후, 그동안 일본 정당정치의 제1야당으로 55년체제의 한 축을 이뤄왔던 사회당이 별다른 뚜렷한 이유도 없이 급속하게 그 세를 잃은 것에서도 자명하다. 냉전구도를 특징 지어 왔던 미국과 소련을 중심으로 하는 동·서 양극체제가 와해되어 가자, 이러한 국제상황을 기반으로 하여 성립되고 유지되어 왔던 전후 일본의 보수·혁신 양대 정당을 두 기둥으로 하여 구축되었던 55년체제가 동요를 일으키지 않을 수 없었으며, 이는 결국 일본의 보혁구도를 중심내용으로 하던 일본의 전후정치가 자민당의 단독우월성이 더욱 더욱 강화되는 가운데 '전후'의 보혁체제(保革體制)를 뛰어넘은 새로운 보보체제(保保體制)로의 재편으로 그 방향전환이 이뤄지면서 본격적인 전후총결산을 준비하게 된다.

둘째, 정당체제적 기반이다. 일본의 전후총결산 시대는 국내정당체제의 측면에서 보면 이는 전후를 일관되게 지배하여 오던 보혁체제인 55년체제가 와해되고 이에 대신한 새로운 보수양당체제인 이른바 보보체제의 형성을 그 배경으로 하고 있다. 다시 말해 자민당 미야자와(宮澤) 내각 붕괴 후 자민당을 탈당하여 새로운 보수정당의 신생당(新生黨)과 일본신당

---

4) 이 내각은 신보수주의를 내건 영국의 대처수상(1979.5.4~1990.11.28)이나 미국의 레이건대통령(1981.1.20~1989.1.20)의 정책과 연동하고 있었다.
田中浩, 『戰後日本政治史』(講談社, 1996), pp.230-231.

(日本新黨) 등을 중심으로 한 '비자민연립정권(非自民聯立政權)'의 호소카와(細川) 내각의 성립은 일본에서의 새로운 형태의 보수양당을 중심으로 하는 보보체제로의 전환의 시작이기도 했다. 왜냐하면 이렇게 탄생된 호소카와 내각은 보수당의 한 변종에 불과한 것으로 그 기본적 성격은 1989년의 '냉전종결선언'에 근거한 적극적인 '평화공존' 노선으로 이행한 신국제질서에 적극적으로 대응하면서, 전후 50년 가까이, 호헌, 반 일-미 안보를 표방해 왔던 최대 야당인 일본사회당을 자연스럽게 보수진영으로 흡수해 버린 자민당의 별동대이기도 했던 것이다.[5]

이렇게 탄생한 호소카와 정권으로부터 무라야마(村山) 정권을 거쳐 하시모토(橋本) 정권 성립까지 약 2년 5개월의 기간은 보수당내부의 권력투쟁을 통해 보수당재편에 의한 재결집과 그 최대의 부산물로서 전후 일본정치의 한 축이던 사회당이 괴멸되고 이에 대신하여 보수세력이 여야 간의 '총보수체제'를 확립한 기간이라고 볼 수 있으며 이는 그 후에도 지속적으로 보수 2대 정당에 의한 '안정된' 일본정치의 재편으로서의 '96년체제'를 만들어 내게 되었으며, 이러한 보수당의 새로운 교통정리의 바탕에서 전후총결산의 본격적인 발진의 터전이 마련된 것이다.

셋째, 보수주의이념의 기반 형성이다. 일본의 전후총결산은 이념적인 차원에서 보면 일본사회 전반의 전면적 보수주의화의 이데올로기적 환경과 불가분의 관계에서 출발되고 있다. 일본의 정당구조가 '55년체제'의 종언과 새롭게 형성된 보보체제의 가동을 통하여 자연스럽게 보수주의로의 이데올로기적인 통일을 달성한 상황에 더하여 이러한 새로운 보보체제의 형성과정에서 일본사회당의 이념적인 변신이 전후적 상황을 양분해 온 일본정치의 이념적 지형을 총 보수화하는 데 크게 일조를 하고 있다. 일본사회당의 무라야마 위원장이 호소카와 수상에 이어 새로운 수상으로 추대되면서 사회당은 그동안 견지해 오던 좌파적 당 노선을 전면적으로 수정하여 우편향성을 강하게 전면에 내걸게 되었으며 바로 이 같은 일본

---

5) 田中浩 (1996), pp.283-284.

사회당의 변신이 전후총결산을 위한 총보수의 이념적 통일기반 형성에 크게 작용하게 된다.

무라야마는 수상취임 후 소집한 1994년 7월 18일의 국회연설에서, 사회당의 기본정책을 백팔십도 전환, "일미안보체제를 견지한다"고 선언하여 자민당 의석으로부터 열렬한 박수를 받기까지 하였다. 그는 또 20일의 중의원본회의의 대표질문에 대한 답변에서 "자위대는 헌법이 인정하는 것", "히노마루, 기미가요는 국민에 정착해 있으며, 존중한다"고 말하는가 하면, 또 다음달 21일의 대표질문에의 답변에서도 "비무장중립은, 냉전이 붕괴된 지금, 그 정책적 역할을 다했다"고 단언했다. 이렇게 하여 전후 50년 가까이 지속된 '호헌'의 당 '일본사회당'은 그 정치적 사명을 끝내고, 여기에 이르면 사실상 '일본사회당'의 정신은 사멸했고, 이로써 일본의 전후 보혁구도의 틀이 더 이상 돌이킬 수 없는 다리를 넘었을 뿐 아니라, 전후의 일본정치 현장에서 살아있는 이데올로기로서의 역할을 상당부분 도맡아 왔던 사회주의의 이데올로기적 생명력도 마감함으로써 일본정치는 이제 총보수화의 이념적 영역을 크게 확충시켰을 뿐 아니라, 이러한 통일된 이념적 지평을 딛고 전후총결산정책의 전력투구가 시작되게 된 것이다.[6]

특히 이 같은 보수주의노선 강화는 전후청산을 위한 작금의 시대상황이 과도기적인 방황이 계속되고 있기 때문에 이러한 시기에 필요한 강력한 국가목표로서 '화혼양재(和魂洋才)'정신의 회복이라는 부분과 깊이 연관되어 있다. 나카소네는 이에 대해 "현재는 바블 후의 뒤처리를 하는 과정이 있기는 하나, 그것과 동시에 장래에 대한 전망, 다시 말하면, 국가의 목표를 국민에 나타내 보이지 않으면 안 된다. 그리고 국민들 앞에 그 목표를 제시하여, 그것을 수행해 가기 위한 지도력을 형성치 않으면 안 되는 그런 시기다. 그러나 지금까지 그 목표가 나타나지 않고 있는 것이 우리들이 당면하고 있는 문제다. 그것에 대해서 나는 역사교육, 역사로부터

---

6) 田中浩 (1996), pp.380-382.

배우는 길 밖에 없다고 생각한다. 지금의 세계는 대단히 상대주의가 팽배한 바, 어떤 의미에서는 사상적으로는 아나키다. 명치시대, 그렇게 발전할 수 있었던 요소가 어디에 있었던가 하면, 과거의 유교, 사서오경, 논어 등, 일본의 무사도나 과거로부터의 이어져 온 습관이 여전히 가정에도, 국가에도 존재했다는 데 있다. 그것이 명치의 발전에 원동력이 됐던 것이다. 그러나 지금에는 그러한 것이 존재하지 않는 것이다"고 보고 이러한 국가목표의 부재를 해소키 위해 화혼양재의 회복을 강조했다.

이어 그는 "현대를 생각하면, 외형적으로는 화혼양재라고 생각되나, 무엇인가 부족하다. 무엇인가? 일본인이 서양문명에 빠져버린 감이 든다. 자기라고 하는 것을 잃어버린 것처럼도 생각된다. 그것을 다시 한 번 재고할 필요가 있다고 본다. 요컨대 상대주의로부터 벗어나, 칸트적인 단언명령, 유교적인 교리, 혹은 시도적인 가르침, 그러한 일본 고유의 것을 재고하여 그것을 사상의 주류에 다시 끌어올리지 않으면 안 된다"고 화혼양재의 회복 즉 일본의 보수주의적 사고의 발전적 계승이 현 시대에 가장 절실한 지향가치가 되어야 한다고 강조한다.[7]

III. 전후총결산의 당면목표

일본정치의 '전후'를 극복하고 새로운 정치질서를 구축하는 전후총결산정책의 현실적인 정책목표로 일본 정계에 등장한 것이 보통국가론이다. 즉 일본의 '전후'의 완전한 극복은 패전이후 지금까지 유지되어 왔던 비정상적인 국가, 즉 편폐국가(片肺國家)에서 벗어나 정상성을 회복한 보통국가(普通國家)의 건설에 있다는 것이다.

'보통국가'란 오자와 이치로(小澤一郎)가 그의 책『일본개조계획(日本改造計劃)』에서 새로운 일본의 국가목표로 제시한 이래 이는 지속적으로 일

---

7) http://www.yatchan.com/seiji/tenchi/t2001/0214.html

본 전후총결산의 현실적인 목표로 자리잡아왔다. 오자와가 말하는 보통 국가란 경제적, 군사적, 정치적인 측면에서 일본이 전후의 고립적인 상황 에서 벗어나 자유로운 무역과 안전보장, 정치, 경제의 각 분야에서의 협 조적인 국제질서가 확립된 '국제국가(國際國家)'를 전제로 하고 있다. 따 라서 '국제국가'와 '보통국가'는 오자와에 있어서는 동전의 양면과도, 또 서로 분리할 수 없는 인과관계로도 설명될 수 있다.

'보통국가'란 무엇인가? 두 가지의 조건이 있다. 하나는, 국제사회에서 당연시 되는 것을 당연한 것으로 스스로의 책임아래 행하는 것이다. 당연 한 것을 당연하게 생각, 당연하게 행한다. 일본 국내에서밖에 통용되지 않는 것을 내세우거나, 국제사회의 압력을 이유로 할 수 없이 하는 일은 하지 않는다. 이것은 특히 안전보장 면에서 그러하다. 걸프전 때의 국제 공헌이나 PKO협력법안을 둘러싼 논의를 되돌아 볼 필요도 없이, 특히 안 전보장의 문제에 이르면, 갑자기 헌법이나 법제도를 구실로 삼아 어떻게 해서든지 국제협조의 책임과 역할을 회피하려 한다. 어떤 나라보다도 세 계의 평화와 안전에 공헌하지 않으면 안 되는 입장에 있는 일본이 안전 보장을 국제공헌의 대상 분야에서 제외하는 것 등은 허용될 수 없는 일 이다.

그런 점을 냉정하게 생각하여, 안전보장 면에서도 스스로의 책임아래 스스로에게 걸맞는 공헌이 가능한 체제를 정비하지 않으면 안 된다. 이것 은 군국주의화, 군사대국화 등과는 전혀 다른 차원의 것이다. 또 하나의 요건은 풍부하고 안정된 국민생활을 구축키 위해 노력하고 있는 국가들 에 대해서, 또 지구환경보호와 같은 인류공통의 과제에 대해, 스스로 최 대한 협력하는 것이다. 그런 점에서 아직 불충분한 점이 많기는 하나, 상 당한 성과가 있기도 하다. 이 두 가지를 확실하고, 또 계속해 가는 것으 로, 일본은 국내의 경제적 발전과 재의 배분과 재화의 배분밖에 생각지 않았던 '편폐국가'로부터, 국제사회에서 통용하는 이른바 '보통의 국가 (普通의 國家)'로 탈피할 수 있을 것이다.[8]

일본 전후총결산의 현실적 목표로 제시되고 있는 보통국가론은 그 후

의 역대 정권에 의해서 지속적이고 일관된 실천노력을 기울이면서 일본
이 명실상부하게 그들의 오랜 '전후(戰後)'를 벗어나서 새로운 세기의 새
로운 일본의 구축을 위한 노력에 박차를 가하고 있다. 이렇듯 일본이 역
대정권이 나타내 보이고 있는 전후총결산을 위한 현실적인 목표인 보통
국가론의 구체적 정책은 다음 몇 가지 측면으로 나눠 살펴볼 수 있을 것
이다.

1. 야스쿠니 신사 문제와 역사인식의 재구축

1) 태평양전쟁관

일본은 과거의 태평양전쟁에 대한 태도에 있어서도 일본특유의 이중
적 태도를 나타내 보이고 있음이 특징적이다. 공식적으로 일본은 그들이
과거의 전쟁으로 아시아제국에게 막대한 손해와 고통을 주었음에 대해
통절한 반성과 사과의 기분을 마음속에 새기면서 군사대국의 길을 포기
하며, 한국·중국을 비롯한 아시아 국가들과는 미래지향의 협력관계를 구
축할 뿐 아니라, 세계의 평화와 번영에 공헌 하겠다는 의지를 천명하고
있으며, 이는 1995년 무라야마 수상 때부터 지금의 고이즈미(小泉) 수상
에 이르기까지 역대 수상들이 반복하여 강조하고 있다.[9]

---

8) 小澤一郎, 『日本改造計劃』(講談社, 1993), pp.103-105.

9) "우리나라는, 일찍이 식민지 지배와 침략에 의해, 많은 나라들, 특히 아시아
제국의 사람들에 대해서 막대한 손해와 고통을 주었습니다. 이러한 역사의
사실을 겸허하게 받아 들여 재차 통절한 반성과 진심으로의 사과의 기분을
표명함과 함께, 앞의 대전에 있어서의 내외의 모든 희생자에게 삼가 애도의
뜻을 나타냅니다. 비참한 전쟁의 교훈을 풍화시키지 않고, 두 번 다시 전화를
섞는 일 없이 세계의 평화와 번영에 공헌해 나갈 결의입니다. 우리나라의
전후의 역사는, 확실히 전쟁에의 반성을 행동으로 가리킨 평화의 60년입니
다. 아시아제국과의 사이라도 전에 없을 정도 경제, 문화 등 폭 넓은 분야에
서의 교류가 깊어지고 있습니다. 특히 일의대수의 사이에 있는 중국이나 한
국을 시작으로 하는 아시아제국과는, 함께 손을 잡아 이 지역의 평화를 유지
해, 발전을 목표로 하는 것이 필요하다고 생각합니다. 과거를 직시해, 역사를

그러나 이와 같은 공식적인 일본정부의 과거전쟁에 대한 입장은 현실 정치의 여러 영역에서 그대로 견지되기는커녕 이와는 정반대의 양태를 나타내고 있는 것이 또 사실이다. 전쟁의 발발원인에 대한 아전인수식 논리에서 비롯하여 전쟁이 가져다 준 결과를 놓고도 일본은 많은 부분에서 그들이 공식적으로 내세우고 있는 인접국들에 대한 가해자적인 입장을 외면하고 그 전쟁이 오히려 많은 부분에서 전쟁피해 당사국이나 주변국들의 독립이나 발전에 기여했다고 하는 기여론의 입장을 점점 강화해 오고 있다. 뿐만 아니라, 일본은 전쟁처리를 위해 열린 '동경재판(東京裁判)'에 대해서도 이는 승자에 의한 패자에 대한 불공정한 재판으로 객관적이지도, 또 정당한 절차를 갖추지도 않았기 때문에 이를 수긍할 수 없다는 입장을 견지, 그 재판에 의해 형성된 '전쟁책임'이나 '전범' 규정도 부인하고 나서는 등, 태평양전쟁 전반에 대한 기존의 국제사회의 평가와 제재에 대한 부정으로 그들이 새로운 전후총결산의 논리의 출발점으로 삼으려 하고 있다.

(1) 전쟁평가

일본의 전후총결산에 있어서의 역사인식의 출발은 과거 제2차세계대전기에 그들이 관여했던 전쟁(1941년~1945년), 즉 이른바 태평양전쟁에 대한 인식으로 집약되고 있다. 전후 상당기간동안 일본은 이 전쟁에 대해서는 패전국으로서의 피동적이고 수세적인 인식태도로 일관해 왔다. 그러나 탈냉전기의 새로운 국제정세의 변화와 이에 수반한 일본의 자주성 회복기운이 강화되는 새로운 시기를 맞아, 이 전쟁에 대한 새로운 평가와 인식이 점점 힘을 얻어가면서 일본에서의 과거의 전쟁에 대한 인식과 평가는 다양성을 발휘해가고 있으며, 또 이러한 전쟁인식에 대한 다양성은 전쟁에 국한되지 않고 일본의 역사인식 전반에 대한 대대적인 재인식과

올바르게 인식해, 아시아제국과의 상호 이해와 신뢰에 근거한 미래 지향의 협력 관계를 구축해 나가고 싶다고 생각하고 있습니다." 2005年 8月 15日의 內閣総理大臣談話(小泉内閣)(발췌).

재평가 작업과 맞물리면서 전반적인 전후총결산의 기본적인 바탕으로 자리 잡고 있다.

현시점에서 나타나고 있는 과거 전쟁에 대한 일본사회에서의 인식태도는 대체로 다음의 몇 가지로 유형화할 수 있다.

첫째, '태평양전쟁사관'으로 이는 과거 일본의 군국주의가 중국을 비롯한 아시아제국에 침략을 감행했고, 그것을 저지하려는 미국, 영국 등과 무력충돌하면서 이들 구미의 민주주의 세력에 대항하는 군사적인 도발을 일으켜 침략전쟁을 일으켰을 뿐 아니라, 이러한 일방적인 도발전쟁을 수행하는 과정에서 일본군국주의 세력은 특히 한국, 중국 등을 비롯한 아시아 태평양지역에 대한 침략과 수탈, 그리고 살육 등을 감행하면서 이들 지역에 대한 막대한 피해를 가했다고 보는 입장이다.

이렇듯 당시의 전쟁을 일으킨 것은 일본의 군국주의세력이었고, 이 과정에서 이러한 일본의 침략성에 저항하는 미국과 영국, 그리고 이들 전쟁수행과정에서 아시아 지역들에 대한 침략과 수탈 등을 자행함으로써 이들 지역에 막대한 피해를 초래했다는 '태평양전쟁사관'은 그 후 아시아에 대한 침략과 태평양에서의 미, 영과의 전쟁이라는 두 개의 서로 연관되면서도 엄밀하게는 분리된 성격으로 이 전쟁의 성격을 설정하는 '아시아-태평양전쟁'이라는 또 다른 전쟁관으로 연계되고 있다. 여하튼 이러한 전쟁관은 패전일본이 상당기간 견지해 온 패전사관의 전형이라고 볼 수 있으며, 이러한 전후역사학의 초기적 형태라고 할 수 있는 패전사관은 현금의 전후총결산시기에 이르러서는 하나의 극복과 초극의 역사적인 사관으로 치부되고 있는 것이 일반적이다.

일본의 태평양전쟁관은 당초부터 미국에 의해 의도적으로 만들어진 것으로, 포츠담선언으로부터 일본의 점령에 이르는 미국의 전제는 '그 전쟁'은 일본군국주의(일본 파시즘)에 의한 아시아나 미국에 대한 침략전쟁이며, 미국에 있어서는 아시아해방과 동시에 파시즘으로부터 민주주의를 지키는 싸움이었다는 논리다. 그리고 그러한 이해 위에서, 미국은 군국주의자로부터 아시아의 민중들뿐 아니라 일본의 대중들을 해방, 일본을 민주화한다고 하는 '대의'를 내걸었고 일본의 점령정책을 정당화시켰으며, 그 연장선상에서 극동국제군사법정(동경재판)도 이러한 역사관을 기정사실화하려 한 것이라는 것이다. 그리고 이른바 'A급 전범'이라는 것도 이러한 미국식 논리 속에서, 침략전쟁의 책임자를 단죄하기 위해(다른 말로 하면 일반대중을 구제하기 위해), 미국이 만들어 냈다고 본다. 뿐만 아니라 제2차 대전이란 세계제패(世界制覇)를 계획하는 일부 파시즘국가에 의한 침략으로부터 자유나 민주주의를 내걸고 대다수 인민과 대중을 보호, 또 해방하기 위한 세계전쟁으로 그 전쟁을 편파적으로 왜곡하고 있다는 것이다.10)

이는 특히 패전 후 일본을 점령 통치하던 연합군사령부가 강하게 주장하던 전쟁관으로 미 점령당국은 일본이 이 전쟁을 '대동아전쟁'이라는 부르는 것을 금지시키고 이에 대신하여 그 전쟁을 '태평양전쟁'이라고 명명토록 함으로써 그 후부터 이 명칭이 일반화되기에 이르렀으며, 여기서도 이 명칭이 갖는 함의를 찾아볼 수 있다.11)

둘째, '15년전쟁관'으로 이는 '태평양전쟁사관'에 이어 1970년경부터 일본의 전후역사학에 등장한 것으로 여기서도 과거의 전쟁은 일본인들이 피해자가 아닌 가해자로 인식되고 있다. '15년전쟁'이란 1931년 일본이 중국의 만주를 침략함으로써 시작된 중-일전쟁(일본에서는 만주사변이라 명명)으로부터 시작하여 1945년 8월 15일 일본의 태평양전쟁에서의 패배에 이르는 15년간 일본에 의해 자행된 제국주의 전쟁을 말하는 것으로 이 전쟁은 일본의 제국주의적인 침략을 통하여 상대국들에게 막대한 피해를 입힌 일본 측의 가해에 의해 발생한 전쟁이다.

70년대 쇼가쿠칸(小學館)에서 간행되었던 70년대『소화의 역사(昭和の歷史)』시리즈가 바로 이러한 역사인식에 근거한 대표적인 성과로 볼 수 있으며, 이러한 사관에서는 확실히 피해자인가 가해자인가 하는 양자선

---

10) 佐伯啓思,『日本の論点 2006』, (文藝春秋, 2005), pp.218-219.
11) 鈴木貞美,『日本の文化ナショナリズム』, (平凡社新書, 2005), p.223.

택적인 문제구성의 단순성 때문에 특정사관은 이러한 두 가지의 선택지 가운데 하나의 입장을 자기의 것으로 하여야 했으며, 이 15년전쟁사관은 이런 면에서 분명히 일본인들의 가해자로서의 인식이 전제가 되었으며 이러한 인식의 전환은 일본의 제국주의 전쟁에 대한 피해자로서의 인식을 기저로 하는 전통적인 사관에 대한 일종의 도전적인 입장의 하나로 볼 수 있는 측면이 있다. 그러나 이러한 '15년전쟁관'은 그렇게 강한 지속성을 가지고 영향력을 확대해 갔다고는 볼 수 없으며, 복고적인 일본피해론과 전쟁공허론으로 협공을 당하게 된다.12)

셋째, '대동아전쟁사관'으로 이는 일본이 전쟁에 뛰어든 것은 당시 일본이 ABCD(미국, 영국, 중국, 네덜란드)의 포위망에 둘러싸여 국가의 존립이 위협당하는 상황에서 어쩔 수 없이 취한 대응으로 이러한 선택은 피할 수 없는 국가생존을 위한 정당방위였다는 입장이다. 그리고 이 사관은 일본의 전쟁개입의 불가피성뿐 아니라, 이에서 한 걸음 더 나아가 이 전쟁, 즉 대동아전쟁이 있었기 때문에 이에 관련되었던 많은 아시아 국가들이 그들의 독립을 회복할 수 있었다고, 아시아의 각국의 독립회복에서의 대동아전쟁 공헌론을 강조하고 있는 일본이 공식적으로 내세우고 있는 긍정적 전쟁론 내지는 전쟁불가피론의 입장으로, 이는 앞의 '태평양전쟁론'과는 대치되는 극단적이며 일방적인 전쟁관이라고 볼 수 있다.

이 논리에 의하면 일반적으로 서로 전쟁을 일으키는 교전 쌍방 간에 처음부터 전략 등이 전혀 문제가 되지 않을 정도의 국력의 차가 있었다고 하면 그 전쟁은 애당초 일어날 수도 없었을 것이라며 제2차 대전에서의 일본이 행한 전쟁도 동일한 성격의 것이라는 것이다. 때문에 이 전쟁에 일본이 뛰어든 것은 합리적인 판단에 의한 것이 아니라 어쩔 수 없는 대응이었다는 것이다. 1948년에, GHQ노동국자문위원회의 멤버였던 Helen Mears의 『미국의 거울: 일본(アメリカの鏡: 日本)(Mirror for Americans: Japan)』(アイネックス, 1995)에서도 확인된다고 주장한다. 그는 진주만공격이라는

---

12) 『世界』(岩波書店), 2005년 11월호, pp.65-67.

사건은 "<세계정복>을 기도한 야만인에 의한 '일방적'인 배반의 공격이
있는가. 혹은 압도적인 강한 나라와의 힘의 게임에 끌려들었다고 생각하
는 국가가, 경제봉쇄에 대해 도전한 공격이었던 것인가"라고 묻고 이에
대해 후자였다고 말하고, 이어 그는 일본의 옥쇄 전술에 대해서도, "사망
자가 많았던 것은, '항복보다 죽음을 선택'한 광기의 각오에 의한 것이 아
니라, 연합국 측의 화력이 압도적으로 우수했고, 그리고 일본병이 피로,
공포, 히스테리로부터 집단자결을 도모했기 때문"이라 했다.

또 미국은 진주만 때문에 일본과의 전쟁을 개시했으나, 아시아에의 진
출은 Edward Miller의 『오렌지계획: 미국의 대일 침공 50년 전략(オレンジ
計画: アメリカの対日侵攻50年戦略)』13)에서 보이는 것 같이, 이미 기정방침
이었다는 주장도 일본의 '어쩔 수 없는 대응'의 논리에 추가되고 있다. 도
쿄대학(獨協大學)의 나카무라 아키라(中村粲) 명예교수는 『大東亞戰爭에의
道(大東亜戦争への道)』(展轉社) 속에서 "19세기 말 이래 문호개방주의를 이
념으로 하는 미국 극동정책과, 특히 만몽과의 특수 관계 유지를 주장하는
우리나라의 대륙정책과의 상극 때문에 생긴 쟁탈전"이 '주류(主流)'이며,
이것에 소련의 "공산주의로부터 일본과 동아시아를 지키려는 반공의 전
쟁"이라고 주장한다. "일미대륙정책과 연결된 공산주의와의 싸움"이라고
하는 이 두 가지가 대동아전쟁의 기본적 성격이다. 또한 영국의 역사가
Christopher G. Thorne의 『태평양전쟁이란 무엇이었나(太平洋戦争とは何

---

13) 미국이 일본을 침략하려는 계획은 일찍부터 마련되어 치밀하게 준비되어 왔
다는 주장, 저자의 저서명으로부터 이러한 미국 음모설을 '오렌지계획'으로
불러왔다. アメリカの対日長期戦争が策定されはじめたのは、何と一八九七
年。わが国が日清戦争に勝利した直後のことだった。太平洋の彼方をにらん
で半世紀にわたって日米衝突に備え続けた、その底知れぬ計画性と怜悧な判
断力。中国大陸で泥沼の戦いを強いられ、何ら戦略を持たぬままオレンジ計
画の術中にはまった日本。そして現代…。日本(オレンジ)を包囲し殲滅する
には-19世紀末から練りあげられたアメリカの対日戦略。 真珠湾攻撃はもち
ろん、ミッドウェー海戦や沖縄戦までも予定の行動だったとは…。現代日本
に警告する。

だったのか)』(草思社)에서 구미세력과 일본의 충돌은 오랜 역사를 갖는다
며, "일본이 패배했다고 하더라도, 아시아에서 서구제국의 종언을 재촉했
다"고 결론, 민주주의세력에 대한 침략전쟁으로 이해되는 일반적인 시각
에 역행되는 논리를 전개하는데, 이들 왜곡된 입장이 바로 일본의 대동아
전쟁론의 버팀목 역할을 하고 있는 논구이기도 하다.[14]

이러한 대동아전쟁관은 1941년 12월의 진주만공격이 시작되기까지의
당시 일본의 논리가 그 밑바탕에 깔려있는 것이 특징이나, 전후 60년 일
본에 대한 전쟁책임론과 이에 따른 전후보상책임이 대세를 유지하는 가
운데서도 이와는 전면적으로 대치되는 일본에 의한 전쟁발발의 불가피성
과 이 전쟁이 가지는 여타 아시아국가의 독립내지는 발전에 대한 기여론
은 여전히 상당한 영역에서 힘을 가지고 유지되어 온 것도 사실이며, 전
후총결산이 시대적 과제로 새롭게 등장한 현금의 일본적 상황에서는 더
한층 힘을 받고 있는 전쟁관의 하나로 되살아나고 있다.[15]

넷째, '보통전쟁론'으로, 이는 그 전쟁은 근현대의 세계사에서 흔히 찾
아볼 수 있는 것과 같은, 다시 말해 유럽의 19, 20세기에 흔히 있었던 것
과 같은 일본과 미국, 영국, 프랑스, 네덜란드(ABCD) 간의 보통의 전쟁으
로 이를 파악해야 한다는 입장이다. 일본의 전후총결산의 설계자라고 할
수 있는 나카소네 전 수상 등이 앞장서서 강력히 주장하는 이 입장은 태
평양전쟁이 과거 유럽에서 있어 왔던 그 수많은 전쟁과 그 성격이나 내
용에서 크게 다를 바 없는 것은 평범한 보통 전쟁의 한 형태라는 것이기
때문에, 이 전쟁에 대해서 지나치게 침략성이나 공헌성을 주장하는 것 자
체가 잘못이라는 것이다. 나카소네에 의하면 이 전쟁 과정에서 아시아 국
가들에 대해서는 침략 혹은 침략적 의도가 있기는 하였으나, 이는 어디까
지나 미국 등과의 싸움에 이기기 위해 필요한 자원 확보를 위해 군사적
인 개입을 한 것으로 봐야 하기 때문에 중국을 비롯한 아시아 국가들에

---

14) 佐伯啓思 (2005), p.223.
15) 佐伯啓思 (2005), pp.214-223.

대한 무력적인 개입자체가 그 전쟁의 본질적인 의미인 보통전쟁으로서의 성격을 크게 손상시킬 수는 없다는 것이다.[16]

　이러한 보통전쟁론은 과거 일본의 전쟁이 가지는 개별성이나 특수성을 무시하고 세계사에서 빈발되고 있는 교전당사국 간의 이해상충에 의한 전쟁으로 파악함으로써, 이 전쟁이 가지는 일본의 의도성과 침략성을 희석시킴은 물론, 한국, 중국 등 아시아국들에 가한 전쟁피해에 대해서도 이를 불가피한 전쟁수행의 대가의 수준으로 이에 대한 책임을 상대화시키고 있다.

　나카소네가 말하고 있는 이러한 보통전쟁론의 입장은 그 후 태평양전쟁을 이제는 '동시대사'의 맥락에서 탈피하여 '역사'로서 인식해야 할 것이며, 이러한 역사적인 입장에서 그 전쟁을 평가할 때는 이미 그 전쟁은 '침략'도, '성전'도 아닌 단순한 '역사물'의 한 영역으로서의 의미밖에 없다고 하는 당대의 일본 '역사학파'들의 논리적 원류라고 볼 수도 있다.[17] 이런 의미에서 볼 때 이 보통국가론은 그 성격에 있어 위의 '대동아전쟁론'과 아래의 '역사적 전쟁론'의 중간에 위치하는 것으로도 볼 수 있을 것이다.

　다섯째, '역사적 전쟁론'으로, 이는 태평양전쟁은 다양한 함의를 가진 전쟁이나, 그러한 전쟁이 내포해 온 다양한 함의는 그것이 '동시대사'적 환경에서 벗어나 '역사'의 장으로 그 위치를 변경시킬 때라야 비로소 보다 새롭고 유의미한 새로운 함의로 되살아날 수 있으며, 그러한 변화를 통하여 이 전쟁은 비로소 기억 속에 하나의 기록으로 살아서 작용하는 교훈이 될 수 있다는 입장이다.

　태평양전쟁을 기억하는 세대는 국민의 1할에 못 미치는 것이 현실이며, 이러한 점을 감안하면 이 전쟁을 기억하는 세대가 감소하고 그 기억을 같은 세대 또는 다음 세대가 기록으로 남기고, 또 다음 세대는 그 기록

---

16) http://www.yatchan.com/seiji/tenchi/tenchi2004/0527.html
17) 佐伯啓思 (2005), p.214.

속에서 몇 가지의 교훈을 선택하여 그것을 정착시키는 역할을 해 나가는 사이클 속에서 지금의 상황은 태평양전쟁을 기억하는 세대나 기록하는 세대가 감소하고, 교훈화해야 할 시대에 들어섰다고 볼 수 있다. 때문에 이러한 상황을 생각하면 이제 태평양전쟁에 대한 가장 올바른 대처는 바로 이를 동시대사의 입장에서 기억하고 기록하는 작업에서 하루빨리 벗어나 이를 역사의 입장에서 교훈으로 삼아야 할 것이라는 것이다.[18]

특히나 이 입장에서는 과거에 일어났던 전쟁책임과 그 피해에 대해서는 일본이 이미 공식적으로 사과했을뿐 아니라, 구체적인 배상이나 재산, 청구권 문제도 관계국들 간에 일괄하여 처리했기 때문에 이제 그 전쟁은 완벽하게 정리되었다고 주장한다. 따라서 이러한 정리를 마친 전쟁은 이제 '역사'의 장으로 넘기고, 이제부터는 과거사를 거울삼고 보다 새로운 내일을 설계해 가는 데 더 이상 과거의 전쟁이 걸림돌이 되어서는 안 된다는 것이다.[19]

(2) 극동군사재판

극동군사재판(International Military Tribunal for the Far East, 1946년 5월 3일에 개정, 1948년 11월 12일에 형이 선고됐다)은 제2차 세계대전 이후 승리한 연합국이 일본의 중대전쟁범죄인들을 심판하기 위해 설치된 재판으로 여기서 28명이 평화에 대한 죄나 인도에 대한 죄 등에 의해 기소되어 병사나 면소된 사람을 제외한 25명이 유죄판결을 받았다. 이 재판은 '도쿄재판'이라고도 한다. 이 재판소는 1946년 1월 19일 '극동국제군사재판소의 설립에 관한 연합국 최고사령관의 특별성명서'와 '극동국제군사재판소 조례'(총 17조)에 의해 설치되어, 3가지 유형의 범죄를 설정,[20] (A) 평화에 관한 죄, (B) 통상적인 전쟁범죄,[21] (C) 인도(人道)에 관한 죄 중 (A)에 관

---

18) 佐伯啓思 (2005), pp.215-217.
19) http://www.mofa.go.jp/mofaj/area/taisen/qa/01.html-10.html
20) 'Class A'는 'crimes against peace', 'Class B'는 'war crimes', 'Class C'는 'crimes against humanity.'

련되어 기소된 중대 전쟁범죄자에 대해서만 심리·처벌함을 목적으로 하였다. 또한 평화에 관한 죄를 '침략전쟁 또는 국제법 조약을 위배한 전쟁'을 계획·개시·수행하는 과정에서 범한 죄 또는 그 계획·모의에 참가한 개인·단체구성원이 범한 죄로 규정함으로써 이들 중대 전범자를 A급 전범자로 규정하였다.22)

극동군사재판은 1946년 2월 18일, 연합국 최고사령관인 D.맥아더에 의

---

21) 제2차 세계대전에서 새로 전쟁범죄로 간주된 것으로, 평화에 대한 죄란 '침략전쟁 또는 국제법·조약·협정·서약에 위배되는 전쟁을 계획 준비하고 실행한 일, 또는 이들 행위를 달성하기 위한 공동계획이나 모의에 참가한 일'(국제군사재판소 조례 6조, 극동국제군사재판소 조례 5조) 등을 말한다. 인도에 대한 죄란 전쟁 전 또는 전쟁 중에 일반인민에 대하여 이루어진 살해, 멸종적인 대량살인, 노예화, 강제적 이동, 그 밖의 비인도적 행위, 범죄가 이루어진 국가의 국내법에 위반되는 사실 여부에도 불구하고 평화에 대한 죄의 실행을 위하여 행하여진 또는 이와 관련해서 이루어진 정치상·인종상 또는 종교상의 이유에 입각한 박해를 말한다.
제2차 세계대전에서는 종래에는 볼 수 없었던 대규모 전쟁범죄가 이루어졌으며, 연합국은 패전국 독일과 일본의 전쟁지도자를 '평화에 대한 죄', '일반적인 전쟁범죄', '인도에 대한 죄'를 범하였다고 해서 독일 뉘른베르크(국제군사재판소)와 일본 도쿄(극동국제군사재판소)에 재판소를 설치하고 많은 사람을 유죄판결하여 형을 집행하였다.
그렇지만 이와 같은 전범재판에 대해 ① 평화에 대한 죄나 인도에 대한 죄는 국제법상 충분히 정해진 것이 아니므로 사후법(事後法)의 적용이나 죄형법정주의(罪刑法定主義)에 위배된다는 점, ② 소추(訴追)된 개인은 국가의 기관으로서 행동한 것이므로 이를 개인적 책임으로 돌린다는 것은 잘못이라는 점, ③ 재판소가 연합국측 사람으로만 구성되어 있어 공평하지 못하다는 점 등을 들어 비판하는 입장도 있었다. 그러나 침략전쟁이나 인종박해(人種迫害)는 국제사회(인류) 전체의 이익을 해치는 행위이므로 여기에 제재를 가하는 것은 평화의 유지나 인권 보장을 위하여 필요한 일이며, 국제법의 발전적 현상으로 보아야 한다는 견해가 일반적이다.
22) A, B급은 죄의 무게에 의한 등급이 아니라, 각각 "전쟁전반에 대해서의 지도적 역할에 대한 책임", "통례의 전쟁범죄에 대한 지휘, 명령, 방지의무 위반의 책임", "통례의 전쟁범죄에 대한 실행자로서의 책임"이라고 하는 카테고리의 구분이다. 사형에 처해진 수는 A급 7명에 대해서 B, C급 984명으로 B, C 급이 훨씬 많다.

하여 웹(William Webb) 재판장(오스트레일리아)을 비롯한 10명의 재판관(미국·영국·프랑스·소련·중국·인도·네덜란드·필리핀·뉴질랜드에서 각 1명)과 케난(Joseph Keenan)(미국)을 수석검찰관(首席檢察官)으로 하는 30여 명의 검찰관이 임명됨으로써 발족되었고, 이에 따라서 1946년 4월 29일 도조 히데키(東條英機) 이하 28명의 피고가 A급 전범자로 정식 기소되어, 이 해 5월 3일부터는 이에 대한 심리(審理)가 시작되었다. 여기에는 공정한 재판을 위하여 각 피고인이 선정한 28명의 일본인 변호인단과 2명의 미국 측 변호인단이 참가하였다.

법정은 48년 11월 12일, 심리하는 도중에 사망한 마쓰오카 요스케(松岡洋右), 나가노 오사미(永野修身)와 정신이상을 일으킨 오키와 슈메이(大川周明)를 제외한 25명에 대하여 전원 유죄를 인정하여, 교수형 7명, 종신형 16명, 금고 20년 1명, 금고 7년 1명의 형을 선고하였다.

그러나 이 같은 동경재판에 대해 전후총결산의 주된 논리는 그 재판은 "사후 법에 의한 재판, 전승국이 검사와 재판관을 겸한다고 하는 전승국에 의한 재판, 그리고 법정에서의 사실인정의 엉터리(杜撰)"라고 하는 결정적인 결함을 가지고 있을 뿐 아니라, 'A급 전범'이란 전후의 동서냉전이 본격화되지 않았을 때, 전승국인 연합국이라는 환상의 공동체가 만들어 낸 '척도'에 지나지 않는다는 것이라고 철저하게 재판과 판결의 부당성을 지적하는 데 있다.23)

이렇듯 전후총결산의 논리에 의하면 동경재판은 그 절차와 내용·판결 등의 여러 측면에서 정당성은 재판 당시부터 커다란 문제로 여겨져 왔다는 것이다. 이 같은 동경재판에 대한 전후총결산의 논리구조는 다음의 몇 가지 유형으로 나눠 살필 수 있을 것으로 본다.

---

23) 『中央公論』, 2005년 9월호.

(3) 절차적 하자

먼저, 사후법적용으로 '죄형법정주의'를 위반했다는 주장이다. 이는 동경재판은 승리한 쪽이 자기 맘대로 재판의 규칙이나 원칙을 결정, '평화에 대한 죄'나 '인도에 대한 죄' 등, 지금까지 없던 죄를 법률로 만들어, 그것을 적용하여 행한 것으로, 사후에 얼마든지 만들어 재판해도 좋다고 하는 국제법은 원론적으로 말하면 '죄형법정주의'에도 어긋나는, 있을 수 없는 재판으로, 불법이라는 논리로 동경재판의 부당성을 주장하는 입장이다. 나카소네는 이 같은 입장에서 동경재판의 결과라고 하는 것을 승인할 수 없고, 이에 따라 당연히 이 재판에서 단죄된 전범이라는 것도 인정하지 않는다는 입장을 분명히 했으며, 이러한 입장이 전후 태평양전쟁을 단죄한 동경재판에 대한 일반적인 논리라고 볼 수 있다.[24]

특히 A급전범에게 적용됐던 '평화에 대한 죄(침략전쟁을 계획, 준비, 개시, 수행하고, 또는 공동모의에 참가한 죄)'는 국제군사재판소 조례 제5조에 규정된 범죄이며, 피고들의 행위가 행해진 후에 제정된 이른바 사후법이었다. 사후법에 의한 처벌금지는, 근대 형벌론의 기본원칙일 뿐 아니라, 이러한 논리는 B, C급 전범에 적용된 '인도에 대한 죄'도 동일하다는 것이 이러한 입장에서 동경재판의 부당성을 주장하는 주요한 반발의 내용이다.[25]

이 같은 주장에 가장 빈번하게 인용되는 것이 바로 인도 캘커타대학 법률학 교수였던 팔(Radhabmod Pal) 판사가 재판과정에서 제시했던 소수의견이다. 팔 판사는 재판과정에서 소수의견으로, '평화에 대한 죄' 등을 법리적으로 추급, "동경재판은 전승국에 의한 의식화된 복수"라며 피고 전원의 무죄를 주장했다. 뿐만 아니라 그는 "이 재판은 국제법에 위반하고 있을 뿐 아니라, 법치사회의 철칙인 법의 불소급원칙까지 침범, 죄형법정주의를 무너뜨린 복수재판에 지나지 않는다. 따라서 전원무죄"[26]라

---

24) http://www.yatchan.com/seiji/tenchi/tenchi2004/0527.html
25) 佐伯啓思 (2005), p.228.
26) http://www1.toptower.ne.jp/~katumata/sub514.html

고 주장 했다. 그는 또 비전투원의 생명재산의 무차별파괴가 위법이라고 한다면, 미국에 의한 원자폭탄의 사용 그것이 나치의 유대인 절멸 지령에 유사한 유일의 케이스라고까지 말하고 있었다. 그러나 이와 같은 팔 판사의 소수의견서는 웹 재판장에게 거부돼, 법정에서 낭독되지 못했다.

이 밖에도 당시 또 한 사람인 프랑스의 베르난(Henri Bernard) 판사도 "이 재판은 법의 적용 및 절차에 있어도 잘못이 있다"고 재판의 부당성을 지적하면서, "11인의 판사가 한자리에 모여 재판에 대해 협의한 적이 한 번도 없다"고 이 재판이 가지는 절차상의 문제를 제기한 바 있다고 인용하고 있다.27) 뿐만 아니라 동경재판의 문제점을 지적하는 이들은 1951년 5월, 미국 상원 군사외교합동위원회의 석상에서, 맥아더 연합국군최고사령관은 "일본이 전쟁에 돌입한 목적은, 대부분이 안전보장상의 필요에 내몰렸기 때문이다"28)고 증언한 사실에서도 그들 전쟁에 대한 일방적인 비방이 가지는 한계성의 논리를 찾으려 하고 있다.

그러나 이러한 견해는, 그 후 A급전범 무죄론이나, 동경재판부정론의 근거가 돼, 자민당의 정치가나, 보수계지식인들의 입으로부터 가끔 반복, 더러는 설화사건을 일으키기도 한다.29)

(4) 내용적 하자

동경재판의 부당성은 또 그 재판이 가지는 내용상의 문제점을 가지고 제기되고 있다. 먼저 극동재판(동경재판)이 일본이 "위대한 민주주의에 대한 침략적 전쟁을 계획하고 준비하여 개시했다"라는 케난 검사의 기소내용이 사실과 다를 뿐 아니라 이는 진실을 크게 왜곡했기 때문에 이러한 기소내용에 의해 진행된 동경재판이 객관적이지도 정당성을 가지는 것도 아니라는 것이다.

동경재판에 대한 이러한 문제제기는 전후 일본에서 일찍부터 있어 왔던

---

27) http://www1.toptower.ne.jp/~katumata/sub514.html
28) 佐伯啓思 (2005), p.228.
29) 佐伯啓思 (2005), p.227.

것도 사실이다. 태평양전쟁은 서구열강의 아시아침략 전쟁의 맥락에서 찾아야 하기 때문에 이 전쟁을 독립된, 그리고 일본에 의한 일방적 서구침략이라는 관점은 잘못이라는 것이다. 예컨대 작가 하야시 후사오(林房雄)는 1964년의 『대동아전쟁긍정론(大東亞戰爭肯定論)』(夏目書房)에서 "나는 '대동아전쟁(태평양전쟁)은 1백년전쟁의 종착역이었다'고 생각된다"고 말하고, 서양열강의 아시아침략의 역사 속에서 태평양전쟁을 재검토해야 한다고 주장했다. 또 철학자 우에야마 슌페이(上山春平)는 61년의 『대동아전쟁의 유산(大東亞戰爭の遺産)』(중공신서)에서 "극동재판의 원리가 된 '태평양전쟁'사관의 가치척도는 조선 전쟁, 알제리아 전쟁, 스위스 전쟁에서의 구연합국의 행동에 의해, 차례차례 의심되는 것으로 되어왔다"고 지적, 극동재판이 내건 '문명'과 '정의'가 괴이한 것이라고 주장했다.[30]

동경재판의 문제점을 그것을 구성하고 있는 내용적인 측면에서 주장하는 또 다른 논리는 그 재판의 구성이 점령군들이 일방적으로 구성한 일방적인 재판으로 이는 객관성을 결여하고 있다는 것이다. 따라서 이 논리에 의하면 이 일방적으로 구성된 편파적인 재판에 의해서 규정된 'A급전범'이라는 것도 점령군에 의해 일방적으로 규정된 개념이기 때문에 이 또한 수용할 수 없다고 주장한다.

2005년 5월 모리오카 마자히로(森岡正宏) 노동정무관(勞動政務官)이 자민당 국회의원회에서 고이즈미 수상의 야스쿠니 신사(靖國神社)참배에 찬의를 표한 후 "극동국제군사재판은 평화나 인도에 대한 죄를 멋대로 적용해 점령군이 만든 일방적인 재판이다. A급전범의 유족에는 연금을 주고 있으며, 일본국내에는 벌써 죄인이 아니다"고 말했으며, 이어 6월 24일, 야스쿠니 신사가 "A급전범의 전쟁책임은 어떻게 생각하는가"라는 동경신문의 질문에 대해서, "전쟁재판수형자는 국내에서 범죄자 등으로 여겨지지 않았다"고, 재판 그것에 대해서도 "동경재판이 절대적으로 옳았다고 말할 수 없다"고 공식적으로 회답하고 있음은 이 같은 동경재판과

---

30) 佐伯啓思 (2005), p.218.

그에 의해 규정된 'A급전범'에의 불인정에 대한 전후총결산논리의 명확한 입장 중의 하나라고 볼 수 있다.[31)]

특히나 일본이 동경재판을 수락했는가 아닌가의 문제에 대해서도 근래에 들어서는 일본이 애초부터 이 재판을 수락한 적이 없다고 하는 새로운 주장이 제기되면서, 위와 같은 잘못된 구성으로 잘못내린 재판의 결정은 과거에나 현재에도 인정할 수 없다는 주장이다. 즉 그들은 샌프란시스코강화조약[32)] 제11조의 "Japan accepts the judgments −"를 그동안은 일본이 동경재판을 수락한 것으로 해석하는 이들이 있었으나 이는 잘못이라는 것이다. 다시말해 여기서 사용된 'judgments'를 재판으로 번역하는 것은 잘못이며, 이것은 일본이 단지 판결의 이행을 승낙한 것으로 봐야 정확하다고 하는 와타나베 쇼이치(渡部昇一)씨 등의 주장이 동경재판 부정론에 힘을 보태고 있다.[33)]

동경재판의 내용상의 문제점을 주장하는 또 하나는 피고인들에 대한 형량이 지나치게 과하다는 것이다. 동경재판은 뉘른베르크 재판[34)]을 근

---

31) 佐伯啓思 (2005), p.228.
32) 吉田茂는 <回想十年>(中公文庫)에서, 강화조약의 성격에 대해서 말하고 있다. "강화에 대처하는 우리들의 근본적인 사고는 다음과 같은 것이었다. 첫째로 대일강화회의는 종래의 포츠담회의나, 베르사이유 회의와 같이, 전승국 측과 패전국 측이 상대하여 강화조약을 토의하는 회의는 결코 되지 않았다는 것에 있었다. 이것은 루스벨트 대통령의 제창한 무조건항복방식이나, 또 이에 따른 포츠담선언에서 오는 당연한 귀결이었다. 연합국측이 평화조약에 의해 정하려고 하는 사태를, 이미 점령기간 중에 만들어 가지고 있었다. 즉 소위 기정사실을 만들어 두었다. 따라서 평화조약은 새로운 사태를 만들어 낸다기보다, 오히려 이미 만들어진 사태를 확인하는 것이 된 것이다."
33) 『産經新聞』, 2005년 6월 18일자.
34) 재판소가 뉘른베르크에 있었다 하여 뉘른베르크 재판이라고도 한다. 이 재판은 미국·영국·프랑스·소련의 4개국 간에 체결된 국제군사재판의 설립에 관한 협정(1945년 8월 8일, 유럽 추축국의 중요 전쟁범죄인의 소추 및 처벌에 관한 협정과 그 부속 국제군사재판 조례)에 의하여 이루어졌다. 이 협정에는 그후 19개 연합국이 가입하였다. 이 협정은 모스크바 선언(1943년 10월 30일)의 원칙을 확인하고(전문), 특정의 지리적 장소에 한하지 않는, 제

거로 하여 행해겼으나, 쌍방의 판결을 비교하면, 독일에서는 사형된 피고의 대부분이 전쟁범죄에 대한 것으로, 평화에 대한 죄의 양형은 가벼웠음에 비해서, 동경에서 사형에 처해진 피고는 침략의 공모자로서 평화에 대한 죄를 물은 것이 대부분이었다. 이 차이는 독일에 대한 조치에 비해,

---

2차 세계대전 전체에 일반적으로 관련되는 중요한 전쟁범죄인을 재판하는 것과(1조), 특정한 지리적 장소에 한한 전쟁범죄자는 그 장소의 소속국으로 보내어져 그 나라의 재판소에 의하여 재판받게 됨을 규정하고 있다. 이러한 취지 아래 국제군사재판 조례의 법적 근거에 의해 유럽 추축국의 중요한 전쟁범죄인의 공정하고 신속한 심리와 처벌을 위하여 국제군사재판소가 설립된 것이다. 재판소는 영국인 판사 로렌스를 재판장으로 하는 4명의 재판관(미국의 비돌, 프랑스의 드파브르, 소련의 니키첸코)으로 이루어졌다. 그리고 소추위원회는 4개 서명국이 임명한 4명의 주임검찰관으로, 변호인은 모두 독일인으로 이루어졌다.1945년 10월 18일 베를린에서 24명에 대한 기소장이 제출되고, 재판은 11월 20일부터 다음 해 8월 31일까지 뉘른베르크에서 심리가 시작되었으며, 그 사이의 공판횟수는 403회에 이르렀다. 또 검찰관을 위하여 36명의 증인이 증언을 하였고, 변호를 위한 19명의 피고의 진술과 61명의 증언이 있었으며, 단체에 관한 심의에 대하여 101명이 증언을 하였는데, 재판소는 스스로 22명의 증인을 채택하였다. 판결은 1946년 9월 30일 및 10월 1일과 2일에 걸쳐 내려졌다. 24명의 피고인 가운데 라이는 구금 중에 자살했고, 크루프는 병으로 연기(후에 사망)되었기 때문에 22명에게 각각 무죄(3), 교수형(12), 종신형(3), 유기형(4)이 선고되었다. 기소장(起訴狀)를 보면 그 소송 이유는 네 가지이다. 첫째는 침략전쟁을 위한 공동의 계획과 모의, 둘째는 평화에 대한 죄, 셋째는 전쟁법규 위반, 넷째는 인도(人道)에 대한 죄이다. 이에 대하여 판결의 실질적 부분은, ① 독일에 있어서의 나치스 정치, ② 모의의 공동계획과 침략전쟁, ③ 전쟁범죄와 인도에 대한 죄, ④ 단체의 범죄성 등 4가지로 구성되어 있다. 이 가운데 ②와 ③이 4가지 소인에 관한 부분이다. 22명에 대한 선고 외에 판결에 있어 독일 국수사회노동당 정치영도반(國粹社會勞動黨政治領導班: 나치스당의 정치지도단)·비밀국가경찰(게슈타포)·총통 보안대(SI)·독일국수사회노동당 친위대(SS)는 범죄성이 있는 단체로 규정지었다. 사형 집행은 연합국의 독일관리이사회의 명령에 따라 1946년 10월 16일에 있었다. 국제군사재판은 이 재판을 기초로 하여 후에 실시된 극동국제군사재판과 함께, 침략전쟁을 하나의 범죄로 취급하고 비인도적 행위에 대해서는 개인에게도 그 책임을 물었다는 데 의의가 있다.

일본에 대한 자세가 보다 보복적이며 정치적이었음을, 즉 일본을 악으로 정착시킨 것을 목적으로 한 것이 잘 나타나고 있다.

실제로 나치에서의 홀로코스트와 같이, 민족이나 사상으로 선별한 사람들을 계획적으로 대량학살하도록 하는 범죄를 일본은 범하지 않았다. 다분히 전쟁을 한 이상, 다양한 측면에서 책임을 물어야 하고, 반성해야 할 사유가 있었으나, 그것으로 미국이나 영국 등 교전국에 비해서 많다고는 도저히 말 할 수 없다.

재판과정에서 극동국제재판소 조례는 사후입법이며, 사후법으로 재판하는 것은 위법이 아닌가, 전승국만이 평화에 대한 죄에 대해서 재판을 행하는 근거는 어디에 있는가, 국가의 행위인 전쟁에 대해서, 개인의 책임을 묻는 것이 가능한가, 포츠담선언에 기록되어 있는 전쟁범죄인은 종래 개념의 전쟁범죄인으로, '평화에 대한 죄'라고 하는 기괴한 개념은 염두에 두지 않았으며, 이러한 재판은 항복조건에 위반하는 것이 아닌가 하는 근본적인 이론이 제시되었으나, 변호인측이 용의한 방대한 자료와 함께, 거론되지도 않고, 피고 전원이 유죄로 여겨져, 도조 히데키(東條英機) 이하 7명이 사형, 기도 고이치(木戶幸一) 이하 16명이 종신금고, 2명이 유기금고형이라는 판결이 내려졌다.

재판장을 맡았던 웹은 독일과 비교할 경우, 사형에 상당하는 피고는 1명도 없다고 하는 반대의견을 말해, 인도의 팔 재판관은 판결 본문보다도 긴 의견서를 써 전 피고인이 무죄라고 주장한 것은 유명하다.[35]

이상과 같이 전후총결산에서 나타나고 있는 동경재판이 가지고 있는 문제점이라고 지적하고 있는 사후법에 대한 재판, 전승국이 검사와 재판관을 겸한다고 하는 전승국에 의한 재판, 법정에서의 사실인정의 부정확 등의 세 가지 사항 그 모두는 너무나 자의적으로 이 재판을 단순화하거나 의도적으로 왜곡하는 하는 등으로 논리의 객관성을 결하고 있음은 국제적으로도 널리 지적되고 있으며, 최근에는 일본 국내에서도 이러한 동

---

35) 佐伯啓思 (2005), p.224.

〈표 1〉 극동군사재판 판결내용

<교수형> 7명 주된 직위 (*는 야스쿠니 신사에 합사)	
도조 히데키(東條英機)	육군대장, 수상
히로다 고키(廣田弘毅)	수상, 외상, 조소련대사
도이하라 겐지(土肥原賢二)	육군대장, 奉天특무기관장
이타가키 세이치로(板恒征四郎)	육군대장, 支那파견군총참모장
기무라 헤이타로(木村兵太郎)	육군대장, 미얀마 방면군 사령관
마쓰이 이와데(松井石根)	육군대장, 中支那方面軍사령관
무로 아키라(武藤章)	육군중장, 육군성 군무국장
<종신형> 16명	
기도 고이치(木戸幸一)	內大臣
히라누마 키이치로(平沼騏一郎)	수상, 추밀원의장
가야 오키노리(賀屋興宣)	藏相
시마다 시게타로(鳥田繁太郎)	해군대장, 海相, 해군군령부총장
사라토리 도시오(白鳥敏夫)	주 이탈리아대사
오오토리 히로시(大鳥浩)	육군중장, 주 인도대사
아라키 시다오(荒木貞夫)	육군대장, 陸相
호시노 나오키(星野直樹)	만주국총무장관, 동조내각서기관장
고이소 구니아키(小磯國昭)	육군대장, 조선총독, 수상
하타 로쿠(畑俊六)	육군원수, 支那파견군총사령관
우메즈 요지시로(梅津美治郎)	육군대장, 관동군사령관, 육군참모총장
미나미 지로(南次郎)	육군대장, 陸相, 조선총독
스즈키 데이이치(鈴木貞一)	육군중장, 기획원 총재
사토 겐료(佐藤賢了)	육군중장, 육군성 군무국장
하시모토 긴고로(橋本欣五郎)	육군대좌, 大日本赤誠會統領
오카 다카즈미(岡敬純)	육군중장, 해군성 군무국장

<금고 20년> 1명	
도고 시게노리(東鄕茂德)	외상, 주인도, 주소련 대사
<금고 7년> 1명	
시게미쓰 마로루(重光葵)	외상, 주 영국 대사
<판결전 사망> 2명	
마쓰오카 요스케(松岡洋右)	외상, 만철총재
나가노 오사미(永野修身)	해군대장, 해군 군령부 총장
<정신장애로 인정돼 免訴> 1명	
오키와 슈메이(大川周明)	국가주의운동가

자료: <讀賣新聞>, 2005년 6월 9일자

경재판에 대한 문제제기에 대한 반론도 본격화하고 있다. 최근 우시무라 케이(牛村圭)는 다음과 같이 동경재판에 대한 문제제기에 대해 조목조목 이를 비판하고 있다.

첫째, 동경재판이 '통상의 전쟁범죄'에 추가하여 '평화에 대한 죄', '인도에 대한 죄'라는 사후법에 의한 재판이었기 때문에 이는 죄형법정주의에 위배된다고 비판하는 입장에 대해서 그는 동경재판이 법정주의라고 하는 근대법의 원칙에 저촉되는 재판이었다는 사실은 확실히 법적근거를 가지는 논리이기는 하나 죄형법정주의도 하나의 주의, 사상이라고 하는 것을 생각 하면, 사상사의 입장으로부터는 다른 해석도 가능할 수 있다고 볼 수 있다. 영미법에서는 전통적으로 '법률 없이는 범죄 없다(Without a law, there is no crime)'라는, 즉 대륙법의 죄형법정주의에 대응하는 것은 없고, 오늘날에도 이 점에 관해서는 확실한 거리가 있기 때문에 영미법에서는 죄형법정주의는 엄밀한 원칙이라고는 말할 수 없다는 것이다. 동경재판은 주지하는 것과 같이 근대 일본이 친숙한 대륙법이 아니라, 영미법이라는 이(異) 문화의 재판이었으며, 그렇다고 한다면 사후입법의 금지라고 하는 원칙에 저촉했다는 비판은 크게 설득력이 있을 수 없다는 것이다.

둘째, '승자에 의한 재판'이라는 문제는 상당히 많은 사람들의 지지를 받고 있는 동경재판의 문제점이기는 하다. 그러나 세계의 많은 전쟁사에서 보면 전쟁기간이나 전후처리과정은 재판이라는 형식적인 절차마저 생략된 즉결처분이 비일비재하게 일어났던 것도 사실이기 때문에, 이 같은 승자들만에 의한 재판이라는 것으로 동경재판의 문제점을 지적하는 데도 문제는 있다고 볼 수 있다.

셋째, 사실 인정의 부정확성에 대해서는 지금은 물론 당시에 있어서도 학문적 정확성을 결하고 있다고 지적되고 있다. 이 입장은 흔히 당시 팔 판사가 재판의견서에서 동경재판이 피고인들에 대한 사실인정과정에서의 부정확성이 많아 정확한 재판이 이뤄지지 않았다고 하는 이른바 '팔의견서'에 그 근거를 찾고 있다. 그러나 이러한 사실인정의 오류가 전적으로 재판의 자의성에 근거한다고 보기보다는 당시 번역의 미숙이나 그 밖의 상황에도 상당한 원인이 있다고 볼 수 있기 때문에 이에 책임전가로 동경재판 그 자체의 문제점을 확대하는 것은 적절치 못하다.36)

넷째, 동경재판에서는 미국에 의한 원폭투하, 소련의 일소중립조약 침범과 시베리아 억류 등 승자에 의한 전쟁범죄 이외에, 천황의 전쟁책임의 문제가 재판되지 않았다는 점도 문제로서 남았다. 미쿠리야 다카시(御廚 貴) 동경대 교수는 천황의 전쟁책임과 A급전범의 관계에 대해서 "A급전범이 희생양으로서 천황, 일반병사의 죄를 뒤집어 쓴 면은 무시할 수 없으며, 천황을 면책하는 이상, A급전범이 책임을 질 수 밖에 없었다"고 말하면서 동경재판이 가지고 있는 또 다른 측면에서의 본질적인 한계를 지적하고 있다.37)

2) 야스쿠니 신사문제

일본이 태평양전쟁에서의 'A급전범'을 비롯한 과거의 전쟁에서 사망한 군인 군속과 그에 준하는 사람들의 위령(慰靈), 현창(顯彰)을 위한 시설

---

36) 牛村圭 "歷史認識論爭を'文化の裁き'とするながれ – 東京裁判再考,"『中央公論』, 2006년 2월호.
37) 『中央公論』, 2005년 8월호.

로 설립 운영되고 있는 야스쿠니 신사에 대한 수상을 비롯한 일본의 정
관계인사들의 참배의 문제 또한 전후처리총결산의 주요한 현안의 하나
다. 일본정부는 야스쿠니 신사에 대한 참배문제는 과거전쟁에서의 전몰
자들에 대한 애도와 함께 앞으로 두 번 다시 이러한 전쟁을 일으키지 말
아야 한다는 이른바 '부전의 맹서(不戰의 盟誓)'를 위한 합당한 행위라고
강변하면서 이에 대한 참배를 강행하고 있다. 반면, 이 신사에 합사된 전
쟁범죄자들이 일으킨 전쟁행위를 통해 막대한 피해를 받은 한국, 중국 등
의 주변 국가들은 일본이 'A급전범'이 합사되어 있는 야스쿠니 신사에
대한 참배를 그만두지 않는 한 진정한 의미에서의 과거사에 대한 반성을
하지 않는 것이라고 이에 대한 중지를 강력하게 요구, 이에 대치하면서
이 문제는 일본 전후총결산의 중요한 쟁점사안으로 떠오르고 있다.

(1) 경과

야스쿠니 신사는 1869년(명치2년) 6월 29일, 무진전쟁(戊辰戰爭)의 관군
측 전사자의 위령(慰靈), 현창(顯彰)을 위해 동경초혼사(東京招魂社)로서 창
건되었다. 10년 후, 명치천황의 명령에 의해 야스쿠니 신사로 개명됐고,
육해군이 공동으로 관리하는 별격관폐사(別格官幣社)가 되었다. 전후에는
국가신도의 폐지에 수반하여 국가호지(國家護持)의 손을 떠나 단일 종교
법인이 되었다.[38] 야스쿠니 신사는 신화 상의 신이나 역사상의 인물을
제사하는 일반신사와는 달리, 전병사(戰病死)한 '영령(英靈)'이라고 부르는
군인군속과 그에 준하는 사람들로, 전전은 육해군, 전후는 후생성(厚生省)
의 선고를 거쳐 제신(祭神)으로 제사지냈다.[39]

일본이 패전 후 처음으로 야스쿠니 신사에 참배를 한 것은 종전 다음
해인 1945년 10월 시데하라(幣原) 수상이었으나 그 후는 GHQ의 지시로
전몰자에 위령제에 대한 공개적인 관여는 일체 금지되었다. 그러나 그 후

---

38) 高橋哲哉, 『靖國問題』(筑摩書房, 2005).
39) 佐伯啓思 (2005), p.238.

강화조약이 서명되자 요시다 수상은 그 비준을 기다리지도 않고 여전히 점령중인 상황에도 불구하고 "전몰자의 위령제에 대한 공인의 참배는 괜찮다"고 하는 점령군 당국의 허가를 얻어 공식참배를 행함으로써 요시다(吉田)나 유족 모두가 감개무량했다고 보도되고 있다.

〈표 2〉 야스쿠니 신사에 참배한 일본의 현직수상

하가사쿠니 나루히고 (東久邇宮稔彦)(염)	1945.0818일 / 1회
시테하라 기주로(幣原喜重郎)	1945.10 / 11월 / 2회
요시다 시게루(吉田茂)	1951~54년의 春秋例大祭 등 5회.
기시 노부스케(岸信介)	1957년, 58년의 例大祭 전후에 2회
이케다 하야로(池田勇人)	1960~63년의 秋의 例大祭 등 5회
사토 에이사쿠(佐藤榮作)	1965~72년에 春秋例大祭 등 11회
다나카 가쿠에이(田中角榮)	1972~74년에 春秋例大祭 등 6회
미키 다케오(三木武夫)	1975~76년에 春秋例大祭 등 3회 (8월15일 1회를 포함)
후쿠다 다케오(福田赴夫) (부)	1977~78년에 春秋例大祭 등 4회 (8월15일 1회를 포함)
오히라 마사요시(大平正芳)	1979~80년에 春秋例大祭 등 3회
스즈키 젠코(鈴木善幸)	1980~82년에 春秋例大祭 등 8회 (8월15일 3회를 포함)
나카소네 야스히로(中曾根康弘)	1983~85년에 春秋例大祭 등10회 (8월15일 3회, 85년은 전 각료 대동)
하시모토 류타로(橋本龍太郎)	1997년 7월에 1회
고이즈미 준이치로(小泉純一郎)	2001.8.13 / 2002.4.21일 例大祭 / 2003.1.14 / 2004.1.1 / 2005.10.17 등 5회

자료: 『日本の論点 2006』, p.239에서 재인용

전후 이렇게 시작된 수상들의 야스쿠니 참배는 요시다 수상이 4회, 기시(岸) 수상이 5회, 이케다(池田) 수상 5회, 사토(佐藤) 수상 11회, 다나카(田中) 수상이 5회씩 각각 수상으로서 공식 참배하여 왔다(고이즈미 수상 5회). 이렇듯 전후에도 역대의 수상이나 집권당의 지도자는 야스쿠니 신사에의 참배가 이어져 왔으나, 특히 문제가 된 것은 1985년에는 당시의 나카소네 수상이 종전기념일인 8월 15일에 '공식참배', '야스쿠니 공식참배는 위헌 소지를 부정할 수 없다'는 80년의 일본정부 통일견해를 무력화시키고부터였다. 특히 고이즈미 수상은 2001년 총선거에서 '전몰자위령의 날에 야스쿠니 신사에 참배한다'고 공약, '전몰자에 애도의 마음을 바쳐, 부전(不戰)의 맹서를 하기 위해 참배한다'고 참배를 반복함으로써, 중국, 한국의 반발을 초래, 심각한 외교문제로 발전하고 있다.40)

수상에 의한 참배가 문제가 되는 이유 중의 하나는 일본헌법 제20조의 '정교분리(政敎分離)'와의 관계다. 고이즈미 수상의 야스쿠니 참배로 종교의 자유가 위협돼 정신적인 고통을 받았다고, 2005년 11월까지 8건의 소송이 제기돼, 11건의 판결이 났다(지방재판소 7건, 고등재판소 4건). 2004년 4월에는 후쿠오카 지방재판소(福岡地裁)가, 수상의 야스쿠니 참배는 공무이며, 헌법에서 금하는 종교행위에 해당한다며 처음으로 위헌판단을 내렸다(나카소네 수상의 참배에 대해서는 1992년에 오사카 고등재판소가 '위헌의 의심'을 지적했다). 이어 2005년 9월에는 오사카 고등재판소로서는 처음으로 위헌판단을 내렸다. 어느 것이나 원고의 위자료청구는 기각됐다.

이에 대해 헌법학자 히라노 다케시(平野武)는 "손해배상청구를 기각하면서 위헌판단을 내린 것에 대해서는 정교분리라고 하는 헌법의 원칙에 반하는 행위가 있는 이상, 그것에 대해서 경종을 울리는 것은 재판소의 하나의 임무로 타당하다"고 논평하고 있다.41)

---

40) 『讀賣新聞』, 2001년 7월 29일자.
41) 『讀賣新聞』, 2005년 9월 30일자.

(2) A급전범 문제

야스쿠니 신사를 둘러싼 가장 핵심적인 문제는, 'A급전범'합사 문제다. 78년 10월 야스쿠니 신사는 동경재판에서 유죄로 여겨진 A급전범을 '소화순난자(昭和殉難者)'로서 합사했다. 전후 8회에 걸친 소화 천황의 야스쿠니 참배는 75년 11월을 최후로 그만뒀으나, 그 이유는 이 A급전범 합사때문이라는 설이 유력하다. 이에 대해서 외교평론가인 오카자키 히사리코(岡崎久彦)는 "소화 50년에 당시의 미키 수상이 '사적(私的)'참배라고 말함으로써, 천황의 참배를 공적, 사적으로 구별 지을 수 없기 때문에, 참배할 수 없었다."고 하여, '천황의 야스쿠니 참배와 A급전범 합사와는 아무런 관련도 영향도 없다'고 지적하기도 한다.42) 지금의 천황은 즉위 이래 한 번도 참배하고 있지 않다.

야스쿠니 신사에 대한 일본수상의 참배에 대해서는 일본국내에서도 찬반의 의견이 엇갈리고 있다. 먼저 수상 참배를 긍정하는 논자들의 대부분은 동경재판이 법적, 조약적 정당성을 결여한 부당한 재판인 것을 이유로 하고 있다. 뿐만 아니라 53년 8월의 중의원 본회의에서 '전쟁범죄에 의한 수형자의 사면에 관한 결의'가 채택돼, 구 적국의 전쟁범죄재판에 의한 형사자 등은 국내법에서의 죄인이라고 볼 수 없다는 사면조치가 취해진 것도 근거로 제시되고 있다.

한편 철학자 우메하라 다케시(梅原猛) 같은 이는 이와는 달리 "A급전범이란 이길 승산이 없는 전쟁을 개시한 것은 어쨌든, 분명한 패전을 방치하여 수백만의 인간을 죽였을 뿐 아니라, 중국, 조선을 비롯한 아시아 태평양지역의 사람들의 희생을 강요한 책임자"이며, "A급전범이 모셔져 있는 야스쿠니 신사에 참배하는 것은 침략전쟁을 긍정하고 정당화하는 것으로, 중국이나 한국 사람들이 분노하는 하는 것은 당연한 일"로 수상의 야스쿠니 참배에 강하게 반대하고 있다.43)

---

42) 『諸君!』, 2005년 8월호.
43) PHP研究所 編, 『検証·靖国問題とは何か』(PHP研究所, 2002).

수상의 참배를 둘러싸고 일어나고 있는 찬반논의에 대한 대안으로 제시되고 있는 것이 이른바 '분사'와 '별도의 추도시설 건립' 안이다. '분사' 안은 A급전범을 본전과는 다른 곳에 모시자는 안으로 나카소네는 이를 "나는 동경재판은 승인하지 않는다. 때문에 전범이라는 것을 우리들은 인정하지 않는다. 그러나 외교적인 타개방책으로서 정치가는 생각지 않으면 안 될 일이 있다. 양방이 어느 정도 타협하며 이야기 하여, 그리고 새로운 시대에의 전진을 하는 것이 외교의 요체이기도 하다. 그런 면에서, 참배하는 장소를 바꾼다. 요컨대 배전의 장소를 이동한다. 그러한 생각에 서서, 나는 분사라든가 분전이라는 것을 말했다"고 주장한다.

그러나 이러한 분사의 입장에 대해 야스쿠니 신사측은 신도에 있어서는 예컨대 하나의 신령을 분사하더라도 본래의 신령은 그대로 존재한다고 하여, 분사의 가능성을 부정하고 있다.

또 하나의 안은, 야스쿠니 신사와는 다른 별도의 국립추도시설을 만든다고 하는 안이다. 이 안에서는 새로 만드는 추도시설은 전사자만이 아니라, 공습이나 원폭에 의한 일반민간희생자도 포함, 특히 교전상대국의 희생자도 포함한 모든 전몰자를 추도하는 무종교 내지 다종교적 추도시설을 말한다. 미야자키 테쯔야(宮崎哲弥)는 "하나의 종교 법인에 지나지 않는 야스쿠니 신사에, 국가적인 위령, 추도의 기능을 맡기는 것은 '무리'가 있으며 따라서 이와는 다른 구체적으로는 미국의 알링턴 묘지와 같이, 모든 종교를 인정하는 추도시설이 바람직스럽다"고 말한다.[44] 그러나 이 안에 대해서도 명치이래의 역사를 가지고, 국민의 일정한 지지를 얻어 온 야스쿠니 신사에 대신하는 시설이 될 수 있을 것인가, 옥상옥을 만드는 데 불과하다는 부정적인 의견도 강하다.

---

44) 『朝日新聞』, 2005년 4월 22일.

2. 대외정책의 재편

전후총결산을 통한 보통국가 창출을 위한 노력은 대외정책 영역에서도 다양하게 나타나고 있다. 오자와 이치로는 우선 대외정책의 기본원칙으로 '내정과 외교의 일체화', '평화창출'이라는 두 가지 원칙을 전제로한 세부전략들을 내세우고 있다.

먼저, 내정(內政)과 외교가 분열되어있는 상태에서는 새로운 사태에 대응할 수 없기 때문에 이를 통합하는 작업이 우선적으로 이뤄져야 한다고본다. 내정과 외교는 그 대상도 수법도 다르기 때문에, 실무적으로는 서로 다른 기관에 분담하지 않으면 안 되기는 하나 그렇다고 하여 양자가확연하게 분단되어 있는 상태는 좋지 않고, 최종적으로는 하나로 통합된의사결정이 이뤄지는 체제가 필요하다는 것이다.

내정과 외교의 일체화란 또 이들 두 가지의 정책이 국가로서의 이념이나 원칙에 따라 행해지는 것을 의미하며, 외교가 모든 국내정책을 압박케해서도 안 되며, 반대로 내정 상의 곤란함 때문에 외교가 발목이 잡히는것도 있어서는 안 되며, 그러한 조정이 이뤄지기 위해서는 동일 이념, 원칙에 근거하지 않으면 안 된다는 것이다. 때문에 이러한 일본이 가진 내정과 외교와의 갈등의 문제점을 해결하고 '보통의 국가'가 되기 위해서는확실한 이들 간의 정치개혁이 실천되지 않으면 안 된다는 것이다.[45]

보통국가를 위한 내정과 외교의 일체화를 위한 내정의 정비작업으로가장 중요한 조치의 하나는 '국기국가법(國旗國歌法)'제정을 통한 '전후'의 극복작업이었다. 오부치(小淵) 내각이 전후정치의 총결산의 하나로 내세웠던 국기국가법이 1999년 8월 9일, 참의원 본회의에서 찬성 166표, 반대 71표로 가결, 성립했다. 참의원의 찬성표는 70%, 7월 22일의 중원의찬성표 82%를 합하면, 국회의원 3 / 4이상이 법제화를 지지했다. 이것은,일본이 '전후'를 뛰어넘기 위한 하나의 구획이라고 할 수 있으며, 이로써

---

45) PHP研究所 編 (2002). pp.106-108.

반 '히노마루-기미가요'를 정치쟁점화해 온 좌익이데올로기세력을 중심으로 하는 '전후민주주의'가 극복되었다고 하는 의미에서 커다란 의의를 부여하고 있다.46)

다음으로, 대외관계에서의 '평화창출' 전략 수립이 보통국가론의 또 하나의 중심적인 내용으로 자리 잡고 있다. 즉 일본은 부와 권력을 가진 사람이 사회적인 의무를 가질 수밖에 없듯이 대국으로서의 지위에 걸맞는 의무를 수반하는 대외관계에서의 이른바 '노블레스 오브리쥬'정신이 구현되어야 하며, 이를 위해서는 나카소네의 '외교원칙'을47) 기본으로 한 일미중심의 평화유지전략이 우선적으로 강조된다.48)

한국, 중국을 비롯한 일본의 주변국들이 한결같이 일본의 단독행동을 경계하고 있으며, 가장 관계를 중시해야 할 미국이 세계의 평화유지를 위한 활동에 적극적인 점 등을 고려하면, 일본이 취해야 할 평화공헌의 길은 미국과의 공동보조를 중심내용으로 하는 평화유지전략이 가장 합리적이고 또 효율적인 방책인 것이라는 것이다. 일본은 국방의 기본방침 제1항에 UN중심주의를 내걸고 있으나, 실질적으로는 일미안보체제아래 독

---

46) 『讀賣新聞』, 1999년 8월 10일.

47) 나카소네는 10여 년 전부터 '外交4原則', '北韓5原則', '中國-臺灣5原則' 등을 그의 외교원칙으로 제시해 왔다. 그의 '외교4원칙'은 ① 실력이상의 것을 하지 않는다. ② 도박으로 외교를 하지 않는다. ③ 내정외교를 혼합하여 이용해서는 안 된다.④ 세계의 정통적 조류에 따르지 않으면 안 된다. '북한5원칙'은 ① 포괄적 해결을 하고 부분적 해결은 하지 않는다. ② 핵문제와 납치문제를 해결하는 것이 제1관문이다. ③ 한국과 행한 합의 이상은 하지 않는다. ④ 경제협력은 최후단계에서 한다. 돈이나 경제지원은 최종단계에 결정한다. ⑤ 미국과 한국과 일본과 삼위일체로 한다. '중국-대만5원칙'은 ① 미국과 중국, 일본과 중국과의 조약이나 선언을 준수한다. ② 중국은 평화통일에 철저하다고 말하면서 군사적 수법은 감히 말하지 않는다. ③ 그 대신 대만은, 독립이라든가 UN가입이라는 것은 말하지 않는다. ④ 양안의 정치회의를 재개한다.⑤ 통상, 통신, 통항의 三通政策을 실행하나, 단지 양안정치의 협정에 의한다. 등이다.

http://www.yatchan.com/seiji/tenchi/tenchi2004/0527.html

48) PHP研究所 編 (2002). pp.112-126.

립과 평화를 지켜왔기 때문에 이런 점을 고려하면 미국과의 긴밀한 협조
는 불가피하다는 것이다.

냉전기에는 안보조약이 불필요하다는 주장을 단견으로 몰아붙이면서
오자와는 일미안보조약은 북대서양조약과 같은 단순한 방위를 위한 조약
이 아니라, 제2차 대전에서 역사, 민족, 언어, 문화 등이 전혀 다른 두 나
라가 사력을 다해 싸웠으며, 전쟁이 끝나자 강력한 유대를 맺은 것이 일
미안보조약이라는 것이다. 그는 일미안보조약을 3층 건물로 비유하면서
이의 의미를 구체적으로 설명한다. 1층은 페리제독이 내일(來日)했을 때
체결한 일미화친조약의 연장선상에 있는 일미우호협력조약으로, 일미안
보의 정식명칭이 '상호협력 및 안전보장'이 되어 있는 것은 이를 말하며,
2층 부분은 가장 눈에 띄는 방위상의 약속이며, 북대서양조약에 상당하
는 부분인데 일미안보조약은 불필요하다고 하는 사람들은 이 부분밖에
보지 않는다는 것이다. 왜 북대서양조약과 달리 일미안보조약은 1층과 2
층 부분이 있는가에 대해서 이는 양국이 문화나 인종을 달리하고, 커다란
전쟁에서 싸웠기 때문이라고 설명한다. 미국과 유럽은 인종, 문화, 종교,
언어 등이 거의 같고, 또 19세기 초 미영전쟁이래, 2백년 가까이 본격적
으로 싸운 적이 없어 우호조약도 부전조약도 필요 없기 때문이나 일본과
미국과의 관계는 그렇지 않다는 것이다. 따라서 일미안보조약을 기축으
로 한 국제활동을 전개하는 것만이 일본이 취해야 할 길이라는 것이 미
일중심의 안보전략에 대한 오자와(小澤)의 입장이다.[49]

3. 자위대의 재편

자위대의 재편 또한 전후총결산의 주요한 정책목표의 하나다. 지금까
지의 일본의 안전보장 정책은 동서대립이라는 냉전구조 속에서, 명분적
으로는 UN중심주의를, 방위전략으로서는 일미안보체제를 기축으로 하여

---

49) PHP研究所 編 (2002). pp.114-118.

일본에 대한 직접 간접의 침략을 미연에 방지·대처한다는 '전수방위전략(專守防衛戰略)'이었다. 이러한 소극적인 정책을 취하게 된 것은 개별적 자위권은 보유하나, 집단적 자위권50)은 인정하지 않는다고 하는 헌법해석의 테두리 내에서 안전보장정책이나 방위전략을 만들었기 때문이다.

따라서 지금까지 일본 자위대는 독자적인 능력으로 국가주권을 지키는 '군대'로서는 기능하지 못했고 일미안보체제라고 하는 굴레 속에서, 미국의 적극적인 협력에 의해서만 군사기능이 유효하게 발휘될 수 있는 체제였다. 그러나 냉전이 종식되고, 새로운 세계질서의 구축이 세계적인 과제가 되고, 일본도 신질서의 구축에 적극적으로 참여하게 되자, 그를 위한 중심적인 수단으로서 자위대가 아주 중요하게 되었다. 그러나 이러한 상황변화에도 불구하고 여전히 자위대가 '전수방위전략'의 굴레를 벗어날 수 없다고 한다면, 신질서구축은 심각한 한계에 부딪칠 수밖에 없다. 만약 자위대를 활용하려 한다면 당연히 자위대의 전략을 전환, 조직을 재편, 바람직한 전략 환경을 적극적·능동적으로 만들어 갈 수단으로 위치지우지 않으면 안 된다는 것이다. 즉 수동적인 '전수방위전략'에서 능동적인 '평화창출전략(平和創出戰略)'으로 대전환할 필요가 있다는 것이다.

'한정적이고 또 소규모적인 침략을 자력으로 배제할 수 있는 방위력'을 보유하기 위해서는 군사력과 그 밖의 복합적인 요소를 포함한 다양한 능력이 요구될 뿐 아니라, 군사력 이외의 여러 가지 활동이 가능한 체제가 되지 않으면 안 되기 때문에 자위대는 지식·기술집약형 조직에서 탈피하여 새로운 상황에 대비케 하기 위해서는 전수방위를 기본으로 하는

---

50) 집단적 자위권은 1945년 10월, UN이 창설되었을 때, 모든 국가가 가지는 고유권리로, UN헌장 제51조에 처음으로 명문화되었다. "이 헌장의 어떤 규정도, UN가맹국에 대해 무력공격이 발생한 경우에는, 안전보장이사회가 국제평화 및 안전의 유지에 필요한 조치를 취하기까지, 개별적 또는 집단적 자위의 고유의 권리를 해치는 것은 아니다. 이 자위권의 행사에 있어 가맹국이 취한 조치는 곧 안전보장이사회에 보고하지 않으면 안 된다." 일본이 UN에 가맹한 1951년 9월 이후는 이 헌장을 준수할 의무가 생겼다. 즉 일본국 헌법은 이 규정이 성립된 후인 1946년에 성립됐다.

'방위계획의 대강'은 발본적으로 개정되어야 하며 이를 위해서는 정치가 군사에 대해서 보다 적극적으로 리더십을 발휘하는 '시빌리언 컨트롤 (civilian control, 민간인에 의한 통제)'의 강화가 필요하다고 강조한다.[51)

4. 헌법개정

일본에서의 헌법개정의 문제는 전후총결산 노선의 최종적인 종착역이라고 볼 수 있다. 즉 일본이 전후 지금까지 외세에 의해 강요받아 만들어진 헌법이 전후일본의 기본적인 골격을 만들어 왔기 때문에 이러한 전후체제를 명실공히 결산하기 하기 위해서는 이의 기본이 되는 전후헌법을 개정해야 되는 것일 뿐 아니라, 이의 개정이 완료 될 때라야 비로소 총결산을 완료할 수 있다고 볼 수 있는 것이다. 이렇듯 일본의 전후총결산과정에서 헌법개정이 갖는 의미는 이의 전제이자 이의 완료를 의미하는 복합적인 함의를 가지는 전후총결산의 가장 핵심적인 관건이라고 볼 수 있다.

이러한 상황인식에서 나카소네(中曾根) 수상은 일찍부터 새로운 헌법개정 즉 '평성헌법(平成憲法)'이 성립될 수 있어야 비로써 '제3의 유신'이 성립될 수 있다고 전제하고 다음과 같이 주장해왔다.

"나는 헌법개정촉진을 전력투구해 왔으나, 이것이 어느 정도 진전돼 일본의 체질이 변해 가는 데는 30년이 걸릴 것이다. 그렇다면, 일찍 서두르지 않으면 안 된다. 그런 생각에서 30년간의 조용한 혁명을 지금부터 전개하지 않으면 안 된다. 다시 말하면, '제3유신'이라는 것이 평성헌법(平成憲法)이 성립돼서부터 시작한다. 평성헌법이라고 하는 것은 5, 6년 내에 만들어 지지 않으면 안 된다. 그러나 그것으로 끝나는 것은 아니다. 그로부터가 문제다. 어떻게 하여 지금과 같은 미국적인 상대주의나 평등주의라고 하는 것으로부터, 우리들 선조로부터 물려받은 바꿀 수 없는 요소를 확립할 것인가 하는 문제다. 여기에 우리들 정치가의 임무가 있으며, 국민의 공동의 목표가 있음을 크게 정치가는 강조하지 않으면 안 되며, 우리들은 그것에 노력치 않으면 안

51) PHP硏究所 編 (2002). pp.118-122.

된다고 하는 것이 나의 오늘의 소견이다."52)

이러한 입장에 서서 그는 헌법개정에 대해서 생각하는 것이, 50년, 1백
년에 걸친 21세기 일본을 만들어 가기 위한 목표라고 보고, 그 중심적인
헌법개정의 내용을 다음과 같이 지적한다.53)

먼저, 전문(前文)개정의 필요성을 지적한다. 그는 현행헌법의 전문은
맥아더사령부의 "방위는 미국이 담당하니까, 일본은 스스로 이를 행할
필요는 없다"는 점령정책의 영향을 받은 것으로, 이는 "일본의 방위는 사
령부가 담당한다"는 간접의 의사표시 이외는 아무것도 아니기 때문에 자
주성을 가지고, 일본국민의 역사적·문화적 공동체로서의 국가를 다 함께
만들어, 다 함께 수호하고 발전해 가는 것과 세계의 운명이나 평화 확보
를 언급하는 내용이 필요하다는 것이다.

또 현행 헌법에는 비상사태에 대한 조치, 위기관리의 조문이 없기 때
문에 비상사태선언 등에 의한 행정조치는 반드시 명문화되어야 한다는
것이다. 비상사태시에 국회에서 논의할 수 있는 시간이 없다. 그것은 사
후에 국회에 보고하든가, 승낙을 얻어야 하는 사항이다. 이 부분도 맥아
더 사령부의 "비상사태에는 여기서 대처한다"는 간접적인 의사표시였기
때문에 시대상황과는 걸맞지 않다는 주장이다.

또 개정의 커다란 쟁점이 되고 있는 제9조에 대해서도 나카소네는 제1
항은 남겨둬도 좋다고 생각하나, 제2항 "육해공군 기타의 전력은, 이것을
보지하지 않는다. 나라의 교전권은 인정치 않는다"는 조항 역시 개정하
여 자기의 나라를 자기가 지킨다고 하는 의사를 명확히 해 둘 필요가 있
으며, 그것도 개별적 자위권만이 아니라, 집단적 자위권도 행사할 수 있
도록 하는 정확을 기해야 할 것이라고 주장한다.

현행헌법의 정부 해석에서는 집단적 자위권의 권리는 있으나, 행사할
수 없다고 하는 커다란 모순이 있다. 일미안보조약에서도, UN헌장에서도,

---

52) http://www.yatchan.com/seiji/tenchi/tenchi2004/0527.html
53) http://www.yatchan.com/seiji/constitution/02-05.html

집단적 자위권은 인정되고 있다. 그리고 정부의 답변에도, "집단적 자위권은 있기는 하나, 행사할 수 없다"라고 하고 있다. 집단적 자위권은 한마디로 말하면 개별적 자위권을 위해 존재하는, 넓은 범위 가운데 하나의 권력이다. 즉 자기 한 사람으로는 적의 공격을 막아내지 못하기 때문에, 다른 상대와 연대하여 동맹조약을 체결하여 수호한다. 제휴상대가 위기에 빠졌을 때에 이쪽이 도울 수 없다고 한다면, 상대에 있어서는 일방적·편무적인 계약이며, 쌍방은 피보호국의 형태가 된다.

당연히 상대를 도우지 않으면 독립국이 아니다. 쌍방은 어디까지 상대를 도울 것인가의 정도는, 헌법이나 특별히 입법하는 국가안전보장기본법에서 정하면 된다. 특히 자위권 발동으로 자기를 지키기 위해, 동맹조약을 체결하기 때문에, 상대를 도울 자위권의 행사, 즉 집단적 자위권의 행사는 인정되어야 하며 개별적 자위권과 집단적 자위권은 일체동근으로 개별적 자위권을 위해 집단적 자위권도 생각할 수 있다는 것이다.[54]

IV. 결어

이상에서 개괄한 일본의 전후총결산에 대한 기본구도는 어디까지나 그들이 내세우고 있는 명분인 세계평화유지와 평화창출이라는 명분으로 미화되고 있기는 하나 이는 또 다른 측면에서 보면 하나같이 일본이 '빼앗긴 50년'의 '전후'를 극복하고 온전하고 강력한 '보통국가'로서의 실력과 위상 그리고 명분을 확보한다는 실질적인 목적이 일관되게 자리잡고 있음을 알 수 있다.

일본의 새로운 역사인식의 전제가 되고 있는 태평양전쟁에 대한 입장에서도 과거의 피동적이고 수구적인 전쟁가해자의 입장에서 벗어나서 이제는 일본이 오히려 어쩔 수 없이 그 전쟁에 말려든 불가피한 전쟁관에

---

54) http://www.yatchan.com/seiji/tenchi/t2001/0326.html

날을 세우고 있으며, 태평양전쟁의 처리장이었던 극동군사재판(동경재판)에 대해서도 이를 수긍하는 종전의 명분론을 존치한 채로 이와는 역행하는, 이 재판이 절차적으로나 내용적인 면에서 여러 문제점을 가지고 있는 부당한 재판이기 때문에 이 재판에 의한 전쟁판단이나 전범처리를 받아들일 수 없다는 새로운 실질적인 논리를 강하게 작동하고 있다.

야스쿠니 신사에 대한 일본수상의 참배문제에 대해서도 이제는 그 신사에 합사된 이른바 'A급전범'이라는 사람들은 잘못된 기준에 의해서 재단되었기 때문에 야스쿠니 신사에 대한 수상의 참배는 더 이상 별다른 문제가 될 수 없다는 기존의 일본 전후의 출발이었던 동경재판에 대한 수긍태도와는 다른 논리로 수상의 참배에 대한 옹호에 힘을 싣고 있다. 뿐만 아니라 대외정책의 기조에서도 겉으로는 '내정과 외교의 일체화', '평화창출'을 강조하면서도 실질적으로 미일안보조약을 가일층 강화하면서 이를 통한 일본 방위력의 증강과 재군비 등의 현안들을 차질 없이 풀어나가려 하고, 이에 더해 자위대 또한 기존의 전수방위 전략을 완전히 폐기치 않으면서도 적극적인 '평화창출전략'이라는 논리로 집단적 자위권 행사의 실질적인 수단을 찾아내려 한다. 그리고 이 논리는 또 이러한 제반 변화된 상황에 대처하는 새로운 발전을 구체화하기 위해서는 무엇보다도 기존의 반신불수적(半身不隨的)인 헌법을 상당부분 실질적으로 개정하여, 형식은 유지하되 내용은 보통국가화를 위한 법률적 뒷받침에 손색이 없도록 하고 있다.

일본의 전후총결산논리가 보이고 있는 이 같은 명분과 실질적인 내용 사이의 이중성은 전통적인 일본적 사고방식의 한 유형이기도 하다. 그러나 현재 전후총결산의 명분으로 새롭게 형성되고 있는 이 같은 '외형(外形)'과 '내면(內面)'사이의 괴리가 만들어 내는 결과는 그토록 이러한 결산을 통하여 보다 강건한 '보통의 나라'를 구축해 내려는 일본 스스로에게는 물론, 이를 지켜보는 외부세계의 관찰자들 모두에게 여전히 확실한 신뢰를 받을 수 없다는 것이 바로 전후총결산 논리가 가지는 자가당착이자, 해결해야 할 최대의 숙제가 아닐 수 없다.

| 제3장 |
'성공의 역설'과 중국적
사회주의의 미래*

서진영
| 고려대학교 정치외교학과 교수

I. 문제 제기

흔히 중국의 개혁정치는 '성공'했고, 소련과 동구의 개혁정치는 '실패'했다고 한다. 중국의 개혁정치가 성공했기 때문에 중국적 사회주의는 살아남을 수 있었지만, 소련과 동구의 개혁은 '실패'했기 때문에 소련과 동구의 현실 사회주의는 몰락했다고 평가한다는 것이다. 이처럼 중국의 성공, 소련의 실패를 판정하는 잣대는 비교적 단순하다. 그것은 개혁정치의 경제적 성공 여부이다. 결국 중국의 개혁정치는 경제발전이란 결과를 산출했지만, 소련과 동구의 사회주의체제의 개혁은 경제발전이란 성과를 실현하는데 실패함으로써 체제 몰락의 길로 가게 되었다는 것이다.

---

* 이 논문은 "개혁정치의 역설과 중국적 사회주의의 미래,"『동아시아연구』제
   11호 (2005년), pp.9-30에 게재된 것을 일부 수정 보완한 것임.

사실, 중국의 개혁은 개혁의 고비 고비마다 경제적 성과를 바탕으로 개혁을 확대·심화할 수 있었다. 1978년 12월 덩샤오핑을 중심으로 한 개혁 세력이 당과 국가권력의 주도권을 장악하고 경제발전과 4개 현대화를 위한 역사적인 노선전환을 선언한 이후, 개혁파들은 경제개혁에 집중했고, 특히 농촌경제의 활성화 개혁 작업부터 시작했다. 따라서 1979년 이후 중국의 농촌사회는 농업생산책임제가 도입·확대 실시되면서 경제적 활력을 되찾았고, 이와 같은 농촌경제의 성과에 힘입어 개혁파들은 1984년에 경제개혁을 도시지역의 국유기업을 상대로 한 경제체제개혁으로 확산시킬 수 있었다. 또한 1980년대 말 천안문 사태 등으로 중국 국내외 여건이 악화되고 체제 위기가 심화된 상태에서도 중국은 치리정돈(治理整頓)의 경제 안정화 정책의 효과로 경제가 안정을 되찾고, 활기를 다시 찾게 되면서 1992년에 덩샤오핑의 남순강화(南巡講話)를 계기로 개혁을 다시 한 단계 상승 발전시킬 수 있었다.

이처럼 중국의 개혁정치는 꾸준히 계속되는 경제성장과 더불어 전진해 왔다. 따라서 중국에서는 개혁정치의 결과로 경제발전이 실현되고, 경제발전의 결과로 중국 공산당의 지배가 정당화되는 '선순환'이 계속되면서 그런 경제적 성과를 산출하지 못한 소련이나 동구와는 달리 현존 사회주의체제를 유지할 수 있었다. 그렇다면 이런 '선순환'은 과연 얼마나 계속될 수 있는 것인가. 그리고 중국 개혁정치의 '성공'은 그런 긍정적인 측면만 있는 것인가.

이 논문에서는 중국 개혁정치가 이룩한 성공의 또 다른 측면을 분석해 보려 한다. 이른바 개혁정치가 만들어 낸 '성공의 역설'을 규명하고, 그것이 중국정치, 그리고 중국적 사회주의의 장래에 어떤 함의를 가지는 것인가를 탐구해 보려는 것이다. 개혁정치의 '성공'은 그것이 의도하지 않았던 경제사회와 중국 사회구조의 변화를 초래하고 있으며 그런 경제·사회적 변화는 공산당 1당 지배를 전제로 운영되는 당 국가체제에 대한 정치 변화를 압박하고 있다. 따라서 개혁정치의 '성공'이 오히려 중국적 사회주의의 위기를 자초하는 '역설'이 성립된다는 것이다.

　　이런 개혁정치의 역설을 설명하기 위해 이 논문 제2절에서는 중국 개혁정치의 성공을 담보한 경제발전의 내용을 중국 경제의 2중적 전환이란 차원에서 간략히 분석하고, 제3장에서 그런 경제발전이 중국 사회를 어떻게 변모시키고 있는가를 중국 사회의 계층질서의 변화란 차원에서 분석하려고 하였으며, 제4장에서 경제발전의 부산물로 심화된 사회적 불평등과 사회적 갈등의 증폭을 지적하면서, 제5장에서 중국이 당면한 정치 사회의 위기와 그에 대한 대응을 소개하면서 중국적 사회주의의 미래를 전망해 보려고 하였다.

II. 경제개혁의 성과: 압축성장과 경제사회의 이중적 전환

　　중국은 개혁 개방을 향한 역사적 노선전환을 선언한 1978년 12월 11기 3중전회 이후 어떤 경제적 성과를 산출해 냈는가. 아래의 <그림 1> 개혁 단계와 GDP 성장률(1981~2004)을 살펴보면 개혁 기간 내내 경제 성장률은 상승과 하락의 곡선을 보이고 있지만, 대체로 평균적으로 9.6 %라는 높은 경제 성장률을 유지하고 있다는 것을 알 수 있다. 이를 다시 최근

〈그림 1〉 개혁 단계와 GDP 성장률(1981~2004)

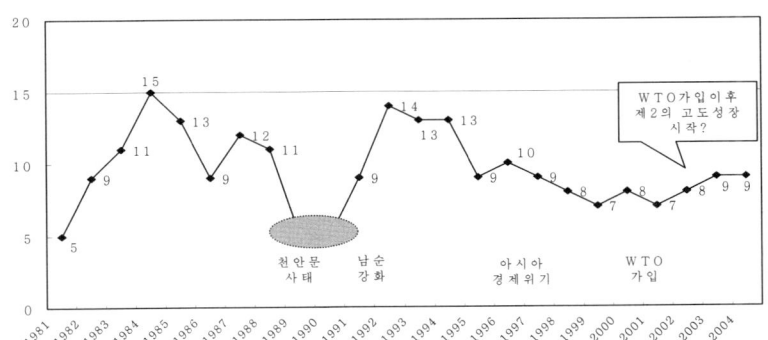

〈표 1〉 개혁 개방 이후 중국의 고도성장(1985~2004)

	1985~1994년 10년	1995~2004년 10년
중국	**10.2**	**8.2**
개도국 평균	5.1	5.1
세계 평균	3.2	3.6

자료 출처: IMF, *World Economic Outlook*, 2004

20년을 두 개의 10년 시기로 나누어 중국과 여타 국가들의 성장률을 비교하면 <표 1>에서의 개혁 개방 이후 중국의 고도성장과 같은 결과를 얻게 된다.

위의 도표에서 알 수 있는 것처럼 중국은 개혁 개방 이후 누구도 부정할 수 없을 만큼 확실하게 빠른 경제성장을 성취하고 있다. 지난 20년간 중국의 경제성장률은 세계 최고 수준의 고도성장을 기록하였으며, 이런 고도성장 추세가 계속된다면 최소한 경제규모의 측면에서 중국은 금세기 안에 세계 제1의 경제대국이 될 수도 있을 것이란 전망이 나오고 있다. 일부에서는 아래의 <표 2> 2050년까지의 성장전망과 위상 변화에서 보여 주고 있는 바와 같이 중국의 국민총생산량이 2005년에 이미 세계 4위이며, 2010년이면 세계 3위, 2020년에 세계 2위, 그리고 마침내 2041년에는 세계 1위의 경제규모가 될 것이라고 예측하고 있다.

이처럼 개혁 개방과 더불어 중국 경제는 엄청나게 빠른 속도로 성장하고 있는 것은 사실이며, 그 결과 중국은 이제 누구도 무시할 수 없을 정도의 경제대국이 된 것도 사실이다. 그러나 중국 경제가 규모의 측면에서 곧 일본을 추월하고, 또 미국까지 따라잡을 수 있다고 해서 중국 경제가 곧 선진국 대열에 합류한다는 것은 물론 아니다. 중국 과학원이 작성한 ≪2005 중국현대화보고(中国现代化报告)≫에 의하면 2001년을 기준으로 중국의 경제발전 단계는 미국과 비교하면 109년, 독일과 비교하면 87년,

〈표 2〉 2050년까지의 성장전망과 위상 변화

(단위: 10억 달러)

	중국	미국	일본	독일	영국	프랑스
2000	1,078	9,825	4,176	1,875	1,437	1,311
2005	1,724	11,697	4,427	2,011	1,688	1,489
2010	2,998	13,271	4,601	2,212	1,876	1,622
2020	7,070	16,415	5,221	2,524	2,285	1,930
2030	14,312	20,833	5,810	2,697	2,649	2,267
2040	26,439	27,229	6,039	3,147	3,201	2,668
2050	44,453	35,165	6,673	3,603	3,782	3,148

자료: 골드만 삭스, 2004

일본과는 44년, 그리고 한국과도 25년의 차이가 난다.[1)

---

1) 이런 계산은 1인당 국내총생산(GDP), 농업노동력의 비중, 그리고 국내총생산에서 농업부가가치가 점하는 비중 등 세 가지 요소를 기준으로 한 것인데, 이를테면 2001년을 기준으로 중국의 1인당 국내총생산은 3,583달러인데, 미국은 109년 전인 1892년에 이 수준에 도달했다는 것이며, 2001년에 중국의 농업노동력 비중이 50%인데, 미국은 131년 전인 1870년에 이 수준이었고, 2001년 중국 국내총생산에서 농업분야가 생산한 부가가치 총액은 15%인데, 미국은 87년 전인 1914년에 이 수준에 도달했다는 것이다. 따라서 이 세 수치를 평균했을 때 중국이 미국보다 경제 현대화의 측면에서 적어도 109년 뒤떨어졌음을 알 수 있다는 것이다. 이런 식으로 계산하면 2001년을 기준으로 중국 경제는 미국보다 약 109년, 일본보다 44년, 한국보다 25년 뒤처져 있다는 것이다. 이와 같이 지난 300년 동안 세계 경제의 현대화 과정을 정리하여 131개 국가가 지난 52년 동안 경제 방면에서 이룩한 성과를 비교 평가하고, 이를 기초로 중국의 경제 현대화가 안고 있는 과제를 제시한 보고서는 中国科学院 산하의 中国现代化研究中心의 中国现代化战略研究课题组가 편찬한 ≪2005 中国现代化报告≫(北京大學 出版部, 2005)로 출판되었다.

이처럼 중국 경제는 규모의 측면에서 경제대국이면서도 여전히 상당 기간 개발도상국의 경제 수준을 벗어나지 못하고 있을 것이지만, 중국 경제가 과거 그 어느 때보다도 빠르게 변화 성장하고 있는 것은 사실이다. 이처럼 중국 경제가 빠른 속도로 성장하면서 중국의 경제사회는 급속도로 과거와 다른 모습으로 변모하고 있다. 아래의 <표 3> 건국이후 중국 경제사회 변화(1952, 1978, 1997, 2003)를 바탕으로 건국이후 현재까지, 특

〈표 3〉 건국 이후 중국 경제사회 변화(1952, 1978, 1997, 2003)

지표	1952년	1978년	1997년	2003년
인구(만 명)	57,482	96,259	123,626	129,227
도시인구 비율	12.4%	17.9%	30%	40.53%
GDP(億元)	679.0	3,624.1	74,772.4	116,898
1차 산업	50.5%	28%	19%	14.6%
2차 산업	21.0%	48%	49%	52.3%
3차 산업	28.5%	24%	32%	33.1%
1인당 GDP(元)	119	379	6,049	9,073
공업총생산(억원)	349	4,237	11,373	52,963
국유	41.5%	77.6%	25.5%	-
집단	3.2%	22.4%	38.1%	-
개인 및 기타	55.3%	0	36.3%	-
수출입총액 (億달러)	19.4	206.4	3,250.6	8,512.1
무역의존도	-	10%	33.8%	60.7%

자료 출처: 21世紀中國總硏 編, [中國情報 ハンドブッグ 2004年版](2004)

히 개혁 개방 이후 중국의 경제사회가 경험하고 있는 복합적 변화를 요약하면 아래와 같다.

<표 3>을 통해 먼저 지적해야 할 것은 마오쩌둥 시대에도 중국 경제는 상당히 발전했다는 것이다. 특히 공업의 발전은 상당한 것이었다고 해도 과언이 아니다. 이처럼 마오쩌둥 시대의 발전도 무시할 수 없는 것이었지만, 역시 개혁 개방시대, 즉 1978년 이후 중국 경제는 그야말로 비약적인 성장을 기록하고 있다. 특히, 1인당 국민소득은 마오쩌둥 시대와 비교하여 개혁 개방 시기에 엄청나게 발전했다는 사실을 쉽게 확인할 수 있다. 1952년에 1인당 국민소득이 119위안(元)이었던 것이 1978년에 379위안으로 증가했지만, 개혁 개방 이후 1997년에는 6,049위안으로, 그리고 2003년에는 9,073위안으로 엄청나게 증가한 것은 1인당 국민소득의 놀라운 도약이라고 하지 않을 수 없다.

바로 이런 경제적 성과를 바탕으로 장쩌민은 개혁 개방에 힘입어 81년부터 90년까지 국민소득을 두 배 이상으로 증대시켜 최소한 먹고사는 문제를 해결할 수 있는 원바오(溫飽) 수준에 도달했고, 2000년까지 다시 1990년의 국민소득을 2배 이상 증대하여 일상생활이 걱정 없는 부분적 샤오캉(小康) 수준을 달성하는 데 성공했다고 공언할 수 있었다. 따라서 장쩌민은 2010년에 현재의 1인당 국민소득 1,000달러의 2배인 2천 달러 수준으로 올리고, 2020년에 4천 달러, 2050년에는 8천~1만 달러로 늘려 부강·민주·문명화한 사회주의국가를 건설한다는 新 3단계 전략도 실현 가능하다고 주장했던 것이다.

이와 같이 개혁 개방과 더불어 괄목할 만한 경제발전을 성취하고, 경제발전과 더불어 중국 경제의 규모도 세계적 수준으로 증가하였고, 일반 국민들의 생활여건도 현저하게 개선되고 있는 것은 사실이다. 그러나 이와 동시에 중국의 경제발전은 중국 경제의 체제적·구조적 변화, 이른바 이중적 전환을 통해 성취되고 있다는 점에 주목할 필요가 있다. 다시 말해 중국 경제는 사회주의 계획경제체제에서 사영경제를 중심으로 하는 시장경제체제로의 경제체제 전환, 그리고 농업국가·자립경제체제에서 산업국가·개방경제체제로의 경제구조의 전환이 진행되고 있다.

　<표 3>에서 알 수 있는 것처럼 중국 경제는 우선 산업구조와 소유구조의 측면에서 놀랍게 변화하고 있다. 이를테면 소유구조의 측면에서 마오쩌둥 시대와는 전혀 다른 방향으로 개혁이 추진되고 있다는 점을 지적할 수 있다. 마오쩌둥 시대에는 사유제 경제를 제거하였고, 따라서 개혁 개방이 시작되기 직전인 1978년에는 개인 및 기타 소유제는 자취를 감추고 국유기업이 77.6%, 그리고 집단 소유제가 22.4%를 차지하는 그야말로 완벽한 사회주의 소유제 형태의 경제체제를 유지하고 있었다. 그러나 개혁 개방시대에는 마오쩌둥 시대에 도입되어 정착되었던 이런 사회주의 형태의 소유제가 해체되고 빠른 속도로 개인 및 기타 소유제의 비중이 증가하면서 사영경제가 주도하는 시장경제체제로 전환되고 있다.

　이미 중국 경제에서 국유 기업 등 공유제 경제가 차지하는 비중과 역할은 급속도로 감소하고 있고, 비공유제 경제의 비중이 증가하면서 경제체제의 전환이 빠르게 진행되고 있다. 1978년에 77.6%라는 압도적인 우세를 보였던 국유제 경제의 비중은 1997년에 25.5%로 급감하였고, 1978년에 소멸되어 존재하지도 못했던 개인 및 기타 사유제 경제의 비중은 1997년에 36.3%로 증가했다는 것이다. 사실 집단 소유의 경제 중에서도 상당 부분이 변형된 사유제 경제란 면을 고려한다면, 중국 경제에서 사유제 경제가 차지하는 비중은 공식 통계에 반영된 것보다 훨씬 더 크다고 할 수 있다. 일부 연구보고서에 따르면 GDP중에서 비국유경제가 차지하는 비중은 2001년 현재 63.4%에 이르고, 중국 경제의 시장화의 정도도 69%에 이른다.

　중국 경제의 시장화는 개혁 개방 이후 꾸준히 추진되어 온 것은 사실이다. 특히 1984년 상품경제론에 입각한 경제체제 개혁이 추진되면서 가격구조에 대한 개혁과 시장의 기능과 역할의 확대가 추진되었다. 특히, 1992년 사회주의 시장경제가 선언되면서 시장화도 본격적으로 추진되어 정부가 직접 관리하는 상품과 서비스도 1992년에 141종에서 2001년에는 13종에 불과하게 되었고, 시장화의 정도도 69%에 이르게 되었다는 것이다.2) 다시 말해 중국 경제는 이제 비국유경제가 주도하는 시장경제로 빠르게 체제전환이 진행되고 있다는 것이다.

이처럼 시장화와 소유제 개혁을 중심으로 중국 경제의 체제전환이 진행되고 있지만, 또 한편에서는 도시화·산업화·세계화도 동시에 급속도로 진행되고 있다. 앞의 도표에서 도시인구의 비율이 빠르게 증대되고 있는 것, 그리고 국민총생산에서 농업의 비중이 감소되고 공업과 서비스 부분의 비중이 확대되고 있는 것은 공업화가 추진 중인 개발도상국가의 산업구조의 전형적인 모습이라고 할 수 있다. 다시 말해 아래의 <표 4>가 보여 주는 바와 같이 중국은 농업국가에서 전형적인 공업화·산업화가 추진되는 개발도상국가의 산업구조로 전환되고 있다는 것이다.

이처럼 중국 경제는 시장화·사유화가 추진되면서 사회주의적 계획경제체제에서 시장경제와 비국유경제가 주도하는 시장경제체제로의 경제체제 전환이 실현되고 있고, 동시에 전형적인 농업국가에서 공업과 서비

〈표 4〉 2003년 기준 산업구조 비교(GDP 비율)

	농업	공업	서비스업
중국	15%	53%	32%
일본	1%	31%	69%
독일	1%	30%	62%
미국	2%	23%	75%

출처: <인민일보>(2005년 10월 10일); 세계은행 <2003년 통계>

---

2) 중국경제의 시장화 정도에 대한 조사보고서는 상무부 위탁으로 北京師範大學 경제와 자원관리연구소가 작성 발표한 ≪2003中國市場經濟發展報告≫이며, 이 보고서에 대해 간략히 설명한 동 연구소 소장인 李曉西의 논문, "中國是發展中的市場經濟國家—解讀≪2003中國市場經濟發展報告≫," <求是> (2003年 第17期) 참조.

스업이 주도하는 전형적인 개발도상국가형 산업화 사회로의 경제구조의 또 다른 전환이 진행되고 있다고 할 수 있다. 이런 변화와 더불어 중국 경제는 빠르게 세계경제와 통합되면서 세계경제와의 상호의존성도 급증하고 있다. 다시 말해 중국 경제는 더 이상 자력갱생을 고집할 수 있는 경제가 아니며, 세계 경제와 밀접하게 연계 발전하는 경제가 되고 있다는 것이다. 위의 <표 3>의 수출입 총액의 증대와 2003년 현재 60.7%에 이르는 무역 의존도가 바로 중국 경제와 세계경제의 상호 관계를 웅변해 주는 것이라고 할 수 있다.

III. 경제변화와 중국사회의 다원화 : 계층구조의 변화

이와 같이 중국 경제는 급속도의 시장화·사유화·도시화·공업화·국제화가 진행되고 있으며, 그런 가운데 중국 사회도 역시 과거와 비교할 수 없을 정도로 다양화·개방화·자유화가 증대되고 있다. 특히, 경제체제와 경제구조의 변화는 중국 사회의 구조적 변화를 필연적으로 초래하는 것이며, 그것은 결국 중국사회의 계급 및 계층구조의 변화로 나타나고 있다. 이를테면 중국이 사회주의 경제체제에서 사회주의 시장경제체제로 전환되면서 앞에서 지적한 바와 같이 시장경제와 비국유제 경제의 중요성이 증대된다는 것인데, 그것은 결국 과거 사회주의 경제체제에서는 그 존립이 인정되지 못했던 사영 기업가들을 비롯한 기업 경영자 계층 등 다양한 사회 계층이 새롭게 등장한다는 것을 의미하는 것이다.

사실 중국은 대담한 경제개혁을 통해서 비약적인 경제발전을 달성했으며, 동시에 계획경제체제에서 시장경제 체제에로 전환하고, 빠른 속도로 도시화·산업화·세계화가 진행되면서 중국 사회구조의 분화도 촉진, 중국 사회와 계층구조의 다원화·개방화·자유화가 현실화되고 있다. 앞의 <표 3>에서도 확인할 수 있는 바와 같이 산업구조가 변화하면서 2차 산업과 3차 산업의 비중이 커지고, 또한 소유제에서도 국유공업의 비중이 낮아지고 집단과 개인 및 기타 공업생산의 비중이 높아지고 있다는 사실은 과거의 사회적 계층 구조에 중대한 변화가 발생하고 있다는 사실을 입증하는 증거라고 해도 과언이 아니다.

이처럼 경제개혁과 중국경제의 체제적·구조적 변화는 전통적인 사회주의 사회의 계층구조의 재구성을 촉진하고 있다. 이를테면 산업화가 진행되면서 전통적인 노동자 계층 내부에서 계층 분화가 발생하고, 계층이동성이 증대하게 된다는 것이다. 2차 산업에서 서비스업종과 같은 3차 산업으로 이동하기도 하고, 노동계급 내부에서도 다양한 계층으로 분화되는 사례도 증가한다. 동시에 소유구조의 변화와 더불어 기존의 국유기업, 집체기업에서 활동하던 노동자들 중에서 일부는 숙련 노동자로, 일부는 사영기업이나 외자 기업 등으로 진출하여 신분의 변화를 모색하는 사례도 증가하고 있으며, 농민이나 지식인 계층에서도 이런 계층 분화가 광범위하게 진행되고 있다. 이를테면 농민층은 1970년대 말과 1980년대 초 농가생산책임제 실시와 인민공사의 폐지, 향진기업(鄕鎭企業)의 성장 등에 힘입어 개별 농가가 경제 주체로 활동하기도 하지만, 동시에 일부는 향진기업 직원, 또는 사영기업주 등으로 분화하기도 하였고, 일부는 도시 지역의 임시 계약직 노동자로 유입되어 여러 가지 형태의 농민공(農民工)을 형성하기도 하였다. 전통적인 사회주의 사회의 지식인계층에서도 관리자나 기업인 등으로 변신하는 다양한 계층분화가 활발하게 진행되고 있다.

따라서 중국 사회는 과거 사회주의 사회의 공식적 계급·계층 구조와는 전혀 다른 모습의 사회로 변화하고 있다. 이런 중국 사회의 계층구조 변화를 조사 분석한 것이 중국 사회과학원의 계층연구보고서이다. 중국 사회과학원의 루쉐윈(陸學芸)을 중심으로 한 과제연구팀들은 1999년부터 3년 동안 12개 성 및 시, 자치구의 1만 1,000명을 표본으로 추출해 연구 분석한 결과를 <당대 중국사회계층연구보고(當代中國社會階層硏究報告)>란 이름으로 발표하였다.3) 그런데 이 연구보고서 따르면 현재 중국사회의 계층은 다음의 <표 5>가 보여주는 바와 같이 5개의 사회경제 등급과 10

〈표 5〉 5대 사회경제 등급과 10대 사회계층

5대 사회경제 등급	해당직업	10대 사회계층
상층(上層)	고위지도급간부 대기업경영자 大사영 기업주 고급전문기술인	국가 및 사회 관리자계층
		전문경영자계층
중상층(中上層)	중간지도급간부 대기업중간간부 중소기업경영자 중간전문기술인 중규모기업주	사영 기업주계층
		전문기술인계층
중중층(中中層)	초급전문기술인 小기업주 사무직 개체호(個體戶) 농업경영자	사무직계층
		개체공상호(個體工商戶)계층
중하층(中下層)	개체노동자(個體勞動者) 일반상업 및 서비스업종사자 노동자, 농민	상업 및 서비스업 종사계층
		노동자(工人)계층
저층(底層)	농업노동자 실업 및 반실업계층	농업노동자계층
		실업 및 半실업계층

출처: 陸學藝 主編, ≪當代中國社會階層硏究報告≫(2002) p.9

개의 사회계층으로 분류될 수 있다고 한다. 이것은 개혁 개방 이전의 '두 개의 계급(노동자＋농민)과 한 개의 계층(지식인)(兩個階級一個階層)'과 대비되는 대단히 복잡하고 다원화된 사회 계층구조로 분화되고 있다는 것을

---

3) 이 보고서는 중국 원문과 국문으로 모두 접근 가능하다. 중국어 원본은 陸學藝 主編, ≪當代中國社會階層硏究報告≫(北京: 社會科學文獻出版社, 2002) 이 있고, 국문 번역본은 루쉐원(陸學藝) 편저 유홍준 역, 『현대중국 사회계층』(서울: 도서출판 그린, 2004)을 참고.

〈그림 2〉 10대 사회계층의 분포

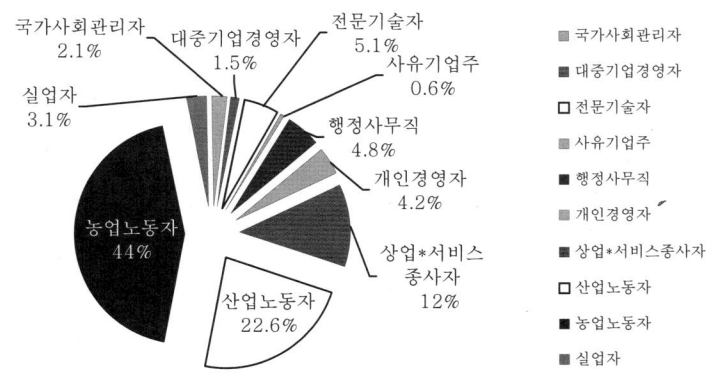

보여주는 실례라고 할 수 있다.

위의 도표를 통해서 잘 나타나 있는 바와 같이 개혁 개방이 확대되고, 경제체제와 경제구조가 변화되면서 전통적인 노동자·농민의 2계급과 지식인 1계층으로 형성되었던 비교적 단순한 사회계층구조가 해체되면서 10개의 계층으로 분화되고 있다.

그런데 이런 계층분화와 관련해서 주목되는 것은 10개의 계층이 수량적인 측면에서 농업노동자(44%) – 산업 노동자(22.6%) – 상업·서비스 종사자(12%) – 전문기술자(5.1%) – 행정사무직(4.8%) – 개체 상공업자 (4.2%) – 실업·반실업자(3.1%) – 국가·사회관리자(2.1%) – 대·중형기업 관리자(1.5%) – 사영기업주(0.6%)의 순서로 구성되어 있지만, 사회경제적 등급의 상중하로 구분하면 당혹스러운 현실이 드러난다는 점이다. <표 5>와 <그림 2>에서 나타나고 있는 것처럼, 중국 공산당의 이념적 지지집단인 노동자와 농민은 사회경제적 기준에서는 저층 집단을 형성하고, 이념적으로 경계 대상이었던 사회적 계층이 사회경제적 지위에서 오히려 주도적 위치로 부상하고 있다는 점은 개혁 개방이 가져온 당혹스러운 변화라고 하지 않을 수 없다. 특히 과거 사회주의 경제체제에서는 백안시되거나 그 존재 자체도

인정받지 못했던 대·중형기업 관리자, 개체 상공업자, 사영기업주가 시장경제개혁의 주요 추진 세력이고 선진적인 생산력을 대표하는 계층으로 인정받고 사회경제적으로나 정치적으로도 높은 위치를 점유하고 있으며, 이들이 중국 사회의 발전을 주도하고 있는 것으로 분석되고 있다는 점은 충격적인 변화라고도 할 수 있다.

이와 같은 계층적 질서의 변화와 더불어 다시 등장하기 시작한 중산계급에 대한 논쟁에 주목할 필요가 있다. 우선 중국사회에서도 경제발전과 현대화의 결과, 점차로 계층구조가 다원화되면서 중국식 중산계급, 또는 중간 계층이 등장하고 있다는 것인데, 이런 중산계급의 등장이 중국정치의 미래에 어떤 의미를 가질 것인가는 대단히 흥미로운 문제라고 하지 않을 수 없다. 그렇다면 중국의 중산계급, 또는 중간계층은 지금 현재 중국 사회에서 어느 정도의 비중을 차지하고 있는가라는 질문을 제기하지 않을 수 없다. 현재로서는 앞에서 제시안 <그림 2>에서 알 수 있는 것처럼, 중국 사회는 아직도 노동자와 농민이 수량적 다수를 점유하고 있으며, 중간계급이라고 할 수 있는 사영기업인을 비롯한 다양한 사회적 계층 분파들의 수량적 비중은 아직 작고 그 정치적 영향력도 제한되어 있다고 할 수 있다.

일부에서는 중국 사회에 아직 엄밀한 의미에서 중산계급이라고 할 수 있는 계층이나 계급은 존재하지 않는다고 주장하기도 한다. 사실, 중간계급의 기준을 직업-수입-소비생활 방식-주관적 인식의 차원에서 설정하고, 이 4가지 기준을 모두 충족하는 사람들만을 진정한 의미의 중산계급이라고 한다면, 그런 의미의 중산계급은 전체 인구 중에서 4.1%에 불과하다는 연구도 있다. 사회과학원의 조사에 따르면, 직업의 차원에서 중산계급에 해당되는 직업군은 앞에서 언급한 10대 사회계층 가운데 5개 직업군, 또는 5개 사회계층(국가사회 관리자-기업경영자-사영기업주-전문기술자-사무직)을 중간계급의 직업군이라고 할 수 있으며, 이들은 전체 인구의 15.9%를 차지하고 있다고 한다. 그런데 수입의 측면에서 중등 수입계층은 전체의 24.6%를, 그리고 소비생활의 방식에서 중산층에 해당된다고 할 수 있는 사람들은 전체의 35%, 그리고 주관적 인식에서 중산층이라고 생각하는 사람들은 전체의 46.8%라고 한다. 따라서 이런 4가지 기준(직업-수입-소비생활-주관적 인지)에서 모두 중산계급이라고 분류될 수 있는 사람은 전체의 4.1%에 불과하고, 그것은 제5차 인구조사 결과를 바탕으로 인구수로 환산하면 3,519만 명에 불과하다는 것이다.[4]

물론 현재의 단계에서 중국의 중산계급은 수적으로도 적고, 또 그 성격과 역할도 불투명한 것은 사실이다. 그러나 경제발전과 현대화가 진행되면서 이들의 역할과 기능은 계속 증가할 것이고, 그와 동시에 이들의 정치적 입지도 확대될 것이 명확하므로 앞으로 중국 사회의 변화는 바로 이런 신흥 중산계층들의 성향과 밀접하게 연계되어 있다고 할 수 있다. 이런 점에서 장쩌민은 3개 대표론을 제창하면서 중국공산당이 이들 신흥 중간계급들을 적극적으로 수용함으로써 중국 공산당의 사회적 지지기반을 재구성하고, 앞으로 있을 수 있는 도전세력을 사전에 차단하려는 의도를 들어내 보이기도 하였다. 과연 중국의 중산계급이 이런 중국공산당의 예비적 수용에 만족하고, 중국공산당 주도의 당국가제도에 안주해 있을 것인가는 중국의 정치적 미래와 관련, 대단히 흥미로운 문제가 아닐 수 없다.

이처럼 개혁 개방과 더불어 새롭게 등장하는 신흥 중산계층을 어떻게 체제 안에 흡수할 것인가의 문제도 중요하지만, 동시에 중국 공산당의 전통적인 지지 세력이었던 노동자와 농민들의 계급적 해체와 재구성 과정에서 표출되고 있는 이들의 불만과 저항을 어떻게 해결하며, 그리고 경제구조 조정과정에서 양산되고 있는 실업자와 반실업자들과 같은 사회적 약자집단들의 불만과 저항은 또 어떻게 해소해 갈 것인가의 문제도 대단히 중요한 과제로 떠오르고 있다. 그렇다면 일반 대중들의 불만과 좌절을

---

4) 이와 같은 중국과학원의 조사결과는 ≪2004年: 中國社會形勢分析和預測≫(社会科学文献出版社)에 공개 발표되었고, 인터넷을 통해 접근이 가능하다. 또한 중산계급과 관련된 부분을 발췌 소개한 "社科院報告: 什么人組成了中國社會中産階層" <人民日報> (2004년 1월 18일)을 참조할 수도 있다.

촉발시키는 경제발전의 부작용은 무엇인가.

IV. 경제발전과 사회적 불평등, 그리고 사회적 갈등 증폭

이미 지적한 것처럼 중국의 개혁 개방은 세계 역사상 그 전례를 찾아볼 수 없을 정도의 압축적 고도성장을 기록하면서 중국의 경제와 사회를 급속도로 변화·발전시키고 있다. 그러나 이런 개혁 개방의 '대성공'은 아무 대가와 부작용 없이 이룩된 것은 아니다. 다시 말해 중국 경제의 고도성장을 촉발한 것이 덩샤오핑과 장쩌민시대의 경제발전 제일주의 개혁전략, 그리고 선부론(先富論)으로 대표되는 불균등 발전 전략이라고 한다면, 그리고 그런 발전 전략의 유용성이 중국 경제의 압축 성장으로 증명되었다고 한다면, 그런 '성공'의 뒷면에는 경제발전 제일주의와 불균등발전 전략이 양산한 사회적 불평등과 부정부패가 있다는 것이며, 바로 그런 불평등과 부정부패에서 사회적 불만과 갈등이 증폭되고 있다는 것이다. 특히, 개혁 개방이 지속적으로 확대 추진되면서 개혁과 개방의 수혜계층과 소외계층이 뚜렷하게 구별되면서 개혁 개방과정에서 혜택을 받지 못하고 있다고 생각하는 소외계층과 사회적 약자들의 불만과 저항이 폭발적으로 표출됨으로써 중국 사회는 경제발전과 더불어 오히려 사회적 정치적 불안정성이 증폭되는 '역설'을 보여주고 있다.

1. 경제발전과 사회적 불평등의 증가

이미 앞에서 여러 번 지적한 바와 같이 중국은 개혁 개방 이후 지속적인 경제성장으로 1인당 국민소득도 빠르게 증가된 것은 부인할 수 없는 사실이다. 그러나 이와 같은 경제발전의 성공은 기본적으로 경제발전 제일주의와 누구든 먼저 부유해 질 수 있는 사람이나 집단, 지역은 먼저 부유해 질 수 있다는 덩샤오핑의 선부론의 자극을 받아 성취된 것이므로 당연히 공동부유의 이상보다는 모든 분야에서 불평등이 심화될 수밖에 없었다. 다시 말해 개혁 개방이 진행되면서 시장화-산업화-도시화-세계화가 추진되고, 그와 동시에 경제발전을 선도하는 관리자와 사영기업주-전문기술자-도시인-외자 기업계층들에게 개혁 개방의 기회와 혜택이 집중되고, 전통적인 노동자-농민들에게는 경제발전의 혜택보다는 경제발전 과정에서 필연적으로 감수해야 할 구조조정의 고통과 부담이 가중되면서 중국 사회는 세계에서 가장 평등했던 사회에서 세계에서 가장 빠른 경제성장을 기록하면서도 세계에서 가장 불평등한 사회중의 하나가 되었다는 것이다. 이와 같은 충격적인 사실은 불평등의 정도를 나타내는 '소득불평등지수＝지니 지수(Gini Index)'의 변화로 확인할 수 있다.

중국 측 자료에 따르면 중국의 도시주민들의 수입을 기준으로 계산한 지니 지수는 1978년에는 0.16이었지만, 그것이 점차로 확대되어 1990년에 0.23, 1995년에는 0.286으로 증가했다. 그 후 세계은행은 중국의 도시주민과 농촌주민 모두를 대상으로 계산하여 발표했는데, 세계은행의 자료에 따르면 중국의 지니 지수는 1998년에 일종의 불평등의 위험성을 경고하는 0.4의 경계선을 넘어 0.403을 기록하였다. 다시 말해 1998년에 중국의 불평등의 정도는 서방 선진국들의 평균인 0.34를 넘어섰을 뿐만 아니라, 세계 평균인 0.4도 초과하여, 미국의 0.42 수준에 접근하였고, 라틴아메리카 평균인 0.49와 아프리카의 0.47 수준으로 가고 있었다.[5] 그런데 1998년 이후에도 중국의 소득 불평등 정도는 계속 악화되었다. 2000년에

---

5) 일반적으로 소득 불평등의 정도를 나타내는 Gini Index는 0.2이하는 절대 평균의 사회, 0.2~0.3은 비교적 평등한 사회, 0.3~0.4는 합리적으로 허용될 수 있는 불평등의 정도, 0.4~0.5는 불평등이 지나친 정도이며, 0.5이상은 극단적인 불평등이 지배하고 사회동란이 폭발할 수준이라고 한다. 따라서 Gini Index가 0.4 이상이면 경고하고, 0.5이상이면 심각한 사회적 혼란과 갈등 폭발을 예고하는 것이라고 할 수 있다. 이런 점에서 중국은 1998년에 일종의 경고선이라고 할 수 있는 0.4를 넘었고, 그 이후도 계속 악화되어 심각한 경고 대상이 되고 있다고 할 수 있다. 1998년까지의 중국의 Gini Index 자료는 "城市人貧富差距有多大" <人民日報> (2003年 8月 5日) 참고.

는 0.408, 2004년에는 0.465, 그리고 2005년의 지니 지수는 0.47을 기록함으로써 중국의 불평등 정도가 라틴아메리카와 아프리카 평균 수준에 근접하고 있다는 것을 보여주고 있다. 결국 중국은 개혁 개방이전인 1978년, 마오쩌둥 시대의 '빈곤속의 평등'을 반영한 낮은 소득불평등지수인 0.16에서 시작하여 개혁 개방 26년 만에 지니 지수 0.47을 기록, 세계에서 가장 불평등한 사회중의 하나가 되고 있다는 것이다.

그렇다면 이런 불평등은 어떻게 중국사회에서 나타나고 있는가. 중국의 소득 불평등은 무엇보다도 먼저 일반적인 빈부격차로 나타나고 있으며, 또 심각한 도농격차, 지역 격차 등으로 표출된다고 하겠다.

① 빈부격차: 일반적인 빈부의 차이는 상위 소득 10%와 하위 소득 10%간의 차이로 측정되는데, 이런 차이가 점점 더 확대되고 있다. 베이징 주민을 상대로 한 조사에 따르면 2000년 고 수입계층과 저 수입계층의 수입 격차는 3.1 대 1이었는데 2003년에는 4.7 대 1로 증가했다는 것이다. 2004년 현재 중국사회 전체를 대상으로 한 조사에서는 가장 부유한 10% 가정과 가장 빈곤한 10% 가정의 소득 차이는 8배나 되며, 재산 총액을 기준으로 하면 도시 주민의 경우 소득 수준 상위 10%의 재산이 전체 주민들 재산 총액의 약 절반을 차지하고 있지만, 하위 10%는 전체 재산 총액의 1.4%만을 차지하고 있다는 것이다. 여기에 만일 음성적 소득과 금융소득 등을 고려한다면 그 차이는 엄청나게 더 확대될 것이다.

이와 같은 불평등을 좀 더 구체적인 사회현상과 관련해서 설명하자면, 개혁 개방과 더불어 압축적인 고도성장이 계속되면서 중국사회에는 소수의 신흥 부자들이 우후죽순처럼 등장, 엄청난 부를 과시하고 있지만, 또 다른 한편에는 수많은 사회적 약자들이 고통을 호소하고 있다는 것이다. 세계은행의 2002년 세계발전보고서에 따르면 중국 인구 전체의 18.5%가 하루 벌이가 1달러 미만으로 살아가고 있다는 것이다. 하루 수입이 2달러 미만의 인구는 무려 53.7%에 달한다고 한다. 다시 말해 국제적 기준으로 보면 중국사회의 번영은 극소수의 신흥부자들과 엄청난 규모의 빈민들을 양산하고 있다는 것인데, 바로 이런 심각한 사회적 불평등성이 계속된다면, 중국 사회는 그야말로 언제 어떻게 터질지 모르는 시한폭탄을 안고 있는 것과 다름없다고 하겠다.

② 도농격차: 중국 사회의 소득 불평등성은 심각한 도시와 농촌 간의 차이, 즉 도농격차로도 표출되고 있다. 중국 자료에 따르면, 도시가구와 농촌가구의 소득차이는 1978년에 2.37:1이었지만, 1980년대 초의 농촌생산책임제 도입과 더불어 농촌경제가 활성화되면서 그 차이가 감소되어 1984년에는 1.6:1까지 내려갔다. 그러나 1980년대 후반이후 농촌경제가 정체되고, 도시 지역의 산업 발전이 가속화되면서 도농 간 소득차이는 다시 증가하기 시작, 1990년에 2.17:1, 1995년에 2.7:1, 그리고 2002년에 3.1:1, 그리고 2004년에는 3.23:1로 계속 확대되고 있다는 것이다.[6]

사실 사회과학원의 조사에 따르면 1998~2003년 5년 동안 농민 1인당 순수입은 매년 92위안씩 늘었으나, 같은 기간 도시민의 1인당 순수입은 매년 609위안씩 증가하였으며, 따라서 이 기간에 도·농 수입격차는 2.51 대 1에서 3.23 대 1로 크게 벌어졌다는 것이다. 이와 같은 소득의 차이는 소비생활의 차이로도 나타나기도 한다. 이를테면 1978년 전국 인구의 87%인 농민은 소비총액의 67.6%를 차지했지만, 2003년 전국인구 70.8%의 농민은 35.1%를 소비하는 것으로 나타났다. 다시 말해 농민 세 사람의 소비액이 도시민 한 사람의 소비액에 지나지 않는다고 할 수 있다. 이러한 도농 간 차이는 단순한 소득 차이 이상인 점을 고려해야 한다. 다시 말해 소득 차이이외에 도시주민들이 받고 있는 의료, 교육, 양로, 실업, 최저생계 등 각종 정부보조 등을 감안할 때 실제 도농 간 격차는 4~6배

---

6) 이와 같은 각 시기별 도농간 소득차이에 대한 자료는 2004년도 자료는 중국 사회과학원이 발표한 <2005年中國社會形勢分析與預測>에서, 2002년 자료는 "重視解決收入差距擴大問題─中共中央黨校鄧小平理論硏究中心," <人民日報> (2003년 12월 25일)에서, 그리고 1978~1997년 자료는 "Why Chinese Income Gap Is Widening," *People's Daily* (2000년 5월 16일)을 참조.

차이까지 벌어져 세계 최고수준이라고 할 수 있다.

이같은 도농 간 차이는 역사적·사회경제적 여건의 산물이라고도 할 수 있지만, 건국이후 지금까지도 계속되고 있는 농업·농촌·농민의 희생과 대도시의 공업 중심의 경제발전 정책의 산물이며, 동시에 인위적으로 도시와 농촌 간의 이동을 제한한 호적 호구제도 등에 의한 왜곡의 산물이라고도 할 수 있다. 사실, 개혁 개방시대에도 농촌사회는 도시지역 발전을 뒷받침해 주면서도 도시지역의 발전의 혜택으로부터 배제되어 있었다.

이와 같은 도시와 농촌 간의 왜곡된 관계가 만들어 낸 것이 바로 농민공의 존재라고 할 수 있다. 도시지역의 각종 산업 분야에서 값싼 노동력을 제공해 주면서도 도시에 거주할 수 있는 권리가 부여되지 않은 임시 노동자, 농민의 신분이면서도 도시의 공인으로 살아가고 있는 중국 특유의 2급 공인이 바로 농민공이라고 할 수 있다. 이들은 중국 특유의 호적 제도 때문에 호구는 농촌지역에 그대로 두고, 도시 지역으로 이주, 도시에서 거주하면서 노동하는 각종 농민 출신 임시 계약직 공인들을 의미하는 것인데, 이들은 정식 공인도 아니고, 정식 도시 주민도 아니기 때문에 가장 열악한 조건에서 온갖 멸시와 천대, 그리고 착취의 대상이 되고 있는 2등 노동자들이라고 할 수 있다.[7]

그렇다면 이런 2등 노동자들은 중국사회에서 얼마나 될까. 2000년도의 인구조사에 따르면 농민공이라고 분류될 수 있는 이주노동자들은 1억이 넘었고, 제2산업(공업과 제조업) 분야의 직공 총수 중 57.5%, 그리고 제3산업(서비스) 직공 총수의 37%가 농민공이라고 한다. 2003년에는 더욱 증가하여 농민공 총수는 약 1억 1,390만 명에 이르고, 이들은 도시지역 제2, 제3산업

---

7) 농민공들의 열악한 생존 조건을 반영하여 중국의 분노하는 청년들 사이에서는 농민공을 "닭보다 더 일찍 일어나고, 고양이보다 더 늦게 잠을 자며, 나귀보다 더 일하고, 돼지보다 먹는게 못하다(起得比鸡还早, 睡得比猫还晚, 干得比驴还累, 吃得比猪还差)"고 탄식하고 있다. 이런 농민공에 대한 기사는 "中国农民工调查: 空虚寂寞是进城打工的最大感受." <瞭望东方周刊> (2005年 10月 14日) 참조.

직공의 약 50%를 구성하고 있으며, 건축과 건축자재, 방직, 복장 등의 업종에서는 농민공들이 직공 총수의 70~80%를 구성하고 있다고 한다.[8]

이와 같이 중국의 도농격차는 엄청난 규모의 이주 노동자를 양산해 내고 있다. 앞에서 지적한 바와 같이 약 1억 1,390만 명의 농민공들이 수천만 명의 가족들과 함께 농촌에서 도시지역으로 이동하여 도시지역에서 거주하면서 노동하고 있기 때문에 대부분의 대도시에는 상당수의 이주 노동자들이 있다. 이를테면 상하이와 같은 대도시는 약 3백만 명의 농민공들이 있고, 이들이 대도시 지역의 온갖 힘들고 어려운 일들을 터무니없이 값싼 임금을 받고 하면서 중국의 경제발전에 기여하면서도 정규 노동자나 시민들에게 부여하는 권리와 혜택에서는 배제되어 있기 때문에 대도시지역의 불안과 불만의 온상이 되고 있다고 하겠다.

③ 지역적 격차: 차등발전론은 중국 사회가 안고 있는 전통적인 불평등성의 또 다른 요인인 지역 간 불평등을 오히려 확대·심화시켰다. 사실 지역적인 차이, 이를테면 동부지역과 연해안지역과 내륙지역의 차이는 과거에도 심각한 국토의 불균등 발전의 문제로 인식되었다. 이를테면 국민당정부시대에도 모든 현대적 산업과 시설들이 동부와 연해안지방에 집중되었고, 내륙지방은 낙후되었는데, 이런 지역적 불평등성이 감소되기보다 오히려 개혁 개방과 경제발전과정에서 증폭되고 있다는 점이 문제이었다. 최근의 자료에 의하면 전국에서 가장 잘 사는 상하이와 가장 낙후된 구이저우(贵州)의 1인당 GDP를 비교하면 1985년에는 9.17:1 이었던 것이, 1990년에는 7.33:1로 감소했지만, 1998년에 12.06:1, 2003년에 12.97:1, 그리고 최근에는 13:1까지 확대되고 있다는 것이다.

---

8) 이와 같은 자료는 陆学艺. "调整城乡关系, 解决好农村、农民问题," 중국사회과학원 社会形势分析与预测 课题组 편, ≪2005年中国社会形势分析与预测≫ (社會科學文獻出版社, 2005)을 참조.

이와 같은 지역적 차이가 지속되면서 중국은 1개이면서 4개의 '세계'
로 구성되어 있다는 주장도 제기되고 있다. 후안강(胡鞍鋼) 교수는 1인당
GDP(實際購買力平价 PPP)기준으로 상하이, 베이징, 선전 등 3개 도시는 전
국 총인구의 2.2%를 차지하고 있고, 중국에서 가장 높은 GDP를 기록하
여 중국의 '제1세계'라고 할 수 있고, 톈진, 광둥, 저장, 장쑤 푸젠, 랴오닝
등 연해안지방은 전국 인구의 21.8%를 구성, 세계적으로 중등 수입국가
와 같은 수준의 실질 GDP를 유지하고 있는 중국의 '제2세계'라고 한다.
그러나 허베이, 둥베이, 화베이 중부지방은 전국 총인구의 26%를 차지하
며, 중등 이하의 실질 GDP를 기록, 중국의 '제3세계'를 형성하고 있으며,
나머지 전국 인구 50%가 세계적으로 140위 이하의 저소득 수준으로 중
국의 '제4세계'라고 할 수 있다는 것이다.9) 이처럼 중국 안에서도 베이징
과 상하이와 같은 가장 발달한 1세계가 있는가 하면, 구이저우와 같은 저
발전지역도 많다.

2. 경제발전과 사회적 갈등의 증폭

앞에서 개혁 개방정책은 중국의 비약적 경제발전을 견인해 냈지만, 동
시에 중국 사회의 계층적 질서의 해체와 재구성을 촉발했고, 동시에 불균
등발전 전략의 결과로 사회적 불평등이 심화되면서 중국 사회의 갈등도
심각한 수준으로 악화되고 있다고 지적하였다. 그런데 무엇보다도 심각
한 현상은 개혁 개방의 혜택과 부담이 불평등하고 불공정하게 배분되면
서 계층 간, 지역 간 갈등이 확산되는 양상을 보이고 있다는 것이다. 그렇
다면 누가 개혁 개방의 수혜자이고, 누가 개혁과 개방의 피해자인가.
이미 앞에서도 언급한 바와 같이 개혁과 개방의 가장 큰 수혜계층은
두말 할 것도 없이 앞에서 제시된 10대 계층중 상위 계층, 국가와 사회의
관리자 계층, 기업 경영자, 전문 기술자, 그리고 사영기업주 등이며, 이들

---

9) 胡鞍鋼, "一个中國, 四个世界," <人民日報> (2001년 4월 17일) 참조.

은 중국경제의 시장화와 경제발전의 혜택을 가장 많이 향유하고 있다고
할 수 있다. 특히, 이들 중에서 사영기업인 계층은 중국의 개혁 개방과
시장경제의 발전으로 새롭게 등장하여 무섭게 성장하는 계층으로 경제적
으로도 중요한 역할을 하고 있지만, 점차 정치적으로도 영향력의 범위를
넓혀가고 있다. 장쩌민 시대이후 이른바 '3개 대표론'이 강조되면서 사영
기업인 계층들도 중국 공산당에 가입할 수 있게 되었고, 각급 행정조직에
서 이들의 정치참여도 증가하고 있다.

이처럼 과거 사회주의 시대에는 존재할 수도 없었던 사영기업인 계층
을 비롯한 소수의 국가 관리계층이나 전문 경영계층들은 점점 더 경제적
부와 정치적 권력, 그리고 사회적 명성까지도 독점하면서 기득권 세력화
하고 있는데 비하여, 중국공산당의 전통적인 지지 계층이었던 노동자와
농민계층은 경제발전과정에서 해체되거나 재구성되면서 발전의 혜택보
다는 오히려 부담을 더 강요받는 경우가 많았다. 사실, 전통적인 사회주
의 경제체제에서 공인계급은 정치적으로 지배계급이라는 자부심도 있었
고, 또 경제적 소득도 좋았고, 그리고 무엇보다도 여러 가지 부가혜택이
많고 안정적이어서 많은 사람들의 선망의 대상이 되었다. 그러나 시장경
제가 확산되고, 국유기업의 개혁과 구조조정이 단행되면서 직업의 안정
성도 크게 위협받게 되었고, 여러 가지 혜택도 축소되거나 폐지되었다.
무엇보다도 국유기업의 구조조정은 수많은 노동자들로 하여금 실직하게
하거나 또는 준 실직 상태로 내몰았고, 경제발전으로 노동자 계급들안에
서의 해체와 재구성이 급속도로 진행되면서 노동자 계급 내부의 이질성
도 증가하였다.

최근 공인계급의 변화에 대한 조사에 따르면, 첫째, 개혁 개방 이후 산
업화가 본격적으로 진행되면서 노동계급의 규모도 그만큼 확대되고 있다
고 한다. 1978년에 전국 직공 총수는 1.2억여 명이었지만, 2000년에는 약
2.7억 명으로 증가하였고, 이것은 총인구의 20.61%를 차지하는 것이었다.
그런데 이처럼 노동계급의 양적 팽창은 대부분 농민에서 공인계급으로
전환한 농민공의 증가 때문에 발생한 현상이라고 할 수 있다. 2000년 통

계에 따르면 직공 총수의 49.14%가 향진기업 직공이라고 하는데, 이것은 다시 말해 직공들 중 절반 가까이가 농촌사회에서 활동했던 향진기업에서 근무했던 경험을 바탕으로 도시 지역의 공장 노동자로 진출했다는 것을 의미한다. 이처럼 농촌에서 유입된 공인들, 이른바 농민공들과 샤강 (下崗) 노동자와 완전 실업 노동자가 한편에 있는가 하면, 또 다른 한편에서는 전문기술 인력의 중요성이 강조되고 경제의 세계화가 촉진되면서 공인계급 중에서도 숙련 노동자와 지식분자의 비율이 증가하고 노동자들의 과학 기술 문화 수준도 제고되고 있다. 따라서 1978년 국유경제단위에서는 평균 18명의 직공 중에서 1명의 전업 기술인원이 있었지만, 99년에는 5명중의 1명이 전업 기술인원이라고 한다.[10]

이처럼 중국의 노동자집단은 한편에서는 농민공, 준 실업 상태의 샤강노동자, 그리고 완전 실업노동자들이 있는가 하면, 또 다른 한쪽 끝에는 소수이지만 여전히 선진적 계급이란 자부심을 가지고 있는 숙련 직공들이 있어서 노동자계급 내부도 이질적인 요소들 간의 충돌과 갈등 요인을 안고 있다고 하겠다. 다시 말해 노동계급이 하나의 동질적인 집단이라고 할 수 없을 정도로 이질적인 집단들로 구성되었고, 이들이 추구하는 이해관계도 다르기 때문에 한 목소리를 내기가 점점 더 힘들어지고 있다는 것이다. 그러나 수적인 측면에서 노동계급의 대부분은 정식 노동자들의 절반 정도를 차지하는 농촌 향진기업 출신의 노동자들, 각 분야에서 힘들고 값 싼 노동력을 제공하는 농민공들, 그리고 준 실업상태의 샤강 노동자들의 불만과 좌절, 분노는 개혁 개방이 확산되면서 오히려 증폭되고 있다. 이들은 바로 자신들이 개혁 개방의 대가를 치르면서도 그 혜택에서 배제되고 있다고 생각하기 때문에 분노하고 있다는 것이다.

그런 점에서는 농민도 마찬가지라고 할 수 있다. 개혁 개방초기 농촌 경제가 활성화되면서 농민들의 수입이 향상되었던 짧은 시기를 제외하

---

10) 노동자계급의 구조변화에 대해서는 "深刻認識我國工人階級新變化." <新華網> (2003年 2月 22日) 참조.

고, 1980년대 후반이후 농업생산성은 답보상태를 벗어나지 못하면서 앞에서 지적한 바와 같이 도농격차가 확대 심화되고 있다. 따라서 농촌지역의 대규모 잉여 노동력이 농민공의 형태로 도시지역으로 유입되고 있기 때문에 농촌사회는 침체상태에서 헤어나지 못하고 있다. 이런 상황에서 농민들 역시 개혁 개방의 수혜자계층이라기 보다는 소외 계층이라고 인식하고 있다. 특히, 중국이 WTO 가입하고, 중국 경제의 세계화가 가속화되면 될수록 중국 농산물의 경쟁력이 오히려 떨어지면서 개혁 개방이 곧 중국의 농촌경제를 파탄으로 몰고 갈 수도 있다는 우려와 불만이 확산되고 있다. 이처럼 개혁 개방은 소수의 국가와 기업 관리자와 사영기업주, 그리고 전문경영인들과 같은 상층부 계층에게는 놀라운 경제적 부와 성공, 그리고 정치사회적 영향력을 제공해주었지만, 그러나 전통적인 공산당 지지계급인 노동자와 농민들, 그리고 하층계층들에게는 불균등발전의 부산물로 심화되고 있는 불평등과 부정과 부패로 인한 좌절과 불만, 그리고 분노만을 촉발시키고 있다는 것이다. 이처럼 역설적으로 개혁 개방은 놀라운 경제발전이란 성과를 올렸으면서도 동시에 중국사회를 불안정하게 하는 요인도 양산하고 있다.

3. 중국 사회의 불안정: 분노의 계절이 오는가

최근 중국사회에서는 각종 시위와 분쟁, 그리고 항의운동이 폭발적으로 분출되고 있다. 중국 정부 당국도 이른바 노동자와 농민, 그리고 일반 서민들이 집단적으로 참여하는 군체성(群體性) 집단 항의, 시위, 분쟁이 폭발적으로 증가하고 있다는 사실을 인정하고 있다. 최근의 <2005년: 중국사회형세 분석과 예측>에 수록된 논문 '시장화 과정의 노동쟁의와 노동자 단체행동 분석'에 따르면, 1994년 '노동법' 발효 이후 노동쟁의 건수는 94년 1909건에서 2003년 2만 2,600건으로 11.8배 증가했고, 인원도 같은 기간에 7만 7,704명에서 80만 명으로 10.3배 증가가 증가했다는 것이다.[11] 또 아래의 <그림 3>에서 나타난 바와 같이 중국 전국에서 벌어진

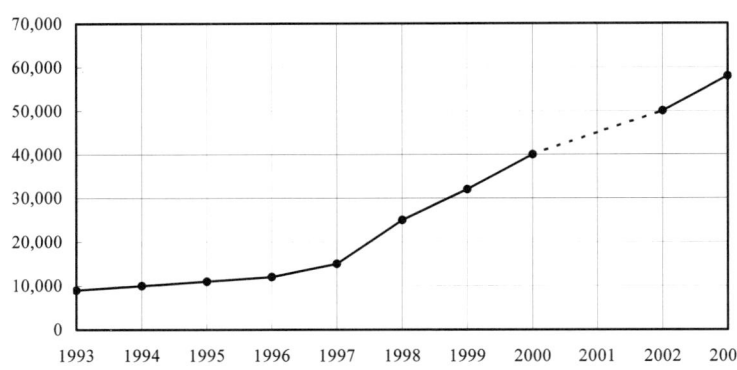

〈그림 3〉 1993~2003 집단 시위 건수

출처: Murray Scot Tanner: *Chinese Government Responses to Rising Social Unrest* (Rand, 2005)

노동자·농민·지역주민 등의 시위·항의 등 집단행동은 1993년 8,709 건에서 1999년 3만 2,000건 이상으로 증가해 7년간 3배가 늘었고, 2002년 에는 5만 건, 2003년에 5만 8,000건이 초과되었다는 것이다. 2004년에는 50명 이상이 참가한 집단시위가 6만여 건이나 되고, 최근 20년간 시위 건 수는 연평균 17%씩 증가하고 있다는 조사도 있다.

이처럼 폭발적으로 증가하고 있는 군체성 시위와 항의들은 대부분 불 합리한 정부정책이나 고압적인 당과 정부 관리들의 태도, 그들의 부정과 부패에 대한 항의와 저항운동이기도 하지만, 또한 경제개발을 명목으로 대규모 토지를 편법 수용하고, 제대로 보상해 주지 않는 지방정부와 기업 들에 대한 민원성 및 권리주장형 시위와 소요사태의 성격을 띠는 것도 많다. 사실, 지난 2002년 이후 중국 각 지방에서는 공업단지를 조성한다 든가, 또는 도시화를 가속화하고 대학촌을 마련한다는 명목으로 농민들

---

11) 中共中央党校硏究室 辛 鳴, "市场化过程中的劳动争议和劳工群体性事件分析," 中國社會科學院 편, ≪2005年 中国社会形势分析与预测≫(社會科學文獻出版 社, 2005) 참조.

의 경작지를 수용하는 경우가 많았는데, 그중에서 잘못된 토지 수용 때문에 피해를 입은 농민들 만해도 약 4천만 명이 된다고 한다. 이처럼 농토를 수용당하고 경작지를 잃은 농민들 중 1/3은 결국 떠돌이 유민이 되거나 빈곤선에서 허덕이는 계층으로 전락하게 된다는 것이다.

이와 같이 경제개발과 발전과정에서 소외당하고, 피해를 입고 있는 계층들이 중국 사회의 전반적인 변화와 더불어 민권의식에 눈을 뜨면서 이들의 항의와 저항이 대규모 집단운동으로 분출되고 있다고 하겠다. 이런 밑으로부터의 항의운동과 집단 분쟁으로 중국 사회는 현재 서서히 달아오르고 있다. 다시 말해 중국은 비약적 발전으로 놀라운 경제적 성공을 거두었고, 중국 사회의 다원화도 이룩했지만, 그런 경제적 성공과 사회적 변화의 뒷면에서 개혁과 개방의 부작용이 쌓여가면서 중국 사회의 갈등과 균열이 심화되고, 마침내 대규모 집단분쟁이 분출하면서 사회불안과 정치 불안까지 조성되는 상황에 직면하고 있다.

V. '정치위기'와 중국적 사회주의의 미래

이처럼 개혁 개방이 촉발한 경제발전 제일주의와 불균등발전론에 입각한 고도성장은 중국 사회의 놀라운 발전이라는 성공 신화를 만들어냈지만, 동시에 그런 성공의 대가로 사회적 불안정과, 중국 공산당과 국가의 정치적 위기 상황도 초래하고 있다는 점에서 성공의 역설이 있다. 비록 덩샤오핑과 장쩌민 식의 개혁 개방 — 다시 말해 경제발전을 최고 최대의 목표로 설정하고 선부론에 입각한 차등발전전략을 추구하는 정책노선은 중국 경제의 고도성장시대를 열었고, 중국 경제사회의 시장화·사유화·산업화·도시화·세계화를 촉진했지만, 이와 같은 변화는 중국 공산당의 호소력과 지지기반을 오히려 약화시키고 당국가의 통치력을 위축시키는 결과를 낳고 있다는 것이다. 사실 경제발전과 더불어 진행되고 있는 시장화·사유화·산업화·도시화·세계화, 그리고 사회적 다원화·개방화·

국제화 등의 현상은 모두 중국공산당의 1당 지배를 전제로 운영되고 있는 당국가체제의 근본 구조와 원리를 약화시킬 수밖에 없다.

이를테면, 경제발전 제일주의 사고와 개방화·세계화의 논리는 기존의 사회주의체제와 이념의 호소력과 구속력을 현저하게 파괴하는 것이었고, 경제사회의 시장화와 개방화, 사유화가 진행되면서 당과 국가제도의 침투력이나 자원 동원 능력도 약화되는 결과를 낳고 있다. 이와 같은 당과 국가의 조직적 침투력의 약화 현상은 이미 여러 분야에서 심각한 현상으로 나타나기 시작하였다. 이를테면, 도시와 농촌사회에서 개혁 개방이 진행되면서 중국 공산당의 하급 조직이 약화되고 있다. 농촌지역에서 사회주의적 생산조직인 인민공사가 해체되고 개별 농가가 농촌경제를 주도하게 되면서 중국 공산당의 기층조직은 영향력을 상실하고 표류하고 있으며, 도시지역에서도 사영기업이나 외자 기업들에 당 조직이 침투하지 못하는 사례가 많다는 것이다. 더구나 중국 공산당은 젊은 세대에게 꿈과 이상을 주는 정당이기보다는 기득권 세력으로 인식되고 있다는 것이다. 이런 현상은 각종 여론조사들을 통해서도 확인될 수 있었다. 많은 청소년들에게 중국 공산당의 이념인 마르크스-레닌주의, 그리고 마오쩌둥 사상이 더 이상 호소력을 가지고 있지 못하다는 것은 중국 공산당의 약화 현상을 보여주는 또 다른 징표라고 할 수 있다.

이처럼 중국 공산당의 이념적 호소력, 조직적 침투력, 그리고 노동자·농민의 지지기반 모두가 약화되고 있다는 점에서 당의 정치적 위상은 내부에서도 심각한 우려의 대상이 되고 있다고 할 수 있다. 그런데 당의 영향력이 축소되고 있는 것과 마찬가지로 국가의 통치역량도 축소되고 재조정되고 있다는 점에 주목할 필요가 있다. 다시 말해 중국 경제와 사회가 시장화·자유화·개방화·산업화되면서 국가의 통제력은 빠르게 축소되고 있으며, 시민사회의 잠재적 역량이 빠르게 확대되고 있다는 것이다. 사실 계획경제에서 시장경제에로의 이전은 국가의 직접 개입 영역을 축소하고 시민사회·시장의 기능을 확대한다는 것을 의미하는 것이기 때문에 시장화·자유화·개방화·산업화는 국가의 기능을 직접 관리에서 간접 관리로 전환되는 것을 의미하며, 이런 과정에 국가의 개입능력, 동원 능력은 축소될 수밖에 없다고 하겠다. 따라서 이런 국가 기능의 재조정과정에서 여러 가지 부작용과 시행착오나 나타나고 있으며, 일부 '통치위기' 현상도 나타나고 있다.12)

일부 학자들은 국가의 통치능력을 정당성의 확보, 공공재의 제공 능력, 그리고 사회적 갈등 조정 능력이란 차원에서 측정할 수 있다면, 이런 분야에서 중국의 당 국가제도는 심각한 통치위기 징후를 보이고 있다는 것이다. 이를테면 앞에서 지적한 사회적 불만의 폭발 현상은 국가의 갈등 조정 능력이 한계에 이르고 있다는 것을 증명하는 것이며, 사스(SARS)와 조류 독감 등 보건위생 문제에 대한 관리 미흡, 그리고 쑹화강 오염과 같은 대규모 환경 재앙에 대한 대처능력의 한계 등으로 중국 정부는 기본적인 공공재도 제공해 주지 못한다는 인식을 확산, 통치 위기를 심화시키고 있다는 것이다. 이처럼 개혁 개방은 한편으로 중국사회의 비약적 경제 발전과 사회 변화를 촉진하고 있지만, 동시에 그건 경제발전과 사회 변화의 과정에서 당과 국가의 조직과 기능, 그리고 정치적 지지기반도 약화되는데 비하여, 압축적 고도성장의 혜택으로부터 소외된 계층들의 불만과 저항이 증가하고, 또 중국공산당의 1당 지배에 반대하거나 비판적일 수 있는 시민사회 세력들도 경제사회의 발전에 힘입어 급속도로 성장하고 있다는 점에서 중국이 당면한 정치위기, 통치위기의 심각성이 있다고 하겠다.

그렇다면 과연 중국의 현 지도부는 이런 '성공의 역설'에 대해 어떻게 대처하고 있는가. 후진타오를 중심으로 형성된 제4세대 지도부는 중국의 개혁 개방정책이 산출해 낸 성공의 역설, 이를테면 경제제일주의와 불균등발전론이 만들어 낸 황금만능주의 사조와 부정부패, 불평등의 심화, 당과 국가의 정치력 약화와 통치위기 상황에 대해 심각하게 인식하고 있고,

---

12) 이와 같은 중국이 당면하고 있는 통치위기에 대해서는 Minxin Pei, "China's Governance Crisis," *Foreign Affairs* (September / October 2002) 참조.

이에 대해 과거 덩샤오핑-장쩌민시대와는 다른 대응 방안을 모색하고 있다. 우선 후진타오는 2002년 11월에 당 총서기에 취임하면서부터 愛民·爲民·富民·親民을 표방하고, 서민대중을 위한 정치를 약속하였다.[13] 따라서 후진타오 총서기와 원자바오 총리는 기회가 있을 때마다 대중들 속으로, 그리고 낙후된 지역으로 찾아가 인민 대중들과 고락을 같이하는 모습을 연출하고 있다. 이런 상징적인 조치와 더불어 지난 2005년 10월 4~8일에 개최한 제16기 5중전회에서는 '11차 5개년 규획'을 심의·통과시켜 새로운 발전 전략을 제시하였다. 다시 말해 이 전략은 덩샤오핑의 선부론(先富論) 이후 지금까지 추진했던 경제발전 제일주의와 불균등 발전 전략을 마침내 종결하고, 종합적이고 균형적인 공동부유의 발전전략으로 전환하여, 안정속의 지속적 발전을 추구하면서도 분배·환경·복지 등 균형발전을 통한 조화사회 건설을 목적으로 한다고 선언한 것이다.[14]

이처럼 후진타오 정권은 과거와 달리 균형 발전을 통한 경제와 사회의 조화를 강조하고, 동시에 당과 국가의 정치력을 강화하기 위한 여러 가지 방안을 구상·추진하고 있다. 지난 2004년 9월 16~19일에 개최된 제16기 4중전회에서 후진타오 정권은 "당의 집정능력 건설에 관한 당 중앙의 결정(中共中央關于加强黨的執政能力建設的決定)"을 심의 통과시키면서 당의 정치역량을 강화해야 한다고 역설하였다. 후진타오 지도부는 현재의 중국 상황이 "국민소득 1천 달러 시대이며, 경제사회발전단계의 중요한 전환기에 개혁과 발전, 안정의 문제를 올바로 대처하고, 나라 안과 밖의 새로운 역사조건하에서의 당의 정치적 역량이 그 어느 때보다 필요하다"고

---

13) 후진타오 체제 등장 6개월을 기념하는 인민일보 논설, "愛民·爲民·富民·親民—民有多重 政府的 赤誠民衆情懷," <人民日報> (2003년 9월 23일)은 후진타오체제가 서민대중을 위한 정치체제임을 강조하였다.

14) 제16기 5중전회에서 심의·통과된 '11차 5개년 규획안' 전문, "中共中央矣于制定国民经济和社会发展第十一个五年规划的建议 (2005年10月11日中国共产党第十六届中央委员会第五次全体会议通过)"은 <人民日報> (2005년 10월 18일) 참조; 그리고 '11차 5개년 규획안'의 성격, 특히 발전 전략의 전환에 대해서는 "十一五规划, 从先富向共富转弯," <人民日報> (2005년 10월 25일) 참조.

선언하면서 "헌법, 법률, 조직체계 등 제도의 틀 안에서 집권당이 자신의 실행능력을 충분히 발휘하는 것"이 중요하다고 강조하였다.15)

이 문건에서 중국 지도부는 개혁 개방으로 중국이 비약적인 발전을 실현하여, 마침내 2003년 말 GNP 10만 달러를 돌파하였고, 1인당 평균국민소득 1천 달러를 초과하는 업적을 달성했지만, 동시에 개혁 개방은 국내외적으로 심각한 부작용과 모순, 갈등을 양산하고 있다고 지적하고 있다. 특히, 국민소득이 1천 달러에서 3천 달러 수준으로 증가하면서 중국 사회는 복잡한 이익집단과 계층 간 갈등으로 불안정하고, 물질문화 요구와 사회주의 민주정치 요구 등이 충돌하면서 중국정치의 미래를 낙관만 할 수 없는 전환기적 상황에 직면하고 있다고 인식하고 있다. 이런 여건에서 현대화와 전면적 소강사회의 건설이란 목표를 실현하고, 통일을 달성하려면 당의 집정능력(執政能力)을 강화하는 일이 절실히 요청된다고 주장하고 있다.

그렇다면 당의 집정능력은 무엇이고, 어떻게 당의 집정능력을 향상시킬 것인가. 당의 집정능력에 대한 정확한 정의는 없지만, 대체로 당의 정치역량, 집권 역량, 당의 영도력 등의 의미로 사용하고 있으며, 그것은 당 지배 원칙을 견지하면서도 당의 개방화와 민주화 등을 추진하여 다양한 세력들의 이익을 대변하여 당의 지지기반을 확충하고, 당과 인민대중과의 긴밀한 관계를 심화 발전시켜 당의 정통성을 확보하며, 정치사회의 갈등을 해소하고 인민대중의 요구에 부응할 수 있는 능력을 제고할 수 있는 정치개혁을 추진해야 한다는 것이다. 이런 차원에서 후진타오 정권은 당과 국가 기구의 개방화, 민주화를 추진하고, 동시에 당과 국가기구의

---

15) 2004년 9월 19일 중국공산당 제16기 중앙위원회 제4차 전체회의에서 통과된 <당의 집정능력 건설을 강화하는 중공당 중앙의 결정(中共中央關于加强黨的執政能力建設的決定)> 전문은 <人民日報 (2004년 9월 26일)>에 게재되어 있으며, 또한 이 문건의 배경과 의미 등을 공식 회의에서 설명한 曾慶紅의 <당의 집정능력 건설을 강화하는 강령성 문건에 대해(加强黨的執政能力建設的綱領性文獻)>란 장문의 연설문 전문도 역시 <人民日報(2004년 10월 8일)>에 전재되어 있다.

책임성과 투명성을 제고할 수 있는 다양한 방안들을 모색하고 있다. 그러나 후진타오 정권이 추진하는 정치개혁은 기본적으로 중국 공산당의 1당 지배원칙을 고수하면서, 인민대표대회제도, 다상합작제와 정치협상제도 등으로 대표되는 '중국 특색의 사회주의 민주정치'를 발전시키려고 한다는 점에서 기본적으로 보수적 개혁안이라고 하지 않을 수 없다.16)

이처럼 후진타오 정권은 중국이 당면한 '성공의 역설'을 인식하고 있으며, 이에 대응하기 위해 한편으로는 불균등 발전전략에서 균등 발전전략으로 정책 전환을 모색하고 있으며, 또 다른 한편에서는 당의 집정능력 제고 등 당과 국가의 정치 개혁을 추진하고 있다. 그런데 문제는 과연 후진타오 정권이 추진하고 있는 보수적 정치개혁으로 중국이 당면한 '성공의 위기'를 극복할 수 있을 것인가에 의문이 제기된다는 점이다. 어떻게 보면 중국은 1989년의 천안문사태 당시와 비슷한 '위기'에 다시 봉착하고 있다고 할 수 있다. 1989년 당시에도 국내적으로 개혁 개방의 부작용이 노출되면서 경제개혁에 걸 맞는 정치개혁을 요구하는 민주화의 압력에 직면했지만, 덩샤오핑을 중심으로 강경 지도부는 보수적 대응을 선택하였다. 다시 말해 민주화운동에 대해서는 무자비한 유혈 진압을 단행하면서도 경제의 개방화와 세계화를 추진하는 신권위주의적 해결책으로 1989년 위기를 돌파했다는 것이다.

그런데 1989년에 보수적 위기 돌파가 성공할 수 있었던 것은 당시 중국의 시민사회의 역량이 당과 국가의 강경책에 맞설 수 있을 만큼 강력하지 못했기 때문이라고 한다면, 21세기에 비슷한 상황에 직면했을 때 중국이 또 다시 1989년과 같은 신보수주의적 대응으로 돌파가 성공할 수 있을 것인가는 의문이라고 하지 않을 수 없다. 1989년에 비하여 중국 사

---

16) 중국 정부는 지난 2005년 10월 19일 국무원 명의로 <중국적 민주정치 건설>에 대한 백서를 발표, 중국 당국이 추구하는 정치개혁의 성격과 목표를 분명히 제시한 바가 있다. 민주정치에 대한 최초의 백서라고 하는 国务院 《中国的民主政治建设》 白皮书 전문은 <人民日報>(2005년 10월 19일)에 전재되어 있음.

회의 시민사회 역량도 비약적으로 발전하고 있기 때문이다. 결국 중국적 사회주의의 미래는 중국 시민사회의 역량과 중국 공산당의 집정능력 간의 대립과 협력의 긴장관계에 따라 결정될 것이다.

|제4장|
대만 민족주의에 관한 연구:
민족적 정체성, 정당일체감 그리고 통독문제의 상관관계를 중심으로*

이상원

| 고려대학교 정치외교학과 석사 졸업

I. 서론

1. 문제제기

'본토화(本土化, *bentuhua*)' 또는 '대만화(台灣化; Taiwanization)'[1]는, 민주

---

* 이 논문은 고려대학교 정치외교학과 석사학위논문(2006년)을 정리한 것임.

1) 제이콥스(J. Bruce Jacobs)는 중국어인 '本土化'를 영어로 표기하는 문제와 관련
   하여, 본토(本土, bentu)가 중국(또는 세계)에 대비되는 개념으로서 대만을 의
   미한다는 점에서 이를 '대만화(Taiwanization)'로 번역하는 것이 개념 사용상의
   혼란을 피할 수 있을 것이라고 한다. J. Bruce Jacobs, "Taiwanization in Taiwan's
   Politics," in John Makeham and A-Chin Hsiau, eds., *Cultural, ethnic, and political
   nationalism in comtemporary Taiwan: Bentuhua* (New York: Palgrave Macmillan,
   2005), pp.18-19 참조. 한편, 현재 대만에서는 '台灣化(*Taiwanhua*)'보다는 '本土
   化(*bentuhua*)'가 일반적으로 통용된다고 한다. John Makeham, "Introduction," in

화와 함께, 지난 20여 년간 대만이 경험한 정치적, 사회적 그리고 문화적 변화의 가장 중요한 측면이다.2) 본토화는, 그 성격과 내용이 대만 인민 / 민족 자신에게(by the Taiwanese people) 맡겨져야 하는 대만인 정체성[台灣認同; Taiwanese identity]의 존재의 정당성을 옹호하는 민족주의의 한 유형(a type of nationalism)으로서 기능해 왔다.3) 그러나 동시에 본토화는 대만독립의식[台獨意識; Taiwan independence consciousness] 형성과 확산의 원인으로 작용하였고, 이는 대만사회에서 이른바 통독(統獨; 통일-독립)문제가 전면화 되는 계기가 되었다.

1986년 민주진보당(民主進步黨, 이하 민진당)의 창당 이래로 통독문제는, 대만의 각 정당들이 자신의 정체성을 확립하고, 서로를 구별하는 기준이 된 기본적 쟁점들(primary issues) 중 하나였다.4) 대만의 정당정치는, 양안관계의 현재와 미래를 둘러싼 통일노선과 대만독립노선 간 대립과 갈등 그리고 정당 간 상호불신에 따른 교착국면(deadlock)의 주기적 반복을 그 특징으로 하고 있다. 즉 본토화에 따른 대만인 정체성의 형성과 함께 각 정당을 매개로 표출되고 있는 통독문제를 둘러싼 갈등은 대만의 현 정치지형을 주조한 주요 결정요인 중 하나라고 하겠다.

1980년대 이후 대만은, 본토화에 따른 정체성의 전환과 민주화에 따른 체제 전환이라는 이중의 전환을 경험하였다. 이 둘은 상호 배타적인 것이 아닌 중첩적인 현상으로서 상호작용하면서 현 대만정치의 본령을 이루어

John Makeham and A-Chin Hsiau(2005), p.11.

2) 본토화는, 정치적 측면에서 본성인(本省人, *benshengren*)들이 완전한 시민적 시민권(civic citizenship)을 요구하여 확보하고, 동등한 정치적 시민권(political citizenship)과 정치권력을 획득하여 [마침내] 대만의 민족국가로서의 지위 [달성]이라는 목표를 추구할 수 있게 된 과정을 지칭한다. 문화적으로는 대만 사회 / 문화 / 역사의 독자성(uniqueness)이 대만 인민 / 민족 자신의 관점에서 인식되고 해석되어야 한다는 일반적인 견해를 의미한다. Makeham (2005), p.11.
3) Makeham (2005), p.1.
4) Emerson M.S. Niou, "Understanding Taiwan Independence and its Policy Implications," *Asian Survey*, Vol. 44, No. 4 (2004), p.555.

왔다. 따라서 정체성의 전환과 체제 전환 중 어느 하나만을 분석의 대상
으로 할 경우 양자 간의 상관관계를 파악하기 어렵다고 할 것이다.[5]

본 연구는 기존 연구들의 이러한 한계를 극복하고자 대만에서의 민족
적 정체성의 형성과 정치과정 간의 상관관계에 대한 해명을 시도하는 데
있어 요구되는 민족적 정체성에 대한 분석틀을 제시하고, 통독문제와 민
족적 정체성이 정당일체감을 표상되는 정당정치를 매개로 상관관계를 가
진다는 점을 대만의 여론조사 데이터를 활용한 양적분석법을 적용하여
논증하려고 한다.[6]

첫째, 대만의 민족적 정체성은 관계적으로 형성되었으며, 그 내용은 동
질성이 아닌 이질성을 특징으로 한다. 대만 민족의 내포와 외연의 문제
역시 이러한 이질성을 반영하고 있다.

둘째, 대만의 민족적 정체성 형성에는 정치 엘리트 특히, 정당이 중심
적인 역할을 담당하였다. 따라서 정당일체감과 민족적 정체성 간에는 일
정한 상관관계가 존재한다. 대만의 정당정치가 민족문제와 관련된 통독
문제를 중심으로 전개되고 있다는 점을 고려할 때, 본토화, 민주화 이후

---

5) 체제 전환과 정체성의 전환 양자 간의 상관관계에 주목한 연구로는, Chang
   Maukuei, "Understanding Contending Nationalist Identities: Reading Ernest Gellenr
   and Benedict Anderson from Taiwan," in Susan J. Henders, ed., *Democratization
   and Identity: Regimes and Ethnicity in East and Southeast Asia* (Lanham, Maryland:
   Lexington Books, 2004), pp.67-93; Fu-chang Wang, "Why Bother about School
   Textbooks?: An Analysis of the Origin of the Disputes over *Renshi Taiwan*
   Textbooks in 1997," in John Makeham and A-Chin Hsiau (2005), pp.55-99 참조.
6) 분석에 사용된 데이터는, 「台灣地區社會變遷基本調查計畫: 第四期第四次(問
   卷二: 國家認同組)」(Taiwan's Social Change Survey, 이하 TSCS 2003); 2001年
   「台灣選舉與民主化調查研究」: 民國九十年立法委員選舉全國大型民意調查研
   究 (Taiwan's Election and Democratization Study 2001, 이하 TEDS 2001); 2002年
   至2004年「選舉與民主化調查」三年期研究規劃(I): 民國九十一年北高兩市選舉大型
   面訪案(Taiwan's Election and Democratization Study 2002, 이하 TEDS 2002); 2002
   年至2004年「選舉與民主化調查」三年期研究規劃(II): 民國九十二年民主化與政
   治變遷民調案(Taiwan's Election and Democratization Study 2003, 이하 TEDS
   2003).

대만의 정당들은 민족적 정체성의 형성에 직간접적으로 주요한 영향력을
행사했다.

셋째, 심리적 귀속감인 민족적 정체성은 정당을 통하여 민족문제와 관
련된 집합적 결정 또는 집합행위로 전환된다. 통독문제의 전면화는 민족
적 정체성 형성에 대한 정당 개입의 근거인 동시에 통독문제에 대한 집
합적 선호의 표출이라고 할 수 있다. 또한 이는 민족문제에 대한 대만인
들의 집합적 선호 즉, 대만 민족주의의 내용 형성에 대한 정당의 개입을
보여주는 것이다.

민족에 대한 동일성 인식 과정을 통해 형성된 귀속감인 민족적 정체성
은 기본적으로 나는 누구인가라는 자아인식의 문제와 관련된다. 이는 동
시에 타자에 대한 인식의 문제이기도 하다. 그러나 특정 집단에 대한 귀
속감인 정체성의 형성이 타자인식의 내용과 타자와의 관계 설정의 방향
을 직접적으로 결정하는 것은 아니다. 즉, 자아의 인식이 타자와의 관계
를 일방적으로 규정하는 것은 아니며 그 내용과 방향은 정체성의 형성
과정과 내용에 따라 달라질 수 있다.

대만의 경우 민족적 정체성의 형성이 필연적으로 대만의 독립여부에
대한 집합적 선호 또는 집합적 결정으로 연결되는 것은 아니다. 즉, 자아
를 대만 민족의 구성원으로 인식하는 개인의 대만의 미래에 대한 선택은
이론적으로 독립과 통일 이외에도 연방, 연맹, 유럽식 통합모델 등 여러
대안이 가능한 것이다. 그럼에도 불구하고, 대만 민족과 관련한 집합적
결정 또는 선호의 문제가 독립과 통일을 중심으로 전개되고 있는 것은
심리적 귀속감으로서의 민족적 정체성을 집합적 결정 또는 집합 행위로
전환시키는 과정에 정당이 개입하고 있기 때문이다.

2. 민족적 정체성과 민족

특정 집단에 대한 동일성 인식(group identification)은 대중들의 정치행태
(political behavior)를 결정하는 정치적 입장 / 관점(political attitude)과 심리적

선호 / 편향(psychological predispositions)을 형성하는 주요 요인 중 하나이다. 상이한 집단내에서 동일성 인식을 형성한 개인들은 서로 다른 것에 주목할 뿐만 아니라 서로 다른 시각에서 정치적으로 쟁점이 된 사안들을 평가한다. 즉, 경험에서 연원하는 집단에 대한 동일성 인식은 개인의 정치적 인식(perception)과 평가(evaluation)에 지속적인 영향을 미친다.[7]

인간의 집단에 대한 동일성 인식은 자기도식(self-schema)의 표지(標識)이며, 각 개인이 특정 상황(a situation)을 지각하는데 동원하는 관점(perceptual viewpoint)을 획정하는 데 영향을 준다는 점에서[8] 자아의 확장이다. 따라서 집단에 대한 동일성 인식과정은 정체성 형성 과정이다. 즉 정체성은 사회적, 정치적으로 구성되는 것이다.

앤더슨(Benedict Anderson)은, 민족을 '본질적으로 제한적이고 주권을 가진 것으로 상상된 정치적 공동체(imagined political community-imagined as both inherently limited and sovereign)'로 정의하였다.[9] 즉 민족은 구성된다는 (constructed) 것이다. 따라서 민족의 구성원으로서 인식된 개개인이 가지는 민족적 정체성(national identity) 역시 구성된다.

민족주의는 정치적 단위와 민족적 단위가 일치되어야 한다는 즉, 민족국가 건설에 대한 정치원칙[10]이지만 동시에 정체성의 문제와 관련하여, "개인의 정체성의 근원을, 주권의 담지자인 동시에 중심적인 충성의 대상이며 집합적 연대의 기초인 인민 / 민족(a people) 내에 위치시킨다."[11] 따라서, 민족적 정체성은 민족으로 개념화된(또는 구성된) 집단에 대한 동

---

7) Pamela Johnston Conover, "The Influence of Group Identifications on Political Perception and Evaluation," *The Journal of Politics,* Vol. 46, No. 3(Aug. 1984), pp.760-785.

8) Conovor (1984), pp.762-763.

9) Benedict Anderson, *Imagined Communities: Reflections on the Origin and Spread of Nationalism,* Revised ed. (Verso, 1991), p.6.

10) Ernest Gellner, *Nations and Nationalism* (Oxford: Blackwell Publishing, 1983), p.1.

11) Liah Greenfeld, *Nationalism: Five Roads to Modernity* (Cambridge, Massachusetts: Harvard University Press, 1992), p.3.

일성 인식 과정을 통해 형성(또는 전환)된([trans]formed) 심리적 귀속감(psychological attachment)으로 정의될 수 있으며, 민족은 인민주권(popular sovereignty)의 실현12)인 동시에 영토적 한계 내에서 그 제도적 표현13)으로서 국가(state) 건설을 실현(또는 지향)하고, 그리고 그 연장선상에서 합법적인 (de jure) 정치적 실체로서 국제사회의 승인(international recognition)을 실현 (또는 지향)하는14) 상상의 정치적 공동체이다.15) 이러한 민족의 구성원은 동질적(homogeneous)인 것으로 간주되며, 이를 위해 다양한 상징적, 사회 문화적 기제들이 동원된다. 따라서 이를 구성하는 개개인의 민족적 정체 성의 형성은 본질적으로 정치적, 사회적 성격을 가진다고 하겠다. 정체성 이 구성된다고 할 때 정체성의 유동성(fluidity), 변화가능성(changeability)16) 또한 전제된다.

---

12) Greenfeld (1992).
13) Yongnian Zheng, *Discovering Chinese Nationalism in China: Modernization, Identity, and International Relations* (Cambridge University Press, 1999), p. X.
14) 국제사회의 승인은 크라스너(Stephen D. Krasner)의 네 가지 주권 개념 중 국 제법적 주권(international legal sovereignty) 개념을 반영한 것이다. Stephen D. Krasner, *Sovereignty: Organized Hypocrisy* (Princeton, New Jersey: Princeton University Press, 1999), pp.9-25 특히, pp.14-20 참조.
15) 대만의 경우 이 세 가지 요소는 대만의 '정상' 국가화(normal country)와 관련 하여 상호 밀접하게 연동되어 있다. 이에 대해서는 A-chin Hsiau, "Epilogue: Bentuhua-An Endeavor for Normalizing a Would-Be Nation-State?" in John Makeham and A-Chin Hsiau (2005), pp.271-273 참조.
16) 유동성이, 민족의 외연과 관련되어 특정 민족의 경계는 고정 불변적인 것이 아니며 그 경계는, 특정 개인과 집단의 의지와 무관하게, 시간과 공간을 가 로질러 변경된다는 것을 의미한다면, 변화가능성은, 특정 개인 또는 집단이 자신의 정체성을 기존과는 다른 유형으로 분류할 수 있는 능력을 가지고 있 음을 의미한다. 후자와 관련하여 정체성의 경계가 고정되어 있다고 하더라 도 개인과 집단은 이를 넘어설 수 있고, 전자와 관련하여 개인과 집단이 가 진 정체성의 내용과 상관없이 정체성의 경계는 이동할 수 있다는 것이다. 이 에 대해서는 Melisa J. Brown, *Is Taiwan Chinese?: The Impact of culture, Power, and Migration on Changing Identities* (University of California Press, 2004), pp.16-18 참조.

 일반적으로 인민 / 민족(a people)은 인간의 다른 모든 하위집단을 포괄하는 본질적으로 동질적인 실체로 인식된다. 그러나 많은 선행 연구들은 정체성은 동질적이지 않음을 지적하고 있다. 오히려 민족적 정체성은 다양한 정체성들 또는 민족관(nation-view)들이 서로 경쟁하고, 상호 영향을 주고받으며, 교섭 / 조정하는 과정을 통해 형성된다. 정체성은 관계적인(relational)17) 것이며, 교섭되는(negotiated)18) 대상이다.

 민족에 대한 귀속감인 민족적 정체성의 형성은 정치과정과 밀접하게 연관되어 있으며, 이러한 귀속감은 개인의 정치적 인식과 평가의 과정을 거쳐 집합 행위로 연결될 때 비로소 실질적 의의를 가질 수 있다. 정체성은 고정불변한 것이기 때문에 계속적인 재형성의 과정이 요구될 뿐만 아니라 그것이 어떠한 내용을 가질 것인가의 문제가 지속적으로 제기되기 때문이다. 특히 주권의 문제와 관련하여 집단의 이해관계와 개인의 이해관계가 합치될 때 개인들의 개별적 귀속감이 집합적 결정 또는 집합 행위로 이어질 수 있으므로 그 과정과 기존 정치과정과의 관련성이 증명되어야 한다.

 대중은 스스로 동원하지 않는다. 정치엘리트들은 자신들의 목적과 정치적 판단에 따라 대중을 동원 또는 탈동원하여 특정의 정체성을 만들어내고, 이들의 개별적 귀속감에서 집합적 결정 및 집합 행위를 이끌어 내고자 하는 의도와 능력을 가지고 있다.

 결국 민족적 정체성의 문제는 어떠한 상황적 맥락과 조건하에서 누구에 의하여 누구를 대상으로 무엇이 상상되었는가의 문제인 것이다.

---

17) Pransenjit Duara, "Historicizing National Identity, or Who imagines What and When," in Geoff Eley and Ronald Grigor Suny, eds., *Becoming National* (New York: Oxford University Press, 1996), p.163.
18) Brown (2004) 참조.

II. 민족으로서의 대만인의 정체성

1. 대만인의 정체성

1) 대만민족은 존재하는가?

민족적 정체성이 사회적으로 정치적으로 구성된, 민족이라는 주권을 가진 것으로 상상된 정치적 공동체 대한 심리적 귀속감이라고 할 때 대만 섬에 자리한 정치 공동체에 삶의 근거를 마련하고 있는 사람들은 이러한 민족적 정체성을 체현하고 있는가?

앞서 필자는 민족을, 인민주권(popular sovereignty)의 실현인 동시에 영토적 한계 내에서 그 제도적 표현으로서 국가(state) 건설을 실현(또는 지향)하고, 그리고 합법적인(*de jure*) 정치적 실체로서 국제사회의 승인(international recognition)을 실현(또는 지향)하는 상상의 정치적 공동체로 정의하였다. 따라서 대만민족은 존재하는가라는 질문에 답하기 위해서는 첫째, 대만인들이 대만 섬에 존재하는 정치적 실체에 대한 심리적 귀속감을 가지고 있는지 그리고 둘째, 그 귀속감의 대상이 민족으로서 인식되고 있는지 여부를 탐구해야 한다.

대만에 존재하는 정치적 공동체가, 민족을 정의할 때 제시된 영토, 국가성(statehood) 등의 객관적 표지를 만족하고 있음은 주지의 사실이다. 예를 들어 인민주권의 실현을 대표의 선출문제로 한정시켜 선거경쟁과 관련하여 살펴보면, 대만인들은 (피)선거권을 제도적으로 보장받고 있을 뿐만 아니라 높은 수준의 정치적 자유를 누리고 있으며,19) 입법원(立法院;

---

19) 프리덤 하우스(Freedom House)의 2006년도 연례보고서에 의하면, 대만은 '정치적 권리(political rights)'와 '시민적 자유(civil liberties)' 부문에서 모두 1점을 받아 미국, 영국, 이탈리아, 덴마크, 칠레 등과 함께 가장 높은 수준의 자유를 누리고 있는 것으로 나타났다. 한편, 한국과 일본의 경우는 정치적 권리와 시민적 권리에서 각각 1점과 2점을 받았으며, 중국의 경우에는 7점과 6점을 받았다.

Legislative Yuan), 국민대회(國民大會; National Assembly) 등 각종 선거에서 직접 대표를 선출하고 있다.[20] 이는 대만의 민족 문제는 주관적 표지인 심리적 귀속감으로서의 정체성의 문제를 중심으로 접근해야 하는 근거가 된다.

2) 정체성의 형성과 결정과정: 중층적 결정

민족에 대한 동일성 인식을 통해 형성된 심리적 귀속감인 민족적 정체성은 자연발생적이고 고정불변이 아니라 역사적으로 구성되는 것이다. 이는 진공상태에서 처음부터(*ab ovo*) 만들어진 것은 아니라 특정한 계기를 통해 새롭게 형성되는 것이다.

또한 민족에 대한 새로운 정체성이 형성되기 이전에 서로 다른 정치적 공동체들에 대한 다양한 귀속감들이 존재하고 있었을 뿐만 아니라 민족 또는 이와는 다른 대안적 정치 공동체에 대한 상이한 관점의 정체성들이 경쟁하게 된다. 이들 정체성들은 상호 경쟁과 교섭(negotiated)의 과정을 거치면서 새로운 민족적 정체성을 만들게 되는 것이다.[21] 즉, 민족적 정체성의 구성은 관계적이며(relational), 간주관적(intersubjective)이다.[22]

민족은 일반적으로 동질적인 실체로 인식되기는 하지만 이러한 과정의 결과 내적 구성은 이질성을 특징으로 한다. 더구나 [완전한] 문화적 동질화는 불가능하다. 문화적 실천은 한 집단 내의 구성원들 간의 동일성을 만들어가는 과정이 아니라 집단 간의 차별성을 조직하는 과정이기 때문이다. 즉, 승인된 전형에서 벗어난 실천(practices)과 집단(populations)을 기준에 맞추고(normalize), 동질화하는(homogenize) 것이 아니라 이들 간의 위계를 조

---

http://www.freedomhouse.org/uploads/pdf/Charts2006.pdf

20) 객관적 표지 중 국제적 승인 실현(또는 지향)의 문제는 이른바 '대만문제'와 밀접하게 연관되어 있기 때문에 관련부분에서 다루기로 하겠다.

21) Duara (1996); Pransenjit Duara, *Rescuing History from the Nation: Questioning Narratives of Modern China* (Chicago: The University of Chicago Press, 1995); Brown (2004) 참조.

22) Duara (1995, 1996) 참조.

직하고(hierarchize), 이를 제한하고(encapsulate), 배제하며(exclude), 또한 처벌하고(criminalize), 이에 대한 우위를 점하려 하며(hegemonize), 이들을 소외시킨다(marginalize).[23]

결국 민족적 정체성은 어떠한 조건하에서 어떠한 과정을 거쳐 구성되었는가에 따라 그 내용과 정도가 달라진다. 크루즈(Consuelo Cruz)의 표현을 빌리면, 민족적 정체성은 상상 가능한 가능성들의 총체적 장(a collective field of imaginable possibilities)내에서만 그 형성이 가능하다.[24] 가능한 것과 불가능한 것 그리고 올바른 것과 그른 것에 대한 사회적 기준의 제한을 받는 것이다.

2. 종족적 정체성과 대만 정체성

1) 성적(省籍)과 종족적 정체성

민족적 정체성 형성 이전에 대만 사회의 사회적 균열은 이른바 성적모순(省籍矛盾)이라는 본성인과 외성인 간의 갈등과 대립이었다. 성적모순은 민난(閩南)계를 중심으로 한 대만인들과 국공내전에서의 패전으로 대만으로 철수한 대륙인들의 중국국민당(中國國民黨, 이하 국민당) 정부 간 갈등과 마찰이라는 형태로 표출되었다. 이는 본질적으로 종족적 정체성 간의 갈등과 대립의 성격을 가지는 것이었다. 엄격하게 말하자면, 외성인과 본성인 사이의 종족(ethnic)적 차이는 본질적인 것이 아니다. 본성인들 역시 외성인들과 같이 대륙 출신으로 주로 동서연해지구(주로 푸젠성과 광둥성) 출신이다. 실제로 인종적 차이가 나타나는 원주민의 경우 2003년 현재 전체 인구의 2%만을 차지하고 있을 뿐이다. 그럼에도 불구하고, 성

---

23) William H. Sewell, Jr., "The Concept(s) of Culture", in Victoria E. Bonnel and Lynn Hunt, eds., *Beyond the Cultural Turn* (Berkeley: University of California Press, 1999), p.56.

24) Consuelo Cruz, "Identity and Persuasion: How Nations Remember Their Pasts and Make Their Futures," *World Politics,* 52 (April, 2000), pp.275-312 참조.

적(省籍)을 중심으로 한 갈등은 종족 간의 그것으로 전치되어갔고, 이들 집단은 상호 대별되는 종족적 정체성의 형성을 결과하였던 것이다.

실제로 1895년 시모노세키 조약에서의 할양 이후 50년간 지속된 대만에 대한 일제의 식민통치와 대만인들에 대한 차별정책은 대륙의 그것과는 구별되는 대만인(native Taiwanese)으로서의 정체성의 형성을 가져왔다. 그러나 국민당 정부에게 이러한 대만인들의 정체성은 고려나 관심의 대상이 전혀 아니었다.

1945년 제2차 세계대전에서의 일본의 패전 이후 대만의 주권을 회복한 중국국민당 정부의 대만인들에 대한 태도는 해방자의 그것이라기보다는 오히려 승리를 통해 획득한 지역에 대한 점령자의 그것이었다. 국민당 당국은 본성인들을 이등시민으로 다루었을 뿐만 아니라 본성인들의 자치에 대한 요구는 묵살되었다.25) 1947년의 2·28 사건26)과 일련의 백색테러 이후 외성인과 본성인 간의 구분이 통치자와 피통치자의 구분과 등치되어 감에 따라,27) 본성인과 대륙인의 성적 구분이 사실상 종족 간 구분으로 고착되는 계기로 작용하였고, 이러한 고착은 서로 다른 정체성의 형성으로 이어지게 되었다. 객관적 개념으로서의 성적이 종족 집단 형성의 주관적 기준으로 전화되기에 이르렀던 것이다.

그러나 국민당 정부는 이러한 종족적 정체성 간 갈등과 대립을 조정하

---

25) Christopher Hughes, *Taiwan and Chinese nationalism: National identity and status in international society* (Routledge, 1997), p.25.

26) 2·28사건의 전개와 의미에 대해서는 張星久, 吳懷連, 『대만현대정치사 上』, 한인희 옮김 (지영사, 1992), p.72; C. L. Chiou, "Taiwan's evolving nationalism: Ideology for independence," in Leong H. Liew and Shaoguang Wang, eds., *Nationalism, Democracy and National Integration in China* (New York: RoutledgeCurzon, 2004), pp.110-112; Christopher Hughes(1997), pp.25-26; Robert Edmondson, "The February 28 Incident and National Identity," in Stephane Corcuff (2002), pp.25-46.

27) 王家英, "대만내셔널리즘의 발흥과 변천," 『민족연구』, 제5호 (한국민족연구원, 2000), p.134. 이러한 의미에서 종족적 갈등은 새로운 '식민'지배로부터의 '탈식민'의 성격을 갖는 것이었다고 하겠다.

고, 새로운 형태의 대만인 정체성을 형성해 내고자 하는 의도와 의지를 가지고 있지 않았다. 당시 국민당 정부의 대만의 지위에 대한 기본 입장은 현재 중국공산당 지도부의 입장과 동일하였다. 즉, 대만은 중국의 하나의 '성(省)'에 불과하며 따라서 본성인들은 중국인으로 간주되었고, 이와 다른 형태의 정체성은 철저하게 무시, 억압되었다. 특히, 1966년 중화문화부흥운동(中華文化復興運動) 추진 이후 국민당 정부는 국가기구를 동원한 대대적이고 억압적인 본성인에 대한 중국화 정책을 단행하였다.[28] 결국 국민당 정부는 정체성 간 다름을 조직하는 일련의 과정을 통하여 국민당의 주도하에 통일된 '중국'을 귀속감의 대상으로 하는 민족적 정체성을 만들어 내고자 했던 것이다.

2) 종족적 정체성을 넘어

대만의 민주화는 국민당-외성인 중심의 독점적 권력구조의 해체와 함께 종족적 부정의(ethnic injustice)의 극복이라는 이중성을 지니고 있었다. 본성인들은, 선거제도의 부분적 도입에도 불구하고, 스스로 대표되지 못함으로 인하여 국민당 정부하에서 주권을 사실상 박탈당한 것이나 다름없었고, 기존의 자신들의 정체성 역시 일제잔재의 척결이라는 미명하에 철저하게 부정되어 왔다. 국민당의 중화문화 중심의 문화정책으로 말미암아 중화적 요소는, 오히려 본성인들의 정체성 형성에 부정적인 요소로 인식되었다. 정치·문화면에서의 대륙에 대한 소외감으로 인해 본성인들은 새로운 정체성을 추구하기에 이르렀던 것이다.[29]

그러나 새로운 정체성의 형성은 민주화 및 본토화와 결합됨으로써 역설적으로 분절이 아닌 통합의 성격을 가지게 되었다. 종족적 갈등은 일차적으로 국민당 정부-외성인의 중화민족주의에 대한 반발과 갈등에서 비롯되었다. 그러나 그 갈등은 본성인들의 정치참여를 통한 독점적 권력구조의

---

28) Wang (2005).
29) Ibid., p.135.

해체와 이를 통한 종족적 불평등의 해소로써 해결될 수 있는 성질의 것이었다. 즉, 기존의 갈등구조는 위로부터의 민주화와 본토화라는 국민당 정부의 대응을 가능케 한 구조였던 것이다. 선거경쟁은 다수의 확보를 일차적 목표로 삼을 수밖에 없다는 사실 또한 이러한 대응을 가능하게 하였다. 인구의 다수를 차지하는 본성인들의 표를 확보하기 위해서는 이들을 포섭할 수 있는 전략이 요구되었기 때문이다. 종족 간 차이와 갈등을 가로지르려 했던 리덩후이(李登輝) 총통의 '신대만인(New Taiwanese)' 선언은 이러한 전략의 대표적인 사례이다. 결국 아래로부터의 도전인 종족적 정체성의 형성과 종족 간 갈등은 위로부터의 대응인 민주화와 본토화를 불러왔고, 이는 새로운 정체성의 형성을 가져왔던 것이다. 이제는 외성인의 대륙이 아닌 대만인의 본토가 문제의 핵심을 구성하게 된 것이다.

3. 민족적 정체성으로서의 대만인의 심리적 귀속감

1) 측정의 문제: 대만인? 중국인?

대만의 민족적 정체성에 대한 기존 연구는 주관적 정체성 인식을 중심으로 한다. 즉, '대만인(臺灣人)', '중국인(中國人),' 그리고 '대만인인 동시에 중국인'의 세 범주 중 어느 범주에 속해 있는 것으로 판단하는가라는 주관적 인식 기준으로 정체성 문제에 접근하고자 하는 것이다.[30]

그러나 이러한 방법으로는 대만인으로서의 정체성 내용과 정도를 해명하기 어렵다. 무엇보다도 '대만인'과 '중국인'의 내포와 외연을 결정할 수 있는 판단기준이 제시되지 않기 때문이다. 예를 들어 중국인으로서의 정체성을 가지는 A와 중국인을 우선하는 이중적 정체성을 가지는 B가 생각하는 '중국인' 또는 '중국'이 지칭하는 대상이 동일한지 상이한지, 각

---

30) TEDS: K1: 在我們(台語: 咱) 社會上, 有人設自己是「台灣人」, 也有人設自己是「中國人」, 也有人設都是。請問您認爲自己是「台灣人」,「中國人」, 或者都是?; K1a: 請問您覺得您自己「是台灣人也是中國人」, 還是說「是中國人也是台鰻人」?

각의 경우 그 의미는 무엇인지 등에 답할 수 있는 근거가 없는 것이다.

집단에 대한 동일성 인식은 자기도식의 표지라는 점은 앞서 지적한 바와 같다. 개인의 자기도식은 중요성(salience)과 차별성(distinctiveness)을 기준으로 이루어지는데,[31] 정체성은 결국 사회적 범주, 그중에서도 특히 개별 구성원이 특별한 자부심을 가지거나 다소간 변화불가능하고, 사회적으로 중요한(consequential) 표상으로 인식하는 사회적 범주를 가리키는 것이다. 사회적 범주들은 두 가지 중요 특징으로 구분되는데 먼저, (1) 누가 범주에 포함될 것인가에 대한 구성원 자격의 준거(rules of membership), 그리고 (2) 특정 범주의 구성원들에게 전형적인 것으로 생각되는 특성들 또는 일정한 상황하에서 구성원들에게 기대되거나 요구되는 행동(역할) 등의 총체(sets)로서의 내용(content) 등이 그것이다.[32]

정체성을 이상과 같이 사회적 범주로서 이해할 때, 대만인들의 대만이라는 정치적 공동체에 대한 귀속감의 내용과 정도는, 이들이 '대만인'과 '중국인'이라는 사회적 범주를 규정하는 자격의 준거와 내용에 따라 결정된다고 하겠다.

2) 대만인의 정체성: 종족적 정체성에서 민족적 정체성으로

(1) 주관적 정체성 인식의 변화 양상

기존의 세 범주화에 따른 대만인들의 주관적 정체성의 인식 변화상의 특징은 <그림 1>에서 확인할 수 있는 바와 같이 대만인 정체성의 증가와 중국인 정체성의 감소, 그리고 과반에 근접하는 이중 정체성의 지속으로 정리될 수 있다. 다소의 변동이 존재하지만 대만인으로서의 정체성은 증가추세에 있으며, 중국인으로서의 정체성은 감소추세에 있다. 또한 이중적 정체성(dual identity)을 가진 사람들의 수의 경우, 지난 5년간 약간 줄어

---

31) Conover (1984), p.764.

32) James D. Fearon and David D. Latin, "Violence and the Social Construction of Ethnic Identity," *International Organization,* Vol. 54, No. 4 (Autumn, 2000), p.848.

들기는 했지만, 약 40%를 차지하고 있다.

그런데 이러한 경향은 최근 들어 급격한 변화양상을 보이고 있다. 2004년 10월『대만 중앙통신(台灣 中央通信)』보도에 따르면, 스스로를 대만인으로 규정한 사람들이 전체 62.2%, 중국인으로 규정한 사람들은 14.4%를 차지하였고, 이중적 정체성을 가진다고 답한 사람들의 비중은 18.6%에 불과하였다.33) 이러한 변화는 2005년 2월『연합보(聯合報)』의 보도에서도 확인되는데, 전체 응답자 817명 중 자신을 대만인으로 생각한 다고 답한 사람들이 전체 63%, 중국인이라고 답한 사람들은 14%를 차지하였다.34) 자신을 중국인으로 규정한 사람들의 비중이 일정하게 지속되었다는 점과 이중적 정체성을 가진 사람들의 비중이 절반으로 줄었다는 사실을 통해 이중적 정체성을 가졌던 사람들 중 상당수가 대만인으로서

〈그림 1〉 대만인들의 주관적 정체성 인식 변화(1995~2000)

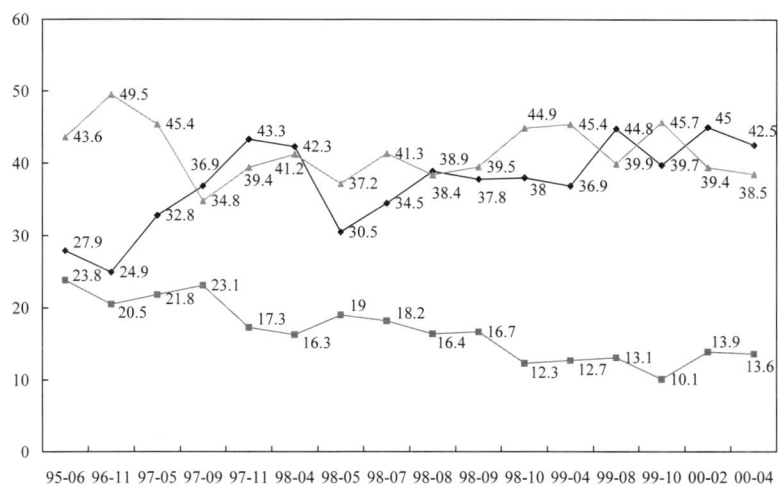

출처: 臺灣 行政院大陸委員會 www.mac.gov.tw

---

33)『台灣 中央通信』(2004년 10월).

34)『聯合報』(2005년 2월 28일).

〈표 1〉 대만인들의 주관적 정체성 인식 변화(2001~2003)

(단위: %)

		2001	2002 (타이베이)	2002 (가오슝)	2002 (평균)	2003
대만인정체성		**36.5**	35.7	44.8	**40.25**	**44.4**
이중적 정체성		51.7	53.0	46.1	49.55	47.6
	대만인 우선	**14.3**	13.6	11.9	**12.75**	25.2
	차이 없음	5.1	6.1	3.8	4.95	12.0
	중국인 우선	31.5	33.0	29.9	31.45	9.6
중국인정체성		8.5	8.0	6.1	7.05	6.5
기 타		3.9	3.6	3.5	3.55	2.4
N		2022	1216	1227		1674

자료: TEDS 2001, 2002, 2003

의 정체성만을 가지게 되었다는 해석이 가능할 것이다. 과연 이들 중 누가 정체성의 변화를 경험했는가? <표 1>은 이러한 물음에 적절한 답을 제시해 주고 있다.

<표 1>을 통해 다음과 같은 사실을 확인할 수 있다. 첫째, 대만인 정체성의 증가와 이중적 정체성의 감소이다. 그러나 그 변동 폭은 앞서 제시한 변화를 설명할 수 있을 정도로 크지는 않다. 둘째, 이중적 정체성 내에서 변화가 두드러지게 나타나고 있다는 점이다. 2001년과 2003년의 데이터를 비교할 때, 대만인 우선의 비중은 14.3%에서 25.2%로 10.9% 포인트 증가하였고, 중국인 우선의 비중은 31.5%에서 9.6%로 21.9% 포인트 감소하였음을 확인할 수 있다.

이상의 사실로부터 중국인으로서의 정체성을 우선으로 하는 이중 정체성을 가진 사람들이 이를 대만인 우선의 이중 정체성으로 재구성하고, 대만인 우선의 이중 정체성을 가진 사람들이 스스로를 대만인으로서만 규정하기 시작했다는 추론이 가능하다. 실제로 2003년 스스로를 대만인으로 규정한 사람들과 대만인 우선의 이중적 정체성을 지닌 사람들의 비율은 약 70%로 이는 2004년과 2005년 자신을 대만인으로 규정한 사람들의 비율인 62~63%에 근사한다. 또한 중국인 우선의 이중적 정체성과 양자 간의 차이가 없다는 사람들의 경우 2003년 약 22%로 2004년 자신의 정체성을 이중적으로 규정한 사람들의 19%와 비슷한 수준이다.

한편, 대만인으로서의 정체성을 지닌 사람들은 대만인 우선의 이중 정체성을 가진 사람들의 수를 포함하여 2003년 현재 약 70%에 이르며, 중국인으로서의 정체성을 가진 사람들은 중국인 우선의 이중 정체성을 가진 사람들을 포함 전체 15%에 불과하다.

(2) 사회적 범주로서 '대만인'과 '중국인'

앞서 지적한 바와 같이 여론조사에서 사용된 '대만인'과 '중국인' 개념은 명확한 정의 아래에서 사용된 것이 아니기 때문에 대만의 사회적 맥락에서 이것이 어떻게 인식되고 있는지를 파악하는 것이 중요하다.

<표 2>는 어떠한 집단이 '대만인'과 중화민족에 포함되는가에 대한 대만인들의 인식이다.

다음 표에서 '대만인'에 대한 인식은 상당히 포괄적이라는 사실을 확인할 수 있다. 성적의 경우 '대만인' 또는 중화민족에 대한 인식에 크게 영향을 주고 있지 않으며, 통독문제와 관련하여 '대만인'의 경우 양안통일파에 대한 인식이 약간 부정적으로 나타나고 있을 뿐 큰 영향을 주는 것으로는 나타나지 않는다. 다만 외국거주교민의 경우 '대만인'에 포함된다는 의견이 45%에 불과하다는 점과 중국대륙인민이 중화민족에 포함된다고 하는 의견이 75%에 그치고 있다는 점이 특징적이다. 이상의 사실로부터 '대만인'이 중화민국이라는 정치공동체의 경계 내에 거주하는 구성

〈표 2〉 누가 '대만인' 또는 중화민족인가

(단위: %)

대만인				중화민족			
	포함	불포함	기타		포함	불포함	기타
외성인	85.7	9.2	5.1	외성인	91.5	3.9	4.6
민남인	96.6	1.1	2.3	민남인	94.5	1.8	3.7
객가인	95.4	1.8	2.8	객가인	93.9	2.1	4
원주민	96.3	1.1	2.6	원주민	90.8	4.9	4.3
현재 외국거주교민	45.2	37.5	17.3	중국대륙인민	74.9	16.9	8.2
대만독립파	85.7	4.6	9.7	현재 외국거주교민	62.5	23.6	13.9
양안통일파	75.2	13	11.8	대만독립파	82.3	6.7	11
				양안통일파	80.9	7.2	11.9
N	2016			N	2016		

자료: TSCS 2003 47a 중화민족 47b 대만인

원을 지칭한다는 점과 '중국인'이 적어도 중화민족을 의미하는 것은 아니라는 점을 추론해 낼 수 있다.

　〈표 3〉은 주관적 정체성 인식과 중국인으로서의 자각 문항 간 교차표로 관측빈도와 기대빈도의 차를 나타낸 것이다. 이는 '중국인'이라는 기표에 대한 대만인들의 인식을 통해 '중국인'이 의미하는 바를 해명하기 위함이다.

　교차분석 결과는 유의수준 5% 하에서 유의확률 0.0으로 중국인으로서의 자각과 주관적 정체성에 대한 인식은 강한 상관성을 가지는 것으로 나타났다. 도표 상에서 확인할 수 있는 바와 같이 대만인으로서의 정체성

〈표 3〉 주관적 정체성 인식* '중국인' 으로서의 자각 교차표

			대만인 정체성	이중 정체성	중국인 정체성	N
중국인 임이 자랑스럽다*	매우 동의	관측빈도 (I)	19.0	81.0	19.0	118
		기대빈도 (II)	52.0	58.8	7.9	
		I-II	-33.0	22.2	11.1	
	동의	관측빈도	261.0	456.0	64.0	777
		기대빈도	342.4	386.7	51.8	
		I-II	-81.4	69.3	12.2	
	부동의	관측빈도	305.0	178.0	14.0	496
		기대빈도	218.2	246.5	33.0	
		I-II	86.8	-68.5	-19.0	
	매우 부동의	관측빈도	63.0	17.0	1.0	81
		기대빈도	35.4	40.0	5.4	
		I-II	27.6	-23.0	-4.4	
N			648	726	98	1472

* 설문 M9a. 不管中國是怎樣的落後(台: 落伍), 我覺得做一個中國人是最値得驕傲的
자료: TEDS 2003

을 가진 집단의 경우 "중국인임이 매우 자랑스럽다"는 명제가 대하여 강한 거부감을 가지고 있는 것으로 나타났다. 즉, 관찰빈도와 기대빈도 간 차가 동의에서 동의하지 않음으로 갈 때 (−)에서 (+)로 변하고 있는 것이다. 또한 관찰빈도와 기대빈도 간 차의 절대값을 통해 그 정도가 매우 큼을 알 수 있다. 반대로 이중적 정체성을 가지고 있거나 중국인으로서의 정체성을 가지고 있는 경우 동일명제에 대하여 동의하고 있음을 알 수

있다. 대만인으로서의 정체성을 가진 경우와는 반대로 관찰빈도와 기대 빈도 간 차가 (+)에서 (−)로 변하고 있음을 확인할 수 있다.

이상의 결과에서 '대만인'으로서의 정체성을 가진 경우 '중국인'에 대하여 부정적인 인식을 가지는 사실을 확인할 수 있다. 즉 '대만인'과 '중국인'의 사회적 범주를 상호 배타적인 것으로 인식하고 있다는 것이다. 또한 이중적 정체성을 가진 사람들은 '중국인'은 '대만인'과 '중국인'은 중첩적인 사회적 범주로 인식하고 있음을 확인할 수 있다.

한 연구에 의하면 '대만인'은 영토적 / 정치적으로 정의되는 경향이 있는 반면에 '중국인'은 시원적 / 문화적 척도에 따라 정의되는 경향이 있다고 한다.[35] 그러나 <표 2>, <표 3>은 이러한 해석이 이중적 정체성을 가진 집단에는 적용이 가능하지만 대만인으로서의 정체성을 가진 집단에는 적용 가능성이 낮다는 점을 보여준다. 즉, 대만인 정체성을 가진 집단과 다른 집단의 '중국인'을 바라보는 인식틀이 다르며, 이에 따라 하나의 개념을 놓고 상반되는 평가를 내리고 있다는 것이다.

이러한 인식이 기존의 중화적인 것에 대한 반발에 그 근거를 두고 있는가? 그러나 시기적으로 이중적 정체성의 감소가 2000년 이후 본격화되었다는 점에 비추어 볼 때 이러한 의문은 타당하지 않다. 오히려 이는 뒤에서 살펴보게 될 통독문제에 대한 인식 및 정당일체감의 문제와 관련성을 가지는 것으로 보인다.

<표 4>는 누가 나의 동포인가에 대한 판단기준을 묻고 있다. 도표의 윗부분은 정치적, 시민적 척도를, 아래는 문화적, 시원적 기준을 나타내고 있다. 대만인들은 대만이라는 정치공동체의 구성원 자격을 인종적, 문화적, 혈연적인 것이 아닌 정치적, 시민적 척도를 통해 판단하고 있음을 확인할 수 있다.

이상의 관찰을 통해 대만인으로서의 정체성이 정치적, 시민적, 영토적

---

35) Chia-lung Lin, "The Political formation of Taiwanese nationalism," in Leong H. Liew and Shaoguang Wang (2004), p.127.

〈표 4〉 누가 나의 동포(同胞; countrymen)인가에 대한 판단기준*

	대만에서 출생여부	대만국적 보유여부	대만에서의 거주기간	대만 정치체제와 법률 존중	대만에 대한 동일성 인식
매우 중요	32.7	**43.4**	33.9	**53.8**	**56.5**
조금 중요	31.5	**34.5**	37.7	**34.2**	**33.0**
그다지 중요 않음	23.9	14.3	21.3	6.0	5.8
전혀 중요 않음	9.0	5.1	4.6	2.0	1.7
기타	2.8	2.7	2.5	3.9	3.0

(N = 2016, 단위: %)

	국어[中國語] 구사능력	閩南語 구사능력	客家語 구사능력	拜拜 행사여부	선조의 본국인여부
매우 중요	**23.3**	**20**	**5.2**	7.5	**21.6**
조금 중요	34.8	32.1	19.2	17.9	28.1
그다지 중요 않음	30.1	36	52.2	38.1	33.2
전혀 중요 않음	9.5	9.7	20.1	33.8	13.8
기타	2.2	2.2	3.2	2.5	23.2

* 설문 17. 如果要成爲我們眞政的同胞, 有人認爲下例條件非常重要, 也有人認爲下重要。請問您覺得它們重不重要? 1. 非常重要 2. 有點重要 3. 不怎麼重要 4. 一點也不重要 5. 無法決定
자료: TSCS 2003

성격을 가지며, 문화적 내지 종족적 성격은 크게 두드러지지 않음을 확인할 수 있었다. 이는 대만인으로서의 정체성이 기존의 종족적인 것에서 민족적인 것으로 전환되어가고 있음을 보여주는 것이다. 이는 대만의 민족주의가 일차적으로 시민적 성격을 가진다는 점을 보여준다. 그러나 동시에 대만인으로서의 정체성을 가지는 집단의 '중국인'이라는 사회적 범주에 대한 부정적 인식은 이것이 종족적 민족주의로 발전할 가능성을 암시한다. 특히 '중국인' 범주에 대하여 긍정적인 인식을 가지고 있는 이중적 정체성을 가진 집단과 중국적 정체성을 가진 집단이 계속 감소하고 있는 사실을 고려할 때 이러한 가능성은 한층 더 커질 수밖에 없다.

III. 민족적 정체성과 정당일체감

1. 민족적 정체성과 정당일체감

1) 민족적 정체성의 형성과 전개에 있어 정치엘리트의 역할과 한계

앞에서 대만인으로서의 정체성이 정치적, 시민적, 영토적 척도를 기준으로 한 민족을 심리적 귀속감의 대상으로 하는 민족적 정체성으로 전화되고 있다는 점을 지적하였다. 집단에 대한 동일성 인식 과정을 거쳐 형성된 심리적 귀속감으로서의 정체성은 따라서 그 출발은 개인적인 것이다. 이러한 개인수준의 정체성이 집합행위로 전환될 때 비로소 민족은 인민주권을 실현하고, 민족-국가 건설을 실현(또는 지향)하며 국제적 승인을 실현(또는 지향)할 수 있는 실천적 존재로서의 의미를 갖게 된다. 따라서 이러한 과제를 실천할 수 있도록 개인의 심리적 귀속감으로서의 정체성이 무엇을 매개로 집합행위로 전환되는가의 문제가 해명되어야 할 것이다.

브로일리(John Breuilly)에 의하면 민족주의는 정치의 한 형태이다. 민족주의는 정치에 관한 것이고, 정치는 권력에 관한 것이며, 근대세계에서 권력은 대체로 국가에 대한 지배(control)에 관한 것이다. 따라서 민족주의적 정치는 국가권력의 장악과 실현을 주요 목적으로 하며 결과적으로 민족주의는 국가권력의 장악과 실현을 위한 정치엘리트들의 합리적 선택의 과정이다.[36] 한편, 자오(Suisheng Zhao)는 이른바 도구주의적 관점에서 민족주의는 본질적으로 자기이해관계적인 행위의 결과로 본다. 민족의식은, 특정 이해관계들 또는 정치적 힘들이 성공적으로 정치적 공동체 또는 민족의 역사를 상상해내고, 인위적으로 공유된 기원을 가진 사람들을 하나의 인민 / 민족(people)이라고 설득해내는 역사적 맥락의 결과이다.[37] 따라서 민족주의는 역사발전의 매 국면마다 영향을 받을 수밖에 없다(situational). 결국 민족의 구성(construction)과 그에 따른 민족주의의 형성은 정치 엘리트(political entrepreneurs)들의 특정 환경에 대한 대응에서 나온 합리적 선택의 결과라는 것이다.[38]

그러나 정치엘리트들이 어떠한 정체성이라도 자의적으로 만들어 낼 수 있는 것은 아니다. 엘리트 역시 대중들과 동일한 문화적 맥락을 공유하고 있기 때문에 이들의 행위와 선택은 제약을 받을 수밖에 없는 것이다. 가능한 것과 불가능한 것, 그리고 올바른 것과 그른 것에 대한 사회적 기준의 제한을 받는 것이다. 특히 일단 형성된 대중들의 정체성은 이후 정치 엘리트들의 선택과 행동을 제약하는 요인으로 작용하게 된다. 또한 경쟁하는 복수의 엘리트 집단의 존재는 그들의 의도와 능력을 상호 제약한다.

2) 집합적 선호에 대한 매개로서의 정당일체감

선거는 시장과 함께 유일하게 개인들의 선택을 집합적 결정에 매개하는 수단이다.[39] 특히 대만의 경우 여러 조건으로 인하여 정당들 간의 선

---

36) John Breuilly, *Nationalism and the State,* 2nd edition (Chicago: The University of Chicago Press, 1994).

37) Suisheng Zhao, *A Nation-State by Construction: Dynamics of Modern Chinese Nationalism* (Stanford, California: Stanford University Press, 2004), p.4.

38) *Ibid.,* p.5.

거경쟁은 민족적 정체성과 관련된 통독문제를 핵심 쟁점으로 하여 전개
되어 왔다.[40]

이하에서는 앞서 제기한 개인수준의 정체성이 어떠한 과정을 거쳐 집
합적 결정 내지 선호로 전환 내지 구성되는가에 대한 문제를 정당일체감
(party identification)을 중심으로 해명하려고 한다. 민주주의 제도하에서 정
치엘리트들은 정당을 통해 선거에 참여함으로써 국가권력의 장악을 의도
하며, 이 과정에서 다양한 동원의 기제를 활용한다. 민족적 정체성 역시
이러한 동원 기제의 하나로 활용될 수 있다. 정당일체감의 논의의 토대가
준거집단이라고 할 때[41] 정당일체감을 형성한 개인은 정당을 준거집단
으로 활용하여 민족적 정체성을 형성하는 것도 가능하다. 특정한 정체성
은 공백 상태에서 만들어지거나 기존에 존재하는 다른 정체성들과 절연
된 채로 형성되는 것이 아니기 때문이다.

2. 대만의 정당일체감

1) 왜 정당일체감인가?

현 대만의 정치의 특징 중 하나는 각종 선거에서의 민진당의 잇따른
패배라고 할 수 있다. 2004년 12월 입법위원 선거에서 민진당은 의석수를
2석 늘리는 데 만족해야만 했고, 범람진영에게 의회다수파의 지위를 넘
겨주고 말았다. 2006년 3월 가이(嘉義)시 입법위원 보궐선거에서도 국민
당후보에게 패배하고 말았다. 한편, 2005년 12월 현(시)장 선거에서도 민
진당은 참패하고 말았다. 민진당은 전체 23곳 중 6곳에서만 승리하였으
며, 타이베이(臺北)현과 이란(宜蘭)현장 직을 내놓는 등 큰 패배를 맛보아

---

39) Angus Campbell, Philip E. Converse, Warren E. Miller, and Donald E. Stokes, *The American Voter,* unabridged ed. (University of Chicago Press, 1976 / 1980), p.3.

40) Chu (2001).

41) Campbell et al.(1978 / 1980); Warren E. Miller and J. Merrill Shanks, *The New American Voter* (Cambridge, Massachusetts: Harvard University Press, 1996).

야만 했다. <표 5>와 <표 6>은 90년대 이후 입법위원 선거와 현(시)장 선
거 결과를 정리한 것이다.

그러나 2005년 5월 비례대표 정당투표제 방식으로 치러진 국민대회대
표선거에서 민진당은 126석을 차지하여, 21석을 획득한 같은 범록진영의
대만단결연맹과 함께, 117석을 차지한 국민당, 18석을 차지한 친민당의
범람진영에 대하여 우위를 보였다. 이러한 결과는 앞의 선거와는 다른 양
상을 보이고 있다. 득표율은 이러한 결과에 대한 일관된 설명을 제공한다.

입법위원 선거의 경우, 민진당은 1992년 선거 이래로 각각 30.8%(1992),

〈표 5〉 입법위원 선거 결과

	第2屆 立法委員選舉 (1992.12)			第3屆 立法委員選舉 (1995.12)			第4屆 立法委員選舉 (1998.12)			第5屆 立法委員選舉 (2001.12)			第6屆 立法委員選舉 (2004.12)		
	의석 수	의석 비율	득표 율	의석 수	의석 비율	득표 율	의석 수	의석 비율	득표 율	의석 수	의석 비율	득표 율	의석 수	의석 비율	득표 율
민진당	51	31.7	30.8	54	32.9	33.2	70	31.1	29.6	87	38.7	33.4	89	39.6	35.7
대련	-	-	-	-	-	-	-	-	-	13	5.8	7.8	12	5.3	7.8
범녹										100	44.4	41.2	101	44.9	43.5
국민당	101	62.7	52.5	85	51.8	46.1	123	54.7	46.4	68	30.2	28.6	79	35.1	32.8
신당	-	-	-	21	12.8	13	11	4.9	7.1	1	0.4	2.6	1	0.4	0.1
친민당	-	-	-	-	-	-	-	-	-	46	20.4	18.6	34	15.1	13.9
범람										115	51.1	49.8	114	50.7	46.9
기타	9	5.6	16.7	4	2.4	7.8	20	8.9	17.0	10	4.4	9.0	10	4.4	9.6
합계	161			165			225			225			225		

* 대련: 臺灣獨立聯盟; 범녹: 泛綠陣營; 범람: 泛藍陣營; 신당: 中國新黨
출처: 臺灣 中央選擧委員會

〈표 6〉 현(시)장 선거 결과

	第13屆 縣(市)長選擧 (1997.11)		第14屆 縣(市)長選擧 (2001.12)		第15屆 縣(市)長選擧 (2005.12)	
	당선자수	득표율	당선자수	득표율	당선자수	득표율
민진당	12	43.3	9	45.3	6	42.0
대련	-	-	-	-	0	1.1
범녹					6	43.1
국민당	8	42.1	9	35.1	14	51.0
신당	0	1.4	1	9.9	1	0.2
친민당	-	-	2	2.2	1	1.1
범람					16	52.3
기타	3	13.2	2	7.3	1	4.7
합계	23		23		23	

출처: 臺灣 中央選擧委員會

33.2%(1995), 29.6%(1998), 33.4%(2001), 35.7%(2004)의 득표율을 보여 왔다. 또한 현(시)장 선거에서의 득표율은 97년 이래로 43.3%(1997), 45.3%(2001), 42.0%(2005)의 안정적인 득표율을 보여 왔다. 2004년 입법위원 선거는 의석수에서만이 아니라 득표율에서의 진전을 보여준 선거였고, 2005년 선거의 경우는 득표율이 약 3%정도 감소하기는 했지만 득표율만으로는 당선자 수에서 국민당과 2001년 9:9에서 2005년 6:14로 악화된 상황을 설명하기 어렵다.

즉 각종 선거에서의 의석수 또는 당선자 수의 변동에도 불구하고, 각 정당의 득표율을 통해 고정 지지층의 존재를 확인할 수 있는 것이다. 여러 가지 요인에 따라 실제 선거 결과는 상이하지만, 일정한 득표율이 보

〈그림 2〉 각종 선거에서의 정당별 득표율 변화

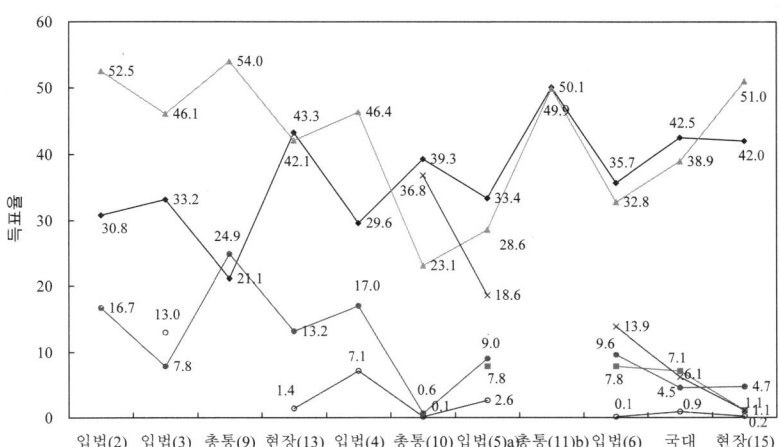

* 입법: 立法委員選擧; 총통: 總統選擧; 현장: 縣(市)長選擧; 국대: 國民大會代表選擧
a) 2001년 12월 第14屆 縣(市)長選擧 정당별 득표율: 민진당 45.3%, 국민당 35.1%,
   신당 9.9%, 친민당 2.2%
b) 공동후보: 총통후보(국민당) 렌잔(連戰), 부총통후보(친민당) 쑹추위(宋楚瑜)
출처: 臺灣 中央選擧委員會

여주는 바와 같이 각 정당에 대한 안정적인 지지층이 존재한다. 이러한
지지층은 결국 정당일체감을 가지는 유권자들(party identifiers)이 존재함을
방증하는 것이다. 정당일체감이 곧바로 해당 정당에 대한 지지로 연결되
는 것은 아니지만 양자 간에는 긍정적인 상관성이 있다는 것이 일반적인
연구결과이다. <그림 2>는 92년 이후 현재까지 각종 선거에서의 각 정당
별 득표율을 보여주는데, 각 정당 특히 민진당과 국민당의 득표율이 안정
적인 지지선 이상에서 지속되고 있는 경향을 확인할 수 있다.

　민진당의 득표율은 대략 35%를 하한선으로 하여 점차 증가하고 있다.
국민당 내 파벌갈등에 기원하는 신당과 쑹추위(宋楚瑜)의 친민당은 지방
선거에서는 별다른 성과를 내고 있지 못하고 있으며, 전국단위 선거에서

의 득표율도 점차 하락하는 형국이다. 이에 따라 그동안 지속적으로 하락
하던 국민당의 득표율은 반등하고 있다. 이러한 득표율 양상은 2005년 6
월에 통과된 헌법 개정안이 담고 있는 소선구제 비례대표제와 함께 양당
제의 출현을 예시하는 것으로 받아들여지곤 한다.

2) 대만의 정당일체감

TEDS 2003을 이용하여 정당별, 단계별로 정당일체감을 분류하면 다음
의 <표 7>과 같다.

TEDS는 정당일체감의 정도를 강, 중, 약의 3단계로 나누고 H1 질문에
서 아니라고 응답을 한 사람들을 무당파(independent)로 분류하고 이들의
정당성향을 H1b에서 확인함으로써 정당일체감을 모두 4단계로 분류하고
있다. 즉, 강한 수준의 정당일체감, 중간 수준의 정당일체감, 약한 수준의
정당일체감 마지막으로 무당파 중 정당성향을 갖는 경우(independent leaner)
가 그것이다.42)

대만 유권자 중 58%가 특정 정당에 대하여 정당일체감을 가지고 있으
며, 그 중 약 44%가 민진당에, 34%는 국민당에 일체감을 가지고 있다.
전체 응답자 중 비중을 보면 4명 중 1명은 민진당에, 5명 중 1명은 국민
당에 대하여 일체감을 가지고 있는 것을 확인할 수 있다.

<표 8>는 정당별 정당일체감에 따른 정당별 호감도를 일원배치 분산
분석을 사용하여 동일 집단군으로 분류한 것이다. 정당일체감은 정당이
하나의 준거집단으로써 개인의 정치적 입장 / 관점(political attitude)과 심리
적 선호 / 편향(psychological predispositions)의 형성에 영향을 준다. 정당일체
감을 기준으로 정당에 대한 호감도와 연관성을 살펴볼 때 정당 간 경쟁

---

42) H1. 目前國內有幾個主要政黨, 包括國民黨, 民進黨, 親民黨, 新黨, 以及台灣
團結聯盟, 請問您是否(台: 敢有) 偏向哪一個政黨?
H1a. 那相對來說(台: 那安捏比較起來), 請問您有沒有稍微偏向哪一個政黨?
H1b. 請問是哪一個政黨?
H1c. 請問, 您偏向這個政黨的程度是很強, 普通, 還是有一點?

〈표 7〉 대만의 정당일체감(2003)

	사례수	퍼센트
국민당에 대한 강한 정당일체감	58	5.9
국민당에 대한 보통의 정당일체감	119	12.2
국민당에 대한 약한 정당일체감	40	4.1
무당파 중 국민당에 대한 정당일체감	115	11.8
국민당	332	34.0 / 19.83*
민진당에 대한 강한 정당일체감	70	7.2
민진당에 대한 보통의 정당일체감	151	15.5
민진당에 대한 약한 정당일체감	67	6.9
무당파 중 민진당에 대한 정당일체감	137	14
민진당	425	43.5 / 25.39*
신당에 대한 강한 정당일체감	1	0.1
신당에 대한 보통의 정당일체감	4	0.4
무당파 중 신당에 대한 정당일체감	2	0.2
신당	7	0.7/0.42*
친민당에 대한 강한 정당일체감	27	2.8
친민당에 대한 보통의 정당일체감	57	5.8
친민당에 대한 약한 정당일체감	36	3.7
무당파 중 친민당에 대한 정당일체감	62	6.4
친민당	182	18.6 / 10.87*
대련에 대한 강한 정당일체감	5	0.5
대련에 대한 보통의 정당일체감	10	1.0
대련에 대한 약한 정당일체감	4	0.4
무당파 중 대련에 대한 정당일체감	11	1.1
대련	30	3.1 / 1.79*
	976 / 1674	100 / 58.30*

* 정당일체감 응답자 중 비중 / 전체응답자 중 비중
자료: TEDS 2003

〈표 8〉 정당일체감에 따른 각 정당별 호감도 평균

	정당일체감	평균(N)	동일집단군
국민당에 대한 호감도 (11점 척도 0-10)	민진당	3.99(422)	민진당+대련 vs. 신당+친민당 vs. 친민당+국민당
	대 련	4.10(29)	
	신 당	5.71(7)	
	친민당	5.99(182)	
	국민당	7.33(329)	
민진당에 대한 호감도 (상동)	친민당	3.47(182)	친민당+국민당 +신당 vs. 대련+민진당
	국민당	3.80(329)	
	신 당	4.14(7)	
	대 련	6.34(29)	
	민진당	7.11(423)	
친민당에 대한 호감도 (상동)	민진당	2.84(418)	민진당+대련 vs. 신당+국민당 vs. 국민당+친민당
	대 련	2.93(29)	
	신 당	5.33(6)	
	국민당	5.65(322)	
	친민당	7.37(182)	
신당에 대한 호감도 (상동)	민진당	2.31(403)	민진당+대련 vs. 국민당+친민당 vs. 친민당+신당
	대 련	2.52(29)	
	국민당	4.43(311)	
	친민당	5.13(178)	
	신 당	6.67(6)	
대련에 대한 호감도 (상동)	친민당	2.01(180)	친민당+신당+국민 당 vs. 민진당 vs. 대련
	신 당	2.17(6)	
	국민당	2.43(314)	
	민진당	4.49(406)	
	대 련	7.41(29)	

설문 H2. 我們想要請您用0到10來表示您對國內幾個政黨的看法, 0表示您「非常不喜歡」
這個政黨, 10表示您「非常喜歡」這個政黨。首先請問**黨您要給他多少?
자료: TEDS 2003

이 어떠한 형태로 이루어질 것인지를 간접적으로 확인할 수 있다. 정당일체감과 정당호감도간에 강한 상관성이 존재할 경우 조정과 타협보다는 상호불신, 대립과 충돌을 가져올 가능성이 높기 때문이다.

표에서 범람진영과 범록진영 간 관계에 있어 다른 진영에 속한 정당에 대한 호감도가 낮다는 사실을 확인할 수 있다. 이러한 경향은 정당일체감의 정도가 증가할수록 더 강하다. 각 정당에 대한 호감도에서 일체화된 동일정당에 대한 평균을 제외할 경우 범람진영에 대한 호감도는 범록진영과 범람진영으로 나누어짐을 알 수 있다. 범록진영의 경우 민진당에 대한 호감도는 범람진영의 각 정당에 대한 호감도와 마찬가지로 범록진영과 범람진영으로 나뉘어진다. 그러나 대련에 대한 호감도의 경우는 특이하게 동일 집단군이 셋으로 나누어진다. 즉, 대련에 대한 호감도는 범람진영 vs. 민진당 vs. 대만독립연맹으로 나뉘어짐을 확인할 수 있는데 대련의 경우 민진당에 대한 정당일체감을 가지고 있는 집단에게도 평균 4.49라는 보통 이하의 호감을 주고 있다. 대련에 일체감을 느끼는 집단의 민진당에 대한 호감도 평균이 6.34인 것과 비교할 때 상당히 낮은 수치이다.

한편, 이러한 정당일체감이 투표에는 어떻게 반영되어 있을까? <표 9>는 2000년 총통선거 결과와 정당일체감 간 교차표이다.

<표 9>는 2000년 선거에서 왜 국민당의 롄-샤오 후보가 3위에 그쳤으며 쑹-장 후보가 선전했는지를 보여준다.

먼저, 민진당에 정당일체감을 갖는 집단의 천-뤼 후보에 대한 압도적 지지를 확인할 수 있다. 무당파 중 민진당 성향의 집단들조차 90% 가까이 민진당 후보에 표를 던졌고, 강한 정당일체감을 보이고 있는 집단은 거의 100% 가까운 지지를 보냈다. 이를 바탕으로 천-뤼 후보는 39.3%의 지지를 얻어 36.8%에 그친 쑹-장 후보를 따돌리고 승리할 수 있었던 것이다. 이러한 표의 결집은 친민당 그룹 내에서도 확인된다. 반면 국민당의 경우 강한 정당일체감을 가지고 있는 집단을 제외하고(약 70%), 나머지 집단 내에서 친민당 후보에 대한 지지와 국민당 후보에 대한 지지가 나뉘었음을 확인할 수 있다. 가장 많은 사례수를 보이는 중간 수준의 정

〈표 9〉 정당일체감*과 2000년 총통선거 교차표

	宋-長(친민당)	連-蕭(국민당)	李-馮(신당)	許-朱(무당적)	陳-呂(민진당)	사례수
강한 국민당	25.0%	73.2%	0.0%	0.0%	1.8%	56
보통 국민당	38.0%	39.5%	0.0%	0.0%	8.3%	108
약한 국민당	44.1%	47.1%	0.0%	0.0%	8.8%	34
무당파 국민당	47.6%	38.1%	0.0%	1.2%	13.1%	84
국민당	39.0%	52.1%	0.0%	0.4%	8.5%	282
강한 민진당	0.0%	1.5%	0.0%	0.0%	98.5%	68
보통 민진당	0.7%	2.9%	0.0%	0.0%	95.6%	136
약한 민진당	1.8%	7.0%	0.0%	1.8%	89.5%	57
무당파 민진당	3.4%	6.9%	0.9%	0.0%	88.8%	116
민진당	1.6%	4.5%	0.3%	0.5%	93.1%	377
강한 친민당	92.0%	4.0%	0.0%	0.0%	4.0%	25
보통 친민당	90.4%	7.7%	0.0%	0.0%	1.9%	52
약한 친민당	87.1%	6.5%	0.0%	0.0%	6.5%	31
무당파 친민당	86.3%	3.9%	0.0%	2.0%	7.8%	51
친민당	88.7%	5.7%	0.0%	0.6%	5.0%	159

* 第十任 總統(副總統)選擧候補: 천수이볜(陳水扁)·뤼슈렌(呂秀蓮) [민진당] 對 롄잔
·오완창(蕭萬長) [국민당] 對 쑹추위(宋楚瑜)·장자오슝(長昭雄) [친민당] 對 리아
오(李敖)·평후샹(馮滬祥) [신당] 對 쉬신량(許信良)·즈후이량(朱惠良, Josephine
Chu) [무당적]
자료: TEDS 2003

당일체감 집단의 경우 표가 양분되었으며, 무당파 중 국민당성향의 집단
의 경우는 오히려 친민당 후보에게 더 많이 투표했다. 이상의 투표 결과
는 대만의 정당정치에서 정당정체성이 강하게 작용하고 있으며, 정당일
체감을 가진 집단으로부터 충성심을 확보하지 못할 경우 선거결과에 부
정적 영향을 미칠 수 있음을 보여주는 사례라 하겠다.

3. 정당일체감과 주관적 민족적 정체성

그렇다면 대만에서 정당일체감과 민족적 정체성 간에 과연 상관성이 존재하는가?

카이제곱 검정결과 유의수준 5%하에서 유의확률은 0.0으로 정당일체 감과 민족적 정체성 간에는 매우 높은 상관성이 있는 것으로 나타났다. 먼저, 대만인으로서의 정체성을 가지고 있는 경우 민진당에 대한 정당일 체감을 가지는 것으로 나타났다. 따라서 앞장에서 살펴본 바와 같이 대만 인으로서의 정체성을 가지는 집단의 증가는 민진당에 대한 동일성 인식 의 증가로 나타날 가능성이 높다. 뒤에서 살펴보겠지만 민진당은 범람진 영의 국민당, 친민당 등과 달리 '하나의 중국 원칙'에 반대하는 입장을 표 방하고 있다. 따라서 대만인으로서 정체성 인식이 민진당에 대한 정당일 체감으로 표현된다고 하는 것은 이들의 정체성이 독립문제와 결합됨으로 써 민족적 정체성으로 기능할 가능성이 높다는 사실을 보여주는 것이라 하겠다.

둘째, 이중적 정체성을 가지는 경우 국민당과 친민당에 대한 정당일체 감을 가지는 경향을 보여주는데 이는 국민당과 친민당이 이들을 동시에 목표대상으로 삼아야 한다는 것을 의미한다. 따라서 친민당이 적실성 있 는 정당으로 남아있는 한 국민당은 고정지지층 확보에 어려움을 겪을 가 능성이 크다. 그러나 친민당과 국민당은 통독문제에 있어 유사한 입장을 취하고 있다. 따라서 범람진영과 범록진영의 대결이라는 관점에서 본다 면 부정적인 결과만 예상되는 것은 아니다. <표 7>에서 확인할 수 있는 바와 같이 정당일체감을 가지는 사람들 중 국민당과 친민당에 정당일체 감을 가진 경우가 각각 34%와 18.6%이다. 이들을 합산하면 52.6%이고, 이는 민진당에 대한 일체감에 가지는 집단보다 약 10%포인트 높다. 따라 서 통일·독립(統獨)문제를 둘러싼 범람진영과 범록진영 간의 경쟁은 현 재의 대립적 양상을 한동안 지속할 듯하다. 그러나 앞에서 살펴본 바와 같이 이중적 정체성을 가지고 있는 사람들의 수가 최근 2, 3년간 눈에 띄

〈표 10〉 정당일체감*과 주관적 정체성 인식 교차표

			주관적 정체성 인식				
			대만인정체성	이중적정체성	중국인정체성	모름	전체
정당 일체감을 느끼는 정당	국민당	빈도	83	202	44	3	332
		기대빈도	142.8	164.1	23.7	1.4	332
		열 %	19.70%	41.60%	62.90%	75.00%	33.80%
	민진당	빈도	292	128	9	1	430
		기대빈도	185	212.6	30.7	1.8	430
		열 %	69.20%	26.40%	12.90%	25.00%	43.80%
	신당	빈도	2	3	2	0	7
		기대빈도	3	3.5	0.5	0	7
		열 %	0.50%	0.60%	2.90%	0.00%	0.70%
	친민당	빈도	26	145	11	0	182
		기대빈도	78.3	90	13	0.7	182
		열 %	6.20%	29.90%	15.70%	0.00%	18.60%
	대련	빈도	19	7	4	0	30
		기대빈도	12.9	14.8	2.1	0.1	30
		열 %	4.50%	1.40%	5.70%	0.00%	3.10%
	전체	빈도	422	485	70	4	981
		기대빈도	422	485	70	4	981
			100%	100%	100%	100%	100%

자료: TEDS 2003

게 감소하고 있다는 점과 이들의 입장이 대만인 정체성으로 전환되고 있는 점에 비추어 볼 때 국민당과 친민당의 전망이 그리 밝지만은 않다고 하겠다.

셋째, 중국인으로서의 정체성을 가지고 있는 집단의 경우 국민당에 대한 정당일체감을 가질 가능성이 크다. 신당에 대한 정당일체감과 중국인 정체성간에도 양(+)적 경향이 나타나고 있지만 신당의 적실성 상실로 인하여 대만의 정치지형에는 별다른 영향은 주지 않을 듯하다. 한편, 중국인으로서의 정체성과 대련에 대한 정당일체감 간에 양(+)적 효과가 존재한다는 사실은 흥미롭다. 이는 대련에 대한 지지층이 극단적인 대만독립파와 국민당 내의 리덩후이 지지 세력의 결합이라는 사실을 반영한다 하겠다.[43]

IV. 민족적 정체성과 통독(統獨)문제

1. 대만문제

1) 대만문제: '하나의 중국' 원칙

양안 간 갈등과 대립은 궁극적으로 동아시아에서의 세력균형의 변화를 초래할 수 있는 잠재력을 지니고 있다. 양안 간 무력분쟁은 미국의 개입을 가져올 가능성이 매우 높고, 미국의 개입은 미·중 간 전쟁으로 확대될 공산이 크기 때문이다.[44] 이러한 폭발력을 지니고 있는 양안 간 갈등은 이른바 '대만문제'[45]를 둘러싸고 전개되고 있다.

대만문제란, 대만의 (국제적) 지위(status)에 관한 문제라고 할 수 있다. 즉, 대만문제는 국제체제 내에서 대만에 어떠한 지위를 부여할 것인가 또는 그 지위의 변동을 인정할 것인가의 문제로 정리될 수 있다. '하나의

---

43) Gunter Schubert, "Taiwan's Political Parties and National Identity: Rise of an Overarching Consensus," *Asian Survey*, Vol. 44, No. 5 (2004), p.553.

44) Nancy Bernkopf Tucker, "Dangerous Strait: an Introduction", in Nancy Bernkopf Tucker (2005) 참조.

45) 대만문제에 대해서는 서진영, 『21세기 중국외교정책: '부강한 중국'과 한반도』(폴리테이아, 2006), p.273 이하 참조.

중국 원칙'과 이를 둘러싼 입장의 차이는 이러한 대만문제의 본질을 가장 잘 보여주고 있다.

대만문제에 관한 중국의 입장은 확고하다. 대만의 지위는 기본적으로 중국의 행정단위인 성(省)에 불과하며, 이러한 지위에 변동을 초래할 어떠한 행위도 중국의 주권에 대한 도전으로 간주하고 무력개입의 가능성도 배제하지 않겠다는 것이다. 이러한 중국의 입장은 2005년 3월 14일 제10기 전인대 제3차 회의에서 통과된 <반분열국가법>(反分裂國家法)에 압축적으로 표현되어 있다.46) 대만문제와 관련된 동법 제8조는 다음과 같다.

> 第八条 "台独"分裂势力以任何名义、任何方式造成台湾从中国分裂出去的事实, 或者发生将会导致台湾从中国分裂出去的重大事变, 或者和平统一的可能性完全丧失, 国家得采取非和平方式及其他必要措施, 捍卫国家主权和领土完整。
> 依照前款规定采取非和平方式及其他必要措施, 由国务院、中央军事委员会决定和组织实施, 并及时向全国人民代表大会常务委员会报告。47)

"중국으로부터의 분열(从中国分裂出去)"이라는 표현에서 중국정부의 대만 지위에 대한 인식을 단적으로 읽을 수 있다. 한편, 대만의 지위에 대한 태도를 반영하여 중국정부는 양안관계 문제에 대한 대만당국과의 대화와 교섭을 당(黨) 대 당(黨)의 문제로 설정하고 있다.

대만문제에 대한 대만의 입장은 본토화와 민주화 과정을 거치면서 정당 간 입장 차이로 인하여 한층 복잡한 양상으로 전개되고 있다. 중국과 달리 대만은 대만문제에 관한 합의(consensus) 형성에 실패하고 있으며, 이에 따라 민진당 정부와 각 정당들이 각개약진하고 있다.48) 대만문제를

---

46) <반분열국가법>의 내용과 제정 배경에 대해서는, 서진영 (2006), pp.300-306 참조.
47) http://tw.people.com.cn/GB/14810/3240911.html. 강조는 필자.
48) 예를 들어 2005년 4월과 5월 렌잔 국민당 주석과 쑹추위 친민당 주석이 중국을 각각 방문하여 후진타오(胡錦濤) 중국공산당 총서기와 회담을 가졌다. 반면 2006년 2월 천수이볜 총통은 국가통일위원회의 운영과 국가통일강령의 적용 종지를 선언하여 중국으로부터의 강한 반발을 초래하였다.

둘러싼 각 정당의 입장 차는 기본적으로 '하나의 중국 원칙'을 수용하는 지 여부에 따라 나뉜다. 이를 수용하는 범람진영은 양안 간 통일노선을 견지하고 있고, '하나의 중국, 하나의 대만 원칙'을 주장하는 범록진영은 독립노선을 고수하게 된 것이다. 그러나 이러한 정당 간 입장차에도 불구하고, 특히 범람진영의 '하나의 중국'이 과연 무엇인가에 대한 해석은 중국당국의 해석과 큰 시각차를 보이고 있기 때문에 대만문제를 둘러싼 양안 간 갈등과 대립은 다수의 행위자가 개입된 복잡한 양상으로 전개되고 있다.49)

2) 민족문제로서의 대만문제

주권과 국가의 관련성은 영토적 한계 내에서 정부단위(즉, 국가)의 영토와 국민에 대한 배타적 관할권의 문제이다. 크라스너(Stephen Krasner)는 주권 개념이 서로 구분되는 네 가지 차원으로 이루어져 있음을 지적하고 있다.50) 부시(Richard C. Bush)는 이러한 크라스너의 주권개념을 대만에 적용하여 현재 대만의 주권은 국제법적 주권의 차원에서 가장 취약함을 지적하고 있다.

국제법적 주권이, 다른 국가들로부터 국제법상의 국가임을 승인받고,

---

49) 대만문제를 둘러싼 중요 행위자 가운데 하나인 미국의 동 문제에 대한 입장은 '전략적 모호성(strategic ambivalence)'과 현상유지(status quo)전략으로 정리될 수 있다. 미국의 대만문제에 대한 입장은 서진영(2006); Tucker(2005) 참조. 부시행정부(George Bush) 이후 대만문제에 대한 미국정부의 입장변화에 대해서는 Robert L. Suettinger, *Beyond Tiananmen: The Politics of U.S.-China Relations 1989-2000* (Washington, D.C.: Brookings Institute Press, 2003) 참조. 특히, 대만과 미국 간 군사·안보협력의 강화에 대해서는, Michael S. Chase, "U.S.-Taiwan Security Cooperation: Enhancing an Unofficial Relationship," in Nancy Bernkopf Tucker(2005) 참조.

50) 크라스너는 주권을, 국내적 주권(domestic sovereignty), 웨스트팔리안 주권 (Westphalian sovereignty), 국제법적 주권(international legal sovereignty), 상호의 존 주권(interdependence sovereignty)의 네 가지 차원으로 구분하고 있다. 크라스너의 주권 개념과 내용에 대해서는, Krasner (1999), p.4, pp.11-25 참조.

가입을 위한 자격조건을 국가로 한정하는 국제기구에 가입함으로써 독립국가로서의 국제법적 지위를 확립함을 의미한다고 할 때, 대만은 중화인민공화국의 존재로 인하여 이를 실현하지 못하고 있다는 것이다.[51] 국제사회에서 중화인민공화국이 중국의 유일합법정부로 인정받고 있으며, 현재 대만과 수교한 국가는 30개가 채 되지 않는다. 이는 국제사회에서 중화인민공화국의 입장이 반영된 '하나의 중국 원칙'이 실현되고 있음을 의미한다.

따라서 이러한 현상을 타개하기 위한 대만의 대외관계 개선 노력 내지 독립의 움직임은 국제법적 주권의 실현, 곧 대만의 지위 변동, "양안 관계의 현상변화"를 의미한다. 이는 결국 대만의 완전한 민족-국가의 형성을 의미하는 것이기 때문에 민족적 정체성의 문제와 대외관계인식 특히, 통독문제는 연동되어 있는 사안이라 할 것이다.

2. 통독문제를 둘러싼 대만의 정치지형

1) 정당별 입장: 범록진영(泛綠陣營) 대 범람진영(泛藍陣營)

이미 지적한 바와 같이 통독문제는, 대만의 각 정당들이 자신의 정체성을 확립하고, 서로를 구별하는 기준이 된 기본적 쟁점들 중 하나이다. 1991년 독립강령노선 선택 이전부터 민진당은 이미 선거 전략의 하나로 민족적 정체성과 대만독립의 문제를 제기하였다. 국민당 내 파벌경쟁의 결과인 신당 및 친민당의 창당은, 리덩후이 총통 집권기 국민당의 대륙정책 및 통일정책에 대한 반발에서 비롯되었다. 한편, 2000년 총통선거 결과에 따라 국민당으로부터 사실상 축출된 이후 리덩후이 전 총통이 결성한 대련의 정강정책은 대만독립노선이 전부라고 해도 과언이 아니다.

한편, 대만의 개방적이고 유동적 계급구조는 사회경제적 요인을 중심

---

51) Richard C. Bush, *Untying the Knot: Making Peace in the Taiwan Strait* (Washington, D.C.: Brookings Institute Press, 2005), pp.82-91, 특히 pp.90-91.

으로 한 균열의 형성을 불가능하게 하였고, 민주화 이후 지배적 지위를 유지하기 위한 국민당의 이데올로기적 유연성은, 사회경제정책을 중심으로 한 정당 간 차별화에 있어 저해요인으로 작용하였다.[52] 특히, 민진당 집권 이후 분할정부(divided government) 상황에서의 지배당과 반대당 간의 교착국면과 민진당 정부의 사회경제적 실정은 특히, 민진당이 지속적으로 통독문제에 대한 이니셔티브를 가지도록 하는 요인으로 작용하고 있으며, 이에 다른 정당 역시 이에 대응하지 않을 수 없게 하고 있다.

범람진영(국민당, 친민당, 신당 등)과 범록진영(민진당, 대련 등) 간의 대립과 표면적으로는 통일노선과 독립노선 간의 대립이지만 근본적으로는 '하나의 중국 원칙'을 수용할 지 여부에 따라 전개되고 있다. 따라서 이들 간의 대립은 민족적 정체성의 문제와 밀접한 관련성을 가진다.

'하나의 중국 원칙'에 대한 범록진영의 입장은 간단하다. 이들은 이 원칙의 수용을 거부하고, '하나의 중국, 하나의 대만 원칙'을 견지하고 있다. 범람진영의 경우 명시적인 통일노선을 지향하는 국민당과는 달리 친민당은 유럽연합모델에 따라 양안 간의 정치적 통합을 지향한다. 그러나 이들은 중국당국과 '하나의 중국원칙'에 대하여 합의하고 있다. 그러나 이들의 '중국'에 대한 해석은 중국당국의 그것과 다르다. 중국당국은 철저하게 대만의 국가성을 부정하는데 반하여 범람진영은 대만의 국가성을 인정할 것과 외교권 즉, 국제법적 주권의 용인을 주장하고 있다.

2) 통독문제에 대한 대만인들의 인식

(1) 통독문제에 대한 선호: 경향

시기별 여론조사에서 나타난 통독문제에 대한 대만인들의 입장의 특징은 10명 중 9명이 현상유지를 선호한다는 데 있다. 조속한 통일 내지

---

52) Chu(1999); Shelley Rigger, *From Opposition To Power: Taiwan's Democratic Progressive Party* (Boulder, London: Lynne Rienner Publishers, 2001), pp.38-39.

독립을 선호하는 집단, 특히 중국과의 조속한 통일을 선호하는 이들은 극
소수에 불과하다.

    <그림 3>은 조속한 통일(내지 독립)을 선호하는 집단과 현상유지 이후
통일(내지 독립)을 선호하는 집단을 묶고 현상유지를 선호하나 결정을 미
룬 집단과 무기한적 현상유지를 선호하는 집단을 묶어 이를 각 독립선호
와 통일선호 및 현상유지선호 집단으로 구별하여 그 변화 추세를 살펴본
것이다.53) 독립을 선호하는 사람들의 수는 점차로 늘어나고 있고, 통일에
대한 선호는 전반적으로 감소 추세에 있음을 확인할 수 있다. 2002년 중

〈그림 3〉 독립선호, 통일선호 그리고 현상유지선호 집단의 변동추이

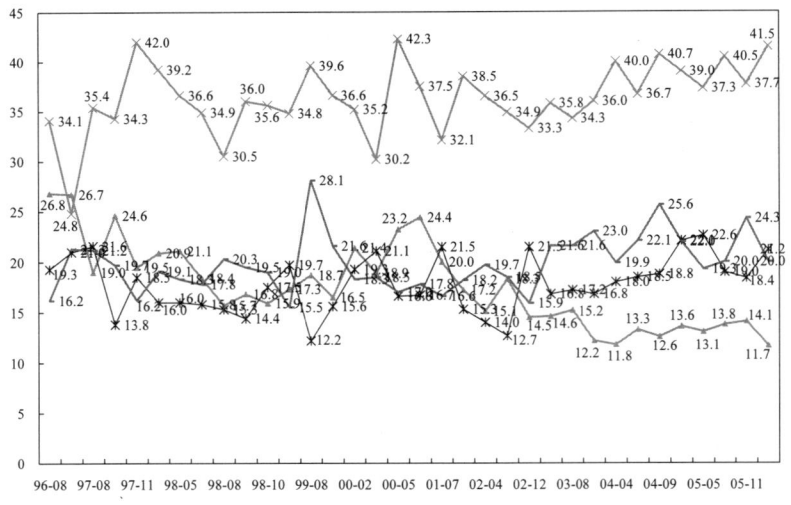

a) 통일성향: 조속한 통일+현상유지 이후 통일
b) 독립성향: 조속한 독립+현상유지 이후 독립
출처: 臺灣 行政院大陸委員會(www.mac.gov.tw)

---

53) 일반적으로 통독문제에 대한 선호와 관련하여 대만의 여론조사는 문항을
    조속한 통일, 현상유지 이후 통일, 현상유지 이후 결정, 무기한적 현상유지,
    현상유지 이후 독립, 조속한 독립의 6가지로 나누어 조사하고 있다.

반 이후 독립에 대한 선호가 통일에 대한 선호를 앞서고, 역전의 조짐은 현재로서는 보이지 않는다. 전체의 25%가 독립노선을 지지하고 있으며, 12~13%의 사람들만이 통일노선을 지지하고 있다. 아울러 제3차 국공합작 등 범람진영 인사들의 잇따른 중국방문과 후진타오 중국공산당 총서기와의 회담은, 이 사람들의 통독문제에 대한 선호에 일단 별다른 영향을 미치지 못한 듯하다. 이는 통독문제에 대한 선호가 민족적 정체성 또는 정당일체감을 반영하는 비교적 안정적이고 지속적인 정치적 태도와 심리적 선호에 관한 문제임을 간접적으로 보여준다고 하겠다.

문제는 대략 60%에 이르는 현상유지 선호 집단이다. 계속적인 현상유지를 원하는 사람들은 차치하더라도 40%에 이르는 사람들이 상황변화에 따라 통일과 독립을 선택해야 하는 상황에서 어떠한 선택을 할 것인가에 대해서는 아무것도 말해주지 않기 때문이다.

(2) 통독문제에 대한 선호

니어우(Emerson M.S. Niou)는, 조건적 상황에서의 통독문제에 대한 선호와 현재적 상황에서의 이에 대한 선호라는 두 개의 차원을 설정하여 통독문제에 대한 사람들의 선호를 유형화함으로써 앞서 제기된 문제를 해결하고 있다.[54]

<표 11>은 조건적 상황에서의 통일과 독립에 대한 선호를 유형화한 것이다. 도표 상의 로마숫자는 조건부적 상황하에서 각각 독립만 수용함(II), 통일만 수용함(IV), 양쪽 모두 수용 가능함(I)을, 양쪽 모두 수용 불가능함

---

54) 새로운 분석틀에 대한 니어우의 논의는, John Fuh-sheng Hsieh and Emerson M.S. Niou, "Measuring Taiwanese Public Opinion on Taiwanese Independenc," *The China Quarterly*, 181 (March 2005), pp.158-168. 참조. 니어우 등은 본 논문에서 TEDS 2001 데이터를 이용하였다. 2003 Taiwan National Security Survey (sponsored by the Program in Asian Security Studies at Duke University) 데이터를 이용하여 통독문제에 대한 대만인들의 선호를 측정한 논문으로는, Emerson M.S. Niou, "Understanding Taiwan Independence and its Policy Implications," *Asian Surveys*, 44:4 (2004), pp.555-567.

〈표 11〉 조건부적 상황에서의 독립과 통일에 대한 선호

(단위: %)

양안관계 평화유지 시 독립국가 건설[55]	양안 간 조건상당(相當)시 통일[56]							
	(강한)동의		(강한)부동의		기 타*		전 체	
	2001	2003	2001	2003	2001	2003	2001	2003
(강한)동의	I 22.7	I 21.8	II 20.3	II 26.6	III 4.6	III 2.7	47.6	51.1
(강한)부동의	IV 18	IV 17.9	V 11.2	V 15.9	VI 3.1	VI 2.4	32.3	36.3
기 타	VII 2.9	VII 1.7	VIII 1.9	VIII 1.6	IX 15.4	IX 9.4	20.2	12.6
전 체	43.5	41.3	33.4	44.1	23	14.6	100	100

* "상황에 따라", "의견 없음", "잘 모르겠음", "답변 거부" 포함
자료: TEDS 2001, TEDS 2003

(V)을 의미한다. 조건부적 상황에서의 통독문제에 대한 선호는, 독립과 통일의 선택이 상호배타적인 양자택일의 문제가 아니라는 사실을 보여준다.

다음의 <표 12>는 조건부적 상황하에서의 통독문제에 대한 선호와 현재의 통독 문제에 대한 선호를 교차 분석함으로써 통독문제에 대한 선호를 유형화한 것이다.

---

55) 설문 K3. 有人主張「如果大陸和台湾在經濟, 社會, 精緻各方面的條件相當, 則 (台: 哪安捏) 兩岸應該統一。」請問, 您 同意還是不同意這種主張? (非常同意, 同意, 不同意, 非常不同意).

56) 설문 K2. 有人主張「如果台湾宣布獨立後, 仍然 (台: 猶原) 可以和中共維持和平的關係, 則 (台: 哪安捏) 台湾應該成爲一個新國家。」請問, 您 同意還是不同意這種主張? (非常同意, 同意, 不同意, 非常不同意).

〈표 12〉 통독문제에 관한 조건부적 상황과 현재적 상황에서의 선호 교차표

통독문제에 대한 조건부적 상황에서의 선호	현재적 상황에서의 선호							
	대만독립		현상유지		양안통일		전 체	
	2001	2003	2001	2003	2001	2003	2001	2003
독립만 수용	① 189	①191	② 187	② 233	? 27	? 9	403	433
	10.4%	12.7%	10.3%	15.5%	1.5%	0.6%	22.3%	28.8%
모두 수용가능	② 65	② 64	③ 248	③ 244	④ 130	④ 39	443	347
	3.6%	4.3%	13.7%	16.2%	7.2%	2.6%	24.5	23.1%
통일만 수용	? 10	? 3	④ 140	④ 201	⑤ 209	⑤ 85	359	289
	0.6%	0.2%	7.7%	13.4%	11.5%	5.7%	19.8	19.2%
모두 수용불가능	② 19	② 24	③ 152	③ 226	④ 52	④ 8	223	258
	1.0%	1.6%	8.4%	15.0%	2.9%	0.5%	12.3	17.2%
기타	② 38	② 28	③ 285	③ 140	④ 59	④ 9	382	177
	2.1%	1.9%	15.7%	9.3%	3.3%	0.6%	21.1	11.8%
전체	321	310	1012	1044	477	150	1810	1504
	17.7%	20.6%	55.9%	69.4%	26.4%	10.0%	100.0%	100.0%

자료: TEDS 2001, TEDS 2003

각 숫자는 통독문제와 관련하여 각각 독립에 대한 강한 지지(①), 독립에 대한 약한 지지(②), 현상유지 지지(③), 통일에 대한 약한 지지(④), 통일에 대한 강한 지지(⑤)를 의미한다. <표 13>은 유형화에 따른 통독문제에 있어서의 선호변화를 보여준다.

먼저 2003년 현재 독립 지지층은 36%, 현상유지 지지층은 40.5%, 통일

<표 13> 통독문제 선호 유형화에 따른 변화추이

(단위: %)

	독립에 대한 강한 지지층	독립에 대한 약한 지지층	현상유지에 대한 지지층	통일에 대한 약한 지지층	통일에 대한 강한 지지층
2001	10.4	17.0	37.8	21.1	11.5
2003	12.7(+2.3)	23.3(+6.3)	40.5(+3.7)	17.1(−4.0)	5.7(−5.8)

자료: TEDS 2001, TEDS 2003

지지층은 전체 22.8%이다. 2001년과 비교할 경우 각각 8.6%, 3.7%, −9.8%
의 변동 폭을 나타난다. 즉, 독립에 대한 지지층이 특히, 약한 지지층을
중심으로 증가했으며, 통일에 대한 지지층은 뚜렷한 감소세를 보이고 있
고, 현상유지에 대한 지지층 역시 증가하고 있다.

3. 민족적 정체성, 정당일체감 그리고 통독문제

1) 주관적 정체성 인식과 통독문제

주관적 정체성 인식과 통독문제에 대한 인식은 상관성을 가지고 있을
까? <표 14>는 주관적 정체성 인식과 통독문제에 대한 선호 간의 카이제
곱 검정 결과에 따른 관측빈도와 기대빈도 간의 차를 보여준다.

카이제곱 검정결과 유의수준 5% 하에서 유의확률은 0.0으로 주관적
정체성 인식과 통독문제에 대한 선호는 상관성이 높은 것으로 나타났다.
관측빈도와 기대빈도의 차가 보여주는 바와 같이 대만인 정체성을 가질
수록 독립에 선호가 강하게 나타나고 있으며, 이중적 정체성 또는 중국인
정체성을 가질수록 통일에 대한 선호가 강하게 나타나고 있음을 알 수
있다. 즉, 대만인 정체성을 가지고 있는 사람들이 심리적 귀속의 대상으
로 느끼고 있는 집합적 존재로서의 대만은 하나의 민족으로 상상되고 있
음을 확인할 수 있는 것이다.

〈표 14〉 주관적 정체성 인식과 통독문제* 선호 교차표

| | | | 통독문제에 대한 선호 | | | | | |
			强獨①	弱獨②	現狀③	弱統④	强統⑤	전체
주관적 정체성 인식	대만인 정체성	빈도	159.0	196.0	160.0	57.0	7.0	579.0
		기대 빈도	84.7	141.0	207.5	108.6	37.2	579.0
		차이	74.3	55.0	-47.5	-51.6	-30.2	
	이중적 정체성	빈도	31.0	115.0	278.0	162.0	55.0	641.0
		기대 빈도	93.7	156.1	229.7	120.2	41.2	641.0
		차이	-62.7	-41.1	48.3	41.8	13.8	
	중국인 정체성	빈도	1.0	7.0	30.0	26.0	22.0	86.0
		기대 빈도	12.6	20.9	30.8	16.1	5.5	86.0
		차이	-11.6	-13.9	-0.8	9.9	16.5	
	전 체	빈도	191.0	318.0	468.0	245.0	84.0	1306.0
		기대 빈도	191.0	318.0	468.0	245.0	84.0	1306.0

* 통독문제에 대한 선호는 <표 13>에 따른 유형
자료: TEDS 2003

　　그러나 이것이 중국인 정체성 또는 이중적 정체성을 가지고 있는 사람들이 중화인민공화국을 자신들의 심리적 귀속의 대상으로 삼고 있음을 의미하는 것은 아니다.

　　앞에서 확인한 바와 같이 이들이 심리적 귀속의 대상으로 삼는 대상이 무엇인지 명확하게 확인할 수는 없지만 '하나의 중국 원칙'과 관련지어

생각해 보면 이들은 '중국'을 심리적 귀속의 대상으로 삼고 있음을 확인
할 수 있다. 아래에서 정당일체감과 통독문제에 대한 선호 간의 상관성을
다시 살펴보게 되겠지만, 이들이 생각하는 '중국'은 분명히 중화인민공화
국이 해석하는 중국과는 다른 존재이다. 그러나 이들이 귀속감의 대상으
로 하는 '중국'의 실체는 경계가 모호한 것이 사실이다. 이중적 정체성을
가진 사람들이 최근 대만인 정체성으로 자신의 주관적 정체성에 대한 인
식을 변경한 것도 이러한 모호성과 무관하지 않은 것으로 해석할 수 있다.
　이상과 같은 사실을 종합하면 통독문제에 대한 선호에 있어 현상유지
를 지지하는 사람들이 다수를 차지하고 있으나 대만인 정체성의 확산에
따라 이들이 현상유지 선호에서 대만독립에 대한 선호로 이동할 가능성
이 크다고 할 것이다.

2) 정당일체감과 통독문제

　심리적 귀속감으로서의 정체성이 정당을 통해 집합적 결정 또는 집합
행위로 전환된다고 할 때, 정당일체감과 통독문제 대한 선호 간에 어떠한
상관성이 있는가?
　<표 15>는 정당일체감과 통독문제에 대한 선호 간 카이제곱 검정 결과
관측빈도와 기대빈도 간 차를 나타낸 교차표이다. 표에서 확인할 수 있는
바와 같이 민진당 및 대만독립연맹에 대한 정당일체감을 지니고 있는 집
단의 경우 독립을 선호하고 있으며, 국민당과 친민당에 대한 정당일체감
을 지니고 있는 경우에는 현상유지 및 통일을 선호하는 것으로 나타났다.
　현상유지에 대한 선호가 반드시 독립에 대한 반대를 의미하는 것은 아
니다. 다만 현상유지를 선호하는 경우 그들의 심리적 귀속감의 대상은 앞
서 지적한 국제법적 주권의 문제를 완전하게 해결할 수 없다. 즉 이는 완
전한 의미의 민족의 실현일 수 없는 것이다. 그러나 대만의 대외관계 개
선을 요구하는 대만인들이 증가하고 있다는 사실을 고려 할 때 친민당과
국민당에 대해 정당일체감을 가지는 집단 중 현상유지를 선호하는 집단
의 경우 독립 내지 통일에 대한 선호로 돌아설 가능성이 크다. 친민당과

<표 15> 정당일체감과 통독문제* 선호 교차표

			强獨①	弱獨②	現狀③	弱統④	强統⑤	전체
					통독문제에 대한 선호			
정당 일체감을 느끼는 정당	국민당	빈도	6.0	52.0	110.0	85.0	30.0	283.0
		기대빈도	45.2	68.2	95.1	54.9	19.6	283.0
		차	-39.2	-16.2	14.9	30.1	10.4	
	민진당	빈도	120.0	123.0	99.0	26.0	7.0	375.0
		기대빈도	59.9	90.3	126.0	72.7	26.0	375.0
		차	60.1	32.7	-27.0	-46.7	-19.0	
	신당	빈도	0.0	0.0	3.0	3.0	1.0	7.0
		기대빈도	1.1	1.7	2.4	1.4	0.5	7.0
		차	-1.1	-1.7	0.6	1.6	0.5	
	친민당	빈도	3.0	20.0	67.0	51.0	20.0	161.0
		기대빈도	25.7	38.8	54.1	31.2	11.2	161.0
		차	-22.7	-18.8	12.9	19.8	8.8	
	대련	빈도	7.0	10.0	7.0	0.0	1.0	25.0
		기대빈도	4.0	6.0	8.4	4.8	1.7	25.0
		차	3.0	4.0	-1.4	-4.8	-0.7	0.0
	전체	빈도	136	205	286	165	59	851
		기대빈도	136	205	286	165	59	851

* 통독문제에 대한 선호는 <표 13>에 따른 유형
자료: TEDS 2003

국민당의 대만문제에 대한 입장을 고려해 볼 때 이들이 민진당으로 돌아설 가능성은 크지 않기 때문에 통일에 대한 선호를 형성해 나갈 가능성이 더 크다고 하겠다.

중국인으로서의 정체성을 가지고 있는 집단이 상정하고 있는 심리적 귀속감의 대상으로서 '중국'의 실체가 모호하다는 것은 이미 지적한 바와 같다. 그러나 중화인민공화국의 입장이 변화하지 않는 이상 '하나의 중국원칙'에 따라 '중국'을 민족으로 상상하여 심리적 귀속감을 형성하고 있는 집단의 열망은 달성되기 어렵다. 중화인민공화국이 중국을 대표하는 유일합법정부로 인정받고 있는 이상, 민족으로서의 '중국'은 이상으로 그칠 공산이 크기 때문이다. 따라서 민족적 정체성의 형성과 관련한 국민당과 친민당의 운신의 폭은 넓지 않아 보인다. 대만인으로서의 정체성을 선택하는 사람들의 수가 증가하고 있는 것은 통독문제에 대한 이들 정책의 지지층 확산에 저해요인으로 작용할 가능성이 크기 때문이다. 중국의 무력사용의 위협과 미국의 전략적 모호성으로 인하여 독립이라는 범록진영의 목표는 단기적으로 실현되기 어렵지만, 이것이 역으로 국민당 및 친민당의 범람진영에 유리한 상황을 의미하는 것은 아니라는 것이다.

V. 결론

지금까지 정당의 역할을 중심으로 민족적 정체성의 형성 및 전개와 정치과정(특히, 체제 전환)의 상관관계를 대만 사례를 중심으로 살펴봄으로써, 민족적 정체성의 형성에 있어서의 정치엘리트의 역할을 해명하였다. 또한 이러한 분석틀 안에서 양안관계 및 대만문제와의 관련성하에서 대만정치의 전개 방향을 전망해 보았다.

대만인들은 대만인, 중국인을 기본적 범주로 하여 자신의 심리적 귀속감의 대상을 형성시켜 왔다. 이는 대만과 '중국'을 각각 민족으로 설정하는 민족적 정체성이 서로 경쟁하고 있음을 의미한다. 민족적 정체성을 논

의할 때 단일한 정체성을 전제로 할 경우 이러한 현상을 잡아내기 어렵
다. 이 '민족관(nation-views)'[57]은 정당 정치의 모습으로 서로 경쟁하고 교
섭해 나가면서 하나의 민족관을 형성해 나갈 것으로 보인다.

대만인으로서의 정체성의 증가는 '하나의 중국' 원칙에 따라 민족으로
상정된 '중국'이 아닌 독립적 실체로서의 대만을 심리적 귀속감의 대상으
로 하는 사람들이 증가하기 시작했음을 의미한다. 대만을 민족으로 상상
하는 사람들이 증가한다는 것은 대만을 민족으로 하는 민족관이 중국을
민족으로 하는 민족관 간의 경쟁에서 점차 우위를 잡아가고 있음을 의미
한다. 중국을 민족으로 구성할 경우 중화인민공화국의 존재로 인하여 주
권과 관련된 국제적 지위 변동문제에 있어 한계에 직면할 수밖에 없기
때문이다.

대만 사례는 복수의 민족관이 존재할 수 있음을 말해주는 것이기도 하
지만 동시에 개인이 가지는 정체성은 변화 가능한 것임을 보여주는 것이
기도 하다. 민족적 정체성을 민족에 대한 동일성 인식 과정을 거쳐 구성
된 심리적 귀속감으로 정의할 때, 어떠한 무엇을 민족으로 대상화할 것인
가가 변화할 수 있다는 것이다. 민족은 개념적인 것이기는 하지만 생활
속에서 사람들은 이것이 구체적인 모습으로 실재함을 경험한다. 이는 동
일한 경험과 기억이 민족의 형성에 있어 중요한 요인으로 작용함을 의미
한다.[58]

개인들은 정당일체감을 매개로 민족적 정체성을 형성해 나간다. 이는
대만의 정치엘리트들이 대만의 민족적 정체성 형성과정에 개입하는 지점
이다. 그러나 이렇게 형성된 민족적 정체성은 이후 정치엘리트들의 선택
을 제약하는 요인으로 작용한다. 2000년 총통선거는 좋은 사례가 된다.
국민당 정부하에서 국민당에 대한 정당일체감을 형성해 온 사람들은 이
를 통해 중국인으로서의 정체성을 형성해 왔다. 그들이 민족으로 상상한

---

57) Prasenjit Duara (1996), p.161.
58) Ernest Renan, "What is a Nation?" in Geoff Eley and Ronald Grigor Suny (1996).

대상은 중국이지 대만이 아니었다. 그러나 리덩후이의 본토화 정책은 중국을 민족으로 이해해 온 이들에게는 생경한 것이었다. 즉, 리덩후이 총통이 이끄는 국민당의 민족 만들기 과정에서의 민족은 중국이 아닌 대만이었던 것이다. 결과는 중국인으로서의 정체성을 가진 이들의 정체성의 혼란이었고, 이들은 국민당이 아닌 친민당 쑹추위를 대안으로 선택했던 것이다.

정당일체감과 함께 민족적 정체성은 안정적이고 지속적인 성격을 가진다. 이는 자기 범주화 즉, 자아의 사회적 확장을 의미하기 때문이다. 통독문제를 둘러싼 대만 정치의 교착국면과 정당의 부침의 이면에는 이러한 정체성의 문제가 자리하고 있다.

2006년 4월 6일 AFP 통신에 따르면 응답자의 87.1%가 대만의 미래는 대만인에 의해 결정되어야 하며, 88.7%가 중국이 비평화적인 방법으로 양안문제를 해결하는데 반대한다고 답했다. 누가 주권을 행사 할 것인가의 문제에 따라 정치체제의 성격이 달라질 수 있지만, 민족이 가지는 민주주의와의 근원적 친밀성은 민족의 구성원은 동등한 자격과 권리를 가지는 것으로 상상된다는 데 있다. 민족을 정의하는 요소 중 하나가 인민주권이라고 할 때 이것이 궁극적으로 의미하는 바는 민족 스스로 자신의 운명을 결정한다는 데에 있다. 르낭(Ernest Renan)이 일찍이 "개인의 존재가 삶에 대한 계속적인 긍정(또는 지지)인 것처럼, 한 민족의 존재는 [그 존속에 대한 구성원들의] 매일 매일의 국민투표"[59]라고 지적했을 때, 그는 민족이 자아의 확장이며 따라서 민족의 운명은 구성원들의 자율적인 선택에 맡겨져야 한다는 사실을 간파하고 있었다. 2006년 5월 마잉주(馬英九) 국민당 주석이 한 강연에서, "대만 국민들은 언론의 자유에 근거해 대만 독립을 포함한 어떠한 정치적 주장을 가질 수 있으므로 나 자신이 대만 독립을 저지할 수는 없다"고 했을 때 그는 문제의 본질을 정확하게 짚고 있었던 것이다.

---

59) *Ibid.*, p.53.

대만인들의 민족적 정체성은 강화되고 있으며, 이는 중국과는 다른 대만을 의미한다. 또한 이는 대만인들의 독립에 대한 지지로 연결되고 있다. 국민당과 친민당 역시 이러한 변화를 무시할 수는 없을 것이다. 슈베르트(Gunter Schubert)에 따르면, 대만 정당들 간에 대만민족(Taiwanese nation)의 존재에 대한 큰 틀의 컨센서스가 형성되어 있다고 한다.60) 범람진영이 '하나의 중국 원칙'을 수용하고 있지만, 이는 중화인민공화국의 그것과 상충된다는 점에서 이들의 민족에 대한 이해는, 중국공산당의 그것보다는 오히려 민진당의 그것과 가까울 수밖에 없다.

민족적 정체성의 형성과 전개에 정당이 주요한 역할을 담당하였다는 점에서 민족문제는 대만의 정치에 상당한 기간 지속적으로 영향을 미칠 것이며, 양안관계의 불안정성은 계속 야기될 것이다. 대만의 정치과정은 정당을 매개로 민족주의와 근본적으로 결합되어 있기 때문에 민족주의적 경향은 지속적으로 강화될 것이다. 이러한 결합을 해체하고 평화적이고 안정적인 양안관계를 구축해 나가는 과제는 결국 대만인들의 선택에 달려있다.

---

60) Schubert (2004) 참조.

제2부

동아시아의 민주주의

|제5장|
러시아 정치체제 이해와 '준(準)대통령제' 개념: 적용가능성의 모색과 한계*

김인성
|고려대학교 정치외교학과 연구전임강사

I. 머리말

이 논문의 목적은 러시아 정치체제에 대한 준대통령제(semi-presidentialism) 개념의 적용가능성을 타진하는 데 있다. 많은 구사회주의권 국가들이 체제전환 과정에서 혼합정체를 선택함에 따라 준대통령제에 대한 관심이 꾸준히 증대하고 있으며, 이에 따라 러시아 정치체제를 준대통령제로 규정하는 학자들의 수도 증가하고 있다. 그러나 1970년에 등장하여 1980년대 후반 이후가 되어서야 재조명되고 있는 이 개념은 합의의 부재와 모호성으로 인해 실제 적용에 있어서의 적실성은 아직까지도 의문시되고 있다. 그럼에도 불구하고 이 개념의 세련화를 위한 이론적 모색과 이 개념틀을 적용한 연구는 꾸준히 진행되고 있으며, 그 깊이를 더해가고 있다. 러시아정치를

---

* 이 논문은 『슬라브연구』 제21-2권(2005년)에 게재되었음.

연구하는 학자들의 저작들에서도 준대통령제 개념이 보다 빈번하게 등장하고 있는 현실을 고려할 때, 과연 이 개념이 러시아 정치체제를 분석함에 있어 어떠한 유용성을 가지는가 하는 문제를 짚고 넘어갈 필요가 있다.

이 글에서는 세 가지 과제를 해결하는 과정에서 앞서 제기한 문제의식에 대한 답을 찾고자 한다. 첫째, 준대통령제란 무엇인가라는 문제가 먼저 고찰될 것이다. 이 과정에서 이 개념에 내재한 문제점들이 제기되고, 이러한 문제점들을 해결하기 위한 이론적 시도들이 소개된다. 둘째, 러시아 정치체제연구에 있어 준대통령제 개념이 어떻게 적용되고 있는 지를 살펴본다. 셋째, 준대통령제 개념을 러시아 정치체제분석에 적용함에 있어 제기될 수 있는 문제점들을 규명하고, 그 해결책을 모색한다.

II. 준대통령제 개념의 등장과 이론적 세련화의 모색

1. 준대통령제 개념의 도입: 뒤베르제

준대통령제 개념이 처음 학계에 도입된 것은 1970년 뒤베르제가 프랑스 5공화국의 정치체제를 설명하기 위해서였다. 그러나 이 개념은 한 사회의 정치제도들의 특성이나 문제점들을 포괄적이고 체계적으로 분석하기 위한 기반으로서는 크게 환영받지 못하였다.[2] 이 때문에 이 개념이 무엇을 의미하는 것인가에 대한 문제 해결은 고사하고, 학자들이 나름의 명칭을 사용함으로써 혼란을 가중시켜 왔다. 이와 관련하여 린쯔는 이 제도가 각종 문헌들에서 '이원집정제(bipolar executive)', '분할집정제(divided execu-

---

2) Horst Bahro, Bernhard H. Bayerlein and Ernst Veser, "Duverger's concept: Semi-presidential government revisited," *European Journal of Political Research,* Vol. 34, Issue 6 (Oct. 1998), p.202. 준대통령제 개념이 처음 소개된 저서는 Duverger, M. *Institutions politiques et droit constitutionnel* (Paris: Presses Universitaire de France, 1970).

tive)', '내각제적 대통령제(parliamentary presidential government)', '의사내각제 (quasi-parliamentary government)', '중간형 대통령제(semipresidential government)', '총리형 대통령제(premier presidential system)' 등으로 명명되고 있음을 지적하면서 이러한 용어의 다양성은 이런 형태의 제도가 이론이나 실제 모두에서 얼마나 다양한지를 보여주고 있다고 지적한다.[3]

1980년 뒤베르제는 구체적인 개념정의를 시도한다. 이에 따르면 준대통령제 정부형태라는 개념은 오직 헌법에 의해 정의되는데, 세 가지 내용을 포함하고 있어야 한다. 첫째, 대통령은 보통선거에 의해 선출될 것. 둘째, 대통령은 상당한 권한을 가질 것. 셋째, 대통령과 대응하는 수상과 각료들이 집행 및 통치권한을 갖고 있으며, 의회의 불신임이 없는 경우에만 직책을 유지할 것.[4]

뒤베르제가 준대통령제에 대한 개념정의를 내놓음으로써 유사한 체제에 대한 학문적 토론의 기반이 마련되었지만 이 개념은 학자들의 환영을 받지 못하였다. 준대통령제를 실제 정치에 적용함에 있어 발생하는 가장 큰 문제는 이 개념의 모호성이다. 뒤베르제 스스로도 이러한 난점에 대해서 충분히 숙지하고 있었던 것으로 보인다. 1980년의 논문에서 그는 '헌법상의 권한'과 '실질적인 권한'에 따라 준대통령제하에서의 대통령 권한의 강도를 비교하는 데, 7가지 사례 중 2개 국가에서 심각한 권한의 불일

---

3) J. J. Linz and A. Valenzuela, *The Failure of Presidential Democracy*, 신명순·조 정관 역,『내각제와 대통령제』(서울: 나남출판사, 1995), p.135. 린쯔가 나열한 명칭 이외에도 '반(半)의회제(semi-parliamentary government)', '대통령-의회제 (presidential parliamentary government)', '내각제화된 대통령제(parliamentarized presidentialism)', '의회중심 내각제(assembly-type parliamentarism)' 등이 사용되고 있다. 한국의 경우, 'semi-presidentialism'을 '준대통령제', '반대통령제', '분 권형 대통령제', '이원정부제', '이원집정제' 등으로 다양하게 옮기고 있다.

4) 모리스 뒤베르제, "새로운 정치체제 모형: 반대통령제," A. Lijphart, ed., *Parliamentary versus Presidential Government*, 조해경 역,『내각제와 대통령제』, (서울: 이진출판사, 1999), p.177. 원문은 Maurice Duverger, "A new political system model – semi-presidential government," *European Journal of Political Research*, Vol. 6, (1980).

치를 발견하였다.5) 프랑스의 대통령은 헌법상 권한에 비해 실질적 권한이 컸고, 아이슬란드 대통령의 권한은 그 반대 현상을 보였다.

제도상의 권한과 실제적 권한과의 불일치에 기인하는 이러한 일탈 현상은 이후의 준대통령제 연구자들 사이에서 심각한 개념상의 혼란을 불러일으켰다.6) 이는 학자들마다 준대통령제에 포함시키는 국가들이 각각 상이하다는 데서 잘 드러난다. 이를테면, 스테판과 스카치는 뒤베르제의 사례들 중에서 프랑스와 포르투갈만 준대통령제에 포함시키고 있으며, 오스트리아와 아이슬란드는 의회제로 분류하고 있다.7) 사르토리 역시 오스트리아와 아이슬란드를 준대통령제 정부 목록에서 제외시키고 있다.8) 이에 더해서 린쯔는 프랑스 5공화국은 준대통령제로서가 아니라, 대부분의 기간 동안 대통령제로 운영되었고, 가끔씩만 내각제로 운영되었다고 주장한다.9)

준대통령제 개념을 최초로 학계에 도입하고, 개략적인 개념상의 윤곽을 설정한 것은 뒤베르제의 업적이라 할 수 있다. 그러나 그의 개념에 내재한 문제점과 많은 학자들이 이 개념을 나름대로 해석하고 적용함으로써 준대통령제 개념을 둘러싼 혼란은 가중되어 왔다. 이러한 문제를 해결하기 위

---

5) Ibid., p.182.

6) 엘지(Elgie)는 '준대통령제'에 대한 개념 정의에 있어 세 가지 유형이 존재하고 있다고 이야기한다. 첫째는 정치행위자의 실제권력만을 고려한 경우, 둘째는 헌법상의 질서와 실제 권력을 결부시키는 경우, 셋째는 체제 자체의 성향적 특성만을 고려한 경우. 이러한 혼란의 결과 준대통령제라 지칭되는 국가들의 목록 사이에 혼돈이나 불일치가 존재한다고 엘지는 지적한다. Robert Elgie, "Semi-Presidentialism: Concepts, Consequences and Contesting Explanations," *Political Studies Review,* Vol. 2 (2004), pp.315-317.

7) Alfred Stepan & Cindy Skach, "Constitutional Frameworks and Democratic Consolidation: Parliamentarianism versus Presidentialism," *World Politics,* Vol. 46, no. 1 (Oct.1993), p.3.

8) G. Sartori, *Comparative Constitutional Engineering: An Inquiry into Structures, Incentives and Outcomes* (London: Macmillan, 1994), p.126.

9) Linz and Valenzuela, op. cit., p.145.

한 이론적인 노력은 1990년대 초반이 되어서야 시도되기 시작한다.

2. 준대통령제 개념의 정교화: 슈가트·캐리와 사르토리

1980년대 후반기에는 정치학계 뿐만 아니라 준대통령제의 확산에 중요한 몇 가지 변화가 목도되었다. 첫째는, 마치와 올슨이 행태주의를 비판하면서 신제도주의를 주창한 이래로,[10] 정치제도와 정치체제의 안정성 및 효율성 사이의 상관관계에 대한 연구가 확산되기 시작하였다.[11] 둘째, 라틴아메리카의 민주주의적 안정성을 확보할 수 있는 대안적 체제 모색이 시도되었다. 이 논의의 주요 논자들 중에는 린쯔와 사르토리처럼 준대통령제를 대안으로 제시하는 이들도 존재하였다.[12] 셋째, 사회주의권의 변화가 시작되었고, 사회주의 몰락 후 이 국가들은 대체적으로 뒤베르제의 개념에 부합하는 혼합정치체제를 선택하였다. 이 세 가지 변화에 힘입어 비록 여전히 비주류이기는 하지만 준대통령제에 대한 논의가 활성화되기 시작하였고, 개념 및 분석방법의 세련화가 시도되었다.

준대통령제 개념 부활의 선두주자는 슈가트와 캐리였다. 1992년, 이들 두 사람은 뒤베르제의 개념정의를 대체적으로 수용하면서도 준대통령제라는 용어가 대통령제와 의회제의 연장선상의 어느 중간에 위치하는 정치체제를 의미한다는 점을 지적하면서 그 대신에 '수상-대통령제(premier-presidential regime)'라는 개념을 도입한다.[13] 그런데, 이 체제와는 성격을

---

10) James G. March and Johan P. Olsen, "The New Institutionalism: Organizational Factors in Political Life," *The American Political Science Review,* Vol. 78, no. 1 (September 1984) 참조.

11) 신제도주의의 내용과 연구 성과들에 대한 보다 상세한 내용은 다음의 책을 참고 바람: 정용덕 외, 『신제도주의 연구』(서울: 대영문화사, 1999).

12) 린쯔는 볼리비아 정치체제의 대안 모델로 "내각제화된 대통령제(parliamentarized presidentialism)"를 모색한 바 있다고 밝히고 있다. Linz and Valenzuela, op. cit., p.161.

13) M. S. Shugart & J. M. Carey, *Presidents and assemblies: constitutional design and*

달리하는 또다른 체제가 존재한다. 이 두 번째 체제에서는 대통령이 내각의 임명권과 해임권을 동시에 보유하고 있고, 이 내각은 의회의 신임을 얻어야 한다. 슈가트와 캐리는 이러한 체제들을 '대통령-의회제(president-parliamentary regime)'라 명명한다.14) 이러한 체제는 다음과 같이 정의될 수 있다: 1) 대통령의 보통선거에 의한 선출; 2) 내각 구성원들에 대한 대통령의 임명권 및 해임권; 3) 내각 구성원들에 대한 의회의 불신임권; 4) 대통령의 의회해산권.

결과적으로 본다면 대통령을 보통선거로 선출하는 정치체제는 순수 대통령제와 수상-의회제, 대통령-의회제 세 가지로 분류될 수 있지만, 마지막 두 개념은 일반적으로 준대통령제의 두 가지 형태로 받아들여지고 있다. 두 개념의 차이는 내각구성원의 해임권한과 의회와 행정부의 독자적 생존(independent survival) 가능성에 있다. 수상-대통령제에서 수상과 각료들의 해임은 의회의 권한에 속하는 반면, 대통령-의회제에서는 내각해산권이 대통령과 의회 공동의 권한이다. 한편, 대통령이 내각에 많은 영향력을 미치고 있으면서도, 내각의 생존은 의회와 결부되어 있다. 수상-대통령제에서도 내각에 대한 의회의 심사권이 존재하지만, 대통령-의회제에서는 두 가지 차이점이 발견된다. 첫째는, 심사 후 정부 재구성과정에 참여하는 것은 의회 과반수가 아니라 대통령 자신이다. 둘째는, 내각의 구성 및 해산과 관련하여 대통령은 의회해산권을 보유한다.15)

슈가트와 캐리의 개념은 준대통령제의 연구에 있어 내각을 구성하고 해산하는 절차를 중요한 분석대상으로 만들었다. 이는 내각구성절차(혹은 수상임명절차)에 있어서의 대통령과 의회의 권한에 초점을 맞춤으로써, 뒤베르제의 '대통령의 상당한 권한'이라는 개념규정의 모호성을 일정정도 극복하였다는 의미를 갖는다. 게다가 의회해산권을 가진 강력한 대통령이 존재하는 체제를 준대통령제(슈가트 · 캐리의 대통령-의회제)에 포함시킴

---

electoral dynamics (Cambridge: Cambridge Univ. Press, 1992), p.23.

14) Ibid., p.24.

15) Ibid., p.25.

에 따라 이 개념을 통해 구소련국가들을 분석하는 것을 가능하게 하였다.

1994년 사르토리 역시 뒤베르제의 개념이 가지는 한계를 극복하는 시도를 한다. 사르토리에 따르면 준대통령제에서는 첫째, 국가수반이 고정임기로 (간접적이든 직접적이든) 선출되며, 둘째, 행정권은 대통령과 수상이 나누어 갖는다. 여기에서 후자는 다음과 같은 세 가지 기준을 만족시켜야 한다: 1) 대통령은 의회로부터 독립적이지만 단독으로 혹은 직접적으로 통치하지 못한다. 2) 수상과 내각은 의회종속적인만큼 대통령으로부터 독립적이다: 이들은 의회의 신임 혹은 불신임 (혹은 양자 모두)에 종속적이며, 어떠한 경우에도 의회 과반의 지지를 필요로 한다. 3) 각각의 행정부 구성단위들의 '잠재적 독자성'이 존재한다는 엄격한 조건하에서, 준대통령제의 이중권위구조는 행정부 내의 상이한 균형과 권력 우세의 변화를 염두에 둔다.[16]

사르토리의 개념은 준대통령제 연구시 고려해야 할 중요한 두 가지 사항을 덧붙이고 있다. 이는 준대통령제는 '이중권위구조'를 가지고 있다는 점과 '행정부 내의 권력의 변화'를 염두에 두고 있다는 점이다. 이러한 개념정의의 의의 중 하나는, 누지아이넨이 지적하는 바처럼, 뒤베르제의 개념정의 속에서 준대통령제는 단순히 대통령제와 의회제간의 국면의 변경처럼 보일 수 있는 반면에,[17] 사르토리의 준대통령제는 유연한 권위구조에 기반을 둔 진정한 혼합체제가 되었다는 사실이다.[18] 두 번째 의의는 개념상 '이중권위구조'를 포함시킴으로써, 린쯔에 의해 예외적인 현상으로 치부되었던 '여야동거(cohabitation)'를 준대통령제에서만 특이한 현상으로 설명할 수 있게 된 점이다. 게다가 린쯔의 '이중적 정통성(dual legitimacy)'을 대통령제의 문제점으로서가 아니라 권력의 주기 변화를 분

---

16) Sartori, op. cit., pp.131-132.
17) 이는 앞서 지적했듯이 이론과 실제간 대통령 권한의 모호성에 기인한다.
18) Jaakko Nousiainen, "From Semi-presidentialism to Parliamentary Government: Political and Constitutional Developments in Finland," *Scandinavian Political Studies*, Vol. 24, no. 2 (2001), p.97.

석하기 위한 중요한 변수로 활용할 수 있게 되었다.[19] 마지막으로, 준대
통령제의 기본적인 성격 중 하나로 '유연성' 혹은 '변화'를 포함시킴으로
써 구사회주의 국가들을 제도 분석의 틀 내에 끌어들였다는 점을 들 수
있다.

III. 러시아 정치체제 연구에서의 준대통령제

뒤베르제와 사르토리가 각각 1992년과 1995년에 동구의 신생국들을
준대통령제에 포함시킨 이후,[20] 이들 국가를 준대통령제(혹은 혼합정체)의
성격을 갖는 것으로 인정하는 분위기가 학계에 조성되었다. 초기에는 준
대통령제를 둘러싼 개념상의 또한 이론상의 논쟁에 있어 이 국가들이 하
나의 사례로 거론되는 정도에 지나지 않았으나,[21] 최근에 들어서는 명시
적으로 준대통령제 개념에 기반하여 구사회주의 국가들의 정치체제 변화
나 체제 성격에 대한 연구가 출현하고 있다.[22] 이러한 흐름 속에서 신생

---

19) Olen Protsyk, "Prime ministers' identity in semi-presidential regimes: Constitutional norms and cabinet formation outcomes," *European Journal of Political Research,* Vol. 44 (2005), pp.735-738. 이글에서 저자는 신선한(fresh) 선거정통성이 수상 임명에 추가적인 교섭능력을 부여한다고 주장한다.

20) Bahro et al., op cit., p.203, p.207 참조. 뒤베르제는 1992년 '헌법사전'에서, 사르토르는 1995년 학술지에 기고한 자신의 논문에서 동구권 국가들을 포함 시켰다고 한다. 사르토리 논문은 아래와 같음: Sartori, "Giovanni. Elogio del semiprezidenzialismo," *Revista Italiana di Scienza Politica,* Vol. 25 (1995).

21) 이러한 식의 언급은 앞 장에서 인용되고 있는 논문들 다수에서 나타나고 있다.

22) 이를테면, Olen Protsyk, "Troubled Semi-Presidentialism: Stability of the Constitutional System and Cabinet in Ukraine," *Europe-Asia Studies,* Vol. 55, no. 7 (2003); Kimitaka Matsuzato, "Semi-Presidentialism in Ukraine – Institutional Centrism in Rampant Clan Politics," paper presented at the Conference of Korea Association of Ukrainian Studies(2004); 정은숙, "폴란드의 민주제도 선택." 박기덕 편. 『민주주의와 정치제도 – 체제수행능력을 중심으로』(서울: 세종연구소, 1998) 등.

러시아연방을 준대통령제로 규정하는 학자들도 속속 등장하고 있다. 이 장에서는 영어권과 러시아에서 준대통령제가 러시아 정치체제에 어떻게 적용되고 있는 지를 살펴보고자 한다.

1. 영어권에서의 연구들

먼저 영어권 학자들을 살펴보자. 슈가트는 러시아가 '대통령-의회제 성격'을 지니고 있다고 규정한다. 이는 러시아에서 내각 해산권이 기본적으로는 대통령에게 주어져 있으면서도, 의회와 일부 공유하는 측면이 있기 때문이다.[23] 한편, 슈가트는 러시아 대통령의 의회에 대한 권력이 다른 나라에서보다 훨씬 크다는 점을 지적한다. 슈가트가 주목하는 것은 대통령령 발포권이다. 대통령령은 국회가 법률을 채택함으로써 무효화될 수 있는데, 러시아 대통령은 비토권을 이용하여 자신의 선호와 상치되는 법률안의 통과를 방해한다는 것이다.[24]

허스키는 1993년 신헌법에 따르면 직선을 통해 선출된 대통령이 의회의 지지를 필요로 하는 수상과 행정상의 책임을 공유한다는 점에서 러시아의 정치체제는 공식적으로는 준대통령제를 계속 유지하고 있다고 지적한다.[25] 그러나 의회가 행정부를 통제할 수 있는 능력은 극히 제한되어 있다. 첫째, 수상과 달리 개별 장관들의 임명과 해임에 있어 의회는 아무런 역할도 하지 못하고 있다. 둘째, 대통령에 의한 수상의 임명을 거부하거나 내각에 대한 불신임을 표명할 수 있는 공식적인 권리를 의회가 보유하기는 하지만, 실질적인 권한의 행사는 극히 어렵다. 셋째, 의회는 대

---

23) Mattew S. Shugart, "Presidentialism, Parliamentarism, and the Provision of Collective Goods in Less-Developed Countries," *Constitutional Political Economy*, Vol. 10 (1999), p.57, p.60.

24) Shugart (1999). p.64.

25) Eugene Huskey, *Presidential power in Russia* (New York: M. E. Sharpe, 1999), p.35.

통령 탄핵권을 가지고 있지만, 의원 2/3 이상의 찬성을 필요로 하는 규정으로 인해 국가두마는 탄핵 절차를 발동하기조차 어렵다. 그러나 허스키는 러시아 대통령제의 초대통령적인(superpresidential) 성격이 대통령의 의지가 그대로 일상 정치에서 실현되는 것을 의미하는 것은 아니라고 지적한다. 이는 대통령의 지도력이나 경제 조직들의 압력, 의회와 정부 구성의 변화, 그리고 심지어는 대통령 기구들 자체의 변화 등이 복합적으로 작용하여 정치적 결정이 내려지기 때문이다. 즉, 국가나 사회가 대통령의 명령에 즉각적으로 순응하지는 않는다.[26]

이스터는 1997년 러시아와 우즈베키스탄, 그리고 에스토니아의 정치체제에 대한 비교분석을 통하여 대통령제가 실패한 민주주의를 낳는다는 신제도주의적 입장에 대한 비판을 시도한다. 세 국가의 사례를 통해 볼 때 민주주의로의 이행을 방해하고 있는 것은 대통령제가 가지는 게임의 규칙들이 아니라 실제적인 선택을 하는 행위자들이었다. 대통령제가 신생독립국가들에서 대거 출현한 것은 다른 행위자들이 국가 권력 자원에 접근하는 것을 제한함으로써 가장 큰 이익을 획득할 수 있다는 계산 아래 행위자들이 전략적으로 대통령제를 선호했기 때문이다.[27] 이스터에 따르면 러시아의 정치체제는 강한 대통령과 약한 의회가 공존하는 혼합형 체제이다. 러시아에서 대통령은 국민 전체를 대표하는 국가 이익의 제도적 담지자인 반면, 의회는 일부 사회 세력의 특수 이익의 제도적 담지자이다. 바로 이 때문에 제도상 민주주의적 성격들이 존재함에도 불구하고 민주주의적 공고화의 가능성이 요원하다고 이스터는 본다.[28]

프로칙은 슈가트와 캐리의 준대통령제 개념에 기반하여 탈사회주의 국가들에서의 수상 임명을 둘러싼 대통령과 의회 간 권력관계에 대한 분석을 시도한다. 이 분석을 통하여 프로칙은 헌법상 규범들을 통해 본 이

---

26) Huskey (1999). pp.35-36.
27) Gerald M. Easter, "Preference for Presidentialism: Postcommunist Regime Change in Russia and the NIS," *World Politics,* Vol. 49, no. 2 (1997), p.211.
28) Ibid., p.208.

론적 수준의 권력관계와 실제 경험상의 권력관계 사이에 불일치가 발생하고 있음을 논증하고, 이러한 불일치는 심각한 경제관리실패, 수혜주의적(clientelistic) 정당구조, 대통령의 '정통성 이점',[29] 그리고 가장 중요하게는 정당분화와 이념정착 수준 등의 비헌법적 요인들에 의해 발생한다고 주장한다.[30]

2. 러시아 학계에서의 연구현황

쿠발딘은 소련대통령제에서부터 옐친 시기까지 러시아에서의 대통령제가 어떻게 변모해 왔는지를 상세히 관찰하고 있다. 쿠발딘은 소련의 정치체제는 지극히 특유하지만 성격상 다른 무엇보다도 의회-대통령 공화국에 가장 가깝다고 평가한다.[31] 그리고 그는 러시아의 초기 대통령제는 소련의 대통령제를 선례로 하고 있기는 하지만 혼란스러운 현실 속에서 정의 내리기 어려운 복잡한 사건이라 표현한다. 그 당시 제도들의 이면에는 다양한 현실이 숨어 있는데, 이는 러시아 대통령제에서 개인 독재, 권위주의 체제, 혼합형 체제, 준대통령제와 의회제 등의 성격이 함께 나타나기 때문이다.[32] 1993년 이후 출현한 대통령제의 성격과 관련하여 쿠발딘은 초대통령제와 약한 대통령제의 모습이 동시에 나타나고 있는 현실에 초점을 맞추면서, 헌법 채택 이후의 러시아 대통령제의 성격 규정과 관련된 문제에 대해서는 함구하고 있다. 그는 대통령제, 준대통령제, 의

---

29) 대통령 선거가 먼저 치러지고, 곧이어 의회선거가 시작됨에 따라 대통령이 누리는 '신선한 정통성'의 이점을 의미함.

30) Olen Protsyk, "Prime ministers' identity in semi-presidential regimes: Constitutional norms and cabinet formation outcomes," *European Journal of Political Research*, Vol. 44 (2005), p.742.

31) Виктор Кувалдин, "Президентство в контексте российской трансформации," Л.Шевцовой, ред., *Россия политическая* (Москва: Московский Центр Карнеги, 1998). стр. 19.

32) Там же, стр. 19.

회제의 분류 방법 및 그 내용에 대해서 상세히 언급하기는 하지만,33) 제도 그 자체에는 크게 의미를 두지 않는 입장을 보이고 있다.

압둘라티포프는 공화제의 형태로서 대통령제와 의회제 그리고 혼합체제를 제시한다. 그에 따르면 혼합체제는 강한 대통령의 권한과 행정부에 대한 의회의 실질적인 통제가 특징적인 통치형태이다. 이 체제의 주요한 독특성은 행정부가 대통령과 의회에 대해 이중적인 책임성을 가진다는 점에 있다.34) 그러나 그는 러시아 정치체제가 어떤 유형에 속하는 지에 대해서는 언급하지 않고 있다. 한 가지 지적할 점은, 압둘라티포프의 혼합체제 (즉 준대통령제) 정의는 상당히 혼란스럽다는 사실이다. 뒤베르제의 '상당한(quite considerable)' 대통령 권한이 압둘라티포프의 정의에서는 '강한(сильная)'으로 바뀌어 있을 뿐만 아니라, '행정부에 대한 의회의 실질적 통제'라는 규정은 '내각에 대한 의회의 신임여부'에 중점을 두고 있는 뒤베르제나 사르토리의 개념에 비해 구체성이 결여된다.

치르킨은 보다 구체적으로 준대통령제를 규정한다. 슈가트와 캐리의 개념을 수용하여 치르킨은 준대통령제를 대통령제의 성격이 강한 대통령-의회제(президентско-парламентская республика)와 그 반대의 성격을 가지는 의회-대통령제(парламентско-президентская республика)로 구분한다. 준대통령제의 특징으로서 주목하고 있는 것은 대통령과 의회가 함께 구성하는 기구인 행정부이다. 행정부는 독자적인 권한들을 가지고 있다. 의회는 행정부의 구성에 참여하며, 행정부는 의회와 대통령에 대한 이중의 책임성을 지닌다. 러시아, 우크라이나, 벨라루시 및 여타의 국가들은 대통령이 행정부의 실질적인 지도자이거나 지도자이었기 때문에 대통령제의 성격을 지닌 혼합체제라고 규정한다.35)

솔로비예프 역시 1993년 헌법이 혼합형의 대통령-의회제에 기반하고

---

33) Там же, стр. 50-64.

34) Р. Г. Абдулатипов, *Федералогия* (СПб.: Питер, 2004), стр. 52.

35) В. Е. Чиркин, *Современное государство* (Москва: Междунар. Отношения, 2001), стр. 153.

있다고 지적한다. 그러나 이 체제는 심각한 정도로 권위주의적인 형태를
띠게 될 가능성을 지닌 초대통령제 국가로 영구히 변신할 가능성을 내재
하고 있다. 이는 대통령과 행정부의 실질적인 권력 자원이 의회와의 상호
작용이 아니라 무력 체제(силовая структура), 대자본 그룹들, 국가주의적
이고 수혜주의적인 전통들에 기반하고 있기 때문이다.[36)

3. 기존연구의 동향과 한계

러시아 연방의 정치체제에 준대통령제 개념을 적용하는 연구들의 추
세는 영어권 학자들과 러시아 학자들 사이에 차이를 보이고 있다. 영어권
학자들이 주로는 구사회주의 국가들 간의 정치체제 비교에 관심을 집중
시키고 있다면, 러시아 학자들의 저술에서는 준대통령제 개념이 소개되
는 수준에 그치고 있다. 영어권의 연구자들이 1990년대 초반과 중반에 러
시아에 준대통령제 개념을 적용하는 것이 타당한 가에 대한 논의를 거친
후, 1990년대 말부터 이 개념을 비교분석의 틀로 활용하기 시작했다면,
러시아 학자들 사이에서 준대통령제 개념의 적용은 여전히 초기 단계를
벗어나지 못하고 있다.

전체적으로 러시아 정치체제에 준대통령제 개념을 적용하는 연구가
본격적인 궤도에 진입했다고 판단하기는 어렵다. 첫째, 서구학자들 사이
에서 비교연구가 이루어지고는 있지만, 준대통령제 개념을 이용하여 러
시아 정치체제의 특성을 규명하는 연구는 극히 드물다.[37) 둘째, 러시아
정치체제가 혼합정체적 성격을 가진다는 사실을 인정하는 연구자들 (특

---

36) Александр Соловьев, *Взаимоотношения законодательной и исполнительн
   ой власти в современном российском обществе: проблемы и перспективы*
   (Москва: Московский Центр Карнеги, май 2001), стр. 10.
37) 러시아 준대통령제의 성격분석만을 위한 연구로는 다음 장에 인용되고 있
   는 화이트의 논문을 들 수 있다. 그러나 그는 이 개념을 통해 러시아 정치체
   제를 이해할 수 있다는 데 대하여 지극히 회의적인 입장을 보이고 있다.

히 러시아 연구자들) 역시도 이 개념을 러시아 정치체제 분석에 직접 적용
하는 데 난색을 표명하곤 한다. 이는 제도적 장치와는 별도로 러시아 대
통령이 현실적으로 강한 권력을 가지고 있다는 데 기인한다. 셋째, 러시
아 정치 연구자들 사이에서 준대통령제 개념은 여전히 불명확하게 남아
있다. 특히 러시아 학자들은 준대통령제 개념 정의와 관련된 여러 논의들
중 일부만을 받아들이거나, 자의적인 해석을 가미함으로써 혼란을 가중
시키고 있다. 이러한 문제점들로 인해 러시아 정치체제에 고유한 형태로
서의 준대통령제 모델의 개발은 아직까지는 미해결의 과제로 남아있다.

IV. 러시아 정치체제와 준대통령제 개념

1. 준대통령제 개념적용에 대한 문제제기와 비판

러시아 정치체제를 준대통령제 개념을 통하여 분석하려는 시도가 진
행되는 가운데, 이 개념의 적용에 반대하는 일련의 학자들이 있다. 이들
의 논지는 대체적으로 러시아 대통령의 강력한 권한으로 인해 준대통령
제 적용이 힘들다는 데 있다. 이와 관련하여 피쉬는 러시아 대통령제는
'초대통령제(superpresidentialism)'의 성격을 띠고 있고, 이 체제는 온건한
대통령제나 준대통령제와는 다르다고 주장한다.[38] 한편, 화이트는 러시
아의 준대통령제가 뒤베르제의 개념틀에 적용될 수 있는 지에 대한 분석
을 시도하는데, 그의 입장은 상당히 부정적이다. 러시아는 '초대통령 국
가'로 전환되었으며,[39] 만일 이 체제를 준대통령제라 부를 수 있다면 이

---

38) Steven M. Fish, "Impact of the Elections on Political Party Development," in Helsi
    V. L. & Reisinger W. M. ed., *The 1999-2000 Elections in Russia: Their Impact
    and Legacy* (Cambridge University Press, 2003), p.201.
39) Stephen White, "Russia." in Elgie, Robert ed., *Semi-Presidentialism in Europe*
    (New York: Oxford University Press, 1999), p.219.

는 대통령에 매우 크게 비중을 둔 준대통령제일 것이라는 것이 그의 주장이다.[40] 니콜스 역시 준대통령제 개념을 러시아 정치체제에 적용하는 데 난색을 표명한다. 그는 헌법상 독립적인 행정권이 수상에 부여되었다는 점에서 러시아 정치체제는 형식상 준대통령제의 성격을 지니고 있다고 지적한다.[41] 그러나 그는 사르토리의 준대통령제 개념의 명확성에 대해서는 인정하지만, 대통령제와 실제상에 있어 전적으로 다른 체제를 묘사하고 있다는 데 동의할 수는 없으며, 특히나 러시아에서는 더욱 그렇다고 이야기하고 있다.[42]

이들의 비판에 대한 반박의 여지는 별로 없어 보인다. 무엇보다도 이들의 비판에는 러시아 대통령의 강력함 이외에는 구체적인 근거가 누락되어 있기 때문이다. 그러나 이들이 염두에 두고 있는 실질적인 권한의 강력함과 제도상의 혼합정체적 성격 간의 괴리는 준대통령제가 가지고 있는 문제 중 하나였으며, 이에 대해서 논리적으로 적절하게 해명할 필요가 있음은 분명하다.

준대통령제 연구자들 사이에서도 러시아 정치체제에 이 개념을 적용하는 데 따르는 문제점이 제기되고 있다. 바흐로 등이 지적하듯이 뒤베르제의 개념하에서는 정부승인투표가 필요치 않은 상황에서 정부가 대통령에 의해 임명된 이후 지속될 수 있으며, 불신임 투표의 존재에도 불구하고 이 투표가 대통령으로 하여금 정부를 해산하도록 강제하지 않는다면, 이러한 정치체제들은 준대통령제 개념으로부터 제외되어야 한다.[43] 러시아 헌법 111조와 117조에 따르면 의회가 대통령이 지명한 수상후보를 세 차례에 걸쳐 거부하거나, 두 차례에 걸쳐 내각불신임을 의결할 경우 대통령은 국가두마를 해산할 수 있다. 이러한 규정은 의회가 가지는 수상임명권한이나 해임권한이 극도로 제한되어 있다는 것을 의미한다. 이러한 제

---

40) Ibid., p.225.
41) Thomas M. Nichols, *The Russian Presidency* (London : Macmillan, 1999), p.110.
42) Ibid., p.169. 이탤릭체는 원문의 것임.
43) Bahro et al., op cit., p.216.

도적 규정을 가진 러시아 정치체제에 과연 준대통령제 개념을 적용할 수 있을 것인지의 문제도 해결되어져야 한다. 다음의 두 절에서는 위에서 제기된 두 가지 문제에 대한 해결책을 모색하고자 한다.

2. 대통령 권한의 상대성과 변화가능성

러시아 대통령이 보유한 '실질적인 강력한 권력'과 '헌법상의 상당한 권력'과의 괴리는 뒤베르제 개념이 가진 문제점에 기인하며, 학자들 사이에서 발생한 준대통령제에 대한 개념상의 심각한 불일치가 문제를 더 복잡하게 만들어 온 것도 사실이다. 엘지는 뒤베르제 개념이 가지는 이러한 모호성을 없애기 위해서 준대통령제 개념을 축약적인 형태로 정의할 것을 제안하기도 하였다. 그의 제안에 따르면 준대통령제는 보통선거에 의해서 고정된 임기로 선출된 대통령이 의회에 책임을 지는 수상 및 내각과 공존하는 상태이다.[44] 그러나 슈가트·캐리와 사르토리의 개념정의를 통해서도 이 문제 해결이 가능할 뿐만 아니라, 이들의 준대통령제 개념을 통한 러시아 정치체제 분석은 현재 정치학계에서 정치제도와 관련하여 제기되고 있는 다양한 이슈들을 논의하는 데 유리한 기반을 제공하는 것으로 보인다.

슈가트·캐리와 사르토리의 개념에서 공통적으로 나타나는 준대통령제의 핵심내용 중 하나는 행정권을 둘러싼 대통령과 의회 사이의 권력구도와 양자간 관계의 유연성에 있다. 따라서 분석의 대상이 되는 것은 개별 행위자들이 아니라 이들 간의 권력의 역학관계이다. 그러나 권위주의나 초대통령제 등에 기반을 둔 논의들의 초점은 의회제보다는 강한 대통령의 권력에 주어지고 있다.[45] 이 때문에 많은 학자들이 의회제 미발전

---

44) Robert Elgie, "The Politics of Semi-Presidentialism," in Elgie, Robert ed., *Semi-Presidentialism in Europe* (New York: Oxford University Press, 1999), p.13.

45) 현재 학계의 흐름에 비추어 볼 때, 이러한 경향은 상당히 역설적이다. 이는 러시아 대통령제에 비해 의회나 정당에 관한 논문이 수적으로 압도적이고,

및 정치불안정의 요인을 강력한 대통령제로부터 찾고 있다.[46] 그러나 여기에는 일말의 오해의 소지가 있다. 이는 러시아 대통령제의 강력함은 대통령제 그 자체가 아니라 의회제의 미약함 때문일 가능성을 도외시하고 있기 때문이다. 살민에 따르면 "러시아 대통령의 권한은 형식상 프랑스 대통령의 권한보다 크지 않다. …… 문제는 대통령의 권력이 얼마인가가 아니라, 다른 제도들이 얼마나 약한가에 있다."[47] 강한 권력을 가진 대통령의 독단적인 행동으로 인해 러시아 정치발전이 더디게 진행되는 것이 아니라, 대통령의 권한을 견제할 만한 규율잡힌 의회의 부재가 러시아 민주주의 발전을 어렵게 하는 측면도 존재한다. 여기에 더해서 초대통령제나 권위주의 체제라는 용어는 러시아 대통령이 통제불능의 막대한 권력을 가지고 있다는 오해를 주기 쉽다. 옐친이 강한 대통령이었다는 데 쉽사리 동의하는 학자를 찾기는 힘들다. 게다가 일부 학자들은 러시아 정치체제를 '권위주의'보다는 '온건한 권위주의'나 '반권위주의'로 지칭하고 있으며,[48] 이중적 정치문화에 의해 권위주의와 민주주의가 공존하고 있다고 지적하기도 한다.[49]

허스키가 지적하는 바와 같이 서구 학계가 사회중심적인 지향성을 지니고 있기 때문이다. Huskey, op. cit., p.5.

46) Fish, op. cit., p.201; J. T. Ishiyama & R. Kennedy, "Superpresidentialism and Political Party Development in Russia, Ukraine, Armenia and Kyrgyzstan," *Europe-Asia Studies*, Vol. 53, no. 8(2001), p.1179; 이홍섭, "러시아의 초대통령중심제: 등장 배경, 성격 및 파급효과," 『국제정치논총』, 제41집 2호 (2001) p.266; И. Н. Барыгина, ред., *Политические партии, движения и организации соврем енной России на рубеже веков* (СПб.: Изд-во Михайлова В. А., 1999), стр. 44-45; Камерон Росс, "Федерализм и демократизация в России." *Полис*, №. 3(1999), стр. 24. 등.

47) Кувалдин, Указ. соч., стр. 34.

48) 이에 대해서는 다음 논문을 참고 바람: Sautman, Barry. "The Devil to Pay: The 1989 Debate and the Intellectual Origins of Yeltsin's Soft Authoritarianism." *Communist and Post-communist Studies*, Vol. 28, no.1 (1995).

49) 다음 글을 참고바람. Mishler, W. & Willerton, J. P. "The Dynamics of Presidential Popularity in Post-Communist Russia: Cultural Imperative versus Neo-

권위주의나 초대통령제 개념만으로는 러시아 정치체제가 가지는 이러한 복잡한 측면을 설명하기는 어려울 것 같다. 이에 비해 슈가트 등의 준대통령제 개념은 몇 가지 이점을 가지고 있다. 첫째, 내각구성과 해산과정에 대통령과 의회가 공동으로 참여하느냐의 여부에 따라 한 사회의 정치체제를 대통령제나 의회제, 준대통령제로 명확히 구분할 수 있다. 둘째, 대통령이 강력한 권한을 행사하는 준대통령제는 하부유형 중 하나인 '대통령-의회제'의 틀 속에 포함시킬 수 있다. 셋째, 대통령이나 의회의 강한 혹은 약한 권력은 언제나 상대적인 것으로 파악된다. 즉 분석에 있어 양자간 권력관계를 모두 염두에 둠으로써 제도의 총체적 세팅뿐만 아니라, 실제 작동하는 규칙과 작동하지 않는 규칙들까지 고려할 수 있다. 셋째, 따라서 제도의 변화 없이 발생하는 권력관계의 변화를 설명할 수 있다.

3. 프리마코프 내각의 등장 과정과 의회권력의 일시적 강화

앞서 제기된 두 번째 문제는 의회가 내각의 구성과 해산과정에서 보유하는 권한이 지극히 제한되어 있다는 데 있었다. 이미 앞 절에서 이 문제에 대한 해답이 절반은 제시되었지만, 보다 구체적인 사례를 통하여 러시아에서도 권력관계의 변화에 따라 의회가 적극적인 역할을 할 수 있음을 예시하고자 한다.

1998년 9월 키리엔코가 수상직에서 물러나고 프리마코프가 수상직에 임명되는 과정은 러시아 정치제도의 성격분석에 있어 중요한 단서들을 제공하고 있다.[50] 첫째, 키리엔코의 해임과 내각해산절차는 8월에 국가

Institutional Choice?" *The Journal of Politics,* Vol. 65, no. 1 (Feb. 2003).

50) 프리마코프 내각 성립과정에 대해서는 다음의 글들을 참고하였음. Л. М. Млечин, Кремль. *Президенты России. Стратегия власти от Б.Н. Ельцина до В.В. Путина* (Москва: ЗАО Изд-во Центрполиграф, 2003), стр. 516-545; Г. К. Селезнев, *Политическая история современной России 1991-2001* (Москва: ВЛАДОС, 2001), стр. 81-90; Л. К. Слиски, ред., *Представительная вл*

두마가 내각불신임을 표명함에 따라 시작되었고, 옐친 대통령은 의회의 결정을 수용하고 수상을 해임하였다. 둘째, 수상후보인 체르노미르딘에 대해 의회는 연속해서 두 차례 거부를 표명하였고, 대통령은 세 번째 지명을 포기하였다. 셋째, 대통령은 의회의 제안을 받아들여 프리마코프를 수상후보로 지명하였고, 그를 수상에 임명하였다. 넷째, 프리마코프 내각은 제1부수상을 비롯하여 각료 일부를 공산당계열 인사들로 충원하였다.

프리마코프 내각 성립 과정에서 주목할 점은 대통령제나 의회제의 분석틀을 가지고서는 이 일련의 과정을 설명할 수 없다는 데 있다. 대통령제하에서는 내각불신임이나 수상후보에 대한 승인의 절차가 불필요하다. 반면에 의회제하에서는 대통령이 수상을 임명하거나 해임할 권한이 없다. 특히 이 당시에 형성된 '유사동거체제'는 대통령제와 의회제 개념 모두에 들어맞지 않는다.[51]

지적할 점은 유사동거체제의 성립이 러시아 정치제도의 내적 규범들에 의해서만 가능했던 것은 아니었다는 사실이다. 엄청난 규모의 경제위기와 러시아 국민들의 심각한 동요, 그리고 대통령의 의회해산압력에 대한 의회 측의 대통령 탄핵 위협 등이 이 과정에서 중요한 역할을 하였다.

이러한 요인들이 일시적이나마 러시아 정치체제의 권력구도를 변화시킨 것으로 볼 수 있는데, 제도내적 변수들과의 관계를 고려하면서 여타의 요인들을 엄밀한 분석대상이나 변수로 만드는 작업은 준대통령제 연구자들의 중요한 과제로 남아 있다.

асть в России: История и современность (Москва: Российская политисес кая энциклопедия, 2004), стр. 503-505.
51) 프리마코프가 정당소속이 아니었기 때문에 그의 내각을 온전한 의미에서의 '동거체제'로 규정할 수는 없다. 그럼에도 불구하고 공산당의 인사들이 내각의 주요 직책을 차지하였기 때문에 이 체제를 '유사동거체제'로 규정하는 데 큰 무리는 없는 것으로 보인다.

V. 결론

1980년대 중반 이후 제도주의의 등장과 민주주의의 안정성에 대한 연구의 확산, 그리고 탈사회주의 국가들의 혼합정체 선택 등에 의해 준대통령제 개념에 대한 관심이 증대되어왔다. 그러나 취약한 개념정의, 분석대상에 대한 합의의 부재로 인해 학자들이 서로 상치되는 연구결과를 내어놓음으로써 준대통령제 개념의 적실성 자체가 의문시되기도 하였다. 준대통령제 개념이 보다 세련된 형태를 띠게 되는 것은 린쯔의 주도로 시작된 민주주의와 정치제도 사이의 관계와 관련된 일련의 논쟁의 과정에서였다. 순수대통령제나 순수의회제로는 설명할 수 없는 정치체제가 존재한다는 문제가 제기되는 한편, 이러한 체제는 민주주의의 발전이나 정치제도의 안정을 위한 대안일 수 있다는 주장까지 출현하였다.

이러한 문제제기의 선두주자는 슈가트·캐리와 사르토리였다. 슈가트와 캐리는 내각을 구성하고 해산하는 과정에서의 대통령과 의회의 권한을 개념정의를 위한 중요한 요인이자 정치체제분석의 대상으로 만듦으로써 초기 개념이 가지고 있던 모호성을 상당부분 해소하였다. 한편, 사르토리는 정치체제의 이중권위구조와 행정부 내의 권력의 변화 가능성을 개념에 포함시킴으로써 예외적 현상으로 간주되던 '동거내각'이 준대통령제에서만 특이하게 나타나는 현상이라는 점을 이론적으로 분명히 함과 동시에, 체제의 '유연성'을 강조함으로써 구사회주의 국가들에 준대통령제를 적용할 수 있는 가능성을 높였다.

1990년 중반 이후 대부분의 준대통령제 연구자들이 러시아 정치체제를 준대통령제로 분류하는 데 의견을 같이하고 있다. 그러나 강력한 대통령제의 지지자들은 러시아체제에 준대통령제를 적용하는 데 난색을 표명하고 있다. 혹자는 이 개념적용에 명시적인 반대의사를 드러내고 있다. 이러한 분위기는 러시아 정치학계에서도 광범위하게 퍼져 있다. 무엇보다도 준대통령제를 적용한 연구를 찾아보기 힘들다. 게다가 이 개념을 도입하는 경우에도 러시아의 복잡한 정치현상의 일측면에 불과하다거나,

권위주의적 성격으로 인해 온전한 준대통령제로 볼 수 없다는 입장을 견지하고 있다.

준대통령제를 러시아에 적용함에 있어 발생하는 문제점들은 슈가트·캐리와 사르토리의 개념정의를 통하여 상당부분 해소될 수 있다.

첫째, 개념적용의 가장 큰 걸림돌인 '제도'와 '실제' 간의 괴리 문제는 뒤베르제의 개념이 가지고 있던 모호성 때문이었다. 캐리 등의 개념은 내각의 구성과 해산을 둘러싼 대통령과 의회의 권력관계를 부각시키고 있다. 즉 양대 권력기구가 내각구성에 영향을 미칠 수 있는 제도적 장치의 존재여부가 중요하다. 러시아의 헌법은 이러한 제도적 장치를 갖추고 있으며, 대통령이 더 많은 권한을 행사한다는 점에서 '대통령-의회제'의 성격을 띠고 있다.

둘째, 러시아에는 '유사동거내각'이 등장한 바 있다. 이러한 정부구성은 오직 준대통령제 개념을 통해서만 설명이 가능하다. 정치제도에 영향을 미치는 상황의 변화에 따라 이러한 정부구성이 다시 등장할 가능성은 상존하고 있다.

준대통령제의 유용성을 둘러싼 논쟁은 아직까지도 계속되고 있다.[52] 그럼에도 불구하고 이 개념은 계속해서 더 많은 지지자들을 확보해 가고 있으며, 이에 따라 개념상의 세련미도 더해 가고 있다. 프랑스 5공화국으로부터 구사회주의권 국가들까지를 아우르는 이 개념의 포괄성은 한편으로는 아직까지도 이 개념이 가지는 모호성을 극복하지 못하고 있다는 의미이기도 하지만, 다른 한편으로는 헌법 개정이 없이도 정치적 상황에 따라 권력의 분배가 상이해지는 현실을 반영하게 해 주었다.

---

52) 이를테면, 시아로프는 대통령제, 의회제, 준대통령제의 체제 분류에서 준대통령제의 유용성을 거부하면서 대통령제, 대통령 주도의 의회제, 대통령 수정 의회제, 명목상 대통령 존재의 의회제로 분류할 것을 제안한다. Alan Siaroff, "Comparative presidencies: The inadequacy of the presidential, semi-presidential and parliamentary distinction," *European Journal of Political Research*, Vol. 42 (2003), p.309.

이로 인해 정치 체제의 다이내믹한 변화를 설명하는 것이 가능해졌을 뿐만 아니라 보다 풍부한 비교 정치 연구를 가능하게 하는 점은 이 개념이 가지고 있는 큰 장점으로 보인다.

|제6장|
중국 온라인 정치참여의 함의와 전망*

이학수
|고려대학교 정치외교학과 석사 졸업

I. 서론

중국은 아시아에서 빠른 속도로 인터넷이 확산되고 있는 나라 중 하나
이다. 최근 중국의 네티즌 수는 두 자리의 높은 성장률을 보이며 큰 폭으
로 증가하고 있다. 중국 인터넷정보센터(CNNIC)가 2005년 1월에 발표한
2004년 인터넷 현황자료[1])에 따르면 2004년 말 현재 중국 총 네티즌 수는
9천 4백만 명으로 2005년 상반기 중에 1억 명을 초과할 것으로 전망되고
있다.

인터넷의 확산은 중국에서 인민들의 커뮤니케이션에 있어 중요한 변

---

* 이 논문은 『동아시아연구』 제11호 (2005년)에 게재되었음.

1) CNNIC, "16th Statistical Survey on the Internet Development in China," January,
2005, http://www.ccnic.com.cn/download/2005/2005012701.pdf (검색일: 2005. 11.
15).

화를 가져왔다. 인터넷은 중국인민들이 정보를 획득하고 교환하는 주요 수단으로 자리 잡았다. 이메일, 온라인 채팅, 게시판 등 쌍방향 의사소통 수단은 중국 인민들의 정치적 커뮤니케이션 가능성을 높여주는 것이다.

중국에서 인터넷의 확산은 정치변화의 중요한 변수가 되고 있다. 전통적으로 공산당은 일당 독재를 유지하기 위해 정보통제에 의존해 왔으나 인터넷의 확산은 이러한 정보통제의 어려움을 가져온다. 인터넷의 확산은 의제설정(agenda setting)에 있어 신화통신, 인민일보 등 관영매체들이 누리던 독점권을 약화시킬 가능성이 있다. 이는 공산당의 노선 이외에도 다른 대안적 노선이 중국인들에게 전파될 수 있다는 점에서 공산당에게는 새로운 도전이다.

인터넷의 해방적 기능을 주목하는 사람들은 중국정부가 이러한 도전에 패배할 수밖에 없다고 주장한다.[2] 인터넷이 인민의 정치참여를 확대시키고 궁극적으로 권위주의 체제의 몰락을 가져온다는 것이다. 이들은 온라인의 각종 게시판(BBS), 대화방은 정치적 담론에 참여하는 계층과 담론의 폭을 확대시킨다고 주장한다. 중국 고위지도자들이 온라인 여론의 중요성을 강조하는 것은 인터넷이 정치지도자들에게 압력으로 작용하고 있다는 증거로 간주된다. 또한 인터넷을 매개로 한 반체제세력들의 등장은 중국정부의 권력이 약화된 증거로 해석된다. 이는 인터넷이 지닌 긍정적 측면, 즉 정치참여의 확대를 통한 민주화 가능성을 보여주는 대목이다.

인터넷의 자유로운 속성을 부인하는 사람들은 중국이 이러한 도전에 성공적으로 맞서고 있음을 강조한다.[3] 오히려 이들은 인터넷이 인민에

---

2) Peter Ferdinand, "The Internet, Democracy, and Democratization," in Peter Ferdinand, ed., *The Internet, Democracy, and Democratization* (Portland, Oregon: Frank Cass Publishers, 2000), pp.1-2; Michael S. Chase and James Mulvenon, *You've Got Dissent! Chinese Dissident Use of the Internet and Beijing's Counter-Strategy* (Santa Monica, CA: Rand, 2002).

3) Santhi Kalathil and Taylor C. Boas, *Open Network, Closed Regimes: The Impact of the Internet on Authoritarian Regime* (Washington D.C.: Carnegie Endowment for International Peace, 2003).

대한 감시를 강화하는 수단이라고 주장한다. 사실 중국정부는 5만 명에 달하는 사이버 경찰을 통해 네티즌들의 활동내용을 24시간 감시하고 있다.[4] 서구로부터 수입된 첨단 인터넷 보안기술로 무장한 이들은 온라인도 오프라인처럼 통제가능하다고 믿는다. 기사검열 및 삭제, 정간 및 폐간, 글쓴이에 대한 처벌 등 오프라인 언론에 대한 통제방식은 온라인에도 그대로 적용된다. 게시물 삭제, 웹 사이트 의무 등록제, 인터넷 카페 폐쇄, 네티즌에 대한 구속과 처벌 등이 이뤄지면서 네티즌들은 정치적 발언은 위축된다.[5] 중국의 인터넷 검열 메커니즘은 타 권위주의 국가들의 모방 대상이 될 정도로 그 방대함과 체계성으로 주목받고 있다.

중국의 온라인 정치에는 민주주의의 가능성과 함께 국가에 의한 정보 통제라는 두 가지 모순된 모습이 묘한 균형을 이루고 있다. 체제의 안정성을 위협하지 않는 범위 내에서 인민들의 활발한 정치참여를 이끌어내는 것이다.

본 논문에서는 기술이 지니는 이러한 낙관론과 비관론을 넘어 기술의 사회구성론적 관점, 즉 누가 기술을 어떻게 활용하느냐에 따라 기술의 의미는 달라질 수 있다는 것을 전제한다.[6] 기술의 사회구성론적 관점은 정보화를 '양면의 칼'로 인식하면서 그 자체의 영향력보다는 IT 정보화가 이뤄지는 정치사회학적 맥락을 중요시한다는 점에서 앞서 언급한 기술낙관론이나 기술비관론과는 다르다. 이하에서는 이러한 이론적 관점을 토대로 국가-사회의 상호작용이라는 관점에서 중국 온라인 정치참여의 성격을 분석한다.

---

4) "중국 네티즌이 체제 위협 … 5만 사이버경찰, 인터넷 24시간 감시,"『조선일보』2005년 5월 27일.
5) Alfred Hermida, "Behind China's Internet Red Firewall," *BBC News Online*, 2002년 9월 3일, http://www.bbc.co.uk/1/hi/technology/2234154.htm (검색일: 2005. 11. 15).
6) 기술의 사회구성론적 관점에 대해서는 다음의 논문을 참조할 것. Benjamin Barber, "Three Scenarios for the Future of Technology and Strong Democracy," *Political Science Quarterly*, 113:4 (Winter, 1998-99), p.588.

II. '열린 공간' 으로서 온라인 정치

인터넷의 확산으로 중국의 네티즌들이 접하는 정보의 양이 늘어나고 정보의 유통속도가 빨라지면서 중국 네티즌들의 정치참여 욕구가 점차 높아지고 있다. 특히 기존 정치조직이 중국 내에서 인민들의 정치욕구를 제대로 해소해주지 못하는 상황에서 인터넷은 대안적 매체로서 기능할 수 있다.

1. 기존 정치참여 방식의 한계

과거 중국인들은 공적인 정치참여를 위한 채널을 갖고 있지 못했다. 여기서 '공적'인 정치참여라는 것은 공적인 이슈에 대해 인민들의 정치적인 의사가 표출되고 이것이 토론과정을 통해 수렴되며, 궁극적으로 관계 당국에 의한 정책으로 만들어지는 과정을 말한다.

중국인들의 정치참여양식에 대한 한 연구는 중국인들의 정치참여를 28개로 나눠 분석하고 있는데, 이에 따르면 중국인들은 진정한 의미의 공적인 토론의 장을 갖지 못했다는 점을 보여주고 있다.[7] 물론 민주의 벽(民主墻)운동(1978~1979), 민주주의와 정치개혁을 위한 학생 시위(1986~1987), 천안문 민주화운동(1989년) 등 간헐적으로 거대한 군중시위가 벌어지고 이에 따라 정치적 담론이 팽창하는 사건들이 발생하곤 했다. 하지만 일상적인 차원에서 인민들의 공적인 정치참여를 위한 통로는 막혀 있었다.

중국에서도 선거운동과 투표가 존재했지만 후보자 간 경쟁이 없거나 제한되었다.[8] 때문에 선거운동과 투표는 후보자가 내세우는 쟁점보다는

---

7) Thanjian Shi, *Political Participation in Beijing* (Cambridge MA: Havard University Press, 1997).

8) 중국에서 정원보다 더 많은 후보자를 올려 초과인원을 떨어뜨리는 '차액선거방식'을 도입한 것은 비교적 최근의 일이다. 1997년에 개최된 중국공산당 제15차 전국대표대회(15전대)에서는 전대 대표와 중앙위원, 정치국원을 선출

인물에 대한 평가를 중심으로 이뤄질 수밖에 없었고 여기에 공적인 토론
이 끼어들 여지는 없었다.

또한 소속단위9)나 관료적인 위계를 통해 문제를 제기하는 '청원방식
(petition)'이 있었지만 이 역시 제 기능을 수행하지 못했다. 문제를 제기하
는 과정에서 자칫 단위 간부들과 마찰을 빚게 될 경우 가정과 직장생활
에서 각종 불이익을 당할 수 있기 때문이다. 중국에서 단위(單位)가 지니
는 위상을 감안할 때 기존 체제를 거스를 수 있는 공적인 담론은 나타나
기 힘들었다.

개혁 개방 이후 전반적인 사회통제가 이완됨에 따라 중국인들의 억눌
려 있던 정치참여 욕구도 높아지게 되었다. 이에 대응하여 중국 공산당은
정치개혁 차원에서 지속적으로 분권화(decentralization) 정책을 추진했다.
종적으로는 중앙이 갖고 있던 많은 권한이 지방에 이양되었고 횡적으로
는 공산당에 집중되어있던 권한이 국가기구와 사회단체에 일부 이양됐
다. 본격적으로 실시된 촌민위원회 직접선거와 농민의 정치참여 그리고
전국인민대표자회의와 지방인민대표자회의의 강화 움직임은 인민의 정
치적 욕구를 어느 정도 해소시키는 데 도움이 되었다.10)

그러나 이러한 중국정부의 정치개혁에도 불구하고 점증하는 사회갈등
은 높아만 갔다. 농촌, 농업, 농민 등 3농 문제, 부패문제, 지역 및 계층

할 때 정치국 상무위에서 작성된 명단 외에 6~7명의 후보를 추가로 지명, 사
상 처음으로 경선방식을 통해 20여 명의 정치국원을 선출하고 이 중에서 다
시 7~9명의 상무위원을 선출한 바 있다.

9) 중국에서 단위(單位)는 생산을 중심으로 하는 경제적 공간인 동시에 노동자
개개인과 가족의 재생산까지 책임지는 일상생활의 공간이기도 했다. 단위는
노동자에게 종신적 고용을 보장하고 안정된 임금을 지불하고 사회보장을
제공하는 틀이 되었다. 동시에 각자의 신원을 보장하고 일상생활을 영위하
게 하며 문화교육의 기회를 부여하기도 했다. 또한 정치적 통제를 관철하는
틀이기도 했다. 백승욱, 『중국의 노동자와 노동정책: 단위체제의 해체』(서울:
문학과 지성사, 2001), p.34.

10) 조영남, 『중국정치개혁과 전국인대: 개혁기 구조와 역할의 변화』(서울: 나남
출판, 2000).

간 불평등 문제가 제기되었다. 이러한 문제에 대한 기층의 목소리는 중국의 관료주의 장벽 때문에 상층부에 전달되지 못했다. 뿐만 아니라 이러한 정치개혁 자체가 지닌 한계, 즉 인민들의 정치적 불만을 '소극적'인 수준에서 무마하려는 성격이 강했기 때문에 인민들의 정치참여는 제한적일 수밖에 없었다.

2. 인터넷과 정치참여 양식의 변화

중국정부의 강력한 의지에 따라 인터넷이 확산되면서 정치적 커뮤니케이션 영역에 있어서도 새로운 변화를 일으키게 되었다. 이는 인터넷에서 네티즌들이 발언할 수 있는 정치적 공간이 확대되고 그 영향력도 커질 수 있다는 것을 의미한다.

인민에 대한 사회적 통제가 아직까지 남아있는 중국의 상황에서 인터넷은 대안적인 매체로서 기능할 수 있다. 비판적이며 민감한 논쟁적인 정치 뉴스들은 인터넷 뉴스포럼에 먼저 등장한다. 그리고 네티즌들은 이러한 뉴스에 답글을 달기도 하고, 이를 전파하기도 한다. 더 나아가 온라인을 매개로 하여 자신의 정치적 담론에 대해 공감하는 세력을 규합하기도 한다.

인터넷을 매개로 한 정치참여는 크게 두 가지 측면에서 살펴볼 수 있다. 첫째는 인터넷상에서 발생한 공론장(public sphere)[11]의 등장이다. 온라

---

11) 하버마스에 따르면 '공론장(public sphere)'이란 여론(public opinion)이 형성되는 사회생활의 영역을 의미한다. 정부로부터 독립적이고 또한 당파적인 경제세력으로부터도 자율성을 누리는 논의의 장이다. 또한 이해관계에 결부되지 않고 '위장' 또는 '조작'되지 않는 합리적 토론에 일반 시민들이 자유롭게 참여할 수 있으며 동시에 그들에 의해서만 검열을 받는 영역이다. 조동기 역, Frank Webster, "정보관리와 조작: 위르겐 하버마스와 공공영역의 쇠퇴," 『정보사회이론』(서울: 나남출판, 1997), p.172.
    하버마스의 공공영역에 대한 정의는 매우 이상적인 상황을 상정한 것이기 때문에 현실에서 적용하기는 어렵다. 더구나 온라인에 대한 정보통제가 이

인 게시판과 대화방, 그리고 뉴스게시판들은 오프라인에 비하면 국가로
부터 상대적으로 자유로운 영역이라고 할 수 있다. 이를 통해 네티즌들은
중국이 당면한 현안에 대해 자신의 의견을 표출한다. 여기에서 표출된 의
견들은 사회적 상호작용을 통해 하나의 의견으로 모아져서 정부당국자들
에게 영향을 미친다.

둘째는 인터넷을 매개로한 집단행동의 등장이다. 인터넷에서 네티즌들
은 새로운 사회조직을 만들거나 정치적인 항의의 뜻으로 대중시위를 조
직하기도 한다. 인터넷이 새로운 조직 원리를 제공하는 것이다. 특히 공권
력의 횡포에 대항하여 특정이슈를 중심으로 집단을 형성하는 단일이슈그
룹(single issue group)의 등장이 주목의 대상이다. 이는 중국의 인민들이 사
회운동을 조직할 유력한 수단 하나를 갖게 되었음을 의미하기 때문이다.

이러한 인터넷의 가능성은 중국 인민들의 온라인을 통한 정치참여를
증가시키는 요인이다. 따라서 향후 인터넷을 통한 정치참여는 중국 정치
체제에서 중요한 변수가 될 수밖에 없다. 그것은 다음의 세 가지 측면에
서 그러하다.

첫째, 인터넷상에서 일어나는 온라인 활동이 급격하게 팽창하고 있다.
2004년 기준으로 중국의 네티즌은 9천 4백만 명을 돌파했다. 중국전체 인

뤄지는 중국의 현실에서 하버마스식 온라인 '공론장'을 언급하는 것은 부적
절한 것이다. 그러나 인터넷은 중간매개조직의 게이트키핑 기능(gate keeping)
혹은 의제설정(agenda setting)기능을 축소시킴으로써 네티즌들에게 상대적인
자율성을 선사한다. 중국의 경우 중간매개조직은 각종 언론, 공회 등이라고
할 수 있다. 인터넷의 등장은 인민들이 기존 매개집단을 거치지 않고도 자신
의 정치적 의사를 표현할 수 있는 기회를 열어주었다. 중간매개집단에 의해
해석되고 평가된 정보를 일반 시민들이 수동적으로 받아들여야만 했던 것
에 비해 이제는 인터넷을 통해 중간과정에서 해석되지 않은 정보나 다양한
평가에 손쉽게 접근할 수 있게 되었다. 따라서 하버마스식의 엄격한 정의에
부합하지는 않더라도 인터넷을 통해 '상대적'으로 자율적인 논의의 장이 형
성되었다는 점은 분명하다. 본 논문에서 온라인 공론장을 지칭할 때 그것은
공적인 이슈에 대해서 토론할 수 있는 상대적으로 자율적이고 개방적 공간
을 의미한다.

구비율로 따지면 7~8% 수준이지만 결코 무시할 수 없는 숫자이다. 1억에 가까운 네티즌인원들의 정치적 발언을 마냥 억압할 수는 없는 노릇이다. 중국의 사회과학원이 행한 한 여론조사에 따르면 71퍼센트의 네티즌들이 "온라인상에서 의견을 표출할 수 있는 기회가 늘어났다"고 응답하고 있다. 또한 정치지도자들 역시 인터넷의 정치적 영향력을 점점 깨닫고 있다. 전인대(전국인민대표자회의)의 대표들은 공공여론을 청취하고 새로운 아이디어를 구하기 위해 인터넷을 활용하고 있다.12)

둘째, 정부의 인터넷 담론 통제에 맞서 이를 우회하려는 노력들이 이뤄지고 있다. 자유주의적 성향을 지닌 많은 사회집단들은 비정치적인 웹사이트를 이용해 정치적 토론을 진행하고 있다.13) 사회집단들이 공적인 이슈를 온라인상에서 토론하는 또 다른 방법은 정부관계당국에 의해 운영되는 웹사이트를 이용하는 것이다.14) 그 밖에도 필터링(filtering)을 우회하기 위한 다양한 전략들이 채택된다. 금칙어로 설정된 특정 키워드 각 글자 사이에 불필요한 기호를 끼워 넣는 방식으로 검열을 우회하는 것이다.15) 인터넷의 분권화된, 그리고 상호적인 특징은 중앙통제의 어려움을 가중시킨다. 인터넷의 다양한 이용은 통제와 대항통제의 조건하에서 발생하는 것이다.

셋째, 시민권리 의식의 신장이다. 많은 중국의 네티즌들이 '표현의 자유'를 요구하면서 다양한 방식으로 중국정부에 항의하고 있다. 예컨대 칭

---

12) Ibid.
13) 김용의 무협지를 다룬 사적이고 비정치적인 웹사이트에서 모든 종류의 정치적 주제가 다뤄진다. 예컨대 타이완의 민주선거와 1989년 천안문 사건 같은 소재들이 버젓이 게시판에 등장한다.
14) 이는 强國論壇으로 대표된다. 동 사이트는 공산당의 인민일보에 의해 운영되는데 다수의 자유주의적 정치토론이 허용된다.
15) 예컨대 2000년 5월 베이징 대학생의 살인사건을 둘러싼 온라인 항의가 이어지자 검열당국은 强國論壇은 게시물에 베이다 北大(Beijing University)라는 단어가 들어가는 경우 차단했다. 그러나 네티즌들은 필터를 무력화시켰다. 北大라는 두 글자 사이에 단순히 구두점을 넣거나 다른 문자를 삽입함으로써 필터링을 통과한 것이다. '北.大', '北2大' 같은 것이 그 예이다.

화대 학생들은 중국정부의 온라인 게시판 폐쇄에 항의하여 교내에서 오프라인 시위를 벌이기도 했다.16) 또한 지식인들은 정부의 언론통제에 대해 비판적인 태도를 보이면서 언론의 자유를 주장하기 시작했다.17) 네티즌들이 중국정부의 검열에 항의하다가 구속당하는 등 중국헌법에 보장된 표현의 자유를 쟁취하고자 하는 노력이 진행되고 있다.

III. '닫힌 공간'으로서 온라인 정치

1. 선택적인 온라인 여론관리 정책

"… 你好, 您的站点内容有关言论违反了现行国家法律和政策. 请尽快和我们联系."18)

온라인 정치참여의 확대와 함께 반체제세력들이 온라인을 활용하게 되자 중국정부는 온라인 공간의 헤게모니를 유지하려는 노력을 기울이게 되었다. 최초의 대응은 체제안정에 부담이 될 수 있는 담론에 대한 원천봉쇄였다. 각종 금지어를 설정함으로써 민감한 사안들이 온라인에서 유통되

---

16) 칭화대학은 인터넷 토론방인 슈이무 칭화(www.smth.org) 사이트의 외부 접속을 차단했다. 지난 1996년 개설된 슈이무 칭화는 참여하는 사람들의 적극적이고 수준 높은 토론내용으로 인기를 끈 중국 내 유명 토론방 중 하나다. 시위자들은 네티즌들에게 이러한 상황을 알리는 호소문을 다른 사이트에 게재하기도 했다. 일부 시위자들은 이 호소문에서 현 상황을 "독일 나치 치하의 박해"에 비교하기도 했다. "온라인의 입과 귀 막지 말라," 아이뉴스24, http://www.inews24.com (검색일: 2005.3.28).

17) 자오궈뱌오교수, "中 우민화 정책 맞서 투쟁," 『경향신문』 2005년 4월 14일.

18) "안녕하십니까. 당신의 웹사이트는 현행 국가 법률과 정책을 위반하고 있습니다. 가급적 빠른 시간 내에 우리와 접촉해주십시오" 중국의 네티즌이 정부에 의해 금지되고 있는 웹사이트에 접속할 경우 이러한 내용의 메시지가 컴퓨터 화면에 나타나게 된다.

는 것 자체를 막았다. 중국정부에 비판적인 각종 인권단체와 서방언론 사이트들, 그리고 반체제세력들의 인터넷 사이트들은 자주 폐쇄되곤 했다. 심할 경우 오프라인의 네티즌에 대한 구속과 처벌이 이뤄지기도 한다.

이를 위해 각종 국가기구와 인터넷 서비스 사업자들의 공조가 이뤄졌다. 신식산업부를 필두로 하여 인터넷 접속서비스를 담당하는 기업들과 인터넷 콘텐츠를 제공하는 기업들은 정부의 검열방침에 충실히 따르고 있다. 이는 외국계기업이라고 해서 예외는 아니다.19)

그러나 이러한 억압적인 인터넷 통제정책의 한계가 노출되면서 국가의 방침 역시 점차 진화하고 있다. 날로 성장해가는 인터넷의 정치담론을 중국정부가 완벽하게 통제하기란 사실상 불가능하다. 따라서 중국정부의 인터넷의 정치적 담론에 대한 태도는 '완벽한 억압(perfect suppression)'에서 '효율적인 관리(effective management)'로 그 무게중심을 옮기게 되었다. 나름의 우선순위를 갖고 온라인 여론의 수위를 조절하고 '관리'하는 것이다.

정치적 담론을 무조건 억압하기 보다는 제한된 범위 내에서 허용하되 '체제 위협적'인 발언에 대해서는 가혹한 처벌과 감시를 통해 규제한다는 것이 그 골자이다. 온라인에 등장한 의제에 따라, 그리고 상황에 따라 중국정부가 인터넷의 여론을 대하는 태도는 상이하다. 중국정부가 느끼는 위협(threat)의 수준과 용인(acceptance) 여부에 따라 대응방식이 달라지는

---

19) 인터넷 기업가들은 자발적으로 중국정부의 검열에 협조하겠다고 선언을 한 바 있다. 중국 내에서 활동하는 1백여 개가 넘는 인터넷 기업들은 '인터넷의 건강하고(healthy) 질서 있는(orderly) 발전을 위해 자기규율에 노력을 기울일 것'이라고 맹세했으며 '애국주의, 법의 준수, 공정함, 그리고 신뢰'의 원칙에 따를 것이라고 선언한 바 있다. 외국계 인터넷 기업들도 여기에 적극적으로 동참했다. 중국시장에 진입하고 하는 기업들은 중국정부의 눈치를 살필 필요가 있기 때문이다. 예컨대 Yahoo! 역시 중국어로 된 자신의 웹사이트에서 국가전복적인 내용을 제거하겠다고 표명한 바 있는데, 이는 국제적인 인권단체로부터 격렬한 반발을 일으킨 바 있다.
"China's Internet Industry Wants Self-Discipline," *People's Daily*, 2002 / 03 / 27 34 (July 2004), available at http://english.people.com/200203/26/eng20020326_92885.shtml; "China's Internet Illusion," *Wall Street Journal* (Eastern edition), 2002 / 8 / 22.

것이다.

먼저 의제에 따라 정부의 대응방식이 달라지는 경우를 살펴보자. 첫째, 국가-사회가 갈등(conflict)을 빚는 의제이다. 대개 공산당의 통치이념과 통치방식에 대한 문제제기가 이러한 갈등을 유발한다. 공산당의 지도이념을 부인하는 게시물에 대해서는 철저한 검열과 처벌이 이루어진다. 예컨대 중국민주당 사건에서 보이듯 공산당의 일당독재를 부인하고 다당제를 주장한다거나 파룬궁과 같이 공산당을 부인하는 단체를 옹호하는 경우 해당 게시물은 삭제의 대상이 된다. 또한 이를 게시한 사람에 대해서도 법적인 처벌이 이뤄진다.

둘째, 시민사회와 조율(coordination)이 이뤄지는 의제이다. 약간의 마찰이 있을 수 있지만 전반적으로 국가에 의해 용인되는 것으로 부패, 3농문제 등 이미 사회적으로 그 심각성에 대한 공감대가 형성되어 있는 이슈 등이 여기에 해당한다. 이러한 문제들은 중국의 발전을 가로막는 현안이기 때문에 정치지도자들뿐 아니라 인민들 사이에서도 활발하게 논의되는 사안들이다. 이러한 논의가 공산당 비판으로 흐르는 등 체제안정성을 해치지 않는 수준이라면 중국 정부 역시 어느 정도 용인한다.

셋째, 시민사회와 협력(cooperation)이 이뤄지는 부분이다. 국가가 자신의 의도에 의해 의도적으로 조장하거나 묵인하고 사회 역시 여기에 부응하는 이슈라고 할 수 있다. 애국주의 담론은 그 중에서 대표적인 예라고 할 수 있다. 사실 애국주의는 중국의 정통성을 보완하는 담론이다.[20] 중국은 사회주의 몰락 이후 사회주의 이념의 공백 속에서 공산당의 정통성 훼손을 경험했고 이러한 공백을 메우고 들어온 것이 바로 애국주의이기 때문이다. 중국정부는 국내정치적 위기 시마다 인민들의 불만을 잠재우기 위해 애국주의를 조장하기도 하고 때로는 제어하기도 하면서 이를 정

---

20) Rana Mitter, "Behind the scenes at the museum: Nationalism, History and Memory in the Beijing War of Resistance Museum, 1987-1997," *China Quarterly* 161, pp.279-293.

〈표 1〉 선택적 여론관리정책: 이슈별 모델

국가-사회 관계	이슈	대응방식
갈등(conflict)	파룬공 등 반체제 세력	탄압
조율(coordination)	부패, 3농 문제 등	건설적 비판 허용
협력(cooperation)	애국주의21)	묵인 및 조장

치적 이해득실에 따라 활용해 왔다. 온라인을 통한 애국주의적 정서표출은 국가가 의도적으로 조장하는 경우가 많다.

중국정부는 상황에 따라서 인터넷에 대한 정보통제의 수위를 조절하기도 한다. 예컨대 매년 3월 초에서 4월 초 사이 전국인민대표자회의(全人大)와 전국정치협상회의(政協)라는 양대 회의(兩會)가 열리는 기간 중에는 검열의 수위가 높아진다.22) 이 기간에는 많은 사회세력들이 자신들이 중요하게 여기는 이슈를 쟁점화하려고 하기 때문에 인터넷에는 훨씬 더 민감한 정치적 소재들이 등장하기 때문이다. 파룬궁과 기타 반체제세력들이 인터넷을 통한 방해 활동을 할 것에 대비해 사이버 수사대를 동원하여 24시간 인터넷 채팅방에 대한 검열을 실시할 뿐 아니라 PC방에 대한 단속도 지속적으로 실시하는 등 정부당국의 검열 수위도 높아지는 것이다.

반대로 외국정부의 주요 지도자가 방문하거나 대규모 국제행사가 예

---

21) 본 논문에서 언급하는 애국주의와 민족주의는 별개의 것이 아니다. 다만 민족주의라고 할 때 소수민족의 정체성을 강조하게 되는 효과가 있기 때문에 중국에서는 민족주의라는 용어보다는 애국주의라는 표현을 사용한다. 이러한 용어를 통해 중국이 의도하는 것은 '민족주의'라는 용어 속에 숨은 한족 대 소수민족의 대립구도를 완화시키는 한편, 서구에 대항해 중국의 모든 인민들이 단결해야 한다는 것을 강조하고자 한다. Phil Deans, "State Patriotism versus popular nationalism in the People's Republic of China," *IIAS Newsletter* 34 (July 2004), http://www.iias.nl/iiasn/july04/sp.pdf (검색일 2005.11.15).

22) "중국 지도부만의 축제 '전인대'," 『매일경제신문』, 2005년 3월 9일.

정되어 있는 경우 인터넷 검열의 수위는 완화된다. '국가이미지 관리' 차원에서 일시적으로 취해지는 조치이기 때문에 국제적인 행사가 끝나면 검열의 수위는 다시 높아진다. 예컨대 2001년 상하이에서 APEC 정상회담이 열린 시기에는 검열이 다소 완화되었다.[23] 이 정상회담에는 당시 부시 미국 대통령을 비롯한 각국의 정상들과 수천 명의 기자들이 참석했는데 회의가 끝나자마자 검열은 예전수준으로 돌아갔다. 중국의 언론 및 인터넷 통제는 공공연한 사실이지만 외국인들이 이를 직접 확인하는 것은 막겠다는 의도로 해석할 수 있다.

2. 공격적인 온라인 여론조작 정책

중국정부는 인터넷의 여론을 선택적으로 관리할 뿐 아니라 정부에 불리한 여론의 강도를 약화시키거나 호의적인 여론을 조성하기 위해 인터넷을 적극 활용하고 있다. 그것은 크게 두 가지 측면에서 볼 수 있다. 하나는 정부가 운영하는 공식적인 인터넷 사이트를 통한 선전 및 홍보이다. 다른 하나는 각종 민간 온라인 게시판에 대한 여론조작이다. 전자의 경우 정부가 스스로의 신분을 밝힌 채 메시지를 전파한다는 점에서 공식적이지만 후자는 정부가 일반 네티즌을 가장하여 게시판의 여론을 조작한다는 점에서 비공식적인 성격을 띤다.

먼저 공식적으로 중국정부가 온라인을 선전 수단으로 활용하는 경우를 살펴보자. 중국정부는 이른바 전자정부 프로젝트를 통해 중요한 정치사안을 규정하게끔 하는 등 '의제 설정'기능과 같은 특징을 많이 갖고 있다. 예컨대 중국정부가 운영하는 안티파룬궁 사이트는 파룬궁의 파괴적 행태를 소개하면서 중국 내에서의 탄압을 정당화한다.[24] 중국 내에서 파

---

23) Santhi Kalathil, "China's New Media Sector: Keeping the State In," *The Pacific Review*, 16:4 (2003), pp.489-501.

24) www.china.org.cn, www.chinaguide.org, ppflg.china.com.cn 등은 중국정부의 공식웹사이트로 공산당 인쇄물에서 발췌한 각종 기사가 게재되고 있다. www.

룬궁 관련 사이트들에 접속할 수 없는 상황에서 이러한 중국정부 측 메시지만 듣게 될 경우 파룬궁에 대한 중국인들의 인식은 정부가 원하는 방식대로 형성될 것이다. 또한 안티파룬궁 사이트는 영어로도 서비스되고 있는데 중국정부의 안티파룬궁 선전전략이 중국인뿐만 아니라 외국인들까지 대상으로 하고 있음을 알 수 있다.

그러나 많은 중국인들이 정부 측이 제공하는 각종 편향적인 메시지에 대해 불신을 갖고 있기 때문에 이러한 시도가 소기의 성과를 거둘 수 있을지에 대해서는 회의적이다. 때문에 최근 중국정부는 비공식적인 형태의 인터넷 여론조작에 나서기 시작했다. 정부 관리들이 일반 네티즌으로 가장해 온라인 포럼과 채팅방을 활보하고 있다. 이들은 여론감시, 즉 인터넷을 떠도는 체제 전복적 담론을 감시하고 삭제하는 기능에서 머무르지 않고 보다 능동적으로 인터넷의 여론을 조성하는 데까지 자신의 영역을 확대하고 있다.

난징(南京), 우시(無錫) 등의 주요 도시에는 20~40명 규모로 '인터넷 선전팀'이 구성되어 정부와 당에 유리한 글을 퍼뜨리고 있다.[25] 이들은 대부분 대언론공작 업무를 담당한 경력을 갖고 있는 관료들로서 오프라인의 경험을 인터넷에서 활용하고 있다. 이러한 인터넷 여론공작을 위해 2004년 말에는 전국각지에서 선발한 127명의 간부들을 베이징으로 불러들여 인터넷 여론공작과 관련된 각종 훈련을 실시하기도 했다.[26]

이는 인터넷이 제공하는 익명성을 네티즌뿐 아니라 정부 역시 충분히 활용하고 있는 대표적인 사례라고 할 수 있다. 일반 네티즌으로 가장한 정부관리들은 정부가 표방하는 정치적 논리를 훈련받았을 뿐만 아니라

---

xinauha.org나 www.peopledaily.com.cn은 파룬궁을 공격하는 글들을 게재하고 있다. 대니 셰처 저, 김은정 역, 『파룬궁 중국의 충격: 심신수련인가, 신흥종교인가』(서울: 영림 카디널, 2001).

25) "China hires 'cyber-agents' to control public opinion on the Internet," *AFP* (2005 / 05 / 19).

26) "China Goes Undercover to Sway Opinion on the Internet," *Reuters* (2005 / 05 / 23).

일반 네티즌들의 행태를 주의 깊게 연구함으로써 자신의 신분을 위장하는 데 성공하고 있다. 이러한 인터넷 여론공작을 통해 정부는 중국의 온라인 정치를 자신들이 원하는 방식으로 통제하고자 하는 것이다.

IV. 중국의 온라인 정치가 당면하게 될 문제점들

중국의 인터넷이 잠재력을 발휘하지 못하고 있는 가장 큰 요인은 무엇보다도 정부의 정치적 통제일 것이다. 그러나 중국의 온라인 정치가 당면한 문제는 그것만이 아니다. 네티즌들이 적극적인 소통의지를 가로막는 다양한 장벽들이 존재한다. 이것은 중국의 정치체제를 민주적으로 만드는 데 제약으로 작용한다.

1. 정보격차의 문제

인터넷과 관련한 중요한 이슈 중 하나는 정보기술에 대한 접근성에 있어 불평등한 현실이다. 현재 중국 내의 소위 정보격차(digital divide)는 중국의 온라인 정치와 중국의 정치체제의 변화에 있어 중요한 변수 중 하나이다.

현재의 인터넷 접근권(access)은 개혁 개방의 수혜자이자 특권층인 소수의 젊고 교육받은 계층에게 집중되어 있다.[27] 연령별로 보면 중국의 평균적인 네티즌은 18~40세 위주이며, 학력별로 보면 고졸 이하가 13%에 불과하고 대다수 인구가 고교교육 이상을 이수한 고학력 계층이다. 또한 지역별로 보더라도 도시거주자가 사용자의 다수를 점하고 있다. 소득분포를 보면 상위 50%가 월평균소득 1만 2천 위안(약 1천4백 달러, 연평균 1만 6천백 달러)이다. 2004년대 들어서 중국의 1인당 GDP가 겨우 1천 달

---

27) 중국의 인터넷 사용자의 특성에 대해서는 CNNIC (2005)를 참조할 것.

러를 돌파했다는 점을 감안하면 중국 내에서 부유한 계층만이 인터넷에 접속한다고 볼 수 있다. 이들은 경제성장이 지속되는 한 정치체제의 급격한 변화를 원치 않는다. 따라서 인터넷을 통한 반체제담론과도 일정부분 거리를 둔다고 하겠다.

인터넷 접근권이 경제적으로 취약한 계층과 지역에 확장되지 않는다면 현재 중국이 당면하고 있는 불평등은 더 심화될 것이며, 이는 자칫 중국에게 새로운 형태의 위협이 될 수도 있다.

2. 온라인 포퓰리즘(online populism)

온라인상의 정치적 의사표시가 포퓰리즘으로 흐를 가능성을 예의주시할 필요가 있다. 온라인의 정치참여는 반드시 심의적이고 이성적으로만 이뤄지는 것은 아니다. 민족주의를 포함하여 온라인 포퓰리즘은 중국의 온라인에서 극단적인 쇼비니즘으로 나타나는 경우도 있다. 1999년 유고 베오그라드 소재의 중국대사관 피폭사고와 2001년 하이난도(海南島)에서 미국과 중국의 군용기가 충돌한 사건이 벌어졌을 때 반미(反美)를 외치는 글이 인터넷을 통해 급속히 확산되었다. 인터넷을 매개로 한 반미의식은 상당부분 중국정부의 묵인과 조장이 있었기 때문에 가능한 것이었지만 당시 미국과의 파트너십을 강조하던 장쩌민 정부에게 부담이 되었을 정도로 심각한 지경에 이르렀다. 때문에 중국정부는 일부 게시물들에 대해서는 삭제조치를 취할 정도였다.

온라인상의 정치참여 확대는 무책임하고 기회주의적인 정치 지도자들에 의해 이용될 수도 있다.[28] 포퓰리즘의 결과는 역으로 보다 보수적이고 반민주주의적인 인사들을 권좌에 머무르게 하는 수도 있다. 온라인 포퓰리즘에 대한 반작용으로 건전하고 냉정한 기술관료적 리더십의 필요성

---

28) Tamara. R. Shie, "The Tangled Web: Does the Internet offer promise or peril for the Chinese Communist Party?" *Journal of Contemporary China* 13:40 (2004).

이 강화되는 경우가 바로 여기에 해당한다. 그리하여 새로운 커뮤니케이션 기술을 많이 이용할수록 그것이 권위주의를 대체하지 못하게 될 수도 있다.

3. 인터넷의 상업화와 정치적 무관심

인터넷의 상업화는 정치커뮤니케이션 수단으로서의 인터넷의 가능성을 제약한다. 오늘날 중국의 언론매체들은 이윤추구에 최우선 순위를 부여하고 있는데 이는 인터넷기업들에게도 마찬가지라고 할 수 있다. 언론 매체의 경우 비록 당의 의지에 어느 정도 복종하면서 당-국가의 기본적인 이해관계를 지키는 선에서 협력을 유지하지만 이들의 생존이 상당부분 시장의 압력에 의해 좌우되기 때문이다.[29] 마찬가지로 인터넷 기업들역시 중국정부의 방침에 최대한 협조하는 한편 매체의 상업화를 추구하게 될 것이다.

실제로도 네티즌들은 인터넷이 제공하는 흥미로운 연예정보와 스포츠정보, 음란물에 몰입하고 있으며 사회문제에 대한 진지한 토론은 상대적으로 많지 않다. 중국 온라인 사용자들의 행태를 연구한 바 있는 Qiu는 경제, 연예, 스포츠 등의 비정치적인 내용들이 많다는 점을 지적하고 있다.[30] 또한 인터넷을 통한 포르노그래피의 범람과 인터넷 중독증의 확산은 인터넷의 체제위협적 정보만큼이나 중국정부를 고민스럽게 하는 부분이다. 특히 맞춤형 정보제공이 가능한 인터넷의 속성을 감안하면 이것이 네티즌들의 정치적 무관심을 촉진할 가능성이 크다. 이는 온라인이 열어준 새로운 정치참여의 가능성을 제약하게 될 것이다.

---

29) 박용수, 『중국의 언론과 사회변동』(서울: 나남출판, 2000), p.21.
30) Jack Linchuan Qiu, "Virtual Censorhip in China: Keeping the Gates between the cyberspaces," *The International Journal of Communications Law & Policy,* Vol. 4 (Winter, 1999 / 2000).

V. 결론

1980년대와 1990년대 정보기술의 확산과 함께 많은 권위주의 및 공산주의 국가는 인터넷과 민주화의 관계라는 맥락에서 주목받아 왔다. 기술 낙관론을 견지하는 사람들은 인터넷과 독재자는 서로 공존할 수 없는 대상이라고 주장하면서 이른바 '독재자의 딜레마'를 유포시켜 왔다.[31] 독재자는 경제적 이익 때문에 인터넷을 도입하게 되지만 인터넷의 확산에 따른 정보통제의 이완은 체제위협적 담론을 허용하게 됨으로써 곧 독재자에게 비수가 되어 꽂힌다는 것이다.

그러나 다른 한편에서는 인터넷이라는 신기술이 중국의 권위주의체제를 강화시킬 가능성을 주목해 왔다. 인민들에 대한 감시를 보다 용이하게 하고 국가기구 간의 의사소통을 원활하게 함으로써 체제에 대한 통치력을 높일 수 있는 가능성에 주목했던 것이다.

지금 중국에서는 검열기구와 네티즌들 간에 쫓고 쫓기는 싸움 속에서도 공적인 담론의 영역이 확대되고 그 영향력도 점차 확대되고 있다. 많은 중국의 지도자들이 네티즌과 온라인상에서 대화를 나누는 등 인터넷을 통한 여론수렴에 나서고 있는 것도 사실이다. 이러한 점을 감안하면 차후 정부의 정책에 대해 온라인 여론은 중국정부 행정에 대한 투명성을 높여준다는 점에서 감독의 역할을 할 수 있을 것이다.[32]

그렇지만 이러한 정치적 담론의 확대, 정치참여의 확대가 반드시 중국의 시민사회의 확대를 통해 궁극적으로 민주화로 갈 것인가에 대한 대답은 현재로서는 유보적일 수밖에 없다. 앞서 살펴보았듯이 인터넷의 확산이 가져온 온라인 정치참여는 국가의 용인 속에서 가능한 것이었다. 이

---

31) Christopher R. Kedzie, "Communication and Democracy: Coincident Revolutions and the Emergent Dictator's Dilemma" (Santa Monica CA: Rand, 1997), http://www. rand. org/publications/RGSD/RGSD127/ (검색일: 2005. 11. 15).

32) Zhang, Junhua, "China's Government Online and Attempts to Gain Technological Legitimacy," *ASIEN* (July, 2001).

는 현재 중국 온라인 정치가 지닌 제한적 자유화의 성격을 보여준다고 하겠다.

이러한 제한적이고 점진적인 정치적 자유화는 오도넬과 슈미터가 말한 자유화된 권위주의(liberalized authoritarianism)라는 맥락에서 이해할 수 있다.33) 자유화된 권위주의에서 정부는 자유화를 용인하거나 심지어 촉진한다. 그 방법은 개인과 집단행동의 어떤 공간을 개방하는 것이다. 이렇게 함으로써 그들은 권위주의 레짐의 구조를 변경하지 않고도 아래로부터의 다양한 압력을 경감시킬 수 있다. 제한적으로 열어둔 공간을 통해 이들은 지배에 필요한 정보와 인민들의 지지를 획득할 수 있다. 그렇지만 오도넬과 슈미터가 지적하듯 이러한 정치적 자유화가 민주화로 가지 못하고 권위주의로 회귀하는 사례도 많다. 인터넷은 정치커뮤니케이션 방식의 변화와 정치참여의 확대를 가져왔지만 그것이 민주화의 동력으로 활용되기 위해서는 인터넷을 활용하고자 하는 국가와 사회의 의지와 노력이 중요하다.

그러나 7%에 머무르고 있는 인터넷 보급률, 인터넷의 상업화, 그리고 탈정치화 추세와 국수적 민족주의로 나타나는 온라인 포퓰리즘을 감안하면 인터넷이 향후 중국의 민주화에 있어 지닐 영향력은 제한적일 수밖에 없다. 더구나 국가는 갈수록 정교한 인터넷 감시기술을 구축하여 사용자

---

33) 오도넬과 슈미터에 따르면 자유화는 민주화 없이도 가능하다. 본래 자유화는 개인과 사회집단이 국가나 제 3자로부터 임의적이고 불법적인 행위로부터 보호되는 권리가 확립되는 과정이다. 인신의 자유, 주거의 자유, 표현의 자유 등이 여기에 해당한다. 한편 민주화란 시민권(citizenship)의 규율(rules)과 절차(procedure)가 1) 이전에는 강압적인 통치 등으로 유지되었던 정치제도에 적용되거나 2) 이전에는 권리와 의무를 누리지 못하던 사람들에게까지 확대되거나 3) 시민참여에 속하지 않았던 이슈와 제도에까지 확대 적용되는 것이다. 오도넬과 슈미터는 자유화가 항상 민주화로 귀결되는 것은 아니라고 주장한다. Guillermo O'Donnell, Philippe C. Schmitter, and taurence whitehead, *Transitions from Authoritarian Rule: Tentative Conclusions about Uncertain Democracies* (Baltimore: Johns Hopkins University Press, 1986).

들의 정치담론을 제한하고 있다. 또한 인터넷을 통해 여론을 수렴하고 체제의 정당성을 홍보할 뿐 아니라 인터넷의 익명성을 활용하여 여론조작에 나서기도 한다.

오도넬과 슈미터가 자유화된 권위주의를 말할 때 그것은 민주화 없는 자유화도 가능하다는 것을 의미한다. 정치적 자유화는 민주화와는 다른 것이다. 민주화란 민주적 제도를 건설하고 규칙적으로 자유롭고 공정한 선거를 통해 공직을 선출하는 것을 의미한다. 반면 정치적 자유화는 기본적인 표현의 자유, 결사의 자유, 그리고 개인의 권리를 확장하는 것과 연관된다. 인터넷은 정치적 담론공간을 확대함으로써 일정부분 표현의 자유를 넓혀주었다. 그러나 이러한 제한적인 정치적 자유화가 자유로운 선거와 경쟁 등을 주요특성으로 하는 서구식 민주주의로 귀결될지는 미지수이다.

이러한 특징은 중국 사회과학원의 연구에서도 잘 드러난다.[34] 중국의 주요 5개 도시 인터넷 사용자들의 인터넷 이용실태를 조사한 이들의 결론은 "인터넷이 보다 '열린' 중국을 상징한다"는 것이다. 그러나 그들은 인터넷의 사용을 어떤 정치적 행동주의의 원천으로 단정 짓지 않을 뿐 아니라 보다 열려있음이 반드시 보다 민주적인 것은 아니라는 점 또한 지적하고 있다.

요컨대 중국에서 인터넷의 확산은 정치적 자유화를 가져왔으나 반드시 정치적 민주화로 이어진다고 보기 힘들다. 향후 중국의 온라인이 정치체제에 긍정적인 영향을 미치기 위해서는 정보격차와 인터넷의 포퓰리즘, 그리고 상업화와 정치적 무관심을 극복해야 할 것이다. 또한 인터넷을 공적인 심의의 공간으로 활용할 수 있는 성숙한 시민사회의 출현도 필수적이다. 인터넷은 이 모든 것이 성숙하였을 때 민주화의 매개체로 기능할 수 있을 것이다.

---

34) "互聯網使用現況及影向的調查報告," 中國社會科學院 發展研究中心 (2001).

|제7장|
말레이시아의 다종족 민주주의:
종족과 계급 균열을 중심으로*

홍승헌
|고려대학교 정치외교학과 석사 졸업

I. 서론

분열적이고 이질적인 종족사회구성을 지닌 많은 신생독립국들의 현대사가 종족 간의 심각한 갈등과 분열, 파편화로 얼룩져 있는 것과 대조적으로, 말레이시아는 1957년의 독립 후 상당한 정도의 사회적·정치적 안정을 누려왔다. 1969년의 인종폭동을 제외하고 말레이시아는 현재까지 약 10여 차례의 총선을 지속적으로 치르고 있으며, 세 차례의 평화적 정권교체가 이루어졌다.[1] 그러나 이러한 선거 민주주의적인 측면만을 가지고는 말레

---

* 이 논문은『동아시아연구』제10호(2005년)에 게재되었음.
[1] 황인원, "말레이시아에서의 정치위기와 체제변동의 동학," 박사명 편,『동남아 정치변동의 동학: 안정과 변화의 갈림길』(서울: 오름, 2004), p.213. 이러한 측면만을 고려한다면 말레이시아의 민주주의가 '성숙한 선거 민주주의(mature electoral democracy)'라고 할 수 있을 것이다.

이시아가 사회적으로 안정되어 있고, 정치적으로 모범적인 민주주의 국가
로서의 길을 걸어왔다고 말하기 힘들다. 선거 민주주의는 성숙하고, 안정
적이며, 자유로운 민주주의와 동의어가 아니다. 그래서 많은 학자들이 신
생 민주주의 국가의 민주주의 공고화에 관심을 기울인다. 민주주의 공고
화를 지속시키기 위해서는 민주주의적 구조와 정치를 보다 대의적이고
(representative), 보다 응답적이며(responsive), 보다 투명하고(transparent), 보다
책임있고(accountable), 자유롭게(liberal) 만들어야 한다.[2] 민주주의 공고화
는 한 측면에서만 이뤄질 때 성취되는 것이 아니라, 다면적이고 다변인적
인 과정이다. 따라서 문화적, 행태적, 제도적인 측면에서의 정치적 삶을
심화시키는 것뿐만 아니라 일반 대중, 시민사회, 그리고 정부를 아우르는
국가와 사회의 모든 차원에서의 민주주의적 심화를 요구한다.[3]

　말레이시아의 수상 마하티르 모하메드가 1993년 유엔총회 연설에서
"우리는 과거의 식민지 경험으로부터 다종족적 시각이라는 폭탄을 물려
받았다"고 인정할 정도로 말레이시아의 다종족적 특성은 말레이시아 정
치에 있어서 가장 큰 잠재적 결함으로 남아 있다.[4] 최근 들어 이슬람교도

---

2) 이러한 주장은 민주주의의 공고화에 대한 논의 중 민주주의를 최대강령적으
　로 정의하는 입장을 따르는 것이다. 이러한 최대강령적인 정의를 따르는 학
　자로는 Samuel Kim과 임혁백 등을 들 수 있다. 임혁백에 의하면 민주주의의
　공고화는 군부를 완전히 통제하고, 기본적인 시민권리를 보장하며, 토크빌
　적인 사회적 민주화를 관장하는 응답적이고 책임있는 시민적 정치체제의
　설립이다. 이와는 반대로, 김병국은 조셉 슘페터의 최소강령적 정의를 수용
　한다. 그에 의하면 민주주의의 핵심은 공정하고 자유로우며 경쟁적인 선거
　가 주기적으로 행해지는가의 여부에 달려있다. 이러한 시각에 의하면 민주
　주의의 공고화는 민주적이고 헌법에 입각한 선거 절차를 제도화하고 정당
　화하는 것이다. 이에 대한 자세한 논쟁에 대해서는 Larry Diamond and
　Byung-Kook Kim, eds., *Consolidating in South Korea* (Boulder: Lynne Rienner,
　2000); Samuel S. Kim, "Korea's Democratization in the Global-Local Nexus," in
　Samuel Kim, ed., *Korea's Democratization* (Cambridge: Cambridge University
　Press, 2003), pp.20-21 참조.
3) Kim (2003), p.20.
4) David Camroux, "State Responses to Islamic Resurgence in Malaysia: Accommo-

가 국민의 절대 다수를 차지하는 말레이시아에서 이슬람 율법에 따른 통치를 주장하는 보수적 이슬람교도들이 늘면서 온건파와의 갈등이 심해지고 있다는 보도5)가 있을 정도로, 아직까지 잔존하는 전정치적인 요소들은 다종족 사회인 말레이시아의 정치적 안정화와 민주주의의 심화에 큰 장애물로 작용하고 있다. 또한 안정적인 정치체제 유지의 이면 속에 말레이시아의 정치체제는 민주주의를 심화하는 방향으로 나아가고 있다기보다 오히려 시민의 정치적 권리와 자유가 점점 제한되는 방향으로 퇴보하고 있다는 점도 주목할 필요가 있다. <표 1>의 프리덤 하우스(Freedom House)의 지표가 보여주듯이, 말레이시아는 자유민주주의가 아니라 정치적 권리와 시민적 자유의 측면에 있어 심각한 제한이 존재하는, 부분적으로 자유로운 체제로 분류되고 있다. <표 1>안의 숫자는 정치적 권리와 시민적 자유를 측정하는 프리덤 하우스의 지표로, 1에 가까울수록 자유의 수준이 높으며, 7로 갈수록 자유의 수준이 낮은 것을 의미한다. 이에 따르면 말레이시아의 정치체제는 1973년 이전에는 자유민주주의로 분류되었으나, 1974년부터는 '부분적으로 자유로운 체제'로 퇴보하였다. 더욱이 정치적 권리와 시민적 자유의 양 측면 모두가 시간이 갈수록 개선되는 것이 아니라 점점 악화되어가는 추세를 보여주고 있다는 점은 말레이시아의 민주주의에 대한 재고찰이 필요함을 말해준다. 말레이시아를 안정적인 국가로 바라보는 기존의 시각들은 정치변동을 평화로운 정권의 교체에 초점을 맞추어 보고 있기 때문에, 독립 초기의 상대적으로 안정되었던 절차적 민주주의가 자유민주주의로 심화되는 것이 아니라 오히려 준민주주의(semi-democracy) 또는 권위주의로 퇴행하고 있다는 사실을 간과하는 함정에 빠지기 쉽다. 이처럼 말레이시아의 정치가 외견상 보이는 것처럼 안정적인 상태가 아닌, 불안정한 요소들을 상당부분 가지고 있다면, 이러한 요소들에는 어떠한 것이 있는가? 이들은 역사적으로 어떻게 형성되어 왔

---

dation, Co-Option, and Confrontation," *Asian Survey*, 36-9 (September 1996), p.853.

5) Michael Vatikiotis, "The Struggle for Islam," *Far Eastern Economics Review*, (December 2003), p.55.

〈표 1〉 말레이시아의 자유수준(Freedom in Malaysia)

연도	정치적 권리*	시민적 자유*	Status	연도	정치적 권리	시민적 자유	Status
1972	2	3	F**	1989	5	4	PF
1973	2	3	F	1990	5	4	PF
1974	3	3	PF***	1991	5	4	PF
1975	3	4	PF	1992	5	4	PF
1976	3	4	PF	1993	4	5	PF
1977	3	4	PF	1994	4	5	PF
1978	3	4	PF	1995	4	5	PF
1979	3	4	PF	1996	4	5	PF
1980	3	4	PF	1997	4	5	PF
1982	3	4	PF	1998	5	5	PF
1983	3	4	PF	1999	5	5	PF
1984	3	5	PF	2000	5	5	PF
1985	3	5	PF	2001	5	5	PF
1986	3	5	PF	2002	5	5	PF
1987	3	5	PF	2003	5	4	PF
1988	4	5	PF				

출처: Freedom House, http://www.freedomhouse.org/ratings/allscone04.xls에서 재구성
　　(검색일: 2005. 1. 2)
* (정치적 권리+시민적 자유) / 2:1~2.5(자유민주주의), 3.0~5.0(부분적인 자유민주주
　의), 5.5~7.0(권위주의)
** 자유민주주의(Free), *** 부분적으로 자유로운 민주주의(Party Free)

고 말레이시아 민주주의의 심화를 어떻게 제약하는가? 이러한 요소들에
도 불구하고 말레이시아 정치를 안정적으로 유지하는 힘은 무엇인가?

II. 기존 논의의 검토

말레이시아 정치를 분석하는 기존의 논의로는 크게 세 가지 관점이 존
재한다.[6] 첫째는 종족적 관점이다. 이러한 주장으로는 이질적인 종족구
성으로 인한 분열적 사회구조가 내재된 다종족 사회에서는 정통적인 민
주적 방안으로 정치안정 및 체제유지를 담보할 수 없다는 전제하에 다양
한 종족집단 간의 이질적 이해관계를 수용할 수 있는 특징적인 위기해결
방안에 주목하여 아렌트 라이파트(Arend Lijphart)의 협의주의 모델을 적용,
종족 엘리트 간의 타협과 흥정으로 말레이시아 정치를 설명하려 하는 협
의주의적 접근방법과 다종족 사회 내에서의 갈등해소와 정치안정의 핵심
요인을 국가 내의 소수종족 집단에 대한 지배적인 종족집단의 억압과 지
배로 설명하려는 통제적 접근방법이 있다. 이들은 말레이시아 갈등구조
의 본질을 서구 식민지배의 산물로서의 종족 갈등으로 바라본다. 둘째는
계급적 관점이다. 이 시각을 유지하는 학자들은 말레이시아 정치체제의
형성과 유지의 핵심적 요인을 종족이 아닌 계급으로 대체한다. 그리고 이
들은 말레이시아의 계급사회 전통이 서구 식민지배 이전부터 시작되었다
고 주장한다.

이들은 '정치는 말레이계가, 경제는 중국계가 주도한다'는 도식을 거부
하고, 정치권력을 장악하고 있는 말레이계나 경제권력을 지배하는 중국
계도 전체 종족사회에서 극히 소수에 불과할 뿐 말레이시아의 정치경제
체제는 이들에 의한 계급동맹에 의해 지배되고 있다고 주장한다. 마지막
으로는 권력 정치적 관점을 들 수 있다. 이들은 기존 연구의 관심이 지나

---

6) 황인원 (2004), pp.216-221. 참조.

치게 체제유지 및 정치안정의 문제에 놓임으로써 정치안정 속에서의 정치체제의 성격변화라는 역학관계에 상대적으로 소홀했다는 점에 착안하여 정치체제의 변화와 변동, 성격변화의 동인으로 집권체제를 위협하는 갈등구조의 변화에 주목하며, 이속에서 주요 행위자들(정치 엘리트) 간의 권력투쟁을 주목한다.7)

필자는 본 논문에서 말레이시아의 사회갈등의 근본적 요인이 식민지시대부터 만들어진 종족적 갈등에 근거한다는 종족적 관점의 주장을 받아들이는 동시에, 종족적 균열이 계급 균열과 중첩되었던 식민지 시대의 유산이 현대 말레이시아 정치에 있어서 잠재적 갈등요소를 증폭시키는 핵심 요인이라고 주장한다. 또한 체제 변동의 핵심적 동인으로 정치 엘리트들 간의 권력 투쟁을 제시하는 관점을 비판한다. 이러한 시각은 체제를 '일정한 조직 내에서 정치권력을 장악하고 있는 자에 의한 지배양식'으로 정의8)하면서 정치 엘리트들 간의 권력투쟁을 정권 변화의 핵심 변수로 제시한다. 그러나 이는 말레이시아 정치의 역동성과 다양한 갈등요소를 정권 내부, 또는 정치적 대표체계 안으로 국한시킴으로써 밑으로부터의 요구에 의한 체제 변동을 외면하는 문제점을 지닌다. 따라서 이들은, 기존의 관점들이 체제유지 및 정치안정의 문제에 천착함으로써 권력투쟁에 의한 체제의 성격변화를 간과했다고 비판하고 있지만, 오히려 말레이시아 정치에 대한 다양한 논의를 체제 안의 권력투쟁으로 한정시켜 논의를 협소화시키는 우(愚)를 범하고 있다. 권위주의 체제에서 절차적인 선거민주주의로, 그리고 자유민주주의로의 체제 변동은 단순히 지배 엘리트들 간의 권력투쟁의 산물로 치부되기보다는 사회구조와 인간 행위 간의 상호작용으로 파악되어야 한다.

따라서 본 논문에서는 (1) 라이파트가 제시한 다종족 민주주의(multiethnic democracy)의 개념을 도입, 다종족 사회인 말레이시아에서 민주주의가 가

---

7) 황인원, "UMNO 파벌주의와 마하티르 정치리더십의 권위주의화 경향에 관한 연구," 『한국정치학회보』 37집 3호 (한국정치학회, 2003); 황인원 (2004) 참조.
8) 황인원 (2004), p.220.

능한 조건을 제시하고, (2) 식민지시대의 유산을 종족 및 계급균열의 일치로 간주, 그 과정을 고찰하며, (3) 종족적 불균형을 해소하기 위해 1969년 인종 폭동 이후 진행된 종족적 균열과 계급균열의 교차정책을 말레이시아의 민주주의를 저해하는 요소로 제시한다. 특히 두 개의 주요 균열이 교차할 때 주요 균열로 인한 사회적 갈등이 완화된다는 주장9)과 달리, 말레이시아의 경우 두 주요 균열의 교차정책이 인구학적으로 다수인 말레이계의 특권을 배타적으로 보호하는 방향으로 전개됨으로써 소수 종족들에 대한 억압적 기제로 작용하고 있기 때문에 오히려 사회적 갈등을 증폭시키는 원인이 될 수 있다는 점에 주목한다. 소수 종족에 대한 이러한 억압은 전정치적 요소들을 정치의 전면으로 부각시킴으로써 정치 집단들 간의 타협을 어렵게 하고, 나아가 다양한 종족들이 공존하는 다종족 사회에서 민주주의의 심화를 저해할 수 있다.

III. 다종족 사회에서의 민주주의의 조건: 무엇이 말레이시아의 민주주의를 저해하는가?

1. 다종족 민주주의(multi-ethnic democracy)

말레이시아는 2,300만 명의 인구 중 말레이인 55%, 중국인 28%, 인도인 8%를 포함하여 약60여 소수 종족이 함께 어우러져 살고 있는 전형적인 다종족 사회이다. 라이파트에 의하면 종족이란 스스로를 고유의 문화적 공동체로 바라보는 사람들의 집단으로 정의될 수 있으며, 공통의 언어, 종교, 혈연, 또는 피부색과 같은 신체적 특성을 공유하고, 다른 종족적 집단의 구성원들에게 부정적, 적대적 감정을 지니는 경향이 있다.10)

---

9) Arend Lijphart, "Democracy, Multiethnic," in Seymour Martin Lipset, ed., *Political Philosophy: Theories, Thinkers, Concepts* (Washington D.C.: CQ Press, 2001), p.350.

따라서 다양한 종족들이 한 국가를 이루고 살아간다는 것은 한 국가 내에 언어, 종교, 문화, 생활양식이 서로 다른 이질적인 집단들이 공존한다는 것을 의미하기 때문에, 다종족 사회에서는 민주주의가 꽃피우기 힘들다고 인식되어 왔다. 이러한 입장을 지닌 대표적인 이론가로 19세기 영국의 사상가 존 스튜어트 밀(John Stuart Mill)을 들 수 있다.

그에 의하면 민주주의는 완벽하게 동질적인 사회를 요구하지는 않지만, 최소한의 사회적·정치적 통합과 합의를 요구한다. 그는 "다양한 민족들의 공존은 그들의 인종적, 언어적, 종교적 차이들로 인해 정치적 의사의 결정을 위한 공공 의견의 수립을 어렵게 만들기 때문에 다종족 사회에서 민주주의는 거의 불가능하다"고 주장하였다.[11] 또한 다이아몬드(Larry Diamond), 린쯔(Juan Linz), 그리고 립셋(Seymour M. Lipset) 등은 종족적 갈등이 민주적 선택을 어렵게 한다고 주장한다. 종족으로 쪼개진 사회에서는 종족적 경계가 누가 권력과 자원의 분배과정에서 포함되고 배제되는가를 항구적으로 결정하기 때문에 종족갈등이 제로섬적인 성격을 띠게 된다는 것이다.[12]

하지만 단일한 민족으로 구성된 국가는 전 세계적으로 매우 소수에 불과하다. 따라서 다종족 국가에서 민주주의가 가능한지, 그리고 민주주의가 가능하기 위해서는 어떠한 조건이 필요한지에 대해서 많은 논의가 있어 왔다. 대부분의 국가가 다종족 사회인 유럽에서 민주주의가 시작했고 꽃피웠다는 점 또한 많은 학자들로 하여금 이러한 논의에 뛰어들게 만들었다. 라이파트는 다종족 사회에서 민주주의를 가능케 하는 조건들을 이론화하여 제시한 대표적 학자 중 하나이다. 그는 민주주의가 가능하려면

---

10) Lijphart (2001), p.339.

11) John Stuart Mill, "Considerations on Representative Government," in John Gray, ed., *On Liberty and Other Essays* (Oxford: Oxford University Press, 1998), p.428.

12) Larry Diamond, Juan Linz and Seymur Martin Lipset, "Introduction: What makes for democracy?" in Diamond, Linz and Lipset, eds., *Politics in Developing Countries: Comparing Experience with Democracies,* 2nd ed. (Boulder: Lynne Rienner, 1995), p.42.

종족적 차이를 없애야 한다는 극단적인 주장들[13]과 달리, 종족적 차이와 갈등을 조절할 수 있는 수용할 만한 민주주의의 주요 모델로 권력 공유(power sharing), 교차 균열(cross-cutting cleavages), 투표 연합(vote pooling), 그리고 다수 통제(majority control)를 제시한다.[14] 비록 이것들이 유럽 국가들의 경우를 설명하려 탄생하긴 했지만, 이중 권력 공유 모델과 교차 균열 모델은 말레이시아의 정치체제를 설명하는 데 매우 적절하다.

라이파트에 따르면, 협의 민주주의(consociational democracy)라고 불리는 권력 공유 민주주의는 4가지 특성에 의해 규정된다.[15] 첫째, 모든 유효한 종족 집단의 대표들이 정치적 의사결정 과정에 참여(joint decision making)해야 한다. 이러한 가장 대표적인 예는 벨기에의 연합 내각이다. 권력이 한 사람, 즉 특정 주요 종족에게 돌아갈 수밖에 없는 대통령제보다는 내각제가 협의 민주주의에 최적인 정부형태라 할 수 있다. 둘째, 권력을 공유하는 집단들이 자신들의 내부적 문제 해결에 있어서 높은 수준의 자율성(group autonomy)을 가져야 한다. 공통의 문제 해결은 다양한 종족 집단의 대표들에 의해 공동으로 이루어져야 하나 종족 내부의 문제에 대해서는 해당 종족의 자율성이 보장되어야 한다. 셋째, 비례성(proportionality)이 보장되어야 한다. 이는 정치적 대표, 공공사업, 관직의 임명, 예산 배분 등에 있어서 가장 기본이 된다. 마지막으로 소수의 거부권(minority veto)이 보장되어야 한다. 이는 모든 이슈에 있어서 소수의 거부권이 보장된다기보다, 근본적이고 치명적이 될 수 있는 문제들에 있어서 거부권이 보장되어야 한다는 뜻이다.

따라서 이는 공식적인 법적, 혹은 헌법적 장치에 근거한다기보다는 비공식적인 상호 이해에 바탕을 둔다. 한편 교차 균열 이론은 립셋의 이

---

13) 이러한 주장들로는 인종청소(genocide), 추방(expulsion), 분리(partition), 그리고 융합(assimilation)이 있다. 각각의 가능성과 사례에 대해서는 Lijphart (2001), pp.340-341. 참조.

14) Lijphart (2001), p.340.

15) Lijphart (2001), pp.342-344.

론16)을 발전시킨 것으로, 사회의 구성원들이 다양한 방향으로 그들을 끌어당기는 다양한 집단에 대해 교차 균열적 소속감을 지니고 있을 때, 정치적 절제와 관용, 그리고 안정적 민주주의를 이룰 수 있는 기회가 증가한다는 주장이다. 반대로 개인의 소속감이 피부색이 같은 집단, 동일한 종족적 또는 문화적 공동체에 속해 있을 때, 이러한 소속감들은 서로를 강화하며 불관용과 적대감을 야기하게 된다. 즉, 한 균열이 다른 균열을 가로지른다면 교차 균열의 효과가 나타나지만, 두 가지 균열이 서로 일치된다면 사회적 갈등은 증폭된다.

다종족 민주주의의 권력 공유 모델은 다종족 사회인 유럽의 국가들을 설명하는 데 유용한 서구적인 틀로 인식되어 왔으나, 말레이시아는 외부적인 영향이나 보조 없이 토착 엘리트들에 의해 권력 공유가 이루어졌다는 점에서 이 모델의 보편성을 증명할 수 있는 좋은 사례이다. 독립 이후 1967년 인종폭동 이전까지의 말레이시아 정치를 설명하는 데 권력 공유 모델 또는 협의주의 모델은 매우 적절하다고 할 수 있다.

또한 수적으로 다수를 차지하는 말레이계가 근대화 과정에서 불평등의 수혜자가 아니라 피해자가 되어왔다는 점에서 이러한 불평등을 역전시키려는 1970년대 이후의 신경제정책(New Economic Policy)은 – 말레이계의 경제적 위치를 상승시킴으로써 사회경제적인 계급 균열이 종족적 균열을 가로지르도록 의도된 – 교차 균열 모델의 예로 제시될 수 있을 것이다. 다음 절에서는 말레이시아에서 종족적 균열이 형성되고 계급 균열과 일치되는 과정, 독립 후의 협의 민주주의 체제가 형성되고 억압적 협의주의로 재편되는 과정, 그리고 말레이계의 특권을 강화하는 정책들이 전개되는 과정과 그 부작용들에 대하여 개관할 것이다. 이를 통해서 사회의 주요 균열을 교차시키려는 말레이시아 정치 엘리트들의 시도가 과연 다

---

16) Seymour M. Lipset and Stein Rokkan, "Cleavage Structures, Party Systems and Voter Alignments: An Introduction," in Seymour M. Lipset, and Stein Rokkan, eds., *Party Systems and Voter Alignments* (New York: Macmillan, 1967).

종족 민주주의를 가능케 하는 조건으로 작용하는지를 검토할 것이다.

IV. 종족 균열과 계급 균열

1. 식민 시대의 유산: 종족 균열과 계급 균열의 일치

18세기 후반부터 약 2세기 동안의 영국 식민지 경험은 말레이시아의 근대 사회구조의 형성에 지대한 영향을 끼쳤다.[17]

첫째, 영국은 19세기 후반부터 주석 광산과 고무 생산지에서 일할 수십만의 이주 노동자들을 중국과 인도에서 들여왔고 원주민들은 전통적인 쌀농사와 어업에 종사하도록 하는 등의 분할 지배 정책을 실시하였다. 이러한 정책으로 인해 각 종족집단들은 고유의 지리적, 사회적, 문화적 영역에서만 생활하도록 유인되었기 때문에 독립성이 강화될 수밖에 없었다. 종족 간 교류의 부재로 말미암아 말레이시아의 여러 부족들은 토론과 협의의 전통을 가질 수 없었고, 이는 독립 이후 말레이시아 국가건설 (nation-building)에 커다란 장애가 되었다.

둘째, 전통적 토착군주였던 술탄이 제거되었던 인도네시아의 경우와 달리, 영국은 말레이시아의 기존 통치자들의 위치를 그대로 보장하면서 그들의 역할을 단순히 '말레이 관습과 종교'에 책임을 지는 이름뿐인 지도자로 격하시키는 정책을 취했으며, 동시에 말레이인들의 전통적 생활 방식을 유지하도록 하였다. 이러한 정책은 식민통치에 대한 말레이인들의 저항을 방지하는 효과를 가져왔다.[18]

---

17) 압둘 라만 엠봉, "말레이시아의 민주화 경험: 국가, 계급, 그리고 종족 갈등," 김용철·김영기·김경학 편역, 『동남아시아의 민주주의와 인권』(서울: 경인문화사, 2003), pp.1-39; William Case, "Malaysia: Semi-democracy with Strain Points," in *Politics in Southeast Asia: Democracy or Less* (Richmond: Curzon, 2002), Ch. 4, pp.99-146.

마지막으로, 독립 이후에 말레이시아의 근대화를 담당할 주요 사회계급들은 영국의 식민자본주의가 창출한 생산관계 속에서 배태되었다. 경제의 주요 부문은 식민지 부르주아(영국인과 서구 부르주아)들이, 국내 무역과 상업은 주로 중국인들과 일부 인도인 중개상들이 차지하였다. 기술자, 의사, 기타 전문직 종사자와 중산계급은 주로 중국인과 인도인들이 차지했으며, 행정직에 진출하는 말레이인들은 소수로, 그것도 하위직에 한정되었던 반면 농민은 대부분 말레이인들이 차지했다. 결국 식민시대 이후 말레이시아 사회의 사회경제적 계급은 주로 종족적 구분을 토대로 형성되었다. 이때 형성된 종족적 균열과 계급적 균열의 일치는 말레이시아의 정치와 사회를 불안하게 하는 역사적 요인으로 존재하였다.

2. 협의 민주주의의 형성

<표 2>에서 알 수 있듯이, 독립 초기 말레이시아의 인구는 약 50%가 말레이계, 37%는 중국계, 그리고 13% 가량은 인도계로 구성되어 있었다. 이렇듯 전형적인 다종족 사회인 말레이시아는 독립 초기부터 사회적·정치적 갈등의 잠재적 요인으로 '계급 균열과 일치된 종족적 균열'이라는 심각한 문제를 안고 있었다. 그러나 독립과 더불어 이러한 사회적·정치적 갈등은 정치의 전면으로 부각되지 않았으며, 오히려 초기 말레이시아의 정치세력들은 종족적 정치 세력 연합을 구성하는 이른바 협의 민주주의의 전형을 보여주었다. 말레이계 통일조직인 UMNO(United Malay Nationalist Organization), 중국계인 MCA(Malayan Chinese Association), 인도계인 MIC(Malayan Indian Congress)로 대변되는 각 종족의 지배엘리트들은 각 종족사회로부터 높은 수준의 정치적 대표성과 자율성을 가졌고, 연립정권인 동맹당(The Alliance) 하에서 공동 의사결정, 집단 내 자율성, 비례성, 그리고 소수의 거부권이라는 권력 공유 민주주의의 원칙들이 상당 정도

---

18) 압둘 라만 엠봉 (2003), p.18.

〈표 2〉 종족별 인구구성의 역사적 전개

(%)

	1957	1960	1970	1980	1985	1999
말레이계	49.8	53.0	55.6	58.6	60.1	57.8*(3.7%)
중국계	37.1	35.6	34.4	32.1	30.9	24.9(2.5%)
인도계 및 기타	13.1	11.3	10.0	9.2	9.0	10.1(2.6%)
총 인구	630만 명	845만 명	1,078만 명	1,388만 명	1,579만 명	2,200만 명

출처: 양종회 외(1996), 표 III-1, p.97; 압둘 라만 엠봉(2003), pp.23-24에서 재구성
※ 1999년에는 비시민권자가 약 7.1% 존재하였음. 이들의 대부분은 인도네시아계.
   괄호 안은 199년 당시 인구 증가율

로 실행될 수 있었다.

물론 독립 초기, 지배 정치엘리트들에게 있어서 종족 갈등의 해소가 신생독립국으로서 안정적인 정치체제의 형성 및 유지를 위한 절실한 과제이기는 하였으나, 종족간의 갈등보다 협상과 타협이 정치의 전면으로 등장하게 된 데에는 보다 현실적인 문제점들이 존재하였다. 먼저 <표 2>에서 볼 수 있듯이 말레이계가 전체 인구 중 다수를 차지하기는 하나, 절대 다수에 못 미치고 있다는 점을 지적할 수 있다. 또한 앞에서 언급한 것처럼 경제적으로 취약한 기반을 가지고 있는 말레이계 엘리트에게 중국계인 MCA의 경제적 지원은 절실하였다. 따라서 UMNO 정치엘리트들에게 있어서 비말레이계 정치엘리트들과의 타협과 양보에 의한 권력분점의 정치는 독립 전후 안정적인 정치체제의 유지를 위한 종족갈등 문제의 해소와 자신들이 처한 열악한 경제적 위상에 근거한 현실적 선택의 산물이었던 것이다.[19]

---

19) 황인원 (2004), p.223.

3. 민주적 협의주의에서 억압적 협의주의로

1964년의 총선까지 동맹당이 압도적으로 승리하면서 협의 민주주의의 앞날은 밝은 것처럼 보였다. 그러나 1964년과 달리 1969년 총선의 핵심 이슈로, 종족문제가 본격적으로 제기되었다. 점차로 강화되는 말레이화 정책과 경제침체, 그리고 실업의 증가 등은 비말레이계 중하층의 이반을 낳았고, 1960년대 중반 이후 말레이계와 중국계 간의 정치적, 경제적 지분을 둘러싼 종족적 양극화 현상이 심화되었다.[20] 결국 1969년 5월 10일에 실시된 총선에서 동맹당은 10%의 득표율 하락과, 1964년의 86%에 달했던 의석수 점유율이 약 65%까지 떨어지는 결과를 맞이하게 되었다. 정치적으로 부과되었던 불평등을 감수하고 있었던 비말레이인들은 이에 고무되어 5월 12일 승리의 시위를 벌였으며, 이는 다시 말레이인들을 자극하게 되어 사태는 유혈 폭동으로까지 번지게 되었다.

이러한 1969년의 총선 결과는 종족 간의 타협에 의한 협의주의 체제를 유지해야 할 필요성에 있어서 UMNO 엘리트들에게 심각한 물음을 던져주었다. 특히 연립여당에서 중국계를 대표하는 MCA는 경선숫자 대비 의석점유율이 1964년의 81.8%와 81.7%에서 39.4%와 32.5%로 각각 급락한 반면, 신생 중국계 야당인 DAP의 경우 각각 54.2%, 54.4%에 달하게 된다. 협의주의체제를 이루는 정치엘리트들이 각각의 종족 집단으로부터의 높은 지지와 충성을 담보해야 한다는 협의주의체제 지속의 조건을 감안할 때, UMNO 엘리트에게 협의체제의 지속을 위한 유인요인이 사라졌다고 할 수 있다.

또한 1969년의 인종폭동을 경험한 후 2세대 UMNO 정치엘리트 사이에 기존의 종족 간의 타협과 흥정보다 자신들의 정치적 기반인 말레이계로부터의 정치적 정통성 획득이 체제유지를 위해 보다 절실하다는 인식

---

20) 양종회·유석춘·박길성, "말레이시아의 사회계층,"『동남아시아의 사회계층: 5개국 비교연구』(서울: 고려대학교 출판부, 1996), p.93; 황인원 (2004), p.223.

이 팽배해졌던 것이다.21) UMNO 정치엘리트들의 입장에서 볼 때, 국민의 다수를 차지하는 말레이계의 지속적인 지지를 획득하는 것이 선거에서 승리하는 데 필수적임은 말할 나위가 없다.22)

이후 경제적·정치적·법적인 측면에서 말레이계의 패권적 지위를 강화하려는 노력이 지속되었다. 기존의 1세대에 비해 보다 종족 지향적인 정치행태를 보이는 2세대 UMNO 정치엘리트의 대표주자인 라자크 수상은 취임 후 헌법 개정안을 국회에 상정하였고, 의회는 민주적 절차를 제약하고 말레이인의 정치적 우위를 보장하는 이 개헌안을 중국계 야당을 제외한 모든 정당의 지지하에 통과시켰다. 또한 연방정부는 말레이인들에게

---

21) 황인원 (2004), pp.224-225.
22) 말레이계가 전체 인구에서 차지하는 비중보다 실제 말레이계의 대표들이 차지하는 의석 점유율은 훨씬 높으며, 득표율과 의석 점유율 간의 비례성도 매우 높다. 이는 소선거구 절대다수제를 채택하고 있는 말레이시아 선거체제의 영향이라고 할 수 있다. 다음의 표를 참조할 것.

〈표〉 말레이시아의 역대선거의 정당 의석수, 의석비율, 득표율(1959~2004)

	집권당 의석수	집권당 의석비율	집권당 득표율	야당 의석수	야당 의석비율	야당 득표율	전체 의석수
1959	74	71.15	51.7	30	28.85	48.3	104
1964	89	85.58	58.5	15	14.42	41.5	104
1969	95	65.97	49.3	49	34.03	50.7	144
1974	135	87.66	60.7	19	12.34	39.3	154
1978	130	84.42	57.2	24	15.58	42.8	154
1982	132	85.71	60.5	22	14.29	39.5	154
1986	148	83.62	55.8	29	16.38	44.2	177
1990	127	70.56	53.4	53	29.44	46.6	180
1995	162	84.38	65.2	30	15.63	34.8	192
1999	148	.76.68	56.5	45	23.32	43.5	193
2004	198	90.41	na	21	9.59	n / a	219

출처: 신명순·이선향(2002), p.376에서 재인용

경제적 번영을 약속하는 신경제정책을 추진하기 위한 준비를 해나갔다.

V. 말레이계 우선 정책:
구조적 불평등의 개선인가, 시민적 자유의 제한인가?

1969년 인종폭동 이후 말레이시아는 말레이계의 정치적, 경제적, 사회적 특권을 보장하는 정책을 중점적으로 추진하였다. 이는 다종족 사회인 말레이시아에서 중국계에 대한 말레이계들의 계층적 상향이동을 정책적으로 장려함으로써 종족 간에 유지되어 오던 구조적 불평등을 상당 정도 개선한 것으로 평가되는 반면, 공정한 경쟁의 기회를 제한하여 말레이시아를 분열로 이끌고 있다는 비판을 받기도 한다.[23] 그렇다면 이러한 말레이계 우선 정책은 기존에 존재하던 종족적 불평등을 개선하는 것인가 아니면 새로이 시민적 자유를 제한하는 것인가?

1. 구조적 불평등의 개선: 교차 균열(cross-cutting cleavages)

먼저 경제적으로 말레이계의 특권을 보장하는 정책인 신경제정책(NEP: New Economic Policy)에 대해서 살펴볼 필요가 있다. 신경제정책은 민족이슈와 무관하게 빈곤을 척결하고, 개별 시민들의 경제적 역할과 민족적 신분이 동일시되는 것을 제거하기 위해 사회를 재구조화 하는 두 가지 목적을 가지고 1971년부터 1990년까지 20년간 추진되었다.[24] <표 3>에서 볼 수 있듯이 1970년 당시 자본의 소유 비율은 외국인 약 63%, 비말레이계 약 34%였으며, 말레이계가 소유하고 있는 비율은 2.4%에 지나지 않았다. 신경제정책은 말레이인의 자본소유 비율을 30%, 중국인들의 소유비

---

23) 양종회 외 (1996), p.124.
24) 압둘 라만 엠봉 (2003), p.25.

율을 40%로 각각 끌어올리는 반면, 외국인의 소유비율은 30%대로 낮추는 것을 목표로 하고 있었다.

이러한 목표를 달성하기 위해 정부는 기업소유권, 세금감면, 투자보상, 고용비율 등에 있어서 그동안 소외와 배제를 경험해 온 말레이계들에게 특혜를 부여하였다. 또한 '성장과 분배'의 원칙을 고수하면서 수출지향적 산업화에 착수하고 외국투자자들을 적극 유치하였으며, 교육의 기회를 확대하였고, 말레이인들에 대해 해외이민을 적극적으로 주선하였다. 즉 종족적 균열이 계급균열과 중첩되었던 사회적 구조를 정부의 인위적인 정책으로 교차시키려 한 것이다. 그렇다면 과연 이러한 정책은 의도한 바대로 구조적 불평등을 개선하였는가?

신경제정책의 시행 이후 말레이시아의 사회경제적 구조는 급속한 변화를 겪었다. <표 3>의 자본소유 현황에서 볼 수 있듯이 1970년에 2.4%에 불과하던 말레이계의 자본소유 비율은 1985년 17.8%로 비약적으로 증가하게 되었고, 외국인의 자본소유는 63.3%에서 25.5%로 약 38%가량 감소하게 되는 등 경제구조에 있어서 국내화와 말레이계의 지분확대가 이

〈표 3〉 자본소유현황

(%)

구분	1970	1975	1980	1985	연평균 성장률(%)		
					1971~75	1976~80	1981~85
내국인	36.7	46.7	57.1	74.5	29.0	21.3	25.1
말레이계	2.4	9.2	12.5	17.8	61.8	23.8	27.3
비말레이계	34.3	37.5	44.6	56.7	25.4	20.6	24.5
외국인	63.3	53.3	42.9	25.5	18.9	11.6	6.9
총계	100	100	100	100	23.1	16.5	18.6

출처: 양종회 외(1996), 표 III-17, p.116에서 재구성

<표 4> 산업부문별 종족집단 고용 및 실업현황

(%)

	말레이계		중국계		인도계		기타	
	1970	1983	1970	1983	1970	1983	1970	1983
1차산업a	67.6	66.8	19.9	18.7	11.5	13.5	1.0	1.0
2차산업b	32.1	40.4	58.7	49.7	8.5	9.4	0.7	0.5
3차산업c	42.6	50.1	45.5	38.8	10.7	10.5	1.2	0.6
총고용	51.8	52.7	36.6	35.4	10.6	11.2	1.0	0.7
노동인구	51.9	63.3	36.2	34.7	10.9	11.3	0.9	0.7
실업인구	8.1	7.0	7.0	4.0	11.0	6.4	3.1	3.8

출처: 양종회 외(1996), 표 III-10, p.106에서 재구성
주: a. 농업, 임업, 수렵, 어로
b. 광업, 제조업, 건설업, 수송업
c. 도 / 소매업, 금융업, 행정분야, 교육 / 보건 / 국방 / 공익사업

루어졌다. 또한 <표 4>에서 나타나는 것처럼 1차 산업부문이 축소되고 2차 산업이 빠른 속도로 확장됨에 따라 말레이시아 국민경제는 농업경제에서 산업경제로 변화하였다. 이와 더불어 2차 산업과 3차 산업에 종사하는 인구 중 말레이계의 비율은 1970년의 32%와 42.6%에서 1983년에는 각각 40.4%와 50.1%로 증가하는 등 전통적으로 중국계와 인도계가 담당하던 2, 3차 산업으로 말레이계의 진출이 비약적으로 증대하였다.[25]

도로, 항공뿐만 아니라 커뮤니케이션망 등의 기간산업 확충으로 농촌과 도시 간의 거리는 점점 짧아지고 있으며, 대를 물려서 존재하던 종족적 지위의 세습 또한 기존과 달라지는 모습을 보이고 있다. 또한 신경제

─────────

25) 이는 말레이시아가 농촌사회에서 도시산업사회로 급속히 전환되고 있음을 말해 준다.

정책은 중간 이상의 소득을 지니는 말레이계의 비율을 대폭 늘리는, 이른 바 새로운 중산층의 형성을 가져왔다. <표 5>를 보면, 1973년에는 말레이 계 중하층 소득집단에 속하는 사람들이 약 60%, 중층에 속하는 사람이 약 40%, 상층은 0.7%에 불과했던 반면, 1987년에는 각각 26.4%, 70%, 그 리고 3.6%로 감소 및 증가하고 있다는 점에서 '부유한 중국계, 가난한 말 레이계'라는 공식이 허물어지고 있음을 알 수 있다. 또한 전반적으로 중 간 이상의 소득수준을 지닌 사람들이 늘어나고 있는 점으로 미루어 보아,

〈표 5〉 종족집단별 소득계층분포

(%)

	말레이		중국계		인도계	
	1973	1987	1973	1987	1973	1987
하하층	25.2	5.6	5.0	0.4	4.5	0.9
하층	34.5	20.8	19.7	5.3	30.3	11.7
하층합계	59.7	26.4	24.7	5.8	34.8	12.6
중하층	25.1	35.1	38.8	25.3	38.6	39.9
중중층	10.8	24.7	24.6	38.7	18.3	30.9
중상층	3.8	10.2	8.6	21.7	5.8	11.4
중층합계	39.6	70.0	72.0	85.7	62.7	82.2
상층	0.7	3.6	3.4	8.5	2.5	5.2
합계	100	100	100	100	100	100

출처: 양종회 외(1996), 표 III-14, p.112에서 재구성
주: 이 표의 소득계층은 다음과 같이 정의되었다. P를 빈곤선이라 할 때(1973년도와 1987년도의 빈곤선은 각각 월평균 개인소득 MS 38.3과 MS74.8), 하하층은 0~0.5P, 중하층은 P~2P, 중중층은 2P~4P, 중상층은 4P~8P, 상층은 8P 이상으로 각각 정의된다. 각각의 항들은 특정 종족집단에 속한 특정 소득계층의 비율을 나타낸다.

말레이시아 전반에 걸쳐 중산층이 증가하고 있음을 알 수 있다.

마지막으로 <표 6>의 종족별 대학 취학률은 1970년에 비해 1980년에는 말레이계의 비율이 크게 상승하고 중국계의 비율이 크게 떨어진 것을 보여준다. 이러한 변화는 대학생의 종족별 비율을 전체인구의 종족별 비율로 나눈 선택비율의 변화를 살펴보면 더욱 분명해진다. 국내 사립을 제외한 수료과정에 대한 말레이계의 선택비율이 1970년의 0.78에서 1980년의 1.16으로 증가한 반면, 중국계의 비율은 1.58에서 0.94로 감소했으며,

〈표 6〉 종족별 대학 취학률

(%)

	1970					1980				
	말레이	중국계	인도계	기타	합계	말레이	중국계	인도계	기타	합계
수료과정 (국내사립제외)	41.0 (0.78)	56.6 (1.58)	2.4 (0.22)	- -	100	62.4 (1.16)	32.9 (0.94)	3.7 (0.35)	1.0 (1.43)	100
수료과정 (국내사립포함)	- -	- -	- -	- -	- -	21.9 (0.37)	68.9 (1.97)	10.1 (0.96)	1.2 (1.71)	100
졸업과정 (국내사립제외)	86.5 (1.64)	11.8 (0.33)	1.0 (0.09)	0.7 (0.88)	100	84.6 (1.57)	14.0 (0.40)	1.2 (0.11)	0.2 (0.29)	100
졸업과정 (국내사립포함)	- -	- -	- -	- -	- -	57.9	35.0	6.4	0.7	100
학위과정 (국내)	40.2	48.9	7.3	3.6	100	66.7 (1.24)	26.2 (0.75)	6.0 (0.57)	1.0 (1.43)	100
학위과정 (국내 및 해외)	- -	- -	- -	- -	- -	47.3 (0.88)	42.2 (1.21)	9.7 (0.92)	0.8 (1.14)	100

출처: 양종회 외(1996), 표 III-4, p.100.

주: 수료과정-Certificate Course, 졸업과정-Diploma Course, 학위과정-Degree Course, ( ) 속은 각 과정에 대한 각 종족집단의 비율을 전체 인구에 대한 각 종족집단의 비율로 나눈 선택비율(selective ratio)이다. 따라서 선택비율이 1이면 종족집단별 대학취학률과 인구구성률이 동일함을 뜻한다.

이는 70년대를 거치면서 국·공립 대학에 중국계보다 말레이계의 진학이 훨씬 늘어났다는 것을 증명한다. 말레이시아 정부는 경제적인 이유로 학력획득에 차별이 발생하지 않도록 하기 위해 말레이계의 대학 입학에 일정한 특혜를 주어왔기 때문에 말레이계의 학력획득 기회는 신경제정책 이후 급격히 증가하여 왔다고 할 수 있다.

이와 같은 성과를 놓고 볼 때 신경제정책이 말레이시아 사회에 오랫동안 존재해 온 종족 균열과 계급균열이 일치하는 현상으로부터 균열을 교차시키는 방향으로 작용하고 있다는 점은 부인하기 힘들다. 산업의 구성이나 학력의 세습, 소득구조에 이르기까지 신경제정책이 시행된 이후 불평등이 해소되고 있다는 신호가 여러 부문에서 발견되기 때문이다. 신경제정책은 인구 비중에서는 다수이나 경제적인 비중에서는 소수를 차지했던 말레이계의 경제적 지위를 향상시키는 데 이바지했다. 2차 산업과 3차 산업 종사자의 수를 비교해 보았을 때 말레이계의 비중이 전보다 증가하고 있는 반면 중국계와 인도계가 감소하고 있다는 점은, 전통적으로 하위 행정직 또는 농업에 주로 종사했던 말레이계의 사회적 계층이동이 일어나고 있다는 점을 의미한다. 또한 말레이계의 대학진학을 적극 장려함으로써 장기적인 측면에서 말레이계가 하층계급에서 벗어날 수 있는 길을 제시하고 있다. 즉, 사회경제적 계급과 종족의 구분이 일치했던 과거와 달리 신경제정책의 시행 이후 말레이시아의 사회구조는 이 두 균열이 상호 교차되는 방향으로 전개 되고 있음을 알 수 있다.

그렇다면 두 주요 균열의 교차가 말레이시아의 정치를 더 안정되게 만들고, 종족에 기반한 사회적 갈등을 완화시켰는가? 특정 정책들에 대한 충분한 평가를 위해서는 이들 정책이 가지는 부작용에 대해서 언급해야 할 필요가 있으며, 나아가 균열을 교차시키려는 노력이 사회적으로 약자의 입장에 놓인 집단에 대해 배타적인 혜택으로 실행되었을 때 야기될 수 있는 근본적 문제점들에 대한 평가를 병행해야 한다. 정책의 결과가 가져오는 효과만을 가지고 그 정책을 평가할 때 우리는 사후적 해석이 지니는 오류에 빠지기 쉽기 때문이다.

2. 자유의 제한

라이파트에 의하면 사회의 구성원들이 다양한 방향으로 그들을 끌어 당기는 다양한 집단에 대한 교차 균열적 소속감을 지니고 있다면 정치적 절제와 관용, 그리고 안정적 민주주의를 이룰 수 있는 기회가 증가한다. 그리고 앞서 논증했듯이 1970년대 이후 시행된 신경제정책은 말레이시아 사회의 주요 갈등요인이었던 종족적 균열과 사회경제적 계급균열을 교차시켰다. 라이파트의 이론에 의하면 1970년대 이후 말레이시아는 민주주의가 심화될 수 있는 조건이 충족된 것이다. 그러나 이후 말레이시아의 정치는 민주주의가 심화되는 방향으로 나아가는 것이 아니라, 오히려 과거보다 민주주의의 수준이 떨어지는 방향으로 나아간다. 말레이계 우선 정책은 경제적으로는 신경제정책(NEP)으로, 정치적으로는 헌법개정으로 이어졌다. 헌법개정은 신경제정책의 원활한 시행을 제도적으로 뒷받침했을 뿐만 아니라 이에 법적 정당성을 부여하는 역할을 했다. 따라서 이 둘을 따로 떼어서 바라보는 것은 적절치 못하다. 인종폭동 이후 1년 9개월 만에 재개된 의회는 그 첫 번째 활동으로 헌법을 개정하였다. 그러나 그 내용은 민주주의적이라기보다는 말레이계의 특권을 배타적으로 보호하는 것이었다.

먼저 말레이시아의 헌법은 국교로서의 이슬람의 지위를 확고히 하였다.[26] 말레이시아 헌법 3조는 이슬람교를 말레이시아의 국교로 정해놓았다. 이슬람을 말레이시아의 국교로, 그리고 또 한편으로 종교의 자유를 인정한다고 명시하고는 있지만, '말레이인'을 "이슬람을 신봉하고 습관적으로 말레이어를 말하며, 말레이 관습에 따라 행동하는 사람"으로 규정 짓고 있는 160조를 볼 때, 말레이시아에서 종교의 자유가 광범위하게 보장된다고 인정하기 어렵다. 이러한 정의에 따르면 말레이시아인은 반드

---

26) 말레이시아의 헌법에 대해서는 http://en.wikisource.org/wiki/Constitution_of_Malaysia 참조 (검색일: 2005.6.3).

시 무슬림(Muslim)이어야 하므로 말레이시아인으로서의 정체성은 곧 이 슬람교도임을 뜻한다. 단일국가로서 최대의 이슬람 인구를 보유하고 있 는 이웃 인도네시아조차도 이슬람교를 국교로 천명하지 않고 있는 반면, 말레이계가 55%에 불과한 다종족 사회인 말레이시아가 이슬람교를 국교 로 명시하고 있다는 것은 종족적인 다원성을 무시하는 행위로서, 이는 인 구의 28%를 차지하는 중국계와 8%를 차지하는 인도계의 종교적 신념을 국가적 차원에서 인정하고 있지 않다는 것을 의미한다.

　이밖에 술탄의 지위 및 통치권을 헌법에 규정짓고 있고,[27] 일정량 이 상의 토지를 말레이계들로 하여금 보전토록 하고 있으며,[28] 말레이어를 국어로 선포하고,[29] 말레이계의 공직채용, 교육 등에 있어서의 특권을 보 장하는[30] 내용은 말레이시아 헌법의 비민주적인 부분을 여실히 보여주 는 것이라고 할 수 있다. 게다가 말레이시아 의회는 이와 같은 말레이시 아 사회의 민감한 사항들에 대해서 의회 스스로를 포함해서 일체의 공론 화를 금지시킴으로써 다종족 사회에서의 종족 간의 타협과 합의를 통한 국민적 통합을 사실상 제한해 버렸다.[31] 이러한 말레이계에 배타적인 특 권을 주는 정책들로 인해 1970년대 이후 시행된 교차 균열 정책들은 오 히려 말레이시아의 다종족 민주주의의 실현을 제한하는 방해물로 작용하 였다.

　앞서 제시한 프리덤 하우스의 자료를 보면 신경제정책과 헌법개정이 시행되는 것과 맞물려서 말레이시아의 자유의 수준이 점점 떨어지고 있 는 것을 알 수 있다. 프리덤 하우스는 전 세계 193개국을 대상으로 정치

---

27) 헌법 3조에 의하면 "헌법에 의해 인정되고 선포되는 각 주의 이슬람교의 우두머 리이자 통치자인 술탄의 모든 권리(rights)와 특권(privileges)과 대권(prerogatives) 은 불가침"이다.

28) 헌법 89조 참조. 특히 6항에는 '말레이인의 보전(Malay's reservation)'이 토착 말레이인들에게 해당됨을 명시하고 있다.

29) 헌법 152조 1항 참조.

30) 헌법 153조 참조.

31) 황인원 (2004), pp.225-226.

적 권리에 대한 10개의 질문과 시민적 자유에 대한 15개의 질문을 던지고 이에 대한 기본점수를 다시 환산하여 가장 자유로운 체제(1)부터 가장 자유가 제한되는 체제(7)까지 분류를 해놓았다. 앞의 <표 1>에서 볼 수 있는 것처럼 신경제정책이 시행되기 시작하던 1970년대 초만 해도 말레이시아의 정치적 권리와 시민적 자유의 지표는 각각 2, 3으로, 프리덤 하우스의 구분에 의하면 자유민주주의로 분류되었다. 그러나 신경제정책의 시행과 맞물려 1974년부터는 부분적으로 자유로운(partly free) 체제로 분류되었으며 이후 지속적으로 악화되고 있다.

프리덤 하우스에 의하면 정치적 권리의 수준이 4, 5에 이른다는 것은 심각한 수준의 정치적 부패, 폭력, 소수에 대한 정치적 차별, 정치에 대한 외국 또는 군부의 영향이 존재하거나, 내전, 군주제의 잔존, 불공정한 선거, 그리고 일당 지배가 있다는 것을 의미한다. 또한 시민적 자유의 수준이 4, 5에 이른다는 것은 검열, 정치적 테러, 그리고 자유로운 결사에 대한 제한이 존재한다는 것을 의미한다.[32] 재판 없이 무제한 구금을 가능케 하는 국내보안법(ISA), 1년마다 출판허가를 얻어야하는 언론출판법(PPA), 대학생의 정치적 활동을 제한하는 대학법(UUCA), 그리고 공무상 비밀 보호법(OSA) 등을 통해서 자유로운 정치적 표현을 검열하고 결사의 자유를 제한하는 말레이시아의 정체는 자유민주주의라고 분류되기에 분명 큰 하자가 존재한다고 할 수 있다.

즉, 말레이시아는 다만 선거 민주주의만을 실현하고 있을 뿐, 민주주의 심화의 길을 걷지 못하고 있으며 오히려 다수 종족의 특권이 보장되면서 다수에 의한 전제로 빠질 수 있는 기로에 놓여있다. 이렇듯 정치적 권리와 시민적 자유가 심각하게 제한되는 말레이시아의 정치체제는 민주주의라기보다는 준민주주의(semi-democracy)[33]로 분류된다.

---

32) Freedom House, *Freedom in the World 2004,* www.freedomhouse.org/ratings/allscore04.xls (검색일: 2005.1.2),
33) 이 용어는 말레이시아를 가리키는 것으로 자카리아 하지 아마드(Zaharia Haji Ahmad)가 "Malaysia's Semi-Democracy," in L. Diamond, J. C. Linz and S.

3. 규율 국가와 변화에 대한 두려움

신경제정책과 헌법개정으로 대표되는 말레이계 우선정책은 교차균열 효과를 일으킬 것으로 기대되었으나, 오히려 종족 간의 갈등을 심화시키는 결과를 가져왔다. 말레이계를 배려한 신경제정책은 비말레이계 집단의 거센 반발을 초래하였다. 대부분의 비말레이계 집단들은 국가의 차별정책을 적극적으로 수용하기보다 마지못해 따라가는 수동적인 태도를 보였다. 특히 1970년대 후반과 1980년대에는 중국인 자본의 해외 유출 및 중국계 전문가들의 해외 이주 등의 형태로 중국계 이주민들의 반발이 거세게 존재하였다. 하지만 말레이시아 정치가 흥미로운 이유는 정치체제가 지니는 이러한 문제점과 그 헌정적 한계에도 불구하고, 인종폭동 이후 상당한 정도의 사회적 안정을 구가해 왔다는 점이다. 마하티르의 발전주의적 경제정책하에서 지속적인 발전을 거듭한 말레이시아는 한국과 대만 등 아시아 신흥공업국가군에 뒤이은 후발신흥공업국가군의 선두주자로 자리매김할 수 있었다. 그렇다면 근본적인 문제점을 내재하고 있는 말레이시아에서 이렇게 안정적으로 체제가 유지될 수 있는 요인은 무엇인가?

무엇보다도 먼저 지속적인 경제성장의 혜택을 들 수 있을 것이다. 1970년대 초 마하티르 집권하에 형성된 말레이시아의 발전국가는 초기에는 허약했지만, 1980년대에 들어와 동북아 발전모델을 따르면서 급속한 경제성장을 달성한다. 이러한 배경으로 말레이계 우대의 신경제정책을 추진하면서 정부가 다국적 자본과 화교자본에 적대적인 입장을 취하지 않았다는 점을 지적할 수 있다. 정부는 다국적 기업들에게 저임금, 노조 설립 금지, 물리적·사회적 간접자본, 세금감면 등의 인센티브를 제공함으로써 생산비용을 절감할 수 있게 하였고, 화교자본들 역시 말레이 자본가와 영향력 있는 귀족, 관료, 군부, 말레이계 여당과의 친분을 쌓으면서 국

M. Lipset, *Democracy in Developing Countries,* vol. 3 (Boulder: Lynne Rienner, 1989)에서 제일 처음 사용하였고, 민주주의의 절차적 개념에 근거하고 있다.

가의 지대추구에 합류할 수 있었다.

또한 지역 내 다른 국가들과 달리 말레이시아는 1980년대부터 금융부문에 대한 국가의 규율(discipline)을 강화해 왔기 때문에 1990년대 후반의 동아시아 경제위기 때에도 별다른 피해 없이 안정적 경제성장을 지속할 수 있었다.[34] 이렇듯 경제성장의 강조와 그 성공적인 결과는 종족의 사회적 의미를 탈색시킨 반면 개개인의 관심을 정치로부터 소비주의로 이동시키는 효과를 가져왔다. 그 결과 중산층은 보수적인 경향을 띠게 되었고, 변화보다 현상유지를 선호하는 경향을 지니게 되었다. 이러한 발전주의적 이데올로기의 영향으로 최근에도 집권연합체인 국민전선(Barisan Nasional: National Front)은 국민들, 특히 비말레이계로부터도 지속적인 지지를 얻을 수 있었다.[35]

또한 이러한 경제적 안정은 정치적인 불만세력들에게 '변화의 불안정성' 딜레마를 야기했다. 1994년에 시행된 한 여론조사를 바탕으로 한 연구에 의하면 말레이시아인들에게는 민주주의에 대한 열망보다 그로 인한 불안정에 대한 공포가 크다.[36] 정치적 자유를 위해 투쟁하기에는 현실적으로 누리고 있는 혜택을 포기하는 것이 쉽지 않다. 더욱이 대부분의 동아시아 국가들이 1990년대 후반의 금융위기의 파도에 휩쓸렸던 반면, 말레이시아만 유독 이러한 위기를 피해갈 수 있었던 원인이 국가능력에 있었다는 점은 정치적으로 불이익을 당하고 있는 말레이시아의 소수 종족들로 하여금 현실을 받아들이게 만드는 커다란 요인이다. 이에 더해 말레이시아 지도자들에 의해 천명되는 "아시아적 가치"의 수용으로 인해 많은 말레이시아인들은 민주주의를 확장하기보다는 제한하기를 원하는 등

---

34) 박은홍, "위기, 경제변환, 국가의 전환: 타이, 말레이시아, 인도네시아 비교," 김대환·조희연 편, 『동아시아 경제변화와 국가의 역할 전환』(서울: 한울 아카데미, 2003).

35) 압둘 라만 엠봉 (2003), p.32.

36) Bridget Welsh, "Attitudes toward Democracy in Malaysia: Challenges to the Regime?" *Asian Survey*, 36-9 (September 1996), p.884, p.902.

준민주주의적 형태의 제도와 경쟁, 그리고 참여를 수용하는 경향을 보이고 있다.

VI. 결론

지금까지 필자는 말레이시아의 사회갈등의 근본적 요인이 식민시 시대부터 만들어진 종족적 갈등에 근거한다는 전제에서, 종족적 균열과 계급 균열이 중첩되었던 식민지 시대의 유산이 현대 말레이시아 정치에 있어서 잠재적 갈등요소를 증폭시키는 요인이라는 점을 지적하는 동시에, 이러한 요인이 1970년대 이후의 말레이시아 민주주의를 어떻게 구속하고 있는지를 검토 하였다. 독립 후 1960년대 말까지의 말레이시아 정치는 협의 민주주의가 성공적으로 실시된 비 유럽적 사례의 전형이었다. 그리고 1969년의 인종갈등으로 협의 민주주의 체제가 해체된 후 말레이시아 정치 엘리트들이 추구한 정책은 다종족 민주주의를 가능케 하는 또 하나의 모델인 교차균열의 현실적 적용이라고 할 수 있었다.

그러나 종족적 불균형을 해소하기 위해 1970년대에 시행된 말레이계 우대정책은 종족적 균열이 계급 균열과 상호 교차하도록 의도되었으나 다수인 말레이계의 특권을 배타적으로 보호하는 것이었기 때문에 여타 종족들에 대한 억압의 기제로 작용하고 있으며, 말레이시아인들의 정치적 권리와 시민적 자유를 오히려 감소시키는 결과를 가져왔다. 이는 식민지 시대부터 말레이시아 정치의 잠재적 갈등요소로 존재하던 종족적 균열과 계급 균열의 중첩이 낳은 현대 말레이시아 정치의 비극적 측면이라고 할 수 있을 것이다. 이러한 정책은 한편으로 경제적 번영과 사회적 불평등의 해소를 가져다주었으나, 다른 한편으로는 말레이시아 정치가 보다 실질적인 민주주의로 전환하는 데 있어서 가장 큰 장애물로 작용하고 있다.

장기간에 걸친 선거 민주주의와 평화로운 정권교체, 그리고 신흥공업 경제(NIEs)로 불릴 정도로 발전하는 역동적인 경제 등을 볼 때, 말레이시

아는 '돌아올 수 없는 강'을 건넌 것처럼 보인다. 그러나 말레이시아인들
은 자신들의 체제가 민주주의가 아닌 준민주주의라는 것을 명백히 알고
있음에도 불구하고 체제의 비민주적인 성격을 옹호하고 있으며 정치체제
의 성격이 바뀌는 것을 원하지 않는다.[37] 즉 말레이시아는 선거 민주주
의가 확립되어 있으면서도, 일반 대중들에게는 민주주의가 '우리 동네에
서 할 수 있는 유일한 게임'[38]으로 전혀 인식되지 못하고 있는 아이러니
한 상황에 놓여있다. 이러한 점은 앞으로도 상당 기간 동안 말레이시아에
서 정치적 안정이 유지될 수 있으리라는 점을 예상하게 해주지만, 정치적
안정이 민주주의의 심화로 이어질 지는 아직까지는 부정적이다. 비민주
적인 헌법의 개정을 사실상 막고 있는 복잡한 절차 또한 말레이시아 정
체의 변화의 가능성을 줄어들게 만드는 또 다른 장벽이다.[39] 제도적 틀
내에서의 수정과 타협과 협상에 의한 변화를 사실상 제한하는 이러한 요
인들은 향후 말레이시아 민주주의의 발전을 위해서 말레이시아인들이 꼭
풀어야 할 거대한 짐으로 작용하고 있다.

---

37) Welsh (1996), p.903.
38) Adam Przeworski, *Democracy and the Market* (Cambridge: Cambridge University Press, 1996), p.26.
39) 말레이시아 헌법 159조와 161조에 따르면 연방헌법의 개정은 ① 상·하 양원 한쪽에서의 과반수 발의, ② 상·하 양원 각각 2/3의 찬성, ③ 술탄이 있는 9개주에서 구성하는 술탄회의(Conference of Rulers), ④ 동 말레이시아(사바, 사라와크) 주 총독의 동의를 거쳐야 한다.

|제8장|

필리핀 민주주의 공고화 과정과 그 취약성: 과두체제와 시민사회를 중심으로*

이은아
|고려대학교 정치외교학과 박사수료

김형구
|고려대학교 정치외교학과 석사졸업

I. 머리말

　민주화 이후 전반적인 필리핀 사회현실에 대한 평가는 정체하고 있는 국가구조와, 이와는 대조적으로 다양한 이념적 및 조직적 전환을 이루어 가는 동태적 사회구조라는 대조적 시각으로 평가될 수 있다. 즉, 민주화 이후 필리핀의 국가구조는 과거 권위주의 이전 시기의 '엘리트 민주주의'의 부활의 기회로서, 지방의 토호세력을 중심으로 하는 과두세력들이 정치영역으로 진출할 수 있는 틈을 제공하였고, 각종 정책의 실행에 그 영향력을 행사함으로써 전환 이후 민주주의 공고화로의 진행을 어렵게 하였다. 이것은 필리핀 민주화 과정이 지닌 성격에 따른 자연스러운 결과였다. 이러한 측면에서 필리핀의 국가구조는 정체되어 있다고 볼 수 있다.

---

* 이 논문은 『동아시아연구』 제7호 (2003년)에 게재되었음.

반면 필리핀의 시민사회는 권위주의 체제시절부터 이미 그 외연적 확장을 이루어 나가면서 민주화 이후 다양한 이념적 분화와 함께 질적 성장을 거듭하게 된다.

특히 정권의 정통성 획득을 위한 수단으로 시민사회는 민주화 이후 국가구조 안으로 포섭되어 들어갈 수 있었고, 이러한 제도권 내로의 진입은 전환 이후 국가건설을 위한 과제를 해결하는 데 통제되어 왔던 과거 시민영역의 의사를 국가로 투입할 수 있는 유리한 환경을 맞이하게 되었다. 민주화 과정과 그 이후 필리핀 시민사회의 역동적 변화과정은 분명 필리핀의 민주화와 그 공고화 과정에 일정정도의 기여를 했다고 평가될 수 있으나[1] 소수 과두세력들에 의해 독점되고 있는 권력구조의 변화까지는 그 영향을 기대할 수 없었다.

이러한 필리핀 시민사회의 한계는 첫째, 우선 필리핀 민주화의 성격에 기인한다. 다양한 세력의 연합으로 이루어진 첫 민주정부는 그 개혁과정에서 구 지배엘리트들의 지원을 얻지 않을 수 없었고, 전환에 대한 기여의 차원에서 일정한 몫을 지불해야만 했던 것이다. 두 번째 원인으로 볼 수 있는 점은 집권정부의 전략적 선택에 의한 시민사회의 변화에 있다. 시민사회가 정권의 정통성을 위한 전략적 도구로 선택됨으로써 시민사회 자체 내부의 동원능력이 파편화되었고, 이념적 균열이 일어나면서 정권 내부로 포섭된 시민단체들이 개혁에 대한 열망을 담아낼 수 있는 기대에 실질적인 한계를 드러내게 된다. 이러한 결과, 필리핀의 시민사회는 '갈등의 제도화'라는 측면에서 일정정도 제도적 민주주의의 성립에는 기여를 하였지만 실질적인 참여의 질에 있어서 그 공고화에 대한 기여부문은 의심스럽다고 할 수 있겠다.

민주화 이후 시민사회는 전환의 시기 '군부권위주의 체제의 붕괴'라는 공통된 목표가 사라지면서 다양한 이념적 분화가 일어나는 가운데 급진

---

1) 이러한 평가에 대해서는 박사명, "필리핀 사회운동의 충격과 전환," 『국제정치논총』 34집 3호 (1997) 참조.

좌파가 쇠퇴하고 온건화로 활동노선이 전환된다. 이러한 원인으로는 민주화 이후 점차적으로 민주주의 가치에 대한 국민적 신뢰가 확산되고 민주적 절차와 제도가 중요시되면서 여기에 부흥하여 시민사회의 활동목표 또한 변화되었다는 것이다. 또한 국제적 요인으로 1980년대 중반, 공산세력의 종주국이던 소련의 붕괴와 연이은 사회주의권의 급속한 붕괴는 제3세계 사회의 좌파 혁명세력의 이념적 기반과 현실적 지원세력을 크게 약화시키는 요인이 되었고, 필리핀의 시민사회 내부의 좌파혁명세력도 그 외적 환경에 결정적인 영향을 받으면서 쇠퇴되었다.

그로 인해 시민사회의 전략적 노선은 권력 내부와의 협상과 타협을 통해 사회개혁을 이루어가는 방향으로 변화되었다.2) 그러나 필리핀 시민사회의 이러한 변화는 또 다른 내적 요인에 의해 설명되어질 수 있을 것이다. 즉, 민주화 이후 시민사회의 분열과 변화는 1986년 이후 민주정부의 전략적 정책의 산물이었으며, 이러한 결과 시민사회는 규모와 질적인 측면에서의 역동적 발전을 이루어 가기는 했지만 민주주의의 공고화에 부흥되는 정체적 국가구조에 대한 개혁적 역할을 수행하지 못했다.

이러한 인식을 바탕으로 본 연구는 민주화 이후 사회 내에 확산된 개혁주의가 왜 사라지고, 실제로 입안·채택되었던 개혁정책이 왜 폐기되거나, 철회되거나 또는 소극적으로 집행되어 가시적인 개혁의 성과가 미비했는지를 국가구조와 사회구조의 변화와 동학을 통해 분석한다. 과거 다른 동아시아 국가들보다 더 역동적으로 평가되었던 필리핀의 시민사회가 민주화 이후 국가와 시민을 매개하는 역할로서 민주주의 공고화라는 측면에서 실질적 역할을 수행하는 데 그 한계를 지니고 있었음을 보여주고, 역동적 성장으로 예측되는 결과와는 다른 방향으로 나아갈 수밖에 없었던 이유를 고찰한다. 분석의 초점은 전환 이후 권력구조 내로 재편입된 과두세력과, 이들을 개혁하기 위한 정치적 자원이 될 수 있는 시민사회,

---

2) 박사명, "전환시대의 사회혁명: 필리핀 혁명운동의 위기와 해방," 『동남아시아연구』 2집 (1993).

그리고 이 둘 사이에서 갈등을 표출하고 시민사회를 전략적으로 동원한 집권정부의 정책과정이다.

그 과정으로 우선 필리핀 국가의 정치적 특징으로 꼽을 수 있는 과두체제의 발달 배경과 성격을 그리고 다른 아시아 국가들에 비해 활발한 시민사회를 지니고 있었던 필리핀의 전통적인 시민사회를 살펴보도록 한다. 두 번째로 국가-사회와의 동학을 통해 바라본 민주화 과정을 분석하고 이 전환으로부터 파생된 국가구조와 시민사회의 성격을 파악한다. 여기에서 필리핀 국가구조의 특징은 과두체제의 부활로 이어지는 정체성이며, 시민사회는 급속한 양적 증대와 함께 이념적 성격의 변화로 역동적 모습을 지닌다. 세 번째, 이러한 두 구조의 변화와 동학이 민주화 이후 필리핀의 정치과정을 어떻게 지속적으로 정체화시키는지를 과두세력의 개혁에 대한 저항과 그 과정에서 정권에 의해 동원되면서 강하지만 약한 성격을 보이고 있는 시민사회, 그리고 집권정부와의 관계를 통해 설명하고 민주화 이후 개혁의 성과가 제한될 수밖에 없었던 원인을 분석한다.

II. 필리핀 정치과정의 특징

1. 전통적 과두체제

일반적으로 필리핀은 동남아 지역에서 사회적 규율이 결여된 이른바 '연성국가(soft state)'의 문제가 가장 심각한 국가로 평가된다. 필리핀의 경우 합리적 정책형성과 효율적 정책집행의 능력이 결여된 만성적 '연성국가'의 문제는 사회구조의 고착에 따른 과두적 지배계급의 '가산주의(patrimonialism)적 점탈'에서 기인된 국가능력의 취약성 문제이다. 즉, 사회의 일반적 다수가 아니라 국가와 사회, 공적 영역과 사적 영역의 경계를 자의적으로 유린할 수 있는 능력을 보유한 사회의 특정적 소수에 대한 국가능력의 한계에서 파생된 문제라 볼 수 있다.[3] 그리고 더 나아가 국가기구에 대한 소수의 과두적 지배와 그에 대한 혁명적 도전의 악순환을 통하여 이미 지배계급과 피지배계급을 포함하는 사회세력 전체에 대한 국가능력의 전반적 취약성 문제로 전개되고 있다.

필리핀은 식민지 시절 부르주아가 제대로 성장하지 못하였고 지방의 대지주를 중심으로 하는 토호세력이 그들의 역할을 어느 정도 대신하면서 미국 식민 시절부터 그들의 물질적 기반을 토대로 중앙정치로 진출하고 그 영향력을 행사하여 왔다. 소위 말하는 '포크 배럴(pork barrel)'을 기반으로 하는 토호세력의 정치적 권력은 그대로 중앙정치 영역으로까지 확산되면서 필리핀 전반의 정당구조와 정치과정을 지배하게 된다. 결과적으로 권력구조 내에서 토호 세력을 중심으로 하는 과두체제의 성립은 필리핀 전반의 정치과정을 누가 정치적 자원을 더 가지고 있느냐, 아니면 영향력 있는 개인과의 친분이 얼마나 있느냐에 따라 결정되는 인물중심의 경쟁구도와 후원-수혜 관계의 특징으로 이끌었다.[4]

필리핀에서는 유코 카쥬야(Yuko Kasuya)가 설명하는 "대통령 커넥션(presidential connection)"의 3가지 조건이 1946년 독립 이후 오늘날까지 존재하고 있다.[5] 첫 번째로 지적되는 인물중심의 경쟁구도는 필리핀 정치의 후원-수혜 관계의 대표적인 결과라고 볼 수 있다. 즉, 국가의 공적 조직의 제도적 연계보다는 각 단위 조직 내 구성원들 간의 개인적이고 비공식적 연계가 우선시되고 주도적인 기능을 해오고 있다. 인물중심의 관

---

3) 박사명 (1993), pp.219-220.

4) 필리핀 정치에 있어 이러한 후원-수혜 관계로 인하여 국가의 공적 조직의 제도적 연계보다는 각 단위 조직 내 구성원들 간의 개인적이고 비공식적인 연계가 우선시되고 주도적인 기능을 해오고 있다.

5) 첫 번째, 인물중심의 선거경쟁, 두 번째, 대통령이 직접 후원을 위한 자원을 통제하고 있다는 점, 세 번째, 정당에서 이루어지는 후보지명이 누구에게나 열려있다는 이 세 가지 조건이 필리핀 정당정치의 특징을 규정한다. Yuko Kasuya, "Party System Change in the Post-Authoritarian Philippines: The Presidential Connection," Paper presented at 3rd JPAS / ECPR Workshop (Kyoto, November 12-14, 2001).

계는 필리핀 정당들이 정책이나 이데올로기 등에 의한 차별을 거의 찾아
볼 수 없다는 점에서 그 중요성을 더한다. 필리핀의 최초의 정당은 1900
년 결성된 연방당(The Federal Party, 진보당으로 바뀜)과 이후 경쟁 정당으로
형성된 국민당(The National Party)이다.

두 당은 주로 대지주를 중심으로 하는 소규모 엘리트로 이루어져 있다
는 점에서, 그 기본적인 특성이 크게 다르지 않다. 엘리트들의 정치, 사회
적 지위의 유지는 미국통치하에서도 계속된 준봉건적 경제체제에 의한
것이었다. 당원들 간에 정책에 대한 이견은 거의 없었다. 또한 민족당의
정당으로서의 지지기반은 전통적인 후원-수혜 관계에 기반을 둔 인맥관
계에 의존하고 있다.6) 1946년 독립 이후 성립된 민족당과 자유당(The
Liberal Party, 민족당으로부터 분열)중심의 양당체제도 정당 간 뚜렷한 차별
이 부재하여 두 정당 간 빈번한 정권교체 현상이 나타났다. 이러한 정당
간 차별의 부재는 자연스럽게 인물중심의 경쟁관계를 낳았으며 민주주의
이후에도 이어지고 있다.

정치과정 전반을 지배하고 있는 이러한 소수의 독점적 과두세력으로
필리핀 국가는 '약탈국가' 이상의 수준으로 유지되고 있었다. 이러한 독
점적 구조를 혁파하기 위해 시도된 토지개혁이 지속적으로 실패하면서
이들 지주들의 정치경제적 지위는 막강한 상태였다. 군부권위주의 체제
시절 마르코스(Ferdinand Marcos)의 사회 전반에 걸친 배재적, 그리고 억압
적 정치는 잠시나마 이들 과두세력의 영향력을 축소하는 듯 하였으나 마
르코스 역시 정통성 유지를 위한 수단으로 이들의 지지를 이용할 수밖에
없었기 때문에 완전한 과두체제의 청산은 이뤄내지 못하였다.

마르코스가 계엄령을 통하여 권위주의 체제를 출범시킨 이래, 국가는
행정억압기구들을 강화하여 민중부문을 배제하면서 강력한 리더십으로
경제에 적극 개입하였다. 마르코스가 군부를 그의 권위주의 체제에 편입

---

6) 서경교, "필리핀의 선거제도와 정당체제: 지속성과 변화," 『동남아시아연구』
7호 (1999), p.11.

하는 한편 테크노크라트들에게 집행권을 위임하여 당시 경제적으로 지배적인 계층이었던 지주들로부터 국가를 '격리'하였지만, 마르코스의 가부장적인 체제관리 방식이 이를 변질시키게 된다. 마르코스는 중앙집권적 가부장체제를 통하여 측근 자본가들과 측근 지주들만은 국가기관에 접할 수 있게 조정하여 제반 특전을 획득할 수 있도록 허락했다. 필리핀 사회는 전국적인 권력의 중추를 결여하고 있었고, 대통령은 준봉건적인 지주들의 위세에 눌러 단순히 그들의 이익을 위하여 편의를 제공하는 명목상의 존재에 불과했던 것이다.

2. 시민사회[7]

미국은 필리핀 식민통치 중반 이후부터 민의 수렴이라는 명분하에 의회의 구성을 허락하고 20세기 초반부터 필리핀으로 하여금 "의사민주주의"를 경험하게 하였다. 따라서 타 아시아 국가들보다 다원주의적, 자유주의적 요소를 구비하고 있었으며, 이러한 환경에서 상대적으로 활발하고 확산된 외연을 가지는 시민사회가 발전하여 왔다. 그러나 이전의 스페인 식민통치기와 그 이후의 미국 식민통치기에 형성, 유지된 후원-수혜 관계의 사회구조는 거의 전 민중부문을 헤게모니적으로 포섭하였다. 또한 필리핀 사회에는 포섭의 이완이나 과격파의 적극정책에 따라 민중이 현상 타파적으로 동원될 잠재력이 상존하였다. 독립 후 필리핀의 모든 집권세력은 그 성격에 따라 민중부문을 포섭, 동원, 참여시키는 통치 전략으로 체제를 유지 및 강화하고자 하였다.

하지만 1986년의 민주화 과정에서 민중의 동원이나 자발적인 참여가 결정적인 영향을 미쳤다는 점을 고려할 때 정치적 변화에 따른 필리핀

---

7) 아래의 필리핀 시민사회의 내용은 박기덕, "필리핀의 정치변동과 시민사회의 역학: 호혜적 포섭, 전략적 동원 그리고 민주적 참여," 『한국정치학회』 36집 1호 (2002) 참조.

시민사회의 발전이나, 시민사회의 변화가 정치적 변동에 미친 영향에 대한 분석은 필리핀 정치를 이해하는 데 중요하다고 할 수 있다.

식민 통치기간 중에 미국은 적극적인 포섭전략을 구사하여 시민단체들로 하여금 미국의 식민지배 전략에 부흥하는 전위대로서의 정치적 역할을 수행하도록 하였다. 그러나 일부 농민이나 노동자들의 단체는 1910년부터 용인된 결사의 자유를 민족적 정체성의 발현에 이용하고자 시도하기도 하였다. 독립 후 최초로 실시한 1946년 총선에서 농민의 지지를 받는 반체제적 성향을 가진 "민주연합(Democratic Alliance)"이 6개의 의석을 확보했다. 항일 투쟁세력들은 필리핀 공산당 아래 재집결함으로써 제도권 밖에 존재하는 정치세력으로 대두하였다. 무장 반체제세력의 활동은 미국이 필리핀의 막사이사이 정부 시절에 "신식민주의적" 착취정책에서 유연한 "필리핀 정책"으로 전환하면서 다소 잠복하게 된다.

이러한 조건 아래서 막사이사이 정부는 농촌개발 촉진기구를 1956년에 창설하고 후원-수혜 관계를 넘어서는 민중과의 직접적인 통로를 확보하려 했다. 그러나 정부는 과두 엘리트들이 지배하는 의회의 반대로 농민들의 지지를 창출할 수 있는 개혁정책들을 입법화하지 못하였다. 전후 정부들은 민중기반의 조직화된 지지를 동원하는 데 실패함으로 인해 기존의 엘리트들의 후원-수혜 관계에 기반을 둔 사회체제를 변화시키지 못했다. 경제적 주도권을 가진 지주들이 양대 정당의 자금원이었기에 정당들의 정책을 좌우하는 것은 지주들이었고, 이러한 상황에서는 기존의 사회질서를 변화시킬 수 없었다. 이에 대해 진보적, 개혁적인 이익집단들은 기존의 위계적 질서와 경제적 불평등을 타파하기 위해 나섰으나, 마르코스가 대통령에 당선된 1965년 이후 이러한 비엘리트들의 정치적 요구를 억압과 포섭을 통해 무력화함에 따라 시민단체 조직들이 체제에 위협세력이 되진 못했다.

이처럼 식민 시절부터 마르코스 권위주의 체제 출범 이전까지 필리핀의 시민사회는 아직 발달되지 않은 채, 엘리트들의 자선단체 수준에 머물다가, 제2차 세계대전을 전후하여 형성된 민족주의적 과격단체의 영향으로 정부가 포섭하고자 하는 대상이 되었다. 그러나 엘리트가 지배하는 의회에 의하여 정부가 개혁적인 정책을 입안하거나 실천하지 못하였기에 포섭에 성공하지 못하였다. 그러나 이후 잠재적 시민사회의 역량은 사회 구성원의 이익을 각성시키면서 민주화 운동의 토대를 마련하게 된다.

III. 민주화 이행과정: 전략적 선택에 의한 전환

민주화로의 전환을 분석하는 이론적 틀로서 국가-사회 상호작용 이론을 중심으로 필리핀의 민주화 과정을 살펴보고자 한다. 국가-사회 상호작용 이론은 대부분의 민주화가 국가와 사회의 상호작용, 즉 권위주의 정권 내부의 분열과 시민사회로부터의 민중동원 사이에서 벌어지는 상호작용에 의해 초래된다는 것을 전제로 한다. 이 상호작용 속에는 주요 정치행위자들의 이익과 이념이라는 관점에서 전략적 선택이 이루어진다.[8]

필리핀은 국가강제기구를 동원하여 사회 전반에 대한 억압정책을 구사했던 마르코스 권위주의 체제가 1970년대 중반 이후 계속적인 경제정책에 실패하면서 이러한 경제실패가 필리핀 시민사회에 잠재되어 있는 역량을 분출시킬 수 있었던 민주화의 틈을 제공하였고 전국적인 민중의 저항으로 인한 정권의 불안정 속에서 군부 내의 균열이 가속화되었다. 그리고 시민영역의 반체제세력에서의 온건파와 군 내부의 균열로 체제이탈을 시도했던 국가영역의 개혁파와의 연합을 통한 민주화로의 선택이 마르코스 권위주의 체제를 붕괴시켰다.

---

8) 국가-사회 상호작용과 특히 행위자들 간의 전략적 선택으로 인한 민주화 과정에 대한 구체적 논의는 임혁백, "한국에서의 민주화 과정 분석: 전략적 선택이론을 중심으로," 『한국정치학회보』 제24집 1호 (1990) 참조.

1. 시민세력의 저항과 분열

권위주의 체제는 강압적 기제를 통해 사회에 대한 억압정책을 구사하고, 동시에 경제성장이라는 가시적인 물질을 제공함으로써 취약한 정통성을 보완하려고 하는 체제이다. 필리핀은 1972년 9월 마르코스에 의해 "신 사회(New Society)"라는 권위주의 체제가 성립되었다. 이 시기 마르코스는 "합헌적 권위주의(constitutional authoritarianism)"[9]로의 전환 필요성을 주장하면서 정치과정에 대한 시민사회의 참여를 제한하며, 시민사회에 대하여 억압적 통치를 구축하는 권위주의 체제화를 시도하였다. 억압정책과 동시에 마르코스는 수출지향산업화 전략을 추진하였다.

1972년 계엄통치가 실시되면서 필리핀은 단기적으로 사회적 안정과 산업평화를 확보함으로써 세계은행 등으로부터 막대한 공공차관을 제공받을 수 있었고, 해외자본의 직접투자를 증대시킬 수 있었다. 1950년에서 1972년에 이르는 기간 동안에 필리핀에 제공된 세계은행의 차관규모가 총 3억 2,600만 달러 수준이던 것이 1973년부터 1981년 사이에는 26억 달러에 이르렀다. 해외자본의 직접 순투자도 1972년의 2,200만 달러에서 1977년 2억 1,600만 달러 수준으로 급증했다. 이에 따라 당시 필리핀 경제는 1975년까지 연평균 7%의 GNP 성장률을 보이면서 안정된 경제발전의 효과를 나타내었다.[10]

하지만 이러한 성장은 1970년대 후반에 이르러 급속히 퇴조하기 시작했다. 필리핀 경제정책의 실패는 1970년대 중반부터의 국제원자재 가격의 상승과 농산물 수출가격의 하락, 사회간접 자본에 대한 과도한 투자 등의 국내외적 경제요인들에 의해 설명될 수 있으며, 동시에 마르코스의 정치적 고려를 우선한 경제운용이 초래한 결과였다. 마르코스는 경제적

---

9) 합헌적 권위주의는 타협과 협상의 정치를 종식시키고 모든 권력을 마르코스 자신이 주도하는 중앙국가기구로 집중시킴을 의미한다.
10) 정영국, "필리핀 권위주의 체제의 위기와 붕괴,"『동남아시아연구』, 창간호 (1992), p.50.

재원을 우선적으로 국가의 강제기구 강화에 투자해야 하는 부담을 안고 있었을 뿐만 아니라, 지배연합을 구성 하고 있는 해외자본과 수출산업자본가들에 대한 경제를 달성하기 위해 경제영역 내에서의 자신의 후원체제의 구축에 전념해 있었다. 더욱이 이러한 경제악화는 1983년 마르코스의 반대세력 중의 한 인물이었던 아키노 의원이 암살되는 정치 불안정은 외국자본이 빠져나가고 투자가 감소함으로써 더욱 타격을 입게 되었다 (아래 <표 1> 참조).

경제정책 실패로 마르코스는 필리핀 권위주의 체제의 효율성을 입증하는 데 실패했으며, 나아가 1970년대 중반 이후 사회 각 부문에 걸친 조합주의적 통제 메커니즘에 대한 도전을 야기시키면서 체제에 대한 도전적 사회세력을 대두시키는 요인으로 작용하였다. 경제상황의 악화로 빚어진 사회적, 정치적 긴장과 갈등의 고조에도 불구하고, 필리핀 권위주의 체제는 이러한 긴장을 흡수해 줄 수 있는 완충지대로서의 "정치적 장"을 결여하고 있었다. 제도정치권의 해체는 체제 불만세력들로 하여금 정치권 내 대체세력을 발견할 수 없게 하였으며, 따라서 국가의 억압정책에

〈표 1〉 권위주의 시절의 경제지표

	1979	1980	1981	1982	1983	1984	1985	1986
GDP 성장	6.3	5.2	3.9	2.9	0.9	-6.0	5.3	-7.8
인플레이션	17.5	18.2	13.1	10.2	10.0	50.3	23.1	0.8
재정적자 / GDP	-0.1	-1.4	-4.3	-4.5	-2.0	-1.9	-1.9	-5.0
예금 / GDP	-5.1	-5.9	-5.9	-8.6	-8.3	-4.1	-0.1	3.2
투자 / GDP	31.0	29.1	27.6	28.2	30.1	22.5	15.8	16.3
실질임금	-11.3	-11.0	21.3	9.0	1.9	3.4	2.6	-2.8

자료: Stephan Haggard and Robert R. Kaufman, *The Political Economy of Democratic Transitions* (Princeton University Press, 1995), p.48

맞서 무력혁명을 추구하는 급진 좌파세력인 "신인민군(NPA: New People's Army)"의 성장으로 이어졌다.11)

1970년대 후반에 들어 사회의 저항세력들은 필리핀 체제를 유지하려는 세력과 무력혁명을 통한 변혁을 목적으로 하는 혁명세력의 대립으로 점차 양극화의 양상을 보이게 된다. 그리고 온건개혁세력의 중심은 필리핀 전체 인구의 85%를 관장하고 있는 "가톨릭교회"였다. 필리핀 사회는 온건개혁세력의 대두로 체제를 둘러싸고 국가와 급진좌파세력 및 온건개혁세력이 상호 대립하는 구도로 변화하게 된다. 사회의 저항을 물리적 탄압으로 제어하고자 하는 마르코스의 억압정책이 오히려 저항을 확산시키면서 그 한계에 부딪칠 무렵 마르코스는 계엄령을 해제하였다. 계엄령의 해제는 오히려 급진적 노동운동과 농민운동의 확산을 가져오는 계기로 작동하였고, 이러한 가운데 일어난 1983년 8월의 아키노(Benigno Aquino) 전 상원의원 암살사건은 체제도전세력의 역량을 급속히 증대시키면서 필리핀 권위주의 체제를 결정적인 위기로 몰고 갔다.

사적 영역의 일부 자본가 계급의 체제이탈도 권위주의 체제를 위협하는 결정적 요인이 되었다. 아키노 전 상원의원 암살이 있기 전부터 국가 후원 조직인 "필리핀 상업 및 산업협의회"에 대항하여 조직된 "마카티 경영클럽(MBC: Makati Business Club)"은 마르코스의 경제정책의 실수, 정실 자본주의의 증가, 그리고 정부의 약탈적 행위를 비판하면서 조직되었는데, 이러한 MBC의 활동은 국내자본가들의 적극적 지지를 얻으면서 권위주의 체제에 대한 자본가들의 이탈을 촉진시켰다. 즉, 이들은 반체제 정치인들, 학계, 교회 그리고 중산층을 포함하는 반마르코스의 연합을 지원하는 중요한 역할을 담당하였다.12)

---

11) 필리핀 정부의 평가에 의하면, 1972년 약 1,000~2,000명 규모이던 "신인민군"은 1980년에 이르러서는 농촌지역을 중심으로 약 3,500명의 게릴라를 확보하는 급속한 성장세를 보였다. 정영국 (1992), p.53.

12) Stephan & Kaufman, *The Political Economy of Democratic Transitions* (Princeton, NJ: Princeton University Press, 1995), p.56.

2. 군부의 분열

필리핀군은 1935년 미국 지배하의 필리핀 자치령 시절에 창설된 이후, 동남아 국가들 중 예외적이라 할 만큼 군부의 정치적 중립성과 직업주의가 확고히 유지되었다. 그 원인으로는 군의 창설로부터 발전과정에 이르기까지 지속적으로 영향을 미친 미국군의 철저한 직업주의와 정치적 중립성을 들 수 있다. 그러나 필리핀군의 정치적 중립성은 마르코스의 집권과 함께 변화하기 시작하였는데, 마르코스는 집권과 함께 군부의 조직과 구성원들을 자신의 권력유지를 위한 도구로서 기능하도록 개편하였다. 이러한 군의 정치적 역할은 계엄령의 선포와 함께 그 중요성이 더해 갔다. 이 시기 군부의 역할은 반마르코스 세력에 대한 물리적 탄압과 함께 국가 중요정책 결정에 관여하고 민간인 관료들을 대체하는 등 필리핀 사회 전반에 걸쳐 다양한 기능을 수행하였다.

권위주의 체제의 생존은 엘리트의 충성을 보유하고 있는 지배자들의 능력에 의존한다. 그리고 필리핀에서 이러한 엘리트들은 군부 자체였다. 필리핀 군부의 분열은 마르코스의 군에 대한 차별적 대우에서 시작되었다. 국가정보기관과 대통령 직속부대를 중심으로 한 마르코스의 군부 내 후원체제의 구축은 이에 소외되어 각 지방에 배치됨으로써 체제 저항세력들과의 전투를 수행해야 했던 군인들의 불만을 낳았다. 그리고 1981년 계엄해제와 더불어 단행된 베르(Fabian Ver) 장군의 육군참모총장 기용은 마르코스의 군부 내에 대한 군 장교들의 불만을 결집시키는 계기로 작용하여 "필리핀 육사" 출신 장교들을 중심으로 "군 직업주의 회복, 군 내 부정부패 척결, 및 군에 대한 민간인의 신뢰회복"을 목표로 세운 "필리핀군 개혁운동(RAM: Reform the AFP Movement)"이 결성되었다. 이들은 마르코스에 의한 군부의 정치화를 공개적으로 비난하면서 마르코스하의 정치화로 인해 파괴된 군 본연의 자세와 임무를 되찾는 것이 그들의 목적이라고 주장하였다. 그리고 RAM은 마르코스의 군 운용에 불만을 느끼는 국방부 장관 엔릴레(Enrile) 장군과 필리핀군의 개혁을 주창해 온 "필리핀

수비대" 사령관 라모스(Ramos) 장군의 후원을 얻었다.13) 엔릴레와 라모스
는 마르코스 측근인 베르 장군에 대항함으로써 군 내부의 개혁운동을 촉
진시키고 있었다.

3. 타협과 전환

아키노 의원의 암살로 확산된 체제 저항세력은 "신인민군"을 중심으로
하는 강경파와 가톨릭교회를 중심으로 하는 온건파로 분열되어 있었다.
아키노 의원의 암살로 좌파세력이 급격히 증가하기 시작하자 이러한 세
력증대는 체제도전운동에서 온건개혁노선의 위상을 위축시키는 결과를
가져오기 시작했다. 그러나 좌파 내에서의 "중도세력들"이 교회세력을
중심으로 하는 온건노선으로 복귀하고, 각종 시위를 통해 민주화를 위한
체제개혁운동을 강화하면서 이들 두 세력 간의 균열은 지속적으로 대치
되고 있었다. 반체제 세력인 강경파와 온건파의 이중적 저항에 계속 부딪
치고 있었던 마르코스는 결국 헌법에 규정된 1987년의 대통령 선거일정
을 앞당겨 실시함으로써 체제에 대한 압력을 벗어나는 전략을 세우게 된
다. 그는 자신이 계획한 "조기선거"가 자기 휘하의 지방정치 조직을 활용
할 수 있고, 좌파와 야당 간의 분열을 이용할 수 있다는 점에서 유리할
것이라 판단했다. 그는 파벌화된 반대세력이 단일후보로 통합될 수 없을
것이라고 추측하였고, 호혜 정치의 결합과 부정선거가 승리를 보장하며
군의 충성을 통해 단기간의 반체제 저항세력에 대한 억압이 가능할 것이
라고 보았다.14)

---

13) RAM 지도부는 1985년경까지 엔릴레와 밀접한 관계를 맺게 된다. 한 보고에
　　의하면 엔릴레와 RAM장교들이 1985년 10월경에 마르코스를 축출할 쿠데타
　　음모를 계획하였으나 마르코스의 1986년 2월 선거의 전격적인 발표로 쿠데
　　타는 보류되었다고 한다. Raymond Bonner, *Waltzing with a Dictator: The Mar-*
　　cos and the Making of American Policy (New York: Times Book, 1987), p.434.
14) Stephan & Kaufman (1995), p.67.

마르코스의 "조기선거"전략에 대한 체제 저항세력들의 대응은 상이하게 나타났는데 "신인민군"을 중심으로 하는 강경좌파는 선거를 통한 권위주의 체제의 변동 가능성을 부정하면서 선거거부운동을 펼쳤고, 반면 온건개혁세력들은 조기선거에 참여하되 야당의 분열을 극복하고 후보단일화를 위한 노력을 하게 된다. 그러나 결과는 가톨릭교회의 지원으로 아키노(Corazon Aquino)와 라우렐(Salvador Laurel)로의 단일후보 통합이었다.15) 단일후보로의 통합에 중요한 역할을 했던 인물이 신 추기경(Jaime Cardinal Sin)이었는데 그는 1985년 12월의 협약(pact)에 대한 동의를 국민과 라우렐에게 얻어낸 인물이었다.16)

후보단일화는 폭발적인 국민적 지지를 이끌어 내면서 좌파 강경세력의 선거거부운동을 급속히 위축시켰다. 군부 내에서도 결정적인 체제붕괴를 가속화시켰는데, 엔릴레와 라모스 장군이 마르코스에 반기를 들면서 그의 퇴진을 요구하는 성명을 발표하게 된다. 그리고 신 추기경은 마르코스에 대항하여 이들을 보호해 줄 것을 국민들에게 촉구하였고 4일에 걸쳐 엔릴레와 라모스의 캠프는 시민들의 보호를 받으며 결국 군부 내의 이탈세력과 민중세력의 결합이 권위주의 체제를 붕괴시켰다.

필리핀의 권위주의 붕괴는 시민영역에서 체제저항운동이 급속하게 확산되면서 급박하게 돌아가고 있었다. 1) 필리핀의 민주화는 민중에 의한

---

15) 당시 아키노 암살사건 이후 재결집된 재야정치권은 1984년 12월 독자적인 단일후보 체제를 수립하고 야당 통합을 위한 기구로「Governor Group」을 결성하고 있었다. 반면에 전통적 정치세력인 라우렐이 이끄는 제도정치권 내의「통합민주조직」(The United Democratic Organization, UNIDO)과「민주당」도 독자적인「민족통합위원회」(The National Unification Committee, NUC)를 결성하고 있었다. 이 양자의 정치세력은 그 지지기반이나 정책이념에 있어서 상이해서 야권통합 노력은 진전을 보지 못했다. 결국 두 세력은 각각 아키노와 라우렐을 독자적인 대통령 후보로 내세우려 하였다.

16) David Wurfel, "Transition to Political Democracy in the Philippines: 1978-88," in Diane Ethier, ed., *Democratic Transition and Consolidation in Southern Europe, Latin America and Southeast Asia* (New York: Macmillan Press, 1990), pp.112-113.

사회 주도로 처음 시작하게 된다. 그러나 필리핀의 반체제운동은 앞에서 언급했듯이 그 내부에서 강경파와 온건파로의 대립이 있었고 "조기선거" 직전까지 체제붕괴 후의 대안적 정치의 장을 제공하고 있지 못했다. 2) 그러나 게임을 온건파가 이끌어가기 시작하면서 제도 밖의 반체제 세력을 체제 내로 수용한 단계가 야당 후보자들 간의 "대 반대협약(grand oppositional pact)"이었다. 민주화에 대한 압력이 조직화되고 증가하면서 아키노와 라우렐 사이의 단일화 전략은 최종적 전환에 결정적 역할을 하였다. 그리고 이들에 대한 지지 세력은 선거참여를 통한 개혁을 목표로 하는 온건파로 구성되어 있었다. 3) 그리고 체제 내부의 이탈세력(개혁파)이 시민의 지지와 함께 단일후보와의 이해관계를 일치시키면서 민주주의로의 전환을 가져왔다. 국가와 사회의 상호작용을 통한 시민사회의 온건파와 군 내부의 개혁파와의 연합으로 성취된 필리핀의 민주화는 이후 민선 1기 정부의 출발부터 그 영향력을 미치면서 마르코스 체제와의 연속성에 직면하게 된다.

IV. 민주화 이행과 전환의 유산: 국가구조

1. 국가구조: 전통적 과두세력의 부활

민주주의로의 전환 이후 첫 민주정부는 새로운 제도적 틀을 구축해야 하는 요구를 받아들여야 했다. 마르코스에 의해 성립된 1973년의 헌법이 그의 소속정당을 제외하고는 여타 정당들의 공식적인 활동을 금지하고 있었고 마르코스 개인에게로의 통치 권력을 집중시키면서 체제 밖에서의 의미 있는 경쟁이 불가능했기 때문에 민주화 이후 행정부로의 권력 집중에 대한 거부가 광범위하게 수용되었고 1987년 헌법에 그대로 적용되었다. 첫째, 포고령에 의해 정책 수행을 할 수 있었던 행정부의 능력이 제거되었다. 둘째, 1987년 헌법은 지방의 자율성을 증대시키면서 전국에서 지방수준으로까지의 정부의 분산을 함축하고 있었다.

그러나 이 정부 내에서의 권력의 분립과 탈집중화는 전통적 과두세력들로 하여금 마르코스 이전 시기부터 누려왔던 그들의 정치적 권위를 회복시켜 주는 기회를 만들어 주었다.[17] 결과적으로 과두세력은 전국과 지방의회에서 그들의 우위를 보장하면서 지방수준에서 정치적 지배를 행사할 수 있다는 자신감을 갖게 되었던 것이다. 이러한 기대는 그대로 나타나게 되었는데 한 예로, 이들은 국회에서 약 3분의 2정도의 의석을 지속적으로 통제할 수 있었고 하원에서는 199석 중에 145석이 그들의 측근들로 채워졌다. 이러한 결과는 1987년의 헌법에서 과두세력들이 최대의 수혜자임을 보여주고 있으며 새로운 제도적 틀 내에서 그들의 경제적 이해도 증진시킬 수 있었음을 보여주었다. 전환과정에서 성립된 제도 배열은 이후 정책 실행의 속도와 범위에 깊은 영향력을 미치게 된다.

무엇보다 경제위기를 유산으로 물려받은 아키노 정부는 마르코스 시절의 배타적이고 비효율적인 정실 자본주의 관행들에 대한 개혁을 시도하였다. 이를 위한 신자유주의적 경제개혁은 그러나 과거의 관행으로 수혜를 입고 있었던 과두계급들의 저항으로 실패하게 된다. 예를 들어 무역자유화 조치의 경우 아키노는 그녀의 내각 구성원들과 과두세력들의 강력한 반대에 직면하게 되었는데 이러한 반대 때문에 무역 개혁은 폭넓게 이루어질 수 없었고 단지 소비재 제품들에 국한되어 자유화를 시행할 수밖에 없었다.[18]

이후 라모스(Fidel Ramos) 정부는 경제성장을 자극하기 위한 과감한 신자유주의 경제정책을 목표로 1) 외국투자 장벽을 제거하고, 2) 수출 촉진

---

17) Kwanok Kim, "Contradictory Aspects of Democratization and Neoliberal Economic Reform: The Philippines and Korea in Comparative Perspective," *Korea Observer*, Vol. 32, No. 1 (2001).

18) 이외에도 새 의회가 소집되어 첫 회기 동안 14,022개의 법안이 양원에 상정되었으나 그중 33개만이 법률로 확정되었고, 그중 9개를 제외한 24개 법은 별 의미가 없는 사소한 것들이었다.

과 투자환경을 조성하기 위해 환율 통제를 제거하였으며, 3) 통신과 은행 등의 독점을 과감히 공격하였다. 4) 또한 국가소유의 기업들을 민영화시키기 위해 관료적 장벽을 허물면서 항공, 석유, 선박 산업들을 개인 투자자들에게 넘겨주게 된다. 그러나 단기간에 일어난 이러한 개혁들은 지속적으로 완전히 실행되지 못했고, 아직 근본적인 구조개혁에 대해서는 그 가능성을 희박하게 만들었는데 거기에는 과두세력의 저항이 존재했다. 통신회사의 독점완화를 위한 이 시장의 개방은 일정정도 성공을 거둔 듯했으나 새롭게 진출한 기업들 역시 과거의 과두세력들로 다시 채워지게 되었으며 중소기업을 육성하기 위한 시도도 정치적 커넥션의 부재로 정책 실행 과정에서 이들 중소기업의 이익들은 무시되었고 오히려 몇몇의 정책들은 과두세력이 지배하고 있는 거대 산업들의 이익을 증가시키기도 하였다.

2. 사회구조: 시민사회의 제도화[19)]

민주화 이후 국가 지배구조에서의 과두체제의 부활은 이 영역에서의 과거와의 연속성을 지닌 정체성을 보여주고 있다. 그러나 이와는 반대로 사회운동은 1986년 민주화 이후 그 이념적 및 조직적 차원에서 매우 역동적인 변화를 경험하게 된다. 이러한 시민사회의 성장은 실질적으로 권위주의체제가 그 한계를 드러낸 1970년 중반 이후부터 급속하게 이루어졌다. 대내외적 압력에 직면한 마르코스 정부가 계엄령을 해제한 후 사회 전반에서 억압되어 오던 시민사회의 역량이 폭발적으로 증가하기 시작했고 결국, 민주화 과정에서의 추동력이 되었다. 자유화는 그동안 억제되어 왔던 정치적, 사회적, 경제적, 종족 문화적 갈등들이 동시에 분출하는 과정일 수 있으며, 이것이 오히려 새로운 민주체제의 공고화를 위협할 수도 있다. 이러한 측면에서 필리핀의 시민사회는 민주화 시기 상당히 혁명적

---

19) 아래의 내용은 박기덕 (2002) 참조.

인 양상을 띠고 전개되었지만 민주화 이후의 일련의 과정은 예측을 벗어
나는 예를 제공한다.

즉, 위에서 논의되었듯이 전통적인 정치사회 구조를 온존시킨 수평적
인 정권교체의 범주를 벗어나지는 못하는 것이었다. 그렇지만 민주화는
NGO 출신 인사들이 신정부에 참여하여 시민사회를 활성화하고, 또 NGO
나 PO(People's Organization)의 정치참여를 촉진하는 제도화의 계기가 되었
다. 그리고 아키노 정부가 필리핀의 재민주화 작업을 본격화하면서 시민
사회도 활성화되었다.

민주화 이후 양적 증가와 함께 이들 사회운동의 노선과 목표도 점차
분화되면서 현실주의적 성격을 띠게 되었다. 즉, 마르코스 권위주의에 대
한 정치투쟁으로부터 민주화 이후 정치체제의 질적 전환에 따라 토지개
혁, 외채문제, 인권문제, 빈민문제 등 구체적 사안에 관한 정책적 대안에
입각하여 구체적 개혁으로의 그 대상이 다원화되고 일반 서민계층으로
광범위하게 확산되어 갔다. 그리고 변화된 시민사회는 제도권으로 흡수
되면서 갈등의 제도화가 진행되었다. 그렇다면 이러한 시민사회의 성장
과 공동의 이익을 민주적으로 추구할 수 있는 제도적 민주주의의 조건을
갖추어가고 있었지만 민주화 이후 지속적으로 나타나고 있는 개혁의 실
패와 취약한 국가구조는 어떻게 설명될 수 있는가?

우선 지적될 수 있는 것은, 앞에서 논의되었듯이 민주화 과정에서 필
리핀의 사회운동은 가톨릭을 중심으로 하는 온건파와 모택동 노선에 기
반하여 무력투쟁을 통한 공산혁명을 추구하는 필리핀 공산당과 그 군사
조직인 신인민군을 중심으로 하는 좌파세력으로 분열되어 있었다는 점이
다. 이들은 정치노선과 목표, 그리고 전략에서 큰 차이를 지니고 있었으
나, 민주화 과정에서 '전략적 연대'를 추구하게 된다. 하지만 '조기선거'
국면에 들어 선거거부 투쟁을 벌여온 급진좌파세력의 영향력이 선거를
통한 체제전환을 요구하는 온건파에 밀리면서 결국, 온건파가 민주화의
주체세력이 되었고, 이후 좌파세력은 급속한 쇠퇴를 겪게 된다. 이러한
결과, 필리핀의 사회운동은 좌파세력의 체제이탈로 그 역량의 분열과 파

편화 과정이 시작되었다. 즉, 군부의 온건파와 시민사회의 온건파 사이의 전략적 협상에 의한 민주화의 대타협은 시민사회의 분열을 가져왔고 이후 필리핀 시민사회의 동원능력을 약화시키게 된다.

둘째, 아키노 정부가 1986년 2월 출범하면서 시민사회, 예컨대 소위 말하는 NGO 대표들이 상당수 정부에 참여하였다. 이들이 노력한 결과 1987년 헌법 제2조 23항, 10조 14항, 13조 15항 및 16항은 NGO의 권리 및 이익을 인정하고 그들의 국정참여의 길을 열어주게 된다. 이런 과정을 통하여 시민사회단체들의 수가 급격히 증대하였고, 그들은 연합세력을 형성하여 상당한 활동공간을 확보하게 된다. 특히 민주화 이후 좌파세력이 급격히 쇠퇴하면서 시민사회의 이념에 있어서도 절차적 민주주의를 강조하며, 지방적 수준의 참여민주주의를 강조하는 노선으로 변화하게 된다. 하지만 이후 아키노 정부 내의 독점적 과두체제 세력과 군부가 정부를 주도하게 되면서 아키노 정부 초기에 수행한 NGO의 역할을 두고 이들 지배세력 간의 갈등이 시작되었다. 아키노는 시민사회에 대한 지지를 통해 민중주의적 지지확보 전략을 추구하면서 지방자치법 제3조를 통과시키는 등 참여민주주의를 제도화하는 데 역점을 두었다.

아키노 정부를 계승하여 소수파로 출범한 라모스 정부는 집권 초기 과감한 개혁입법을 통과시키면서 가시적인 경제적 성과를 올렸으나 여전히 과두세력들이 지배하는 의회와 대면하게 되었다. 이들을 견제하기 위해 라모스는 아키노와 마찬가지로 시민사회의 지도자들은 정부 각료에 임명하고 사회개발에 대한 지출을 증대시킴으로써 민중주의적 접근을 시도하였다. 그러나 문제는 지방수준에서 시민사회 활성화가 지방 엘리트들의 사익의 도구로 전락하기도 하면서 보수 세력들의 침투를 용이하게 하였다는 것이다.

V. 민주화 이후 국가: 사회의 변동

권위주의에서 민주주의 정부로의 전환을 겪은 신생민주주의 국가의 경우 그 첫 민선정부는 국가-사회 구조 앞에서 딜레마에 처하게 된다. 권위주의 붕괴 후 정권을 이양 받은 첫 신생민주주의 국가의 경우 권위주의 체제가 남긴 경제위기의 극복과 함께 민주화로 인해 분출을 통제해야 하는 이중적 과제에 직면하게 된다. '실패의 위기'의 유산인 경제위기 극복을 위한 경제 자유화 조치 등의 일련의 개혁조치들은 과거의 제도에서 수혜를 받고 혜택을 누려오던 근대적 엘리트들의 반대에 직면하게 되고, 경제 자유화를 통한 일시적 고통이 사회 전체에 분배됨으로 해서 분배연합의 저항에 또한 직면하게 된다. 그런데 필리핀의 경우, 특히 시민사회의 영역에 있어서 그 양적인 팽창이 이루어지기는 하였지만 그 실질적인 영향력에 있어서는 다른 국가들과는 달리 급격한 사회적 요구 등의 전환의 진통을 겪지 않았다.

1. 경제개혁과 노동운동

민주화 이후 필리핀의 경제상황은 다른 '실패의 위기'를 겪은 국가들에 비해 비교적 양호한 상황으로 평가된다. 우선 새 정부가 직면한 경제적 제약들이 남미 국가들만큼 크지 않았다는 점이다. 마르코스 정부 후반기 들어 축출당하기 전까지 마르코스는 일정정도 인플레이션을 하락시켰다. 아키노 또한 미국이나 국제금융기구(IMF) 혹은 세계은행(World Bank)으로부터 실질적인 금융지원을 받으면서 새 정부는 가격 안정화 같은 논쟁적 임무보다 보다 직접적인 성장 준비에 그 관심을 둘 수 있었다.

그러나 무엇보다 여기에는 정치세력의 재정렬을 중요한 특징으로 들수 있다. 즉, 사회의 민중적, 그리고 좌파세력들의 힘이 상대적으로 약해졌다는 점이다. 그리고 당시 과두세력들은 과거부터 특혜를 누려왔던 경제정책의 변화를 원하지 않으면서 시장 지향적 개혁에 저항하게 된다. 그러나 아키노 정부는 그 출범 초기 사적 영역의 개혁파와 도시 중산층을 중심으로 지지 세력을 보유하고 있었고, 특히 당시 재정부 장관이었던 재임 옹핀(Jaim Ongpin)과 중앙은행의 책임자였던 페르난데즈(Fernandez)가 아키노의 경제정책을 지지하면서 상대적 독립성을 누리게 된다. 이러한 결과 아키노 정부는 출범 초기 거시정책의 일관성을 지니면서 개혁을 착수하고 경제회복을 가져오게 된다.[20]

1980년대 중반, 민주화를 전후하여 필리핀의 노동운동은 급속하게 급진화되면서 민주화의 중요한 추진세력을 형성하였다. 하지만 아키노 정부에 들어 개혁과정에서 나타나는 이들의 영향력은 급속히 감소되고 있음을 보여준다. 특히 1987년에는 '법정최저임금'이 인상되고, 1989년에는 '노동법'이 개정된다. 그리고 국가이익과 밀접하게 관련된 사안을 제외하고는 모든 노사분쟁이 기본적으로 각 기업단위에서의 단체교섭과 자율조정에 맡겨지는 한편, 쟁의절차가 보다 까다롭게 변경됨으로써 과격한 노동운동이 억제되었다. 동시에 임금결정에 대한 권한이 의회에 이관되고, 다시 각 지역의 임금위원회에 귀속됨으로써 중앙정부는 노동운동의 직접적 공격목표에서 빠지게 된다.

그 결과 노동운동은 과거의 그러한 급진적이고 정치적인 성격에서 경제적 노동운동으로의 전환을 겪게 된다. 특히 라모스 집권 이후 자유화와 국제화를 지향하는 경제개혁에 대한 노동운동의 대응은 그 변화를 가속화한다. 여기에는 민주화를 전후하여 급진화된 노동운동에 대한 정권의 포섭적 전략이 큰 기여를 하게 된다. 라모스는 '필리핀 2000'에서 '민중수권'을 강조하고 그를 위한 중요한 역할을 NGO에 부여함으로써 시민사회의 다양한 세력을 기반으로 새로운 '성장연합(growth coalition)'을 형성하는데, 이 과정에서 '필리핀 노동조합총회'와 '자유노동자조합'이 '필리핀 2000'과 서로 제휴한다. 이 거대 두 노동조직이 정권과의 전략적 동맹에 제휴함으로써 경제개혁의 전개과정에서 노동운동은 점차 정치적 성격을

---

20) Stephan & Kaufman(1995), pp.220-223.

상실하게 된다.

2. 토지개혁과 농민운동

필리핀에서의 토지문제는 과두적 지배구조의 성립 기반이라는 점에서 역사적 및 구조적 모순을 대표하는 핵심적 고리로 평가된다. 따라서 1986년 민주화를 통하여 분출되는 다양한 사회적 요구 가운데 이러한 지배구조를 타파하기 위한 토지개혁이 그 중심 과제로 부상하게 된다. 하지만 아키노가 '민주적 절차'를 명분으로 혁명 직후의 비상대권을 통한 결단을 유보하고 그 책임을 의회에 전가함으로써 진정한 토지개혁의 이상은 다양하게 약화된 종합농업개혁계획(CARP: Comprehensive Agrarian Reform Program)으로 변경되었다. 토지개혁에 가장 저항한 세력은 물론 지배구조의 과두체 세력들이었다. 이러한 점에서 볼 때 여러 경제적 이슈들 중 과거 마르코스 정부와의 유사성을 증명해 주는 것이 바로 토지개혁의 과정이었다.[21] 필리핀의 농민운동은 토지개혁이 집행실적과 밀접한 관계를 맺고 있다.

대표적인 필리핀의 농민조직은 민중농업개혁회의(CPAR: Congress for People's Agrarian Reform)로 이들은 아키노 정부의 토지 개혁에 대비하여 창설된다. 민중농업개혁회의의 일부 조직은 이미 1990년부터 각각 대통령궁, 농업부, 농업개혁부와 연계된 3개의 농민운동 연합조직에 가담하게 되면서, 새로운 농민운동 연합조직인 농업개혁농촌개발연합(PhilCARRD: Phillipine Coalition for Agrarian Reform and Rural Development)으로 출범, 이후 토지개혁과 아울러 농촌개발을 위한 다양한 현실주의적 대안을 모색하는 등 보다 대중적인 농민운동을 지향한다.

---

21) Sisira Jayasuriya, "Structural Adjustment and Economic Performance in the Philippines," in Andrew MacIntyre and Kanishka Jayasuriya, ed., *The Dynamics of Economic Policy Reform in South-east Asia and the South-west Pacific* (New York: Oxford University Press, 1992), p.62.

3. 약한 국가의 두 측면

　필리핀 국가는 전통적으로 '강한 사회와 약한 국가'로 표현된다. 첫 번째로 과거로부터 이어져 내려오는 소수 과두세력에 의한 독점구조로 국가는 약탈되어 왔다. 필리핀에서 대지주계층은 아키노집권 6년 동안 필리핀의 심각한 사회경제적문제인 빈부의 격차와 농촌의 빈곤문제를 해결할 수 있는 유일한 방법인 토지개혁에 반대함으로써 필리핀 민주화의 큰 장애요소로 작동하였다. 마르코스 축출 후 형성된 아키노 정부 내에는 보수정치인들과 기업엘리트들을 포함하는 집단들이 많은 영향력을 행사하였다. 이 집단에 속한 사람들은 지주중심 농업구조의 유지에 커다란 이해관계를 가지고 있었으며, 미국과의 긴밀한 경제관계를 통해 필리핀 정치 변동에 많은 영향력을 끼쳤다.[22]

　또한 시민사회의 동원화로 인한 민중주의적 통치방식이 국가를 침해해 왔다고 볼 수 있다. 특히 민주화 이후 시민사회의 제도화와 민주주의에 대한 참여는 실질적 민주주의의 제도화에 일정한 기여를 했다고 볼 수 있지만 그 조직적 운영과 자금 측면에서 국가에 전적으로 의존해 왔다. 이러한 의존현상의 심화는 다시 한번 국가의 자율성을 훼손하게 만든다. 즉, '민중의 힘'이 필리핀 정치변동을 변화시키는 주요 동인이 되면서 민주주의의 제도와 과정을 무력하게 만들고 있다. 1986년 마르코스 권위주의 정권을 몰아낸 민중의 힘은 그로부터 15년 후인 2001년 다시 부정부패 정권을 몰아내는 데 결정적 기여를 하게 된다.

　부정부패 혐의로 탄핵재판에 올랐던 에스트라다 대통령이 사임을 발표하고 아로요 부통령이 대통령으로 취임하였다. 에스트라다는 빈민출신의 대통령으로 취임 당시 많은 민중적 지지를 얻으면서 등장하게 된다. 하지만 취임 직후부터 각종 스캔들에 연루된 에스트라다는 루이스 싱손

---

22) 서경교, "태국과 필리핀의 민주화 비교연구," 『국제정치논총』 36집 3호 (1997), p.369.

주지사가 청문회에서 뇌물을 받아 대통령 일가에게 나누어 주었다고 폭로하면서 궁지에 몰리기 시작했다. 이에 분개한 시민과 야권단체는 대통령 탄핵을 추진했고, 아로요 부통령을 비롯한 에스트라다의 핵심 인사가 떠 나가기 시작했다. 탄핵안이 하원을 통과하자 에스트라다는 최종결정권을 가진 상원으로 하여금 자신의 비밀계좌 추적을 거부케 하여, 탄핵의 위기를 벗어났다. 이에 야권과 시민은 의회 심판 대신 거리투쟁을 선택하였고, 아키노 전 대통령과 가톨릭 지도자 등의 야권 인사를 필두로 한 10만여 명의 시민이 민주화 성지에 모여 에스트라다 퇴진 촉구시위를 벌이면서 전국 주요 도시로 시위가 확산되었다. 이와 같은 압력에도 물러나지 않고 버티던 에스트라다는 자신이 직접 임명한 앙헬로 레예스 참모총장이 반 에스트라다 진영에 합류하면서 급격히 무너졌다.[23]

필리핀의 국가의 구조는 사회세력 전체에 대한 국가능력의 전반적 취약성으로 이어지면서 더딘 개혁과정을 보여주고 있다. 민주정부의 민중주의적 전략은 국가구조의 과두세력을 견제할 수 있는 수준까지 이어지지 못하고 오히려 포섭의 대상이 되면서 제도권 내에서 보수화되었다. 다시 말해 이러한 측면은 폭력보다 항의의 형태로 정치적 요구를 결집하고 협상을 통한 분쟁해소를 용이하게 하는 방식으로 국가를 강화시켜, 민주주의 발전에 순기능을 하였지만, 보수 세력들의 침투를 용이하게 하는 역기능도 담당하였다. 시민사회에 대한 국가의 취약성으로 인해 동원된 '민중의 힘'은 오히려 민주주의 공고화에 대한 역효과를 가지고 올 수도 있다는 것이다.

---

23) Rocamora Joel & Paul D. Hutchcroft, "Strong Demands and Weak Institutions: Addressing Democratic Deficit in Philippines," Paper presented at Crisis of Democratic Governance in East Asia (March 11-13, 2002).

VI. 맺음말

1970년대 이후 세계적인 민주화의 물결 속에서 확산된 권위주의 정부의 퇴진과 민주화로의 전환은 그 자체로 공고화를 보장해주지는 않았다. 아시아 지역에서 여타의 다른 국가들보다 일찍 제도적 민주주의를 경험한 필리핀의 경우 미국 독립 이후부터 1972년 계엄령이 선포되기까지 제도적 수준에서의 외부로부터의 민주주의를 경험했고 권위주의 체제를 거치면서 사회전반에 대한 강한 통제와 억압을 경험했다. 하지만 1986년 "민중의 힘(People's power)"을 원동력으로 재민주화(redemocratization)[24]를 이루어 냈다. 그러나 현재 진행 중인 민주주의의 공고화 수준은 여전히 의문스러운 실정이다. 민주화 이후 성립된 첫 아키노 정부를 시작으로 체제변화에 상응되는 국가 전반의 구조개혁이 빈번히 좌절되고, 설사 개혁의 입법이 처리되어도 그 집행과 실행에 한계를 보여주었기 때문이다.

이러한 측면에서 본 글은 그 원인을 국가구조와 사회구조의 내적 변화의 차원에서 분석하였다. 우선 국가구조 차원에서는 필리핀 민주화의 한계를 그 첫 번째 근거로 지적했다. 미국에 의한 식민 시절부터 정권에 의해 형성되고 성장한 시민운동이 1986년 민주화의 중요한 시발점이 되었다는 점에서 필리핀의 민주화를 '아래로부터의 민주화'라고 그 성격을 규명하기도 하지만, 전환의 국면에서 일어난 군부와 시민사회의 분열, 그 후 군부의 온건파와 시민운동의 온건파가 권위주의 체제붕괴라는 목표에 성공적으로 대타협을 이루어 냈고 이러한 전략적 타협으로 첫 민주정부인 아키노 정부는 다양한 세력의 연합으로 이루어진 연합정권으로 탄생한다. 전략적 타협에 의한 민주화는 이후 민주정부의 개혁의 성격과 그 속도, 그리고 범위를 규정한다. '무지개 연합'을 기반으로 시작된 아키노

---

24) 필리핀의 경우 독립 이후부터 1972년 계엄령이 선포되기 전까지는 아시아 지역에서 모범적인 민주주의 체제를 발전시켰던 점을 고려했을 때, 1986년의 민주화를 재민주화(redemocratization)과정이라고 칭하기도 한다.

정부는 과거 군부의 영향력을 벗어날 수 없었고, 무엇보다 결과적으로 개혁의 걸림돌로 작용한 전통적 과두세력의 부활을 가져왔다. 아키노 정부는 민주화에 대한 기여로 이들에게 실질적인 보상을 일정정도 지불할 수밖에 없었고, 그 결과는 보수주의로의 회귀였다.

두 번째, 사회구조의 측면에서 살펴보면, 민주화 과정에서 그 어떤 사회세력들보다 적극적 역할을 수행했다는 측면에서 당시 필리핀 시민사회는 또한 연합정권의 한 축을 형성하고 있었다. 그리고 이후 시민사회는 그 양적인 규모에서 여타 아시아 국가들에 비해 급속한 성장을 하게 된다. 이러한 점을 미루어 볼 때, 민주정부에서의 개혁과정과 민주주의 공고화에 대한 적극적인 시민사회의 역량이 기대될 수 있었다. 그러나 그 잠재력이 큰 효과를 거두지 못했다는 점에서 이러한 예측은 벗어난다. 거기에는 집권정부에 의한 전략적 동원화에 시민단체가 포섭되었다는 점에 있었다. 여기에는 '갈등의 제도화'를 이루어 냈다는 점에서 제도적 민주주의의 성립에 기여했다고 볼 수 있는 점도 존재한다. 하지만 시민사회는 정권과의 전략적 타협을 통해 권력구조 안으로 편입되면서 그 노선과 성격이 변화하게 된다. 노동운동과 농민운동을 비롯한 제반의 시민단체들은 정치적 지향보다는 실질적인 경제 지향적 노선으로 선회하게 되었고, 급속하게 팽창한 수많은 시민단체들 내에서 균열이 나타나고 어떤 경우에는 과두세력들에 의해 이용당하기도 함으로써 그 역량의 파편화를 초래했다. 여기에는 무엇보다도 정권에 의한 포섭 전략이 유용하게 작동했다는 점에서 개혁과정에서 참여할 수 있는 시민사회의 기여가 축소될 수밖에 없었고 이후 개혁과정에서 이들 또한 보수 세력들의 침투를 용이하게 하였다.

결론적으로 말하면, 국가 취약성 앞에서 민주주의 공고화의 길은 험난할 수밖에 없다는 점이다. 이것은 국가구조 내의 반대세력과 시민사회의 저항세력 앞에서 필리핀의 현 정부인 아로요 정부 또한 미진한 개혁성과를 바탕으로 불안한 운영을 하고 있다는 점을 통해서도 알 수 있다.

|제9장|
16대 대선에서의 무당파(無黨派)층 특성 및 행태연구*

고승연
|고려대학교 정치외교학과 석사졸업

I. 서론

'노풍', '후보단일화', '세대' 등의 단어로 압축될 수 있는, 16대 대선에서 공통적으로 지적되는 것은 바로 '정당정치의 실종'이다.[1] 서구유럽에서 60년대까지 '동결'[2]되었던 계급과 종교에 따른 투표자 정렬도 존재하지 않고, 자신의 이념과 가까운 정당에 투표하게 되는 선거의 모습도 쉽게 드러나지 않는 한국정치에서 최근 3김정치의 퇴조 이후 조금씩 약화되기 시작한 지역주의[3]는 그나마 존재하던 한국정당정치의 안정성과 선

* 이 논문은 『동아시아연구』 제8호 (2004년)에 게재되었음.

1) 이내영, 이근 외, 『2002 대선 평가와 노무현 정부의 과제』(서울: 이슈투데이, 2003), p.105.
2) S. M. Lipset and S. Rokkan (eds.), *Party Systems and Voter Alignments* (New York: The Free Press, 1967), pp.47-49.

거의 예측력을 떨어뜨리고 있으며, 16대 대선에서와 같이 때로 '정당정치의 실종'이라 불리는 현상까지 낳고 있는 것이다. 이는 다시금 '무당파 (independent)'의 증가로 이어지고 있다. 구체적 수치를 통해 살펴보면, 14대 대선에서 22.7%에 불과하던 무당파층이 15대 대선에서 36.9%로 크게 증가하였고 16대 대선에서는 40%를 넘어버렸다.4) 이는 무당파층 자체가 전체 유권자의 절반에 육박하기 시작했다는 것으로 이 집단에 대한 학문적 관심과 연구가 절실해지고 있다는 것을 말해준다. 물론 이러한 무당파층의 증가가 한국에 국한된 것만은 아니다. 서구에서도 역시 이러한 현상이 나타나고 있으며 이는 일차적으로는 정당의 쇠퇴 혹은 실패와 깊은 연관을 가진다. 다만 한국에 있어서는 그 원인과 경로가 서구와 다를 뿐, 정치와 정당의 실패에 따른 무당파층의 증가라는 현상적인 모습만은 매우 비슷하다고 할 수 있다.

본 연구에서는, "[16대 대통령 선거]관련 유권자 의식조사(사단법인 한국사회과학 데이터센터)"자료를 토대로 현재 한국에서 증가하고 있는 무당파층이 어떠한 특성을 지닌 집단이며, 향후 한국의 선거와 정당정치 전반에 어떠한 영향을 미칠 것인가를 살펴보고자 한다. 이러한 논의를 위해 본 논문은 다음과 같이 구성된다.

첫째, 현재 한국에서 증가하는 무당파층은 어떠한 집단인지, 즉, '지지하는 정당이 없다'라고 밝히는 40.5%의 유권자층을 모두 동질적인 '무당파'로 분류할 수 있는가를 논의해 보고자 한다. 특히 아직 유럽이나 미국에서처럼 정교화된 설문을 통해 정당일체감의 강도나, 무당파적 지향의 강도 등을 측정할 수 없는 한국에서 이들 '무당파층'에 대한 어떠한 분류와 유형화가 가능할 것인지를 살펴보고 이를 시도해 보고자 한다.

---

3) 이내영, 이근 외 (2003), p.102.

4) 이러한 무당파층의 비율은 소순창의 "한국 지방선거에서 나타난 '무당파층'의 실증분석: 특징과 전망," 『한국의 선거 III』(서울: 푸른길, 1999)의 <그림 1>에서 14대, 15대 대통령 선거에서의 무당파층 비율만을 뽑고 16대 대선의 여론조사자료의 빈도분석을 종합한 것이다.

둘째, 무당파층에 대한 재유형화와 분류를 통해 16대 대선에서의 무당파층의 특성을 밝혀내고, 이들의 선거과정에서의 행태를 규명하면서 향후 한국의 이러한 무당파층이 선거와 정당정치 재편과정 전반에 미칠 영향을 밝혀보고자 한다.

II. 기존연구 검토 및 무당파의 재유형화

1. 기존연구 검토

한국에서의 무당파층에 관한 연구는 그 축적된 성과가 적다. 이는 한국의 정당정치와 선거 그리고 투표행태를 설명함에 있어 그동안 지역주의라는 변수가 압도적 규정력을 발휘함에 따라 '정당'과 '정당일체감'과 같은 변수 자체가 중요하게 취급되지 않았던 사실에 기인한다. 이러한 연구에 대한 여러 제약들 속에서도 분명 '정당일체감', '정당태도', '여야성향' 등의 변수를 중심으로 한 논의는 지속적으로 존재해 왔으나, '무당파층'에 대한 분석과 설명을 시도한 연구는 손에 꼽힐 정도로 적다. 그 몇 안 되는 연구 중 하나로, 소순창의 연구가 있다.[5] 소순창은 그의 연구를 통해 사회 경제적 변수, 선거 / 정치관심도, 경제 / 정치 평가 그리고 정치적 성향이라는 네 가지 변수를 이용 회귀분석을 한다.

이 중에서 가장 설명력이 높은 변수는 '정치적인 여야 / 중도성향'의 변수라고 제시한다. 이현출[6]의 연구도 그동안 진행되었던 극히 적은 무당파 연구 중 하나이다. 이현출은 이 연구에서 기본적으로 정당일체감을 '상당히 지속적인 정당에 대한 심리적 귀속감'으로 해석하는 — 사회심리적 측면을 강조하는 — 미시간 학파의 견해보다는 '정당에 대한 개인의

---

5) 소순창 (1999).
6) 이현출, "무당파층의 투표행태: 16대 총선을 중심으로," 『한국정치학회보』 34집 4호 (2000).

과거 정치적 경험 간의 차이'로 정의하는 즉, '과거에 대한 평가적인 관점'을 강조하는 피오리나7)의 입장에서 사회경제적 변수 중에서는 연령변수와 출신지 변수가, 이념적 특성에 있어서는 '중도' 변수가 큰 영향력을 발휘한다는 것을 입증하였다.

앞서 살펴본 바와 같이 한국의 '무당파'에 대한 몇몇 연구가 진행되어 왔으나, 한국의 선거와 정치공간에서 지속적으로 증가추세를 보이는 '무당파층'의 중요성을 고려할 때 아직 매우 미약한 수준이다. 특히 최근 들어 한국의 선거와 정치전반에 '세대와 이념'8)의 문제가 등장한 바 있고 이전 연구에서 변수로 다루어지던 '여야성향' 변수의 경우 그 의미가 퇴색되는 등 새로운 관점에서 정당에 대한 지지패턴, 그리고 무당파에 대한 분석이 요구되고 있음에도 불구하고 아직 '무당파'를 중심 대상으로 놓고 이루어진 연구의 수가 손에 꼽을 정도로 적다는 것은 이 분야에 관한 연구의 필요성을 더욱 절실하게 한다.

2. 무당파의 개념화와 그 이론적 배경

정당일체감과 이로부터의 이탈로 인한 무당파 층을 어떻게 개념화하고 측정할 것인가의 문제에 있어서는 지속적인 논란이 있어왔다. 이러한 논의는 미국의 미시간 학파9)에 의해 시작되었는데, 전통적으로 중도적 지지자를 가운데 두고 민주당과 공화당을 양쪽 끝에 두는 일차원적인 양극척도가 이용되어 왔다. 이에 대해서 페트로식이 발견한 '역차현상 (intransivities)'10)등의 문제를 통해 논쟁이 시작되었다. 페트로식의 연구에

---

7) M. Fiorina, *Retrospective Voting in American National Elections* (New Haven: Yale University Press, 1981)을 참조할 것.
8) 이내영, "세대와 정치이념," 사회과학원 편, 『계간 사상』 가을호 (2000), p.54.
9) A. Campbell et al., *The American Voter* (New York: Wiley and Son, 1960).
10) J. R. Petrocik, "An Analysis of Intransitivities in the Index of Party Identification," *Political Methodology*, Vol. 1 (1974), pp.31-47.

따르면 정당지지자들의 여러 분류가 일차원적인 척도에서 예상하는 것과 달리 중도적 지지자(leaners)들이 소극적 정당지지자들보다 더 정당 지지적인 투표행태를 보인다는 것이다. 다른 한편으로 중도적 지지자를 진정한 무당파로 해석하는 연구도 있는데,[11] 황아란은 이러한 두 가지의 해석이 모두 맞을 수 있다고 지적한다. 즉 어떤 중도지지자들은 정당지지자이며, 어떤 이들은 진정한 무당파일 수 있기 때문에 각기 다른 분석이 가능할 수 있다는 것이다.[12]

이러한 정당일체감에 대한 개념의 차원에 관한 논의에 있어, 미시간학파의 전통적 정당일체감 척도의 문제점을 보완하면서 새로운 개념화와 이론화가 시도되었고 특히 와이즈버그[13]에 의해 제안된 3차원 모델이 가장 독특하면서도 개념적으로 파악하기 쉬운 개념으로 주목받고 있다. 미시간 모델이 상정하는 정당일체감은 일직선상의 양극에 민주당과 공화당을 두고, 무당파를 중간에 두는 1차원의 구조를 취하고 있지만 와이즈버그의 다차원모델은 민주당지지, 공화당지지, 무당파 지향이 각각 독립된 다른 차원을 구성하며 3차원의 정당일체감이 제시된다. 와이즈버그에 따르면 이러한 다차원의 모형에서는 스스로를 어느 당에도 가깝지 않은 무당파라는 독립적인 성향을 가진 것으로 인식하는 것이 가능하다.

이러한 새로운 차원의 모형을 통해 투표행태를 바라보게 될 경우, 1950년대 이후 나타난 미국의 무당파의 증가란 것이 양쪽 정당의 어느 중간쯤에 유권자들이 위치하면서 나타난 현상만이 아니라 '무당파'라는 하나의 성향에 대한 자기인식과 위치확립을 통해서 나타났을 수 있다는 점을 시사해 줄 수 있다는 것이다.[14] 앞서 제시한 정당일체감에 대한 다차원

---

11) P. Shively, "The Development of Party Identification among Adults: Exploration of a Functional Model," *American Political Science Review,* Vol. 73, No. 4 (1979), pp.1039-1054.

12) 황아란, "정당태도와 투표행태," 이남영 편, 『한국의 선거 II』(서울: 푸른길, 1999), p.269.

13) H. Weisberg, "Multidimentional Conceptualization of Party Identification," *Political Behavior,* Vol. 2, No. 1 (1980).

〈표 1〉무당파층의 재유형화 모델

		정당지지의 강도(Strength of Partisanship)	
		정당지지 없음(independent)	정당지지(Party identification)
인지적 동원 (Cognitive Mobilization)	높음	인지적 무당파(Apartisan)	인지적 정당지지층 (Cognitive partisan)
	낮음	정치무관심층(Apolitical)	관습적 정당지지층 (Ritual partisan)

적 논의가 본격화[15]되고 무당파에 대한 적극적 분석이 활성화 되면서, 무당파층을 정치적 무관심층으로 규정하지 않고 오히려 무당파층이 높은 정치적 관심과 정치에 대한 지식을 가진 층일 수 있으며 최근 서구와 미국에서 증가하는 무당파층의 대다수는 바로 그러한 정치적 관심도와 지식수준이 높은 적극적인 무당파라는 분석과 주장이 제기되고 있다.[16] 이 중에서도 달튼은 미국과 영국, 독일과 프랑스의 유권자의 투표행태를 비교분석하면서 이들 국가의 증가하고 있는 무당파층의 특징을 짚어내면서 다음과 같이 구분을 시도하였다.[17]

위의 <표 1>에서 구분하였듯이, 정당지지의 강도와 인지적 동원의 여부를 지표로 하여 유권자를 나눠보면 총 네 부류의 유권자로 나뉠 수 있으며 달튼은 현재 지속적으로 증가하고 있는 정당지지가 없는 사람들 (independent)이란 주로 인지적 동원이 높음에 속하는 무당파(apartisan)임을

---

14) H. Weisberg (1980), p.38.

15) J. Dennis, "Political independence in America, Part I: On Being an Independent Partisan Supporter," *British Journal of Political Science*, Vol. 18, No. 1 (Jan., 1988).

16) Pippa Noris (ed.), *Critical Citizens: Global Support for Democratic Governance* (Oxford: Oxford University Press, 1999); Russell J. Dalton, *Citizen Politics* (2nd edition) (New Jersey: Chatham House Publisher, 1996).

17) Russell J. Dalton, "Partisanship and Electoral Behavior," in Pippa Noris, ed., *Citizen Politics* (New Jersey: Chatham House Publisher, 1996), pp.208-217.

밝히고 있다.[18]

3. 16대 대선에서의 무당파층 재유형화

이 절에서는 한국에서 증가하고 있는 무당파가 와이즈버그의 논의와 궤를 같이하는 '적극적 무당파'인지 아니면 미시간 학파의 전통적인 '소극적 무당파'인지를 알아보고자 한다. 또한 과연 한국의 무당파층의 증가가 단순히 정치무관심층의 증가인지 달튼의 논의에서처럼 '인지적 무당파'의 증가인지를 알아보고자 한다.

이러한 과정에서 무당파와 정당지지층을 인지적 동원의 여부로 나누어 재유형화 할 수 있는지 그 가능성을 검토하고 실제 재유형화 작업을 시도해 볼 것이다. 무당파층의 증가가, 이들의 투표행태가 향후 한국의 선거정치와 정당정치 전반에 미칠 영향과 함의를 논의하기 위해서는 단순히 무당파층의 특성을 분석하는 것을 넘어서서, '어떠한 무당파인가?', '왜 무당파가 되는가?'를 설명할 수 있어야 하기 때문이다.

1) 지수 설정

무당파층에는 정치에 대한 무관심으로 인한 무당파층과 정치에 대한 관심과 지식이 높음에도 불구하고 기존 정당체제나 정치에 대한 불신으로 무당파가 되는 유권자층이 있다. 본 논문에서 사용하는 16대 대선 여론조사 자료에는 '16대 대통령 선거 자체에 대한 관심도를 묻는 문항', '정치 / 선거 전반에 대한 관심도'를 묻는 문항, '정치 / 선거 전반에 관한 지식'의 정도를 묻는 여러 문항이 있다. 이는 물론 응답자 자신이 스스로에 대한 판단을 통해 자기 스스로 답변하는 여러 문항들이다.

이와 별개로, 정치에 관한 기본지식과 관련하여, 대통령의 임기를 알고 있는지, 자기 지역의 광역단체장의 이름을 알고 있는지를 묻는 문항이 있

---

18) Dalton (1996), p.214.

〈그림 1〉 정치 / 선거 관심과 지식의 지수

16대 대선관심도 + 정치적 사건 / 선거 평소 관심도 + 정치적 사건 / 선거 지식도 + 대통령 임기 인지여부 + 광역단체장 이름 인지여부 + 싫어하는 정당의 존재 유무 + 주관적 이념성향과 객관적 이념성향[21]의 일치여부 - 3

최소값 1   최대값 22

었다. 또한 실제 선거에 대한 관심을 비교적 객관적으로 측정할 수 있는 지표인 TV토론 시청빈도를 묻는 문항도 있다. 이러한 문항들의 방향성을 통일하여 다른 지표들과 합산하고 최소값이 1이 되도록 계산하여 다음과 같은 지수[19]를 설정하였다.[20]

---

19) 문항 1번인 '16대 대선 관심도'에 대한 답변을 가장 낮은 관심도가 1이 되도록 변환하였고 'TV토론 시청빈도(문항 24)' 역시 방향을 변경하여 많이 봤을 수록 점수가 높아지도록 하였다. 평소 정치적 사건과 선거에 대한 관심을 묻는 문항(문항27)은 주어진 대로 1~7까지의 지수를 그대로 사용하였고 정치적 사건과 선거에 대한 지식정도를 묻는 문항(문항 21)역시 그대로 사용하였다. 또한 대통령 임기 인지여부와 광역단체장 이름을 묻는 문항(문항 22, 23)은 정답을 0.5점, 오답을 0점으로 처리하였으며, 싫어하는 정당이 있는지의 여부(문항 35)를 놓고 없는 경우 0점, 있는 경우 1점으로 처리하였다. 싫어하는 정당이 있는 경우는 황아란의 15대 대선 연구에서처럼 하나의 정당태도로 이해될 수 있기 때문에 지수설정에 포함시켰다. 객관적 이념지수를 설정하여, 매우진보~매우보수까지로 코딩하여 본래 문항에 있던 주관적 이념성향과의 일치도를 평가하여 일치하면 1점을 주었다. 15대 대선 연구는 황아란 (1999) 참조.
20) 싫어하는 정당이 있는지의 여부가 유의미한 정당태도라는 논의는 황아란 (1999) 참조.
21) 여기에서 객관적 이념지수란, 정책선호 문항의 방향성을 통일하여 통계적으로 유의미한 것을 추출하여 점수를 합산하고 다시 수치 1부터 31까지를 매우진보부터 매우보수까지 5등분하여 만든 것이다. 이것과 자신의 이념에 대한 평가(즉, 주관적 이념성향)가 일치한다면 이 역시 정치적 지식이나 인지도가 높다는 사실을 반영한다고 생각하여, 이를 지수설정에 포함시켰다.

2) 재유형화

앞선 <그림 1> '정치 / 선거 관심과 지식의 지수'를 지표로 하여 인지적 동원의 여부를 판단하였고 다음 <표 2>와 같은 재유형화를 하였다.

다음의 재유형화표 <표 2>는 상당히 흥미로운 결과를 보여주고 있다. 정당지지층의 경우 인지적 동원의 여부를 놓고 봤을 때, 인지적 정당지지

〈표 2〉 무당파층 / 정당지지층의 재유형화[22)]

( )는 인지적 동원의 %, [ ]는 전체의 % (단위: %)

		정당지지의 강도	
		정당지지 없음(independent)	정당지지(Party identification)
인지적 동원	높음	인지적 무당파 (Apartisan) 56.7 (35.2) [23.0]	인지적 정당지지층 (Cognitive partisan) 71.3 (64.8) [42.4]
	낮음	정치무관심층 (Apolitical) 43.3 (50.7) [17.5]	관습적 정당지지층 (Ritual partisan) 28.7 (49.3) [17.1]

22) 간과하지 말아야 할 사실은 이러한 분류를 위한 지수의 설정과 분류과정이 어느 정도 자의적이라는 것이다. 이는 기본적으로 16대 대선 여론조사 자체의 한계에 기인하는 바가 크다. 한국의 선거관련 여론조사 자체가 아직 미국과 서구 유럽에서처럼 다양한 변수와 선호의 측정을 위한 정교한 문항으로 구성되어 있지 않으며, 16대 대선 여론조사 자료 역시 정교하게 정치적 지식과 선거관련 지식, 관심도를 측정하거나, 따로 인지적 동원의 여부를 판단할 수 있는 문항들이 거의 부재한 것이 사실이다. 또한 정당지지의 강도 또한 '지지정당이 있는지의 여부'말고는 알 수 있는 방법이 없다. 따라서 본 유형화 역시 그 자체로 많은 한계를 노정하고 있으나, 하나의 가능성을 제시하고 시도하는 것 자체에 의미가 있다 하겠다.

층에 속하는 경우가 71.3%로 관습적 정당지지층(28.7%)보다 그 비율이 훨씬 높았다. 무당파 층의 경우 정치 / 선거 지식도와 관심도가 높다고 할 수 있는 '인지적 무당파'의 비율이 56.7%로 정치무관심층으로 분류된 무당파 즉, 정치 / 선거 지식도와 관심도가 낮은 유권자(43.3%)보다 높게 나타난 것이다. 이는 한국에서 현재 증가추세를 보이는 무당파층의 많은 이들이 단순한 '정치 무관심'에 의한 '소극적 무당파'층이 아닐 수 있다는 것이다.

물론 이러한 유형화가 어느 정도의 설득력과 의미를 갖기 위해서는 '정치무관심층'과 '인지적 무당파'는 물론, 또 다른 유형의 축인 '관습적 정당지지층'과 '인지적 정당지지층'이 각각 그 특성이나 투표행태에 있어서, 의미 있는 차이를 보여주어야 할 것이다. 따라서 다음 장에서는 이러한 재유형화에 분류된 각 유형의 유권자들이 갖는 사회경제적 특성을 살펴보고, 이념성향, 회고적 평가 변수 등 특성을 검토해 본 후, 각 유형의 유권자를 종속변수에 놓고 로짓 회귀분석을 할 것이다. 또한 그 다음 장에서는 이러한 재유형화에 따른 투표행태를 분석하면서 무당파와 정당지지층의 기본적인 특성과 차이는 물론 인지적 동원의 여부에 따라 나뉜 각각의 무당파와 정당지지층의 투표행태의 특성과 차이 역시 분석할 것이다. 이러한 과정에서 각 유형별 의미 있는 차이가 나타난다면 앞서 실시한 재유형화 역시 그 의미가 있고 가능성을 인정받는 것이라 생각할 수 있다.

III. 인지적 무당파 / 정치무관심층, 관습적 /인지적 정당지지층의 특성

1. 사회경제적 배경변수

이 절에서 다루고자 하는 사회경제적 배경변수는 연령 / 세대, 학력 / 교육수준, 소득수준 그리고 출신지역이다. 유권자의 사회경제적 배경이 투표행위에 영향을 미친다는 것은 미국에서 미시간 학파의 정당일체감에 대한 본격적인 연구에 앞서 라자스펠드, 베렐슨23)등에 의해 제기되었다. 한편, 한국에서도 최근 큰 변수로 등장한 세대의 문제는 물론, 교육수준, 특히 출신지역 등이 여야성향 및 정당일체감이나 후보에 대한 호오도에 영향력을 행사한다는 것이 자주 입증되었다. 우선 세대의 문제에 있어 이현출의 16대 총선에 관한 연구를 보면 지지정당이 있다고 응답한 유권자가 20대부터 50대까지 점차적으로 늘어가는 것을 보여주며24) 미시간 학파의 정당일체감 연구에서도 일반적으로 신생유권자를 포함한 젊은 유권자가 나이든 유권자보다 자신을 무당파라고 칭하는 경향이 많다는 것이 입증되었다.25)

한편 교육수준 혹은 학력변수를 보면, 대부분의 경우 무당파층의 증가는 정치 메커니즘, 또는 정당에 대한 지식인의 반대로서 나타나는 경향이 있다는 서구학자들의 논의26)를 차치하고라도 한국인의 정치참여 자체에 있어서 이 변수의 중요성은 자주 강조되어 왔다. 이갑윤의 논의에 따르면 한국에서는 교육수준이 높을수록 민주적 정향이 강하고, 진보적이며, 현실정치에 대해 부정적 / 비판적 태도를 지니고 있다고 한다.27) 16대 총선에서도 역시 교육수준이 높은 유권자 층에서 무당파의 비율이 높다는 것이 나타난다.

소득문제의 경우 한국의 선거에서 별로 중요하지 않게 나타났는데, 이

---

23) Paul F. Larzrsfeld, Bernard Berelson and Hazel Gaudet, *The People's Choice: How the Voter Make Up His Mind in a Presidential Campaign?* (New York: Columbia University Press, 1944).

24) 이현출 (2000), p.143.

25) Campbell et al. (1960).

26) H. Penniman, *The American Political Process* (Princeton: Princeton Univ. Press, 1962)를 이현출, "무당파층의 투표행태: 16대 총선을 중심으로," 『한국정치학회보』 34집 4호 (2000)에서 재인용.

27) 이갑윤, 『한국의 선거와 지역주의』(서울: 오름, 1997), p.99.

현출의 경우 16대 총선에 대한 무당파층 연구에서 서구유럽과 비교하여 계급균열이 약하고, 노동계급을 대변하는 의미 있는 정당이 존재하지 않는 상황하에서 저소득층이 정당일체감을 형성할 대상정당을 발굴하지 못해 무당파로 남을 가능성이 있음을 제시하였다.[28) 출신지역 변수의 경우 87년 이후, 한국의 정치전반, 특히 선거를 설명하는 데 있어서 압도적 규정력을 가진 변수로 취급되어 왔으나, 최근의 많은 연구들은 이러한 지역주의 균열이 약화되는 조짐을 보이고 있음을 경험적으로 입증하고 있다. 실제 16대 대선에서도, 단순히 '지지정당의 여부'만을 놓고 무당파와 정당지지층을 구분하여 각 변수를 살펴보면 20대에서는 무당파층 비율이 45.9%로 가장 높았고, 대학 재학이상의 학력을 가진 사람들의 무당파비율이 43.9%로 각각 37.9%와 38.5%를 보인 중졸이하와 고졸이하의 유권자들보다 높았으며, 이념적으로는 중도인 사람들의 무당파비율이 높았다. 즉, 앞선 논의가 거의 사실임이 입증되고 있는 것이다.

이 절에서는 앞서 재유형화한 네 유형의 정당지지패턴과 사회경제적 변수의 관계를 교차 분석하였고 그 결과는 다음 <표 3>과 같았다.

먼저 연령변수를 살펴보면, 20대에서 정치무관심층이 차지하는 비율이 다른 연령대보다 상당히 높은 것으로 나타난다. 이는 지난 16대 대선에서 선거경쟁이 예측불허의 접전으로 끝까지 이어졌고, 세대대결의 양상이 나타나면서 투표율이 80%에 육박할 것이라는 예상에도 불구하고 '정몽준의 노무현지지 철회선언'변수와 더불어 왜 20대의 투표율이 50%가 채 안되었고, 전체투표율이 70%를 간신히 상회하는 수준에서 그쳤는지를 설명해 줄 수 있는 하나의 지표가 될 것이다. 학력(교육수준)변수와 관련하여 주목할 만한 점은 무당파 중에서 '인지적 무당파' 유형의 경우 교육수준이 높아질수록 그 비율이 높아지는 경향을 보였고, 관습적 정당지지층의 경우 교육수준이 높아질수록 그 비율이 낮아지고 있다는 것인데, 이러한 경향은 인지적 동원의 여부와 교육수준의 관계가 무관하지 않음을

---

28) 이현출 (2000), pp.144-145.

〈표 3〉 네 유형의 정당지지패턴과 사회경제적 변수

		정치 무관심층	인지적 무당파	관습적 정당 지지층	인지적 정당 지지층
연령별 (p:0.014)	20대	23.5%	22.4%	17.4%	36.7%
	30대	17.0%	24.3%	18.1%	40.6%
	40대	12.3%	25.2%	15.9%	46.5%
	50대 이상	17.1%	20.6%	16.8%	45.6%
학력별 (p:0.000)	중졸 이하	23.9%	13.9%	23.6%	38.5%
	고졸 이하	16.8%	22.0%	17.5%	43.8%
	대재 이상	15.0%	28.9%	12.6%	43.5%
	무응답		25.0%	50.0%	25.0%
소득별 (p:0.320)	150만 원 미만	20.5%	20.3%	18.7%	40.5%
	150~300만 원	16.9%	23.9%	16.1%	43.1%
	300만 원 이상	15.1%	25.9%	15.5%	43.5%
	무응답	12.3%	21.5%	21.5%	44.6%
출신지 (p:0.000)	서울	19.7%	23.6%	14.9%	41.8%
	경기	16.0%	21.7%	13.1%	49.1%
	강원	32.3%	19.4%	11.8%	36.6%
	충청	14.4%	31.5%	16.7%	37.5%
	전라	10.4%	16.2%	20.9%	52.5%
	경상	19.6%	24.4%	18.6%	37.3%
	기타	19.4%	16.1%	12.9%	51.6%

보여주는 것이라 하겠다.

　소득수준의 경우 무당파나 정당지지층 모두 인지적 동원이 높을 경우 소득수준이 높아질수록 그 비율이 커지는 경향을 보였다. 전체적으로 소득수준별로 큰 차이가 나타나지는 않았으나, 단순히 무당파 / 정당지지층만을 구분하여 살펴보았던 소득수준별 정당지지패턴과는 약간의 차이를 보여주고 있다. 또한 '소득수준'변수는 인지적동원의 여부로 나누지 않은 무당파 / 정당지지층과 소득수준의 관계를 살펴 본 교차분석표 <표 4>에

서와 마찬가지로, 유의확률이 높아 다른 변수들과 달리 통계적으로 유의
미하지 않은 것으로 나타났다. 마지막으로 출신지역과 각 유형의 정당지
지패턴의 관계를 살펴보면 몇 가지 흥미로운 사실을 발견할 수 있다. 충
청지역 출신의 유권자들이 다른 지역 출신 유권자들에 비해 '인지적 무
당파'인 경우가 많았다. 과거 충청권에 기반을 둔 자민련과 김종필 대표
의 영향력이 감소하고 특히 대선에 후보조차 내지 않음으로 인해, 이 지
역 유권자들은 정치적인 관심과 선거자체에 대한 관심은 높음에도 특별
히 지지하는 정당이 없었던 것으로 보인다. 또한 지난 대선에서 중요한
쟁점 중 하나가 '충청권으로의 행정수도 이전 문제'였다는 것을 감안하
면, 그러한 쟁점으로 인해 높아진 선거 관심도가 유형화 과정에 반영되고
있지 않나 하는 생각을 할 수 있겠다.

2. 이념성향과 회고적 평가변수

앞선 절에서는 사회경제적 배경변수-연령, 학력, 소득, 출신지역-를
중심으로 16대 대통령 선거에서의 각 유형의 유권자층이 지닌 특성을 살
펴보았다. 이 절에서는 먼저 각 유형의 유권자층이 지닌 특성을 주관적
자기이념(self-placement)과 정책에 대한 선호를 중심으로 새롭게 구성한 객
관적 자기이념을 합한 새로운 이념지수에 따라 살펴보고자 한다. 또한 각
유형의 유권자들이 정책선호와 이념에 있어 차이가 있는지, 있다면 어떠
한 차이가 어느 정도 있는가를 살펴보고자 한다. 이러한 '이념'의 문제는
서구에 있어서는 유권자의 정치적 선택에 미치는 영향이 적지 않다고 평
가되어 왔으나 한국 정치에서는, 특히 선거와 관련된 행태에 있어 '이념'
은 중요한 변수로 취급되지 않았으며 이념을 중심으로 정당지지의 패턴,
투표행태를 설명하고 분석한 연구 역시 활발하지 않았다. 그러나 강원택
이 적절히 지적하듯이,[29] 2002년 대통령 선거를 거치고 나면서 한국 선

---

29) 강원택, 『한국의 선거정치: 이념, 지역, 세대와 미디어』(서울: 푸른길, 2003),

거에서도 이념 성향이 유권자의 투표행태 등에 영향을 미칠 수 있는 사
실이 인식되기 시작하였다.[30]

두 번째로, 이 절에서는 키[31]와 피오리나 등이 제기한 회고적 평가의
관점에서 김대중 정부에 대한 업적 평가와 정당지지 패턴이 어떠한 관계
를 갖는지를 살펴보고자 한다. 회고적 평가와 그에 따른 정치적 선택은
보통 각 정당이 앞으로 실현하겠다고 제시하는 정책공약의 비교를 통해
서 지지할 정당을 선택한다는 '전망적 투표(prospective vote)'와 달리 집권
당의 정책 수행 실적에 만족하는 경우에는 지지하고 불만인 경우에는 지
지하지 않는 것이다.[32] 김대중 정부에 대한 업적평가에 있어 부정적인
입장을 취하는 경우 다른 정당으로 지지를 선회할 수 있는 경우와 대안
정당을 찾지 못한 채 무당파가 되어버리는 경우가 가능할 것이며, 이러한
측면을 살펴보는 것은 분명 한국의 무당파층의 특성을 규명하는 데 도움
을 주고, 그들이 향후 한국의 선거와 정당정치에 미칠 영향을 가늠해 볼
수 있도록 해줄 것이라 생각된다.

먼저 이념성향과 네 가지 유형의 유권자들의 관계는 다음 <표 4>와 같
이 나타났다.

---

p.23.

30) 여기에서 간과하지 말아야 할 사실은, 한국에서의 이념성향과 '보수-진보'의
패턴은 서구정치에서 발견되는 것과 유사한 형태의 것이 아니라는 점이다.
한국에서는 저소득층, 노무직 등 서구 정치에서 좌파, 혹은 진보세력의 기반
인 이들 집단이 오히려 보수적으로 나타나기도 하며(강원택, 2003, p.60), '진
보-보수'의 차이가 학력을 중심으로 나뉘어 지는 경우도 많을 뿐더러(강원
택, 2003, p.40), 한국에서는 경제인식 차원에서 드러나는 정책에 대한 시각
의 차이가 이념의 자기결정에 근본적인 영향을 끼치지 못하고 있다(이수현,
2003). 오히려, 정치적 차원에서의 정책에 대한 선호가 이념의 진보와 보수
를 가르는 기준으로 설명력을 지닌다.

31) V. O. Key, *The Responsible Electorate* (Cambridge: Belknap Press, 1966); 소순
창, "한국 지방선거에서 나타난 '무당파층'의 실증분석: 특징과 전망," 『한국
의 선거 III』 (서울: 푸른길, 1999)에서 재인용.

32) 소순창 (1999), p.415.

〈표 4〉 재유형화된 무당파 / 정당지지층과 이념성향

(단위: %)

	매우 진보	약간 진보	중도	약간 보수	매우 보수	전체
정치무관심층	3.0	39.6	46.3	10.4	.6	100
인지적 무당파	8.0	48.8	36.8	6.4		100
관습적 정당지지	3.2	33.1	47.4	14.9	1.3	100
인지적 정당지지	9.7	39.5	37.4	12.2	1.1	100

Pearson 카이제곱: 15.039(유의확률: 0.005)

〈표 5〉 재유형화된 무당파 / 정당지지층과 김대중 정부 평가

(단위: %)

	아주 잘함	잘하는 편	그저 그렇다	잘 못하는 편	아주 못함	전체
정치무관심층	.8	17.1	40.3	32.3	9.5	100
인지적 무당파	.9	15.7	38.6	34.2	10.7	100
관습적 정당지지층	3.5	18.0	37.9	26.6	14.1	100
인지적 정당지지층	3.6	26.9	32.5	23.4	13.5	100

Pearson 카이제곱: 48.890(유의확률: 0.000)

 <표 4>에서 나타난 결과를 보면, 앞선 인지적 동원의 여부를 놓고 보았을 때, '인지적 동원'에 해당하지 않는 '정치무관심층'과 '관습적 정당지지층'은 중도의 비율이 높게 나타나고 있다. '인지적 동원'에 해당하는 유권자층을 놓고 보면, '인지적 무당파로' 분류된 유형의 유권자들은 다

른 유형의 유권자들보다 상대적으로 상당히 진보적으로 나타났다는 사실
이다.

정당지지층의 경우 무당파인 유권자들보다 김대중 정부에 대해 긍정
적으로 평가하고 있음을 알 수 있다. 흥미로운 사실은 '인지적 정당지지
층'이 김대중 정부에 대해 '관습적 정당지지층'보다 더 긍정적으로 평가
하고 있다는 사실이다. 이는 추후 다른 연구를 통해 검증해야겠지만, <표
3>에서 호남 출신 사람들 중에서 인지적 정당지지층의 비율이 높았던 것
과 관련이 있을 것으로 보인다.

3. 네 가지 유형의 정당지지패턴에 각 변수가 미치는 영향

〈표 6〉 네 가지로 재유형화된 정당지지패턴의 형성: 로짓 회귀분석

독립 변수	무관심층		인지무당		관습정당		인지정당	
	B	p	B	p	B	p	B	p
서울경기	-.525	.458	.220	.716	.293	.783	.156	.760
강원출신	.126	.865	.208	.751	.159	.888	-.242	.661
충청출신	-.890	.225	.725	.235	.900	.398	-.415	.425
호남출신	-1.184	.109	-.136	.825	1.054	.321	.285	.581
영남출신	-.437	.532	.327	.585	.642	.542	-.140	.782
연령	-.045	.000	.012	.037	-.026	.001	.021	.000
학력	-.489	.001	.179	.025	-.060	.581	.039	.606
소득	-.027	.544	.034	.313	-.007	.865	-.004	.894
긍정적 평가	-.242	.312	-.595	.002	-.118	.621	.565	.000
이념지수	.047	.021	-.072	.000	.103	.000	-.014	.314
(정치불신)	(-.594)	(.154)	(-.008)	(.978)	(.771)	(.010)	(-.228)	(.364)
상수	.290	.733	-1.078	.119	-3.283	.004	-.555	.351
-2 Log 우도	877.695		1258.741		859.091		1518.028	
Cox와 Snell의 R-제곱	.053		.046		.038		.048	
Nagelkerke R-제곱	.094		.067		.069		.064	

앞서 행한 분석을 토대로 볼 때, 인지적 무당파 / 정치무관심층, 인지적 정당지지층 / 관습적 정당지지층은 그 사회경제적 배경변수의 특성이나 이념과 '회고적 평가'의 측면에서 일정정도의 차이를 드러내고 있다. 이러한 각각의 변수들이 갖는 유의미성과 실제적 영향력의 크기를 측정하기 위해 각 특성을 독립 변수화하여 각각의 정당지지패턴을 놓고 로짓 회귀분석을 시도하였다. 그 결과는 다음 <표 6>에 나타난 것과 같다.

앞의 회귀분석 결과 <표 6>에서 통계적으로 유의미하게 나타난 변수를 중심으로 각각의 정당지지패턴을 보면 몇 가지 중요한 함의가 발견된다. 각 유형별로 그 결과와 의미를 짚어보면 다음과 같다.

첫째, '정치 무관심층'에 대한 회귀분석 모델에서 통계적으로 유의미한 변수는 연령과 학력이었고, 둘 다 음의 부호(−)를 취함으로써 연령이 높아질수록, 학력이 높아질수록 '정치 무관심층'이 될 가능성이 적은 것으로 나타났다. 학력변수의 회귀계수 절대값은 연령변수의 절대값 보다 크게 나타나 그 영향력이 크다는 것을 보여주었다. 또한 이념지수 역시 유의미하게 나타났는데, 보수적일 경우 정치적 무관심층이 될 가능성이 높음을 알 수 있었다. 둘째, '인지적 무당파'에 대한 분석 모델에서는 연령과 학력, 김대중 정부에 대한 긍정적 평가의 여부 그리고 이념성향이 모두 통계적으로 의미가 있는 것으로 나타났다. 연령의 경우 '정치 무관심층'과는 다르게 회귀계수가 양의 부호(+)를 가지는 것으로 나타났고 이는 비록 작은 영향력이기는 하지만 분명 연령이 높아지면 '인지적 무당파'가 될 가능성이 높아진다는 것을 보여준다.

이는 앞서 <표 3>에서 보이는 결과, 즉 20대의 경우 '정치 무관심층'의 비율이 '인지적 무당파'의 비율보다 높았고 30대와 40대에서 '인지적 무당파'의 비율이 높았던 것과 관련이 있는 것으로 보인다. 학력변수를 살펴보면 학력이 높아질수록 '인지적 무당파'가 될 가능성이 높은 것으로 나타났는데, 다른 유의미한 변수들에 비해 회귀계수가 상대적으로 높아, 그 영향력이 크다는 것을 보여주었다. 한편, 김대중 정부에 대한 평가의 변수가 갖는 영향력을 보면, 부정적 평가를 하는 경우 인지적 무당파가 될 가능성이 높음을 보여주었다.[33] 회귀계수 또한 통계적으로 유의미한 변수들 중 가장 높아 그 영향력이 크다는 것을 입증하였다.

마지막으로 이념성향 역시 진보적일수록 인지적 무당파가 될 가능성이 높음을 보여주었는데, 이는 앞서 각 유형의 유권자들의 이념성향을 알아본 <표 4>의 분석결과와 일치하는 것이었다. 셋째, '관습적 정당지지층'에 관한 회귀분석 모형을 보면 우선 통계적으로 유의미한 변수는 연령과 이념 성향이었다. 영향력의 크기는 이념성향-연령순으로 작아지며, 결론적으로 젊을수록, 가장 중요하게는 이념성향이 보수적일수록 관습적 정당지지층이 되는 확률이 높았다. 넷째, '인지적 정당지지층'의 회귀분석 모형을 보면, 연령과 김대중 정부 평가 항목이 통계적으로 유의미하게 나타났다. 연령이 높아질수록 인지적 정당지지층이 될 수 있는 가능성이 크다는 것을 보여주었고 김대중 정부에 대한 긍정적인 평가가 인지적 정당지지층이 되는 것에 영향력을 행사하고 있음을 제시하였다.

전체적으로 평가해 보면, 각 정당지지패턴의 어느 모형에서나 '연령'변수가 유의미하게 나타났고, <표 3>에서 20대 보다는 30대와 40대의 '인지적 무당파', '인지적 정당지지층'의 비율이 높게 나타났듯이, 앞선 회귀분석에서도 연령이 높을 경우, '인지적 동원'의 범주에 해당하는 것으로 나타났다. 이념성향의 경우 정치적 무관심층, 인지적 무당파와 관습적 정당지지층에서 유의미한 변수로 판명되었고, 이념성향이 진보적일수록 인지적 무당파가 될 가능성이 높고 보수적일수록 정치무관심층이나 관습적 정당지지층이 될 가능성이 높다는 것이 입증되었다. 특히 관습적 정당지지층에서는 그 회귀계수 역시 가장 크게 나타나, 이들 유권자층에 보수적 성향을 가진 유권자가 많음을 확인할 수 있었다. 교육수준을 살펴보면,

---

33) 즉, 긍정적 평가를 할수록 인지적 무당파가 되는 것에 있어서는 – 부호를 가짐으로 인해 결국 김대중 정부에 대한 긍정적인 평가를 하는 사람들은 인지적 무당파가 될 가능성이 낮음을 보여주고 있다. 이로 인해, 부정적 평가를 혹은 '그저 그렇다'고 평가하는 사람들 중에 인지적 무당파가 많음을 추론할 수 있다.

인지적 무당파층과 무관심층, 즉 지지정당이 없는 유권자층에서 그 유의미성이 판명되었고 김대중 정부 평가의 문제는 각각 인지적 무당파와 인지적 정당지지층에서 유의미한 것으로 판명되었다.

4. 어떠한 무당파인가?

앞선 장에서는 '인지수준 지표'를 설정하여 무당파와 정당지지층을 다시 '정치무관심층', '인지적 정당지지층', '관습적 정당지지층', '인지적 정당지지층'으로 분류하여 재유형화하는 시도를 하였고 이장에서는 이러한 분류가 의미를 갖는지 여부를 판단하기 위해, 또한 각 유형의 특성을 알아보기 위해 다양한 교차분석의 결과와 로짓 회귀분석의 결과를 제시하였다. 다음 장에서는 무당파와 정당지지층의 각 유형의 투표행태를 분석하는 과정에서 이러한 재유형화가 하나의 유의미한 연구방법이 될 수 있을지 재차 검증해 보아야겠으나, 일단 사회경제적 변수와 이념성향, 회고적 평가변수를 중심으로 그 특성을 살펴 본 결과, 각 유형별로 의미있는 차이가 드러나고 있어, 재유형화의 분류틀이 유의미할 수 있음을 시사하였다.

이러한 전제하에서, 다시 재유형화에 의한 각 유형의 비율을 보면, 무당파 중에서도 '인지적 무당파'의 비율이 56%가 넘는 것으로 나타났고, 이는 무당파층의 상당수는 와이즈버그의 논의에서처럼 스스로 어떤 이유에서건 적극적으로 무당파적 지향을 갖는 '적극적 무당파'일 가능성이 높음을 말해준다. 또한 '인지적 무당파' 중에서는 진보성향을 가지는 유권자들이 많고, 회고적 평가의 관점에서 김대중 정부의 국정운영에 대해 부정적 평가를 하는 경우가 많았다는 것을 토대로 볼 때, 이러한 '인지적 무당파'층은 보수독점의 정당체제 속에서 아직 대안정당을 찾지 못한 채 스스로 무당파로 규정하는 이들일 가능성이 높다. 이는 결국 왜 많은 사람들이 무당파가 되는가를 잠정적으로 추론할 수 있게 해주며, 이에 대한 검증과정은 다음 장에서 이루어질 투표행태 분석을 통해 간접적으로나마 보완될 수 있을 것이다.

IV. 무당파층의 투표행태분석: 인지적 무당파와 정치무관심층

무당파나 정당일체감과 관련된 기존의 논의를 보면, 보통 무당파층이 정당 지지층에 비해 투표율이 낮고 투표만족감이나 투표효능감이 떨어진다는 것이 확인된다. 황아란[34]의 '정당태도'에 관한 연구를 보면, 무당파 일수록, 투표대상 결정시기가 늦고 지지후보 변경의 경험이 더 많아, 무당파의 상당수가 부동층임을 시사했다. 이는 상식적인 수준에서 생각을 해도 쉽게 예측이 가능한 부분이다. 선거관심도의 측면을 중심으로 보면, 이전 연구들[35]에서 '선거관심도'를 놓고 분석했을 때, 보통 무당파의 선거관심도가 낮았고, 또한 선거관심도가 낮은 경우 투표참여 자체에 소극적이었다는 사실이 검증되었다. 앞선 장에서 선거관심도, 정치적 지식과 관심도 등을 주로 측정하여 만들었던 '인지적 동원 여부'의 지표를 통해 재유형화를 하는 과정에서도, 비록 무당파로 분류되는 유권자층의 절반이 넘는 이들이 '인지적 무당파'로 분류되기는 했으나, 이러한 비율 자체가 정당지지층에서 '인지적 정당지지층'이 차지하는 비율보다는 작았던 것이 사실이다.

이러한 논의를 토대로 이 절에서 중점적으로 살펴볼 수 있는 몇 가지 가설을 얻을 수 있다. 우선 무당파 / 정당지지층이라는 분류로 보면, 무당

---

34) 황아란(1999)의 '정당태도'에 관한 연구는 엄밀히 말해, '무당파' 연구와는 다른 것이나, '어느 정당도 싫어하지도 좋아하지도 않는 무성향', '싫어하는 정당만 있는 반대성향' 등, '싫어하는 정당의 유무'를 지표로 재분류를 시도하였고, 비록 자료의 한계상, 정당일체감의 강도를 측정한 것은 아니나, 그 방향성은 제시하였다.

35) 소순창, "한국 지방선거에서 나타난 '무당파층의 실증분석'," 『한국의 선거 III』(서울: 푸른길, 1999)를 참고.

파층이 정당지지층에 비해 투표참여에 소극적일 것이라는 가정을 할 수 있겠다. 또한, 무당파의 경우 정당지지층에 비해 투표효능감이 떨어지고, 부동층이 많으며, 투표대상 결정시기 또한 늦을 것이다. 이는 전술한, 기존연구의 틀에서 제시한 일반적인 패턴을 다시 확인하는 작업이 될 것이다. 두 번째로 설정해 볼 수 있는 가설은, 이미 재유형화 과정을 거쳐 분류된 네 가지 유형의 유권자들을 '인지적 동원'의 축을 중심으로 나눌 경우, 인지적 무당파는 선거과정에 정치무관심층보다 적극적인 투표행태의 패턴을 보일 것임은 물론이거니와, 관습적 정당지지층보다도 적극적일 수 있다는 것이다.

   이 절에서는 전술된 가설들을 검증하는 것을 시작으로 하여, 정당지지층 / 무당파 층으로 구분되었을 때, 일반적으로 나타나는 무당파층의 투표행태가 16대 대선 과정에서는 어떻게 나타났는지, 더욱 중요하게는 앞선 장에서 실시한 재유형화에 따라 분류된 각 유형의 유권자들 간의 행태의 차이와 그 특징은 무엇인지를 살펴볼 것이다(주된 분석은 재유형화에 따른 '정치무관심층 / 인지적 무당파 / 관습적 정당지지층 / 인지적 정당지지층'을 중심에 놓고 이뤄지며 일반적인 '무당파 / 정당지지층'을 중심으로 한 분석과 그 결과는 참고표의 형식으로 제시할 것이다). 이러한 분석과정은 앞서 재차 강조한 바 있듯이, III절에서의 새로운 유형화 시도가 유의미할 수 있는지를 알아보는 과정인 동시에, 한국의 선거정치에서 무당파가 증가하는 추세가 갖는 함의, 즉 유권자들이 왜 무당파가 되며, 이러한 증가추세가 어떠한 영향력을 가질 것인지에 대한 하나의 잠정적인 결론을 얻는 과정이 될 것이다.

1. 무당파층의 전반적 투표행태

1) 투표참여 및 투표 효능감

   16대 대선에서 투표에 참여했는지 여부를 놓고 분석을 해 본 결과, 전체적으로 무당파는 정당지지층에 비해 투표율이 낮았고 이는 이전의 연

〈표 7〉 무당파와 투표율

	투표했다	투표하지 않았다
정치 무관심층	74.1%	25.5%
인지적 무당파	89.3%	10.7%
관습적 정당지지층	85.9%	14.1%
인지적 정당지지층	94.7%	5.3%

Pearson 카이제곱: 75.408(유의확률: 0.000)

*참고표

	투표했다	투표하지 않았다
무당파	82.9%	17.1%
정당지지층	92.2%	7.8%

구들에서 제시한 무당파의 일반적인 행태와 일치한다. 그러나 다음 <표 7>에서 보여지고 있듯이, 인지적 무당파의 경우, 정치적 무관심층은 물론 관습적 정당지지층 보다 높은 투표율을 보이고 있다. 이는 앞서 제시한 두 개의 가설이 모두 맞는 것임을 증명해준다. 또한 선거관심도의 지수가 '인지적 동원'의 여부를 나누는 지표에 포함되어 있는 것 중 하나라는 사실을 상기해 볼 때, 선거관심도가 투표참여에 미치는 영향이 상당히 높다는 것을 시사해주고 있다.

위의 <표 7>에서 나타난 '투표참여' 자체에 대한 분석과 더불어 '투표효능감'의 정도를 각 유형의 유권자별로 측정해 볼 필요가 있다. 16대 대선 여론조사에는 15대 대선관련 여론조사에서 첨가되어 있었던 정치 효능감 전반의 문항은 존재하지 않았고, "내가 투표한 한 표가 정책의 방향을 바꿀 수 있다"라는 질문에 찬/반 여부와 그 강도를 묻는 문항(문 39),

〈표 8〉 투표 효능감의 강도:
'내가 투표한 한 표가 정책의 방향을 바꿀 수 있다' 에 대하여

( )는 '명제'에 대한 %, [ ]는 전체의 % (단위: %)

	정말 그렇다	그런 편이다	그렇지 않은 편이다	절대 그렇지 않다	모르겠다	전체
정치 무관심층	11.8 (9.0) [2.1]	55.5 (17.6) [9.7]	28.1 (26.1) [4.9]	3.8 (10.3) [.7]	.8 (15.4) [.1]	100.0 (17.5) [17.5]
인지적 무당파	21.2 (21.3) [4.9]	57.7 (24.0) [13.3]	19.4 (23.7) [4.5]	1.4 (15.2) [.3]	.3 (7.7) [.1]	100.0 (23.0) [23.0]
관습적 정당 지지층	15.2 (11.4) [2.6]	55.1 (17.0) [9.4]	25.0 (22.6) [4.3]	3.5 (27.3) [.6]	1.2 (23.1) [.2]	100.0 (17.1) [17.1]
인지적 정당 지지층	31.4 (58.3) [13.3]	53.8 (41.3) [22.8]	12.3 (27.6) [5.2]	1.4 (27.3) [.6]	1.1 (53.8) [.5]	100.0 (42.4) [42.4]
전체	22.9 (100.0) [22.9]	55.2 (100.0) [55.2]	18.9 (100.0) [18.9]	2.2 (100.0) [2.2]	.9 (100.0) [.9]	100.0 (100.0) [100.0]

Pearson 카이제곱: 83.798(유의확률: 0.000)

*참고표

	정말 그렇다	그런 편이다	그렇지 않은 편이다	절대 그렇지 않다	모르겠다
무당파	17.1	56.7	23.2	2.5	.5
정당지지층	26.8	54.1	15.9	2.0	

즉 투표효능감을 측정하는 문항만이 존재하였다.[36] 투표효능감의 문제는 '정당일체감', '무당파'관련 논문은 물론, 많은 선거 연구에서 활용[37]되고 측정되고 있으며 정당지지층에서 투표효능감이 높다는 사실이 검증되기도 하였다.[38] 앞의 <표 8>은 각 유형별 유권자들이 지니고 있는 투표효능감을 살펴본 것이다.

그 결과를 살펴보면, 정당지지층과 비교하여 큰 차이는 아니었으나 예상대로 '정당지지가 없는'층에서 전반적으로 투표효능감이 낮음을 확인할 수 있다. 이는 기존의 연구결과와 일치하는 점이다. 다만 '인지적 동원'의 여부를 놓고 분류한 '인지적 무당파'의 경우 투표효능감이 높은 경우가 '인지적 정당지지층'보다 높지는 않았으나, 그 차이도 매우 작을 뿐더러 '관습적 정당지지층'보다도 투표효능감이 높았다. 이는 앞서 투표참여여부를 살펴본 결과에서와 마찬가지로, '인지적 무당파', '인지적 정당지지층'이 기본적으로 선거 / 정치 관심도가 높은 층인 것(관심도가 다른 지식도 역시 측정지표와 함께 인지적 동원의 여부를 나누는 기준으로 들어갔다는 사실을 볼 때)에 그 이유가 있다고 하겠다.

2) 선거과정에서의 유동성

(1) 지지후보의 변경

선거과정에서 각 유형의 무당파와 정당지지층이 보였던 유동성을 알아보기 위해 먼저 지지후보 변경의 경험이 있는지를 살펴보았다. 단순히

---

36) 15대 대선 여론조사에서는 "선생님께서는 다음의 의견에 대해 평소 공감하고 계신지, 반대하고 계신지 여쭙고자 합니다"(문30)를 묻고, 정치효능감을 측정할 수 있는 여덟까지의 문항을 물어 찬 / 반여부와 강도를 측정하였고 이런 여덟가지 문항 안에, '투표효능감'이 하나로 들어가 있다. "15대 대통령 선거 여론조사", (사)한국 사회과학 데이터 센터(1997)를 참고할 것.

37) 진영재, "대통령 선거에서 부동표의 성격과 측정", 『한국의 선거 II』(서울: 푸른길, 1998).

38) 이현출 (2000).

무당파 / 정당지지층으로 분류하여 분석했을 경우, 무당파 층에서 지지후보 변경경험을 가질 가능성이 높다는 것은 쉽게 예측이 가능하다. 또한 그 실제 분석결과 역시 다음 <표 9>에서 나타나는 것과 같이 전체적으로 무당파인 유권자층에서 지지후보 변경 경험이 많았던 것을 알 수 있다.

<표 9>에서 나타나는 특이한 점은 정치 무관심층은 물론, 그 어떤 유형의 유권자보다 인지적 무당파층에서 지지후보 변경의 경험을 가진 경우가 24.1%로 가장 많았다는 것이다. 이에 관한 해석은 여러 가지가 있을 수 있겠으나, 16대 대선에서의 중요한 이슈였던 '후보단일화'와 '정몽준 후보' 변수의 영향이 컸을 것이라 생각해 볼 수 있다. 보다 경험적인 근거를 살펴보면, 2002년 6월 이후 노무현 후보에 대한 지지율이 떨어지면서, 정몽준 후보에 대한 지지율이 치솟았는데, 기존 연구를 근거로 보면 김영삼 전 대통령을 방문하는 등 개혁이미지가 실추되고 있던 노무현 후보로

〈표 9〉 지지후보 변경 경험의 유무

	지지후보 변경경험 있다	지지후보 변경경험 없다
정치 무관심층	19.8%	80.2%
인지적 무당파	24.1%	75.9%
관습적 정당지지층	16.8%	83.2%
인지적 정당지지층	14.3%	85.7%

Pearson 카이제곱: 15.301(유의확률: 0.002)

*참고표

	지지후보 변경경험 있다	지지후보 변경경험 없다
무당파	22.2%	77.8%
정당지지층	15.0%	85.0%

부터 3 / 40대 특히 30대 유권자들이 월드컵의 성공개최와 함께 신선한 이미지로 떠오른 정몽준 후보로 옮겨갔던 사실이 있다.[39]

또한 이후 다시 후보단일화 과정을 거치면서 정몽준 / 노무현으로 나뉘어 있던 지지는 하나로 합쳐지게 된다. 이를 토대로 '인지적 무당파'의 유동성의 이유를 추론할 수 있을 것이다. 앞선 장에서 살펴보았듯이, 30대와 40대에서 인지적 무당파의 비율이 높게 나타나고 있는 것, 기존 정당들에 대한 불신으로 인해 대안정당을 찾지 못한 채 무당파가 되었을 가능성이 높은 인지적 무당파층은 개혁적이고 신선한 후보에게 매료될 것이라는 점을 생각해 볼 때, 위의 결과는 어느 정도 설명될 수 있을 것이다. 이는 다음 <표 10>에서 제시된, 지지후보 변경의 이유를 살펴보아도 어느 정도 추론이 가능하다. 물론, 먼저 이러한 '지지후보 변경여부'와 '이유'를 묻는 문항이 갖는 문제점과 한계를 인식할 필요가 있다. 16대 대선 여론조사에서의 '지지후보 변경관련' 문항은 변경의 횟수와 순서, 시기를 묻고 있지 않으며, 따라서 2002년 초 '노풍'이 시작될 때 노무현을 지지하다가, 정몽준 지지로 선회한 후, 다시 후보단일화를 계기로 노무현지지로 돌아온 유권자층의 후보지지 이동의 양상을 보여주기가 매우 힘들다.

<표 10>[40]에서 나타난 결과를 살펴보면, '후보단일화'의 변수가 지지후보변경에 상당한 영향력을 가지고 있음을 알 수 있다. 특히 인지적 무당파층에서는 '후보단일화'로 인해 지지후보를 교체한 비율이 다른 이유보다 높았다는 것을 알 수 있다. 이를 앞서 언급한 인지적 무당파가 후보를 변경한 경우의 비율이 높았다는 점과 연결시켜 보면, 전술된 인지적 무당파의 특성에 기인한 유동성에 관한 논의가 설득력이 있음을 알 수

---

39) 이내영 (2002), p.54.
40) 이 표에서 주의해야 할 점은 [ ]안에 표시된 전체의 %를 고려하면서 보아야 한다는 것이다. 기본적으로 인지적 무당파의 경우는 변경의 경험을 가진 비율 자체가 높기 때문에, 이를 무시한 채 단순한 '정당지지패턴'에 따른 각 항목의 비율만을 보면, 잘못된 추론을 얻기가 쉽다.

〈표 10〉 지지후보 변경의 이유

( )는 지지후보 변경 이유의 % [ ]는 전체의 % (단위: %)

	당선 가능성이 없어서	싫어하는 후보가 당선되지 않도록	능력과 자질이 부족해서	이념과 노선이 마음에 들지 않아서	노무현 / 정몽준 단일화 때문에	기타	무응답	전체
정치 무관심층	17.3 (26.5) [3.3]	1.9 (11.1) [.4]	25.0 (37.1) [4.8]	26.9 (17.1) [5.2]	21.2 (11.6) [4.1]	-	7.7 (33.3) [1.5]	100.0 (19.3) [19.3]
인지적 무당파	13.3 (32.4) [4.1]	1.2 (11.1) [.4]	13.3 (31.4) [4.1]	30.1 (30.5) [9.3]	41.0 (35.8) [12.6]	-	1.2 (8.3) [.4]	100.0 (30.9) [30.9]
관습적 정당 지지층	14.0 (17.6) [2.2]	-	11.6 (14.3) [1.9]	20.9 (11.0) [3.3]	41.9 (18.9) [6.7]	4.7 (100.0) [.7]	7.0 (25.0) [1.1]	100.0 (16.0) [16.0]
인지적 정당 지지층	8.8 (23.5) [3.0]	7.7 (77.8) [2.6]	6.6 (17.1) [2.2]	37.4 (41.5) [12.6]	35.2 (33.7) [11.9]	-	4.4 (33.3) [1.5]	100.0 (33.8) [33.8]
전체	12.6 (100.0) [12.6]	3.3 (100.0) [3.3]	13.0 (100.0) [13.0]	30.5 (100.0) [30.5]	35.3 (100.0) [35.3]	.7 (100.0) [.7]	4.5 (100.0) [4.5]	100.0 (100.0) [100.0]

Pearson 카이제곱: 40.224(유의확률: 0.002)

있다.

이와 더불어 앞선 〈표 10〉에서 나타난 흥미로운 결과는 인지적 동원의 여부를 놓고 봤을 때, 인지적 정당지지층과 인지적 무당파의 변경 이유 중에서 '이념과 노선이 맞지 않아서'라는 이유가 차지하는 비율이 정치무관심층과 관습적 정당지지자들의 변경 이유에서같은 항목이 차지하는 비중보다 확실히 높았다는 것이며, 특히 인지적 정당지지층의 경우는 가장 높은 비율을 차지하는 항목으로 나타났다는 것이다. 이는 앞선 장의 지표

설정 과정에 '객관적 이념성향'과 '주관적 이념성향'의 일치여부를 하나의 지표로 넣어 지수를 만든 것이 가지는 효과일 가능성이 있다. 또 하나 주목해야 할 사실은 정치무관심층이나 관습적 정당지지층에서도 '이념과 노선의 차이'로 인해 지지후보를 변경한 비율이 각각 26.9%와 20.9%로 나타나, 관습적 정당지지층에서는 '후보단일화' 항목 다음으로 많은 비율을 보였으며, 정치무관심층의 경우는 오히려 '후보단일화' 항목보다 차지하는 비율이 높았다는 점이다.

이와 같은 논의들은 간접적으로나마 '지역주의의 약화현상과 이념에 따른 유권자 재정렬의 가능성'에 관한 최근의 논의들에 하나의 시사점을 던져줄 수 있을 것이라 생각된다.

(2) 투표결정시기

투표대상의 결정시기는 '지지후보 변경여부'와 더불어 선거정치의 유동성을 측정할 수 있는 지표 중 하나이다. 선행 연구들의 결과를 보면, 무당파층이 그 결정시기에 있어 정당지지층보다 늦다는 것, 즉 투표당일과 가까운 시일 내에 결정할 가능성이 높다는 것이 검증되었다.[41] 16대 대선에서 투표대상 결정시기를 놓고 분석한 <표 11>[42]에서도 기존 연구와 일치된 결과가 나타난다. 한편 재유형화된 각 유형의 유권자들의 투표행태를 중심으로 한 결과를 분석해보면 흥미로운 사실을 알 수 있는데, 지지정당이 없는 정치무관심층과 인지적 무당파층 간에 나타나는 차이는 거의 없었던 반면, 지지정당이 있는 유권자들 간, 즉 인지적 정당지지층과 관습적 정당지지층 간에는 상당한 차이가 나타나고 있다. 인지적 정당지지층은 투표 한 달 이상전에 이미 투표 대상을 결정하였던 경우가 70%가 넘었고, 투표 3일전부터 당일 사이에 대상을 결정한 비율은 13.1%로 나타나 다른 유형의 유권자들과는 확연히 다른 투표대상 결정의 행태를

---

41) 이현출 (2000), p.153.
42) 참고표를 볼 것.

〈표 11〉 투표대상 결정시기

	투표당일~3일전	투표1주일 전 ~2주일 전	투표 1달 이상 전	무응답
정치 무관심층	22.4%	22.5%	55.1%	-
인지적 무당파	20.7%	21.8%	57.8%	-
관습적 정당지지층	22.3%	21.3%	56.3%	-
인지적 정당지지층	13.1%	15%	71%	-

Pearson 카이제곱: 58.572(유의확률: 0.000)

*참고표

	투표당일~3일전	투표 1주일 ~2주일 전	투표 1달 이상 전	무응답
무당파	22.2%	22%	55.7%	-
정당지지층	15.5%	17.4%	67%	0.1%
전체	18.1%	19%	62.7%	0.1%

보여주었다.

(3) 유동성과 관련한 논의의 종합

앞서 논의한 '지지후보변경'과 관련된 유권자들의 행태와 '투표대상 결정시기'와 관련된 행태를 종합해 보면, 전체적으로 지지정당이 없는 유권자들이 투표에 있어서 정당지지층에 비해 높은 유동성을 나타냈으며, 이는 기존의 연구결과와 일치하고 있다. 네 가지 유형화를 통해 재분류된 유권자들을 중심으로 보면, '인지적 동원'의 여부를 놓고 분명 투표 결정

시기와 지지후보 변경 경험 등에서 의미있는 차이들이 나타나고 있음을 확인할 수 있었다.

2. 무당파의 후보자 선택

투표행태를 연구함에 있어 핵심적인 것은 결국 '투표를 했는가', 했다면 '누구 혹은 어떤 정당에 투표했는가'라고 할 수 있을 것이다. 지지정당이 있는 유권자들이 특정 후보나 정당에 선호를 보이는 것은 그 정당에 대한 지지와 그 지지도의 크기에 따른 것이겠지만, 지지정당이 없는 사람들이 특정 후보에 대한 선호도가 높다라면, 이는 '후보자 요인'을 중심으로 한 다른 변수들이 중요한 의미를 가진다는 것을 말해준다. 다음 <표 12>는 무당파 / 정당지지층의 각 유형의 유권자들이 각각 어떤 후보를 주로 선택했는가를 보여준다.

다음의 <표 12>를 보면, 매우 흥미로운 사실을 알 수 있다. 무당파 전체를 놓고 보면, 전체 투표의 기준에서 볼 때, 무당파층의 노무현 후보에 대한 투표의 비율이 다소 높았다. 이를 다시 인지적 동원의 여부로 나누어 봤을 때에는 특히 인지적 무당파층에서 전체의 비율과 비교하여도 상당히 높은 수치로 이회창 후보보다는 노무현 후보에게 투표한 비율이 높았다. 사실 정당지지층의 경우 투표선택 분석에서는 큰 의미를 가지기 힘든데, 인지적 정당지지층에서 노무현 후보에 대한 투표율이 높게 나온 것은, IV절에서 이미 검토한 바 있듯이, 호남지역 출신 유권자들 중에서 인지적 정당지지층으로 분류되는 비율이 높았던 것이 영향을 끼친 정도로 이해할 수 있겠다.

이러한 투표대상에 관한 분석에서 중심적으로 보아야 할 것은 지지정당이 없는 '무당파'층에 속하는 유권자이다. 후보자 요인을 중심으로 하여, '싫은 정당의 존재 여부'[43]등의 기타 변수들을 고려하면서 무엇이 무

---

43) 주지하다시피 이미 인지적 동원의 여부를 판가름 하는 지표에 포함시켰다.

〈표 12〉 정당지지패턴과 후보자 선택

( )는 투표대상의 %, [ ]는 전체의 % (단위: %)

	이회창	노무현	이한동	권영길	장세동	무응답	전체
정치 무관심층	40.8 (15.7) [6.0]	55.1 (14.6) [8.1]	-	3.1 (9.7) [.5]	-	1.0 (16.7) [.2]	100.0 (14.8) [14.8]
인지적 무당파	32.5 (19.6) [7.5]	62.7 (26.0) [14.6]	-	3.6 (17.7) [.8]	-	1,3 (33.3) [.3]	100.0 (23.2) [23.2]
관습적 정당 지지층	48.2 (20.8) [8.0]	45.5 (13.5) [7.5]	-	5.0 (17.7) [.8]	.5 (100.0) [.1]	.9 (16.7) [.2]	100.0 (16.6) [16.6]
인지적 정당 지지층	37.0 (43.8) [16.8]	56.5 (45.9) [25.6]	.2 (100.0) [.1]	5.6 (54.8) [2.6]	-	.7 (33.3) [.3]	100.0 (45.4) [45.4]
전체	38.4 (100.0) [38.4]	55.9 (100.0) [55.9]	.1 (100.0) [.1]	4.7 (100.0) [4.7]	.1 (100.0) [.1]	.9 (100.0) [.9]	100.0 (100.0) [100.0]

Pearson 카이제곱: 26.102(유의확률: 0.037)

*참고표-1

	투표대상					
	이회창	노무현	이한동	권영길	장세동	무응답
정당지지층	40.0%	53.5%	.1%	5.5%	.1%	.7%
무당파	35.7%	59.7%		3.4%		1.2%
전체	38.4%	55.9%	.1%	4.7%	.1%	.9%

*참고표-2[44] 15대 대선에서의 투표대상

	이회창	김대중	이인제	권영길	허경영	신정일	기권	투표권 없었음
정치 무관심층	25.5	30.8	9.1	.4	-	-	13.7	20.5
인지적 무당파	25.8	42.6	8.1	.9	-	-	9.6	13.0
관습적 정당지지층	28.1	36.7	7.4	1.2	-	.8	11.7	14.1
인지적 정당지지층	29.9	47.0	5.2	1.9	.3	-	4.4	11.3

당파층으로 하여금 특정 후보를 지지하게끔 하였는가를 검토해보아야 할 것이며, 이를 검토하는 과정 자체가 '왜 무당파가 증가하는가?', 유권자들 중 많은 수가 '왜 무당파가 되었는가'를 역으로 추론해 보는 과정일 것이라 생각된다.

또한 참고표-2를 보면 주목할 만한 하나의 사실이 발견되는데, 현재 인지적 무당파로 분류될 수 있는 많은 무당파층이 15대 대선에서는 김대중 후보를 선택한 비율이 높았다는 것이다. 물론 이들이 15대 대선 당시에도 '인지적 무당파'로 분류될 수 있는 유형의 유권자였는지를 알 수 있는 방법은 없다. 그러나 앞선 장에서의 논의와 종합하여 하나의 패턴을 읽어낼 수 있는데, 현재의 '인지적 무당파'층이 15대 대선 당시 김대중 후보에게 투표한 비율이 높았고, 정부의 국정운영 평가에 대해 부정적인 입장을 보이는 측면이 많았다는 결과를 보면 이들이 김대중 후보를 지지했었으나, 실망감도 컸던 부류라는 것을 알 수 있다.

이 과정에서 민주당 지지를 철회하고 무당파가 되었든지, 아니면 15대 대선과정에서나 현재나 무당파였으나, '후보자 요인' 등과 같은 다른 요

---

44) 16대 대선 여론조사 자료에는, 15대 대선에서 누구에게 투표했는지를 알아봄으로써, 일관된 투표성향의 여부를 측정하는 문항이 있다. 이를 토대로 작성한 표이다.

인으로 인해 당시 김대중 후보를 선택했었는지 알 수는 없으나, 이들 유권자가 여당 후보인 '노무현'후보를 선택하는 비율이 높았다는 사실은, 지역주의와 같은 주요변수를 감안하더라도 상당히 의미 있는 시사점을 던져주는 것이라 생각된다. 즉, 회고적 평가에 있어 부정적인 입장을 취하면, 다른 정당을 선택해야 하는 것이 일반적인 가설이나, 이들은 대안 정당을 찾지 못한 채, 16대 대선 당시 '새 정치 대 낡은 정치'의 구도로 선거를 쟁점화하고, 스스로의 신선한 이미지에 기댄 선거운동을 벌였던 '노무현' 후보가 이들 유권자층에게 하나의 '대안'으로 인식되었을 가능성이 있다는 것이다. 물론 이러한 추론은 추후 다른 연구를 통해서 좀 더 직접적이고 다양한 경험적 검증과정을 거쳐야 할 문제이다.[45]

앞서 <표 12>에 나타난 통계수치는 다른 변수들이 전혀 통제되지 않은 상태로 대강의 짐작만을 할 수 있을 뿐, 무당파층이 실제 투표에서 행사한 영향력을 알려주지 못하고 있다. 이러한 한계를 극복하기 위해 '노무현 후보 선택', '이회창 후보 선택'을 각각 종속변수로 놓고 인지적 무당파와 정치무관심층이 발휘한 영향력을 측정해 보았다. 연령 / 지역 등과 같은 투표선택에서의 주요요인과 상호통제가 될 수 있도록, 다음 <표 13>과 같은 로짓 회귀분석을 하였다.

먼저 노무현 모델의 결과를 분석해 보면, 첫째, '정치무관심층' 변수와 '서울 / 경기출신' 변수 그리고 '충청출신' 변수가 통계적으로 유의미하지 않은 것으로 나타났다. 둘째, '호남출신'변수와 '영남출신' 변수의 영향력이 가장 크게 나타났고 호남출신 유권자일수록 노무현을 선택한다는 것

---

45) 특히 이러한 분석과정에서 간과하지 말아야 할 사실은, 대선과정에서 일어났던 '민주당의 분열'이라는 변수이다. 국민경선을 통해 스스로 선출한 후보인 노무현 후보의 지지율 하락에 따라 '정몽준' 후보와의 단일화를 요구하면서 시작된 민주당의 내분은 후보와 정당 간의 일체성에 혼란을 가져온 측면이 컸다는 것이다. 이러한 측면 역시, '무당파' 특히, '인지적 무당파'가 '노무현 후보'에 대한 투표의 비율이 높았던 점과 어느 정도 관련이 있을 것이다.

〈표 13〉 무당파의 후보선택 모형

독립변수	노무현 선택		이회창 선택	
	B	p	B	p
무관심층	-.122	.429	-.547	.001
인지무당	.492	.000	-.548	.000
서울경기	-.315	.414	.964	.027
강원출신	-.762	.074	1.263	.007
충청출신	-.417	.288	.705	.211
호남출신	1.516	.000	-1.683	.001
영남출신	-1.102	.004	1.650	.000
연령-20	-.011	.003	.033	.000
상수	.454	.251	-1.934	.029
-2 Log 우도	1822.243		1623.405	
Cox와 Snell의 R-제곱	.157		.180	
Nagelkerke R-제곱	.210		.250	

이 입증되었으며, '영남출신' 변수는 노무현 선택에 부정적인 영향을 미친다는 것이 확인되었다. 즉, 지역주의 변수가 여전히 큰 영향력을 발휘하고 있음을 알 수 있다. 셋째, 변수들 간 상호통제가 이뤄지는 가운데서도, 연령변수는 영향을 미치고 있으며 연령이 높아질수록 노무현에 대한 투표에 부정적인 영향을 미치는 것으로 나타났다. 또한 인지적 무당파일 경우 노무현 후보에게 투표할 가능성이 높은 것으로 나타나, 앞서 살펴본 <표 7>에서 나타난 '인지적 무당파'의 투표성향이 의미가 있음을 입증하였고, 상당한 영향력도 있음을 확인시켜 주었다.

이회창 후보 선택 모델을 보면, 우선 '충청출신'변수를 제외한 모든 변수가 유의미한 것으로 나타난 것을 알 수 있다. 유의미한 변수를 중심으로 본다면, 지역주의 변수(영 / 호남 출신)가 가장 큰 영향력을 발휘하였고, 그 방향성 역시 노무현 선택 모델과 반대로 나타나 '지역주의 변수'가 한국의 선거에서 갖는 영향력을 재차 확인시켜 주었다. 이회창 선택 모형에서 두 번째로 나타난 특징은 연령이 높아질수록 이회창 후보에게 투표할 가능성이 높다는 것으로 그 영향력의 크기도 노무현 모델보다 컸다.

이러한 결과는, 16대 대선에서 '세대 요인'의 영향력이 증가하였다는 이전의 연구를 다시 한번 입증해 주는 것이다. 마지막으로, 역시 이 분석의 목적이었던, '무당파' 변수를 보면, 정치무관심층으로 분류된 유권자들의 경우 이회창에 대한 투표에 부정적인 영향을 끼친 것으로 나타났고, 거의 비슷한 영향력의 크기로 인지적 무당파 변수 역시 부정적인 영향을 끼친 것으로 나타나 노무현 / 이회창 투표선택 모델 모두 '무당파' 특히 '인지적 무당파'의 영향력을 확인케 해주었다.

V. 결론: 무당파 증가의 원인과 그 함의

앞선 IV절에서는 기본적으로 무당파층의 투표행태를 분석하면서, 동시에 인지적 무당파와 정치 무관심층, 인지적 정당지지층과 관습적 정당지지층으로 분류된 재유형화의 유의미성 검증 및 재분류에 따른 투표행태 분석을 통해 간접적으로나마 유권자들의 많은 수가 '왜 무당파가 되는지'를 알아보고자 하였다. 이를 위해 III절에서의 논의와 IV절에서의 논의를 종합하여 보면 다음과 같은 몇 가지 잠정적 결론을 얻을 수 있다.

첫째, 무당파층 / 정당지지층을 '인지적 동원'의 여부로 나누어 재유형화를 시도하는 것은 여러 한계점에도 불구하고 의미가 있었다. 이는 재유형화를 통한 분류과정에서 무당파층의 상당수가 '인지적 무당파'로 분류된 것과 이러한 '인지적 무당파'는 '정치 무관심층'과 의미 있는 차이점을 보여주었던 점에 기인한다. 또한 '인지적 정당지지층' 역시 본 논문의 주된 분석대상은 아니었으나 역시 '관습적 정당지지층'과 유의미한 차별점들을 확인시켜 주었다.

둘째, 무당파층 특히, '인지적 무당파층'은 진보적 성향이 강하고 회고적 평가의 관점에서 볼 때, 김대중 정부의 국정운영에 관해 부정적인 평가를 하고 있는 것을 알 수 있었다. 또한 교육수준이 높을수록 인지적 무당파가 될 가능성이 높았으며, '정치무관심층'은 연령이 낮을수록 높은 비율을 형성하고 있음을 추론할 수 있었다.

셋째, '인지적 무당파'의 경우 '정치무관심층'은 물론 '관습적 정당지지층'보다 투표참여에 적극적이었고, 지지후보 변경의 경험이 가장 많았던, 즉 적극적이면서도 유동적인 유권자층이었다.

마지막으로, 무당파층 특히 '인지적 무당파층'은 회고적 평가의 관점에서 부정적인 입장을 주로 보이며 이념적으로 진보적인 성향을 띠는 특성으로 볼 때, 이들이 '보수 독점'의 협애한 이데올로기 지형 안에서 지역주의 균열에 의존하는 기존정당[46]과 제도권 정치 전반에 관한 실망과 불신[47] 속에서, 지지할 수 있는 대안적 정당을 찾지 못한 채 스스로 '무당파적 지향'을 갖게 되었다는 것을 간접적으로 확인할 수 있었다.

이는 자료의 기본적인 한계로 인해 직접적으로 검증하고 확답을 내릴 수 없는 문제이나, III절과 IV절에서 분석된 결과들을 종합하여 볼 때 잠정적인 결론 정도를 내릴 수 있을 것이라 생각된다. 따라서 무당파층의 과반수이상을 형성하는 인지적 무당파의 경우 실제 투표에 있어서, 비록 여당의 후보이긴 하나 기존의 정치인과는 차별화된 이미지로 다가왔던 노무현 후보에게 투표한 비율이 컸으며 실제 이들 유권자층이 가지는 영향력은 앞선 회귀분석에서 검증되었다.

---

46) 이는 이미 여러 연구들에서 개념화된, '보수독점의 정당체제', '민주화의 보수적 종결', '대변되지 않는 사회'라는 개념과 맞닿아 있다. 이에 대한 자세한 논의는 최장집,『민주화 이후의 민주주의』(서울: 후마니타스, 2002)를 참고할 것.

47) 이는 정치인의 응답성과 책임성이라는 문제에 있어 한국 정치가 안고 있는 문제와 그 궤를 같이한다. 이에 관한 자세한 논의는 임혁백,『세계화 시대의 민주주의』(서울: 나남, 2000)을 참고할 것.

최장집의 논의에 따르면[48] 현재 한국 유권자의 상당수는 매우 변화지향적인 선호와 욕구를 갖고 있으나, 기존의 정당들이 매우 보수적이고 현상유지적인 위치를 고수함으로써, 이들의 요구를 제대로 대표하지 못하고 있고, 이것이 매 선거마다 높아지고 있는 투표불참자의 규모를 설명해줄 수 있다고 한다. 또한 다수의 대표되지 않은 이들 유권자층의 선호는 대체로 현상변화적 지향이 강하지만, 그 구체적인 내용과 방향은 불확정적이라고 지적하고 있다.[49] 이러한 지적과 앞선 분석 내용을 살펴보면, 그 일치점이 확인된다. 앞서 시도한 재유형화에서 '인지적 무당파'로 분류될 수 있는 유권자층이 무당파 중에서도 과반수를 넘고 있다는 사실을 확인했으며, 이들이 진보적 성향을 주로 띠고 있고, '노무현'이라는 개인을 대안으로 생각했다는 잠정적 결론을 내린 바가 있는데, 이러한 결론은 전술한 최장집의 논의와 맞물려, 결국 이들을 대변할 수 있는 정당의 출현 혹은 기존정당의 변화가 필요하다는 사실을 시사해준다.

현 시기는 한국 정당정치에 있어 하나의 기회일 수 있다. 유권자층의 의식과 행태의 변화에 맞추어 기존정당이 변화하거나 시민사회와 괴리되지 않은 새로운 정당이 출현한다면, 새로운 균열에 의한 유권자 정렬과 '갈등의 제도화'라는 민주주의의 언명이 살아나는 방향으로 한국정치가 변화할 수 있다는 것이다. 현재 그 의미가 많이 퇴색되긴 하였으나, 한나라당과 민주당의 개혁적 의원들이 당을 이탈하여 만들었고, 17대 총선에서 과반의석을 차지하기에 이른 열린 우리당이나, 2002년 지자체 선거에서 정당득표율 8%로 급성장하고, 16대 대선을 거쳐 17대 총선에서 10명의 의원을 배출한, 서구 좌파 정당의 모델을 따라가고자 하는 민주노동당의 향후 거취에 관심이 쏠리는 이유가 바로 여기에 있다.

---

48) 최장집 (2002), p.212.
49) 최장집 (2002), p.213.

|제10장|
일본의 포스트 55년체제 거버넌스 형성과 발달과정*

송종호
|고려대학교 정치외교학과 석사 졸업

I. 서론

1. 연구목적

"2000년 9월부터 두 달을 일본 구석구석까지 다녔던 나는 일본과 한국의 시민운동을 보병과 공군의 그것과 비교해 봤다. 일본의 시민운동은 지역을 기반으로 플뿌리 시민운동을 벌이고 있었고, 한국은 정치사회의 효율적인 변화를 전략적으로 강제하기 위해 중앙집중적이고 전면적인 시민운동을 벌이고 있음에 주목한 표현이었다."[1]

– 박원순 아름다운재단 상임이사–

---

* 이 논문은 고려대학교 정치외교학과 석사학위논문(2006년)을 요약한 것임.
1) 박원순, 『박원순 변호사의 일본시민사회 기행』(아르케, 2001), p.12.

일본 공산당 소속 지방의원 3,865명(7.1%)(2005.4), 집권자민당 소속 지방의원 2,018명(3.7%).[2] 단순한 숫자의 나열로는 쉽게 이해가지 않는 집계다. 2005년 9월 치러진 중의원 선거에서 공산당은 292명이 출마해 9명이 당선됐다(지역구 0, 비례 9). 반면, 자민당은 346명이 출마해 296명이 당선(지역구 219, 비례77)돼 의석 점유율 61.6%의 압승을 거뒀다. 국회의 집권여당이 자민당이라면 지방의회의 집권여당은 공산당이라 할 수 있다. 이와 같은 선거결과는 어디에서 연유하는 것일까.

1993년 "55년체제"가 붕괴한 이후 그에 따른 정치·사회·경제구조의 급속한 변화는 지방 정부의 정책 혁신(Policy innovation) 및 제도의 혁신을 요구했다. 뿐만 아니라 세계화 시대와 맞물려 각 국가들은 글로벌스탠다드를 따라가기 위해 경제적으로는 '구조조정'과 정치적으로는 '작은정부'를 추구하고 있다. 일본의 '작은정부' 추구는 사회적으로 복지국가의 실현과 노령화사회의 도래 등이 나타나면서 기존의 지방행정제도에 대한 제도적 개혁에서부터 시작된다. 이로써 1990년대 중반 이후 기관위임사무의 폐지를 비롯해 대대적인 분권개혁을 단행한다. 때문에 일본의 지방분권화 개혁은 '위로부터의 개혁'의 성격이 짙다. 이와 같이 중앙정부 주도로 이뤄진 지방자치의 현장에서 공산당의 약진은 무엇으로 설명할 수 있을까.

공산당의 약진뿐만 아니라 지방의원의 4만 3,473명(80.3%)의 무소속 비율은 앞서 밝힌 공산, 자민당의 지방의원 수에 비하면 놀라운 비율이다. 이에 본 연구는 지방사회의 무당파, 무소속 의원에 주목했다. 지방의회에

---

2) 이는 시정촌의 기초의원의 수치로서 무소속 4만 3,473명(80.3%), 공산당 3,865명(7.1%), 공명당 3,161명(5.8%), 자민당 2,018명(3.7%), 민주당 749명(1.4%), 사민당 559명(1.0%)으로 나타나고 있다. 반면 도도부현의 광역의원의 수치는 자민당이 가장 많은 의석을 보유하고 있다. 자민당 1,403명(49.8%), 그 다음에 무소속 699명(24.8%), 민주당 227명(8.1%), 공명당 203명(7.2%), 공산당 127명(4.5%), 사민당 74명(2.6%) 순이다. 이와 같이 광역의원과 기초의원의 수가 다른 까닭에 대해서는 pp.17-18에서 후술한다.
  일본총무성: http://www.soumu.go.jp/senkyo/chiiki/050428_1.html (검색일: 2006.5.15).

무소속 의원이 절대다수를 점유하는 원인은 탈정당화된 유권자에 있다고 봤기 때문이다. 즉, 탈정당화된 유권자의 선택이 무당파 의원의 당선으로 이어졌을 것이다. 또한 공산당의 약진과 함께 지방의회에 자민당의 견제 장치로서 "시민후보"라 칭해지는 "제파"의원의 당선율이 높아지는 결과를 주목했다. 그리고 그 배경을 일본의 "시민사회"에서 찾고자 했다.

사실 시민사회에 대한 논의는 그 개념규정부터 쉽지 않은 작업이다. 시민사회라는 개념을 정부와 시장을 견제하는 비판적 역할로 규정하면 시민사회는 일본에 없다. 비판적 견제장치로서의 일본 시민사회가 존재한다면 보수화로 치닫고 있는 자민당이 총선에 압승하는 현상은 나타나지 않을 것이다. 뿐만 아니라 정치인과 관료들을 둘러싼 불투명한 정치자금과 이권 및 뇌물, 부패가 끊이질 않음에도 불구하고 정치개혁에 앞장서는 시민단체는 전무하다. 정치적 무관심을 넘어 시민사회가 오히려 보수적, 체제 유지적이라는 비판까지 받고 있다. 실제 종군위안부 문제나 전후처리, 역사왜곡문제 등에 있어 일본의 시민사회는 오히려 보수적인 목소리를 내는 경우가 다수이다.

반면, 일본의 시민단체들을 높이 평가하는 입장은 일본 시민사회가 지역 내 풀뿌리 조직을 견실히 쌓아 대중성을 높이고 있다고 주장한다. 지역사회로 광범위하게 활성화 돼 있다는 점, 무수히 많은 조직들로 자발성을 높이고 있다는 점 등이 일본에 시민사회가 존재한다는 입장이다. 서두에서 밝힌 아름다운재단 박원순 상임이사의 일본시민사회 체험기가 이에 해당한다. 더욱더 일본의 시민사회에 주목하는 것은 이처럼 중앙과 지방의 이원화된 구조를 야기하는 것뿐만 아니라 지방에서 실질적으로 행정에 참여하는 주체가 되고 있는 까닭이다. 민관형의 파트너십이 그것인데, 본 연구는 이처럼 시민사회가 지방수준에 머무르는 까닭과 함께 행정에 참여하는 배경이 어디에 근거한 것인지 확인할 것이다.

또한 지방분권의 "위로부터의 개혁"과 "아래로부터의 개혁"이 함께 진행될 수 있었던 원인도 찾을 것이다. 이는 일본의 시민사회가 1970년대 본격화된 환경운동을 계기로 사회운동의 지역화를 이루게 됐다는 데 주목하고, 혁신자치체 운동의 성공과 실패를 통해 밝힐 것이다. 현재의 공산당의 약진은 70, 80년대 혁신자치체의 실험에서 시작됐다고 보기 때문이다. 그리고 사회운동의 빈번한 실패로 인해 일본의 시민사회가 어떠한 성격을 갖게 됐는지도 고찰할 것이다. 이는 앞서 밝힌 일본 시민사회의 존재여부에 대한 의구심을 풀어내는 단서가 될 것이다. 따라서 본 논문에서는 일본의 지방자치에 있어서 "위로부터의 개혁"과 "아래로부터의 개혁"에 주목해서 행위주체인 정부-유권자-시민의 역할과 관계를 살펴본다. 각각의 역할과 상호작용을 밝힘으로서 일본정치가 중앙과 지방으로 이원화된 원인과 시민의 정치참여의 유형을 확인하게 될 것이다. 이를 위해 다음과 같은 질문과 가설들을 차례차례 증명함으로써 일본 지방정치의 성격을 확인한다.

첫째, "포스트 55년체제"3)에서 정당의 생존전략은 중앙과 지방의 이원화된 정치구조와 함께 일본 시민사회의 성격을 결정지었다. 55년체제라 불리우던 자민당의 장기집권이 1993년 막을 내린다. 이로써 자민당에서 분당한 소수정당과 공산당을 비롯해 55년체제의 또 다른 주축이었던 사회당 등 각 정당들은 이합집산을 통해 연립정권을 추진하고 또한 재정, 금융, 지방분권, 사회보장, 교육 등 각각의 개혁을 단행한다. 당시 연립정권을 통한 자민당과 사회당의 생존전략은 자민당의 집권재기와 사회당의 붕괴를 낳고, 연립정권에 배제됐던 공산당은 오히려 부활하는 상황을 맞게 된다. 또한 당시 정당들의 생존전략에 의해 이뤄진 선거제도의 개혁은

---

3) 일본의 보수 체제는 전전의 政友, 民政 양 보수당의 부활, 재편이라고 하는 형태로 시작됐으나, 1955년 11월 15일에 이뤄진 일본 민주당과 자유당이라는 보수 양당이 자유민주당으로 통합하는 것으로부터 본격화 한다. 1955년 좌우 사회당의 합당에 의한 통일 사회당의 등장과 그 뒤를 이은 보수양당인 민주당과 자유의 합당에 의한 자민당의 결성으로 형성된 보수 자민당 대 혁신 사회당의 대결구도를 일반적으로 "55년체제"라고 말한다. 조정남, "전후 일본의 보수주의,"『일본보수주의연구』(서울: 교양사회, 2004), p.28, 본논문에서는 93년 자민당의 분당과 함께 이어지는 연립정권을 가리켜 "포스트 55년체제"라 칭하기로 한다.

민의를 왜곡하는 형태를 갖는다. 이와 같은 선거제도는 표의 비비례성을 낳았고, 시민사회의 의견을 수렴할 정당의 부재로 인해 일본 시민사회는 더욱 지방성과 개별성, 분산성 갖는다. 이후 독자적인 생존전략을 추진했던 공산당은 중앙에서의 득표율 비비례성으로 인해 소수정당으로 전락하지만 이와는 별개로 지방에서는 약진한다. 반면, 자민당은 중앙에서의 실질득표율의 저하와 함께 지방에서 점차 유권자의 외면을 받게 된다. 즉 지방과 중앙의 이원화된 정치구조가 발생한다.

둘째, "포스트 55년체제"에서 정당의 생존전략은 유권자의 탈정당화·무당파 현상을 촉진했다. 포스트 55년체제에서 정치개혁담론을 주도하며 '반자민' 선봉에 섰던 자민당 탈당파들은 결국 자민당에 투항함으로서 자민당과 별 다를 바 없다는 인식을 들게 했다. 뿐만 아니라 1996년 사회당의 사회민주당으로의 개명은 55년체제하에서 사회당이 사실상 해체됨을 의미하는 것이었다. 각 정당의 생존전략이 유권자들로 하여금 지지정당을 잃게 만든 것이다. 뿐만 아니라 근절되지 않는 자민당 각료들의 정경유착과 부정, 부패, 비리는 자민당 지지 유권자들 역시 무당파로 돌아서게 했다. 결국 각 정당의 생존전략이 오히려 유권자들에게는 기존정당에 대한 불만과 비토를 늘리게 된 원인이 된다.

셋째, "탈물질주의"는 탈정당화·무당파로 전환된 유권자에게 다른 유형의 정치참여를 증가시키는 원인이 됐다. 일본은 1955년부터 1973년까지 19년 동안 연평균 9.8%라는 고도성장을 이뤘다. 고도경제성장은 사회구조·생활양식·가치의식 등 사회 전반에 큰 변화를 가져왔다. 그 결과 1970년대 중반부터는 물질적인 욕구보다는 생활의 질에 대한 관심이 높아지고, 여가와 취미에 관한 욕구가 증대했다. 즉, 탈물질주의적 가치를 중히 여기는 사람들이 증가하게 된 것이다. 이들의 증가는 1960년대 후반부터 '시민·주민운동'이 일본에 확산되는 것과 일치한다. 이러한 주민운동은 계급·계층적인 이해와 관련 없는 탈 이데올로기적 경향과 기성 정당이나 정치가를 배제하고 직접민주주의 방식을 취하는 탈정치적 성격을 가지고 있었다. 그리고 물리적 실력행사 등의 집단행동을 하는 경우가 많았다는 특징을 가지고 있다. 일본의 유권자는 탈물질주의의 영향으로 선거가 아닌 다른 유형의 정치참여를 선택한다.

본 논문은 이러한 질문과 가설을 증명함으로써 55년체제가 붕괴된 이후의 일본의 정당과 유권자, 시민사회가 갖는 새로운 특징들을 증명할 것이다. 그리고 이것을 거버넌스라 정의하고, 이 새로운 거버넌스를 일본 지방정치를 통해 확인할 것이다. 즉 서두에서 밝힌 공산당의 약진과 시민사회의 지방정부 참여를 중심으로 "위로부터의 개혁"과 "아래로부터의 개혁"이 가능한 원인을 분석할 것이다. 결론적으로 일본 지방정치는 중앙과 지방으로부터 각각의 생존을 향한 정당과 유권자가 만들어낸 결과물이다. 그리고 이는 어느 하나의 일방적인 주도로 이뤄졌다기보다 양자의 상호작용에 의해 만들어진 것이다. 따라서 본 논문은 포스트 55년체제 하의 자민당의 생존전략과 일본 혁신계의 생존전략을 확인한다. 또한 이들의 생존전략과 함께 탈물질주의에 의해 무당파로 전환된 일본 국민들이 참여민주주의 가능성을 되찾는 과정을 살펴볼 것이다. 또한 이를 증명하는 과정에서 존재를 의심받아 왔던 일본 시민사회의 성장을 확인하고, 아울러 포스트 55년체제 일본의 새로운 거버넌스 출현의 함의를 찾을 것이다.

2. 기존 연구검토

시민문화론의 알몬드와 버바(Almond, G and S. Verba)[4]와 사회자본론의 퍼트남(Robert Putnam)[5]을 통해 일본을 연구한 한국의 기존 연구들은 1990

---

4) G. Almond and S. Verba, *The Civic Culture :Political Attitudes and Democracy in Five Nations* (Princeton, NJ: Princeton Univ Press, 1963).

5) R. D. Putnam. "The Prosperous Community: Social Capital and Public Life," *The American Prospect* (13, 1993), pp.35-42; R. D. Putnam, "Making Democracy Work Civic Traditions in Modern Italy," 안청시 외 역, 『사회적 자본과 민주주의』(서울: 박영사 2004), pp.11-22.

년대 중반 한국에 지방자치가 도입된 이후부터 증가한다. 그 이후 일본지
방정치에 대한 연구는 일본시민사회의 자발성과 적극성을 설명한다. 그
러나 시민사회의 자발성과 적극성이 만들어진 배경에 대한 설명은 이미
1980년대 초반에 실패한 혁신자치체에서 찾았을 뿐 20여 년의 공백을 설
명하지는 못했다.6) 또한 박원순7)과 같은 운동가를 중심으로 시민운동의
차원에서 일본의 시민사회를 분석하고, 한국이 배워야하는 일본의 시민
사회의 장점을 나열하는 수준에 머물렀다. 일본 지방과 시민사회에 대한
대표적인 연구자인 김장권8)의 경우에도 지방정치의 제도개혁과 시민의
참여를 대외적 요인들과 함께 분석하지만, 국내적 요인들과 함께 병립 나
열하는 정도에 머무른다.

또한 일본에서는 자발적으로 이뤄지는 사회운동이 결국 국가주도의
흐름으로 흡수되거나 아니면 도중에 좌절해 왔다는 주장이 일본의 시민
사회에 대한 다른 한편의 연구였다.9) 월프렌은 일본에는 "시민사회가 사
실상 발견되지 않는다"고 주장했다.10) 본 논문이 주목한 1990년대 이후
의 NPO를 중심으로 한 시민활동에 대해서도 그것이 정부주도형이고 비
자발적이라 평가한다.11) 민주주의가 유지되고 발전하기 위해서는 민주주

---

6) 한영혜, 『일본의 지역사회와 시민운동』(서울: 한울, 2004); 최종만, 『일본의
　자치체개혁』(서울: 나남, 1998.); 이면우, 『일본의 NGO활동연구』(서울: 세종
　연구소, 1998).
7) 박원순, 『박원순 변호사의 일본시민사회 기행』(서울: 아르케, 2001).
8) 김장권, "일본의 지방자치," 『일본・일본학』(서울: 오름, 1995); "일본의 사회
　민주화: 국가와 공동체의 존재방식을 중심으로," 「한국정치학회96하계학술
　대회」(한국정치학회96하계학술대회, 1996); "일본의 분권화 개혁에 있어서
　국가와 시민사회의 대립구조," 『아세아연구』43권 1호 (고려대학교아세아연
　구소, 1998); "일본시민사호의 구조 1868-1999: 국가, 시장, 공동체의 상호관
　련 구조에 대한 거시 역사적 조망," 『한국정치학회보』, Vol. 33, No. 2, (한국
　정치학회, 1999); "한국과 일본의 분권화개혁비교연구," 『한국과 일본의 정
　치와 거버넌스』(서울: 아연출판부, 2005).
9) 정진성, 『현대 일본의 사회운동론』(서울: 나남, 2001).
10) Karel van Wolferen, 이청훈・이헌모 역 『부자 나라, 가난한 국민 일본(The
　False Realities of Politicized Society)』(서울: 범우사, 1997).

의를 지지하는 습관이나 태도가 국민들에게 광범위하게 확산돼야 한다는 알몬드와 버바의 논의와 시민사회가 사회자본(Social Capital)을 창출하는 영역이라 해 이를 중시하는 퍼트남의 논의는 일본 시민사회에 적용되지 않는다는 것이다.

그러나 일본 시민사회에 대한 부정적인 평가와 긍정적인 평가의 기존 논의들은 모두 단선적인 차원에 머물러 있다. 즉 중앙과 괴리된 채 움직이는 지방정치의 원인을 고찰하기보다는 그 결과를 놓고 긍／부정의 평가를 내려온 것이다. 이런 까닭에 일본시민사회에 대한 긍정적인 연구들은 지방의 활발한 시민사회가 중앙의 정치적 견제장치로서 성장하지 못한 까닭을 모르는 척 했으며, 반대의 경우에는 지방수준에서 활발한 활동을 보이는 시민사회를 중앙과 연결되지 않는다는 이유로 존재자체를 부정해버리는 결과를 초래했다.

이처럼 각각의 논의가 유기적인 관계를 찾지 못한 채 연구가 이뤄진 까닭은 중앙과 지방에서 정당과 시민이 어떠한 상호작용을 해왔는지 살피지 못했기 때문이다. 때문에 본 논문은 1993년 이후의 탈물질주의의 도래와 세계화, 정보화, 경제성장과 55년체제의 붕괴와 같은 체제수준의 변동에 따른 정당과 유권자, 시민의 변동과정을 고찰했다. 그 변동은 정당들의 생존전략과 일본 시민들의 새로운 정치참여유형을 통해 밝혔으며, 이상의 변동으로 인해 발생한 체제수준의 결과가 "위로부터의 분권화 개혁"과 "아래로부터의 분권화 개혁"을 함께 야기시켰고, 일본의 시민사회가 지방성과 개별성, 분산성을 갖게 된 원인임을 증명한다. 또한 이와 같은 정당과 유권자의 변동이 포스트 55년체제가 갖는 거버넌스의 특징임을 입증한다. 특히 본 논문은 중앙수준의 견제장치로서의 시민사회는 부재하더라도 지방수준에서의 시민주도형의 거버넌스를 형성하고, 중앙정치를 견인할 수 있는 시민사회의 존재를 증명한다.

---

11) 정미애, "일본의 시민사회와 NPO: 행정과 NPO와의 파트너십을 중심으로," 『국제지역연구』 제6권 제2호 (한국외국어대학교 외국학종합연구센터, 2002).

II. 정당의 중앙 생존전략

1. 자민당의 정권복귀와 사회당의 몰락

자민당의 분열과 함께 치러진 1993년 여름의 중의원 선거는 1955년 이후 계속된 자민당 장기 정권에 종지부를 찍게 했다. 본 절에서는 전후 일본 정치사의 일단락으로 1993년 여름 이후 자민당이 장기집권에 실패하고 다시 정권에 복귀하는 과정을 통해 자민당의 생존전략을 살펴본다. 뿐만 아니라 사회당이 생존전략으로서 연립정권에 참여하지만 오히려 이것이 사회당의 몰락을 야기하는 원인을 설명하고자 한다.

1993년 8월 장기집권하던 자민당 정권이 붕괴하고, 호소카와 모리히로(細川護熙)를 수반으로 하는 7당 1회파[12]의 연립정권이 성립했다. 호소카와 연립정권의 출발은 자민당 장기집권의 '55년체제'의 전환을 의미하는 일이었다. 이러한 과정을 촉발시킨 것은 자민당의 부패스캔들이다. 특히 92년 사가와규빈(佐川急便)사건[13]은 자민당의 부패에 대한 국민들의 반감

---

12) 사회당 70, 신생당 55, 공명당 51, 민사당 15, 사민련 4, 일본신당 35, 신당사키가케 13의 7당과 참의원의 민주개혁연합의 1회파의 의원총수는 243석, 자민당은 223석이었다.

13) 1993년 자민당 일당지배의 종언과 함께 비자민정권의 성립 등 대규모 정계개편으로 이어졌던 사건이다. 이는 당시 자민당 내 최대 파벌이었던 다케시타파에 직격탄이 된 것으로, 1992년 9월 22일 사가와규빈의 전사장 와타나베 히로야스의 첫 공판에서 다케시타파와 폭력단체 간의 관계가 드러났다. 1989년 자민당 총재선거에서 다케시타가 총재가 됐을 때, 우익단체들은 이른바 호메코로시(ほめ殺し: 상모략 선거운동의 일종)라 불리던 수법으로 다케시타를 공격했었다. 이에 대해 가네마루 신(당 부총재)이 광역폭력조직인 이나카와회 회장 이시이 스스무에게 중지 공작을 의뢰했던 사실이 폭로됐던 것이다. 한편 가네마루가 이나카와회로부터 5억 엔의 비자금을 수뢰한 사실이 같은해 8월 22일자 『아사히 신문』에 보도됐다. 가네마루는 5일 후에 이 사실을 인정하고 당 부총재직을 물러났다. 하지만 문제는 여기서 멈추지 않고 9월 25일 가네마루가 <정치자금규정법>위반으로 약식 기소돼 고작 20만 엔 벌금으로 처리됐다는 사실이 보도되자 여론이 들끓기 시작했던 것이

을 증폭시켰다. 그리고 정치적 논의는 자연스럽게 정치개혁으로 모아졌
다. 그러나 1993년 중선거구제의 개정 등을 주요 골자로 하는 '정치제도
개혁법안'이 자민당 내 보수파에 의해 거부되자 공산당을 제외한 전 야
당에 의해 미야자와 내각 불신임안이 제출된다. 이를 계기로 자민당 내
오자와·하타파와 정치개혁추진파의 다케무라 등이 1993년 6월 18일 자
민당을 탈당해 신생당과 신당사키가케를 창당했다. 이후 실시된 7월 18
일 제40회 중의원 선거에서 자민당은 과반수 의석(256석)에 33석이나 모
자라는 233석을 얻는데 그쳤으며, 사회당은 선거전의 139석의 절반에 불
과한 70석을 얻는 역사적 참패를 기록했다. 반면, 자민당에서 이탈한 그
룹들이 새로 결성한 신생당, 사키가케, 일본신당 등 보수신당(중도정당)들
의 약진이 돋보였다. 선거후 자민당과 공산당을 제외한 7당 1회파는 일본
신당의 호소카와를 수상으로 하는 비자민연립정권을 8월 6일 출범시킴으
로써 1955년 보수합동 이후 38년간이나 지속돼 온 자민당 지배는 막을
내리게 됐다.14)

그러나 선거제도와 정치자금 등을 중심으로 한 정치개혁법안을 통과
시킨 호소카와 정권은 그 기반이 취약했다. 당시 비자민연립정권의 막후
조정자는 '오자와'였다. '보통국가론'을 주창하며 신우파의 대명사로 자
리잡은 오자와는 혁신세력과 군소정당의 존립근거를 박탈하고 保保구도
로 정계를 개편하려는 의지를 갖고 있었다. 따라서 연립정권은 자민당으
로부터의 정권을 이양하는 잠정적 구심력이 다하자 오자와-反오자와의
원심력이 작동하게 된다. 특히 소선거구 비례대표병립제를 골자로 하는
정치개혁법안은 오자와의 정계개편구상이 관철된 것이라 할 수 있는데,
이를 둘러싼 사회당, 민사당, 신당 사키가케의 비주류, 反오자와 진영과
신생당, 일본신당, 공명당의 親오자와 진영의 대립 축은 심해진다. 더구

다. 이에 가네마루 회장의 후임문제를 두고 12월 18일 하타파와 오부치파로
분열됐다. 이시카와 마쓰미(石川眞澄), 『戰後政治史』(岩波新書, 2004), 박정
진 역, 『일본전후정치사』, p.225.
14) 이숙종, 이면우 편, 『일본의 정계개편과 정책변화』(세종연구소, 1996), p.11-14.

나 호소가와 총리가 국민복지세파문,[15] 리크루트 주식소유에 대한 의혹 등으로 사임함으로써 신생당의 당수인 하타가 총리에 오르게 되자 사회 당이 느끼는 위협의 강도는 증가했다.

한편, 정권복귀에 노력하던 자민당은 하타 소수파 내각에서 소외된 사회·사키가케 양당을 끌어들여 자민당과 사회당이 "좌우합작"에 합의하고 1994년 6월 30일 "3당 연합정책협정"을 체결해 무라야마 연립정권을 성립시킨다. 이로서 하타 내각은 2개월도 못돼[16] '무라야마(사회당)' 내각에 정권을 이양하게 된다. 자민당은 11개월 만에 다시 연립정권의 형태이지만 집권여당의 자리를 되찾게 됐다. 이에 맞서 1994년 12월 10일 비자

---

15) 세제개혁안은 연립정권 내에 난항을 거듭하고 있었다. 그러나 호소가와 수상은 연립여당 내에서 충분한 협의도 거치지 않은 채 94년 2월 3일 '세제개혁구상안'을 발표했다. 이에 사회당은 발표과정의 비민주성과 소비세 인상 초래라는 점을 지적하면서 반대 입장을 분명히 했다. 이 국민복지세 구상은 결국 연립정권 내의 합의에 기초했던 것이 아니라 대장성 일부 관료와 신생당 오자와, 공명당 이치카와 서기장이 비밀리에 결정하고 다케무라 관방장관에게 알리지도 않은 채 호소가와 수상을 설득해 발표한 것이다. 이는 결국 신생, 공명 양당과 소비세 자체에 비판적이었던 사회당 및 신당사키가케와의 균열을 야기하게 된다.

16) 비자민 연합은 4월 25일 신생당의 하타를 후임수상으로 결정했지만 그 과정에서 신당 사키가케가 연립에서 이탈해 야당이 됐다. 게다가 하타를 수상으로 선출한 직후 신생당, 일본신당, 민사당이 모여, 사회당에 통보도 없이 중의원 내 여당의 통일 회파 조직인 '개신(改新)'을 결성했다. 이에 반발한 사회당도 연립정권에서 이탈했다. 이처럼 사회당과 사키가케가 '비자민'에서 이탈한 배경에는 호소가와 정권의 주도권을 장악하고 있던 신생당 대표간사 오자와 이치로와 공명당 서기장 이치카와 유이치(이른바 이치-이치라인)의 독선적 정국 운영에 대한 반발 분위기가 있었다. 이는 2개월 후 자민, 사회, 사키가케 연립정권이 탄생하게 되는 또 다른 배경 중의 하나이다. 소수여당 정권이 된 하타 내각은 6월 25일 1994년도 예산 통과 직후에 총사직을 표명하고 만다. 사회당과의 연립복귀 교섭이 진전을 보지 못함에 따라, 내각 불신임안의 가결이 현실화되고 있었기 때문이다. 정식으로 사임한 29일까지 재임기간은 불과 65일로 일본 내각에서 세 번째로 단명한 내각이었다. 이시카와 마쓰미(石川眞澄), 『戰後政治史』(岩波新書, 2004), 박정진 역, 『일본전후정치사』 p.234.

민 연립정권을 구성했던 신생당, 공명당, 일본신당, 민사당 등이 하나의 정당으로 통합하면서 새로운 정당 '신진당'이 탄생한다. 한편, 연립내각을 등장시킨 사회당은 그동안 고수해 왔던 정책과 노선을 포기한다. 사회당-총평 연계의 해체, 마르크스주의 독트린의 수정, "신선언"의 채택, 종래까지 반대하던 선거제도 개혁의 지지, 자위대 합헌성 수용, 미일안보조약 지지, 핵발전에 대한 승인, 무력 사용을 않을 조건으로 PKO참여 결정 및 자위대의 합헌성을 수용하고, 미-일안보조약을 지지하며 기미가요(국가)와 히노마루(국기)까지 인정한다. 그러나 무라야마 연립정부에 의한 이들 변화에도 불구하고 사회당의 현실주의 노선은 사회당에 재활력을 불어넣은 것이 아니라 자민당 내부의 이른바 자사사파 대 보보파(自社派 對 保保派)에 있어 힘의 균형을 전자에게 강화함으로써 자민당의 지지폭을 넓히는 데 기여했다. 그러므로 사회당의 때늦은 현실주의 노선으로의 전환은 역설적으로 사회당 해체와 자민당 온건화에 이바지했던 것이다.[17]

결국 사회당의 '혁신'의 정체성은 소멸됐고 1996년 1월 사회당에서 사민당으로 개칭하게 된다. 사민당으로의 개칭의 실내용을 보면 실제 과거 좌파사회당-야마카와이즘으로 이어져 내려오던 "일본형 사회주의", 일본형 "맑스-레닌주의"라는 좌익적 사회주의 정당에서 유럽식 사민당으로 전환한 것이 아니라 리버럴 정당으로 전환을 의미한다.[18] 이에 앞서 1995년 7월 실시된 제17회 참의원 선거에서 무라야마 수상이 이끄는 사회당은 의석 41석 중에서 16석 만을 획득해 패배를 한다. 여당 3당의 획득 의석은 과반수를 넘었지만, 사회당의 참패를 계기로 무라야마 수상의 퇴진 문제가 부상했다. 반면, 자민당은 1995년 11월 하시모토를 총재로 선출하고 가토 고이치(加藤紘一) 간사장, 야마사키 다쿠(山崎拓) 정조회장 등으로

---

17) 최장집, "노동없는 민주주의," 『변동기의 한일정치비교』(서울: 아연출판부, 2003), p.302.

18) 현재 사민당의 정책은 인간존중, 정의평등, 자유, 민주주의, 개인의 숭고함, 사회적 유대에 높은 가치를 두는 문화와 사회의 창출을 목표로 하고 있다 (http://www.sdp.or.jp).

〈표 1〉 일본 정당의 의석수 변화(1993~2005)

	1993		1996		2000		2003		2005
자민	223	자민	239	자민	233	자민	237	자민	296
사키가케	13	사키가케	2	민주	127	민주	177	민주	113
공명	51	민주	52	공명	31	공명	34	공명	31
일본신	35	자유연합	0	자유	22	자유연합	1	-	-
신생	55	신진	156	자유연합	1	무소속회	1	신당일본	1
민사	15	신사회	0	제파	5	보수신	4	국민신	4
사민련	4	민개련	1	보수	7	제파	0	제파	1
사회	70	사민	15	사민	19	사민	6	사민	7
공산	15	공산	26	공산	20	공산	9	공산	9
전체	511		500		480		480		480

세대교체 인사를 단행해 정권 장악을 위한 체제를 정비했다. 그 결과 1996년 1월 무라야마 수상이 퇴진하고 자민당의 하시모토가 3당 연립정권의 수상으로 취임했다. 미야자와 수상 이후 2년 반만의 수상 직 탈환이었다. 하시모토 내각은 지금까지의 자민·사회·사키가케의 3여당체제의 지속상태였지만, 사회·사키사케 양당 당수가 각료로 입각하지 않아 자민당의 비중이 한층 커진 정권이었다.19)

하시모토 수상은 1996년 9월에 중의원을 해산했다. 뒤이어 10월에 소선거구 비례대표 병립제하에서 최초의 총선거가 이뤄졌다. 1월에 사회민주당으로 당명을 변경한 구(舊)사회당은 해산 직전까지 리버럴 세력을 결

---

19) 이기완, "일본자민당의 현주소,"『민족연구』25호 (서울: 교양사회, 2006), p.68.

집한 신당 결성을 모색하고 있었지만, 사키가케와의 합류가 불발로 끝남에 따라 좌절됐다. 9월 사회당 및 사키가케의 일부 의원이 민주당을 결성해, 간 나오토와 하토야마 유키오가 공동대표로 취임했다. 총선거에서는 자민과 신진이라는 양대 정당에, 민주, 사민, 공산 사키가케 등의 정당이 각축을 벌이는 양상이었다. 자민당은 총선거에서 단독 과반수에는 미치지 못했지만, 234석을 획득, 제1당의 자리를 되찾았다. 자민당은 과반수를 확보하기 위해 사회당과 사키가케의 협력을 필요로 했지만, 연립정권 내의 역학관학계는 압도적으로 자민당 우위로 변질돼 있었다. 사회당이 자민당과의 더불어 호소카와 내각에 참여했다는 것은 사회당의 정체성을 상실[20]케 했고, 자민당에 대한 대항세력으로서의 의미를 희석시키고 말았다. 그 결과 사회당은 1990년(34%), 1993년(15%), 1996년(소선거구 2%, 비례대표 6%) 정당득표율을 획득하면서 수직적 붕괴를 보였다.

2. 공산당의 대중정당화

"55년체제"의 해체 이후 자민당과 사회당의 생존 전략은 사회당의 붕괴와 자민당의 제1당 복귀로 일단락된다. 신보수정당, 중도정당, 사회당 등의 비자민 연립정권을 구성했던 정당들의 실패는 오히려 반공블럭으로 인해 소외됐던 공산당의 이미지를 개선시킨다. 연립정권은 국민들의 정치개혁에 대한 열망을 소선거구 비례대표 병립제[21]를 도입함으로써 왜곡시

---

20) 당시 무라야마의 정책전환은 수상이 된 이상 어쩔 수 없다는 식으로, 끝까지 신중했어야 하는 정책들을 너무나 쉽게 전환한다. 이는 총평의 와해와 사회당 최초의 수상이라는 국내정치변수와 함께 냉전의 종언, 소련 및 동구 사회주의 국가의 붕괴 등의 국외정치변수에 따른 것이지만, 정책의 놋페라보우현상(のつぺらぼう: 일본전설에 나오는 요괴로 얼굴에는 눈, 코, 입이 없다. 즉 단조롭고 변화가 없이 무난하기만 한 것을 비유한 표현)을 극명하게 보여준 것이다.

21) 선거제도 개혁은 국민의 요구와 정치인의 기득권 유지의 경쟁이었다. 자민당은 자신들의 지배력을 강화하기 위해 1위대표제를 선호했고, 소수정당들

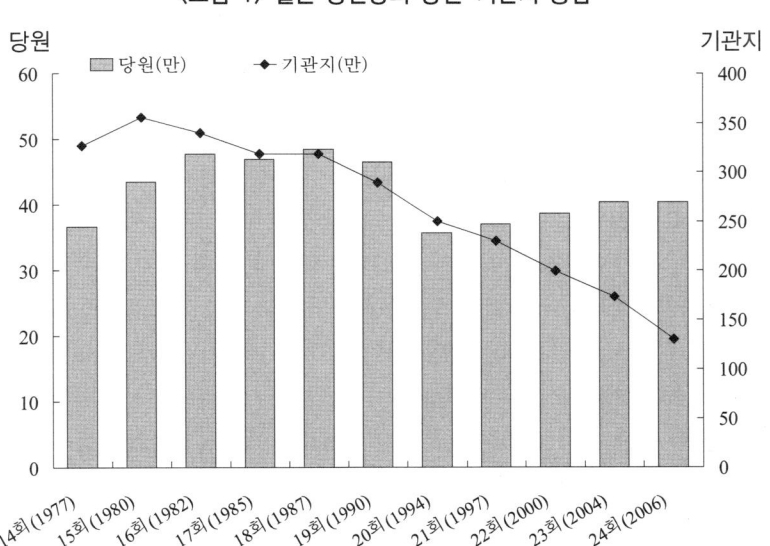

〈그림 1〉 일본 공산당의 당원·기관지 증감

출처: 일본 경찰청 http://www.npa.go.jp/(검색일:2006.6.3)자료 보완

〈표 2〉 일본 공산당 당원·기관지 증감추이(1977년~2006년)

당대회 (개최년)	14회	15회	16회	17회	18회	19회	20회	21회	22회	23회	24회
당원(만)	36.6	43.4	47.7	46.9	48.4	46.4	35.7	37.0	38.7	40.4	40.4
기관지(만)	326	355	339	318	318	289	250	230	199	173	130

은 생존을 보장할 수 있는 비례대표제를 선호했다. 결국 양자의 타협으로 두 제도의 혼합형 선거제도가 채택됐다. 더욱이 지역구와 비례대표에 동시에 입후보 할 수 있는 중복입후보를 허용했다. 이는 석패율에 따라 부활당선자가 발생하는 결과를 초래한다. 즉 소선거구에서 득표가 적은 하위 낙선자가 상위 낙선자를 제치고 당선하는 현상이 벌어지고, 한 선거구에서 2명 내지 3명의 당선자가 발생해 선거구간 한 표의 격차가 심해졌다. 이와 같이 일본의 선거제도는 민의를 왜곡시킨 각 정당의 생존전략에 의해 만들어졌다.

켰다. 이에 반해 공산당은 일관되게 소선거구제비례대표병립제 도입을 반대하면서 근본적인 정치개혁을 요구했다. 더구나 비자민 정당들이 자민당과의 정책적 차별성을 보여주지 못하고 '총여당화'한 상태에서 유일한 야당은 공산당이었던 것이다. 따라서 자민당의 복귀로 잠정적인 막을 내린 정당재편 과정은 곧 '공산당의 복귀'를 의미하는 것이기도 했다.[22]

<그림 1>에서와 같이 당시 일본 공산당원의 수는 창립 이후 1982년까지는 계속 증가추세를 보이다가 1982년 16차 당 대회 이후에는 일본 공산당에 대한 지지율의 감소와 함께 당원의 수도 감소하고 있다. 또한 일본경제의 번영에 따른 일본 국민들의 공산당에 대한 부정적인 현상은 또다른 여론조사에서도 잘 나타난다. 즉 자민당 지지 43%, 공명당과 민사당에 대한 지지는 각각 4%, 사회당 지지 11%, 공산당에 대한 지지는 3%뿐이다.[23] 중산층화된 일본 국민들의 가치관이나 이데올로기는 계급적인 이데올로기보다는 삶의 질에 더욱 관심을 갖게 돼, 서구의 유권자들처럼 좌파의 완전고용 등 경제중심의 전후 합의(post consensus) 이데올로기보다는 탈급진화된 이데올로기를 선호하게 됐다.[24]

그러나 다른 한편, 사회당과 달리 공산당은 지속적으로 꾸준히 국민으로부터 고정된 지지를 받고 있는 것 또한 사실이다. <그림 1>과 같이 기관지 아카하다(赤旗)의 발행부수가 당대회 보고시마다 줄어들고 있는 것은 사실이지만, 당원은 40만 명으로 비집권 공산당 가운데 이탈리아(130만)에 이은 두 번째 규모이다. 자민당이 350만 당원을 갖고 있지만 개인별 후원회에 속해있는 사람들로 형식적인 측면이 강하다. 또한 붕괴하기 이전의 사회당 당원이 6만 정도였던 것에 비한다면 공산당의 기본조직이 강하다는 것을 알 수 있다.

이와 같은 상황은 공산당이 사회의 단계적 발전에 맞도록 '단계적 전

---

22) 『朝日新聞』, 1997년 10월 2일자.
23) 어수영, 『현대 일본정치론』(서울: 법문사, 1986), p.287.
24) Wilson Frank. L,. "Communism at Crossroads of Western Democracy," *Problem of communism,* VOL. XLI (1992), pp.95-106.

략'25)을 구사했던 것과 닿아있다. 이러한 '단계적 전략'은 이미 '자유와 민주주의 선언'26)에서 그 기본방침이 정해졌다고 할 수 있으며 사회주의 붕괴와 사회경제적 변화라는 대외적 변화에 대응하기 위함이었다. 따라서 국민다수의 동의에 의해 한 단계씩 발전해 나간다는 단계적 전략은 '사회주의 혁명'이라는 반체제정당으로서의 정체성보다는 현실에 접근하고 적응해 나가는 이른바 국민정당화를 달성하려는 노선인 것이다. 직접적인 국민의 조직화를 통해, 시민운동과의 연계를 통해 사회적 기반을 확대해왔던 공산당으로서는 유연노선은 불가피한 측면이었다. 사회적 기반이 어느 정도 형성되고 난 후부터는 그런 조직들에 의해 유연노선은 더욱 구조화됐다. 여기에서 발생하는 유연노선과 공산당의 기본이념과의 괴리는 바로 "단계적 전략구상"에 의해 메워질 수 있다. 국민생활을 개선하기 위한 정책을 입안하고 이를 실현시키기 위해 전력하는 정당으로서 '국민정당으로 진입'하고 있는 것이다. 최근에 새로이 정립하고 있는 "민주연립정부"의 방향은 과거보다 더욱 유연화됐다. 현실적으로 전선을 함께할 사회당은 당세도 위축됐고 이전 전선의 내용을 공유할 수 있었던 정당도 아니다. 현재 자민당과의 대척점에 있는 민주당 역시 자민당과 별

---

25) 단계적 발전이란 "사회의 발전은 국민이 필요로 하는 것을 하나씩 해결해 나가면서 한 단계 한층 더 나아지는 점진적인 변화를 뜻"하고 있다. 또한 이러한 단계들마다 국민다수의 동의를 바탕으로 구현해 나가겠다고 천명한 것이다. 단계적 전략: 잠정정부→ 민주연합정부→ 혁신통일전선정부→ 인민권력에 의한 민주주의 혁명정부.

26) 1976년 제13차 당대회에 채택된 선언이다. 이 선언은 후와에 의해 제안된 것으로, 핵심내용은 프롤레타리아 독재 포기. 복수정당제 인정, 보수당 존재 인정으로 현재까지 공산당의 가장 중요한 기초 문헌이 된다. 이는 90년대 들어오면서 장기간 지도력을 독점해 왔던 미야모토는 실질적으로 2선으로 후퇴하고 후와 데쓰조(不破哲三)를 중심으로 하는 젊은 세대의 리더십으로 교체되면서 공산당이 선명성을 가진 대중정당으로의 모색과 함께 한다. 이후 후와의 리더십은 당내 경쟁이나 그것에 의한 제명, 배제가 표면적으로 표출되지 않게 된다. 자민당을 비롯한 여타 다른 정당들의 이합집산과는 다른 리더십 정당으로 자리하는 배경이기도 하다.

반 다를 바 없는 정책적 지향을 갖고 있다. 따라서 원칙적으로는 여러 정당들과 민주연합정부를 구성하지 않으며, 국민대중의 직접적인 혁신의 성장과 발전으로 민주연합정부를 구성하겠다는 것이 일본공산당의 기본방침이다.27)

이러한 기본방침은 반자민당의 선봉에 섰다는 대외적인 이미지를 강화하고 반자민전선의 외연을 확대하려는 전략이다. 바로 이러한 현실인식으로부터 등장한 것이 보다 탄력적이고 유연한 "잠정정부" 말 그대로 우선적으로 자민당으로부터 정권을 탈취하는 것이 제1의 목표라는 인식하에 이에 동의하는 제 정당과 잠정적으로 민주연합정부보다 더 낮은 형태의 연립정부를 구성할 수 있다는 구상이다.

한편, 공산당은 농민, 노동자, 중소기업가를 통일전선의 구성요인으로 보고 영세민 보호, 세금 문제, 노동문제에서부터 이혼과 재혼문제, 전세대금보호, 월부 판매사기 문제에 이르기까지 생계보호 자문기구(Livelihood constitution service stations)통해 적극적인 대민봉사를 해오고 있다. 1985년 17차 당대회에서 일본 공산당은 주민서비스 센터를 운영해 3년간 17만 건을 해결해 100억 엔의 이익을 서민들에게 돌려줬다.28)

이런 까닭으로 2005년 4월 현재 공산당 소속 지방의원은 3,865명을 차지하고 있다(7.1%). 집권여당인 자민당의 지방의원수 2,018명(3.7%)과 견줘볼 때 상당한 수치임에 분명하다.29) 이는 일본공산당이 지역민원에 대

---

27) 2003년 23차 당대회에서 공산당은 "일 · 미 안보 조약", "구조조정", "헌법 개정" 등 국정의 기본 문제로 공산당을 제외한 일본의 야당이 자민당에 대해 반대 입장이 확립돼 있지 않은 것은 약점이라 밝히고 있다. 따라서 공산당이 총선에서 약진하는 것은, 이러한 약점을 넘어서는 것이라고 주장한다. 또한 "당강령 개정안에 명기해 있듯, 단독 정권이 아니고, 통일전선을 기초로 한 민주 연합 정부를 목표로 하는 당이기 때문에, 일본 공산당의 정치적 비중을 크게 높이는 것은, 민주적 정권정당간의 제휴를 만들어 내는 힘이 된다"고 해 공산당의 약진을 배경으로 하여 야당과의 제휴가 가능함을 내비치고 있다. "日本共産党第二十三回大会決議案," 「赤旗」 2003년 9월 19일자.

28) "日本共産党第十七回大会決議案," 「赤旗」 1985년 11월 25일자.

29) 일본 공산당 홈페이지(http://www.jcp.co.jp/giin/index.html)(검색일: 2006. 6. 4.).

〈표 3〉 일본 공산당 당규약 개정내용(1977년~2006년)

22차 일본 공산당 당규약 개정 내용		
개정전	개정후	의미
노동자 계급의 전위전당	노동자 계급의 당임과 동시에 일본 국민의 당	전위당으로서의 공산당 성격을 포기하고 대중정당 선언
인민의 민주주의 혁명수행, 사회주의 혁명을 거쳐 일본에 사회주의 사회 실현, 고도의 공산주의 사회 실현	인간에 의한 인간착취를 없애고, 억압과 전쟁에 반대하며, 진정한 평등과 자유로운 인간관계가 이뤄지는 공동사회 실현	공산주의 사회를 실현한다는 당 목표의 변경
23차 일본 공산당 당규약 개정 내용: 43년 만에 당 강령을 전면 개정		
자위대는 위헌적 요소	주권침해의 상황, 대규모 재행 등 자위대는 국민의 안전을 위해 활용	자위대 용인
천황제 폐지	천황제 수용	천황의 인정

한 적극적인 보호정책으로 지방의회에서 상당한 지지를 획득한 것으로 풀이된다. 포스트 55년체제 이후 비자민 정당들이 자민당과의 정책적 차별성을 보여주지 못하고 '총여당화'한 상태에서 유일한 야당은 공산당이라는 인식이 넓어지고 있는 증거다.

뿐만 아니라 80년대 후반부터 이뤄진 당의 온건화전략은 <표 3>과 같이 제22차부터 최근의 24차 당대회에서 당규약을 전면 개정함으로써 대중정당으로 한층 거듭나게 된다.

III. 정당의 지방 생존전략

1. 자민당의 위로부터의 분권화 개혁

1980년대부터 시작된 행·재정 개혁과 1990년대 재정적자 악화라는 지난 20여 년의 점진적 변화는 자연스럽게 분권화 개혁을 야기했다. 정부지출과 공무원 인력의 슬림화, 공공정책 집행의 효율화, 공(公)영역에서 분권화를 통한 관과 민의 공동참여와 책임이란 이념 등은 중앙정부의 후퇴와 함께 지방과의 파트너십을 구축하려는 제도변화를 낳았다. 1990년 10월에 발족한 제3차 행정개혁심의회는 '국제화 대응, 국민생활 중시'라는 기치를 내걸고 '풍요로운 생활부회'를 1991년에 설립해 지방제도개혁을 담당했다. "생활부회"의 회장인 호소카와 모리히로 구마모토현(熊本縣)지사는 '매력 있는 지역 만들기를 실현하는 행·재정 능력을 갖춘 지방자치체 만들기'를 목표로 개혁안을 추진했으나 중앙성청 관료들의 압력으로 부회의 목표는 기본적으로 좌절됐다.

하지만 55년체제의 해체는 여러 사회제도의 변화를 요구하는 목소리가 높아졌고 하시모토가 수상 직을 수행하면서 행정개혁 구상은 성(省)과 청(廳)의 수를 반으로 줄이는 등 행·재정 개혁을 시작한다. 또한 이를 실현하기 위해 하시모토는 1996년 11월에 개혁안을 심의하기 위한 행정개혁회의를 설치하고, 스스로 회장으로 취임한다. 이 회의에서는 1부(府)13청으로 중앙의 성과 청을 재편하는 것 외에, 내각기능의 강화, 독립행정법인제도의 도입 등을 주축으로 하는 행정개혁안이 마련됐다. 21세기를 새로운 체제로 맞이한다는 수상의 공약이 개혁의 속도를 규정했고, 이것이 대규모 조직개편을 가능케 했다. 행정개혁을 포함해 재정개혁, 금융, 지방분권, 사회보장, 교육 등 총 6대 개혁의 추진을 공약했다. 이 중 지방분권개혁의 경우, 지방분권추진위원회가 중앙의 성청 관료와 직접적인 교섭에 나섰고, 그 결과 기관위임사무제도[30]의 폐지를 축으로 하는 지방분권의 골격이 세워지는 성과가 있었다.

이와 같은 "분권화 담론"은 정치개혁 문제와 연계되면서 일반화됐다. 특히 주목할 것은 지방분권기본법이라는 법률 제정에 초점이 맞춰지기 시작했다는 점이다. 1993년 6월에 중·참 양의원은 지방분권 추진을 국회에서 결의했다. 7월의 총선에서 지방분권 문제는 가장 큰 쟁점 가운데 하나였다. 지방정부 측에서는 전국의 자치 6단체가 1993년 11월에 지방분권추진위원회를 발족시켰고 각 도도부현들로부터 많은 논의들이 쏟아져 나왔다. 1994년 1월 내각에 행정개혁추진본부를 발족시키고 5월에는 본부 안에 지방분권부회를 설치했으며, 같은 해 4월에 제24차 비장제도조사회도 발족시켰다. 1995년 5월 지방분권추진법이 제정되고 같은 해 7월 지방분권추진위원회가 발족됐다. 이와 같은 노력의 결과로 일본은 2000년 4월 1일 소위 '지방분권일괄법'과 2001년 1월 1일에 '중앙성청등개혁관련17법'을 시행함으로써 그들이 말하는 제3의 개혁이라는 지방분권개혁을 추진하게 됐다.

1993년에 들어 리크루트 사건과 사가와규빈 사건 등 정치스캔들이 발생하면서 정치개혁 문제가 불거지고 이에 따라 앞서 언급한 것과 같이 분권화 담론도 함께 논의되는 상황에 이른 것이다. 뿐만 아니라 지방분권화는 중앙정부에 집중돼 있는 권력의 분산이라는 민주주의 목적도 있으나, 자민당이 이를 추진하게 된 직접적인 계기는 저성장 경제 속에 지방재정의 악화에 있었다. 세입에서 점하는 지방세의 비중은 3할 정도이나 세출에서 점하는 지방의 비중은 7할 정도로, 지방의 공공사업은 중앙정부의 보조금에 의존하지 않을 수 없는 재정구조문제를 안고 있었다. 정치개혁담론과 함께 자민당의 생존방식은 지방분권의 입법화에 달려있었던 것이다.[31]

---

30) 기관위임사무제도(機關委任事務): 국가가 지방에 위임하고 있는 각종의 사무를 지칭한다. 주요내용은 여권발행, 병원 개설의 허가, 일급 하천의 관리 등이다. 이 기관위임사무를 폐지하고 지방자치단체가 재량에 따라 처리하는 사무, 소위 자치사무(自治事務)로 바꾸는 것이 지방분권의 중심적인 과제로 지적돼 왔다.

〈표 4〉 일본 지방자치제도 개혁의 흐름

	지방제도 개혁의 변천 (위로부터의 개혁)	지방 민주주의의 움직임 (아래로부터의 개혁)	장기적 추제
1890대~	메이지 정부의 지방자치제도 창설 (제1의 개혁)	← 자치권 확충운동의 활발화	
			(행정기능의 비대화)
1945년~	점령개혁에 의한 민주화·분권화 (제2의 개혁)		
1950년대	역코스기의 수정		
		← 주민운동의 분출, 혁신자치체의 대두	고도성장기에 있어서의 일본형 '신중앙집권'
		← 지방의 시대 제창	
1980년대	행정개혁주도의 시대		新新중앙집권
1990년대	분권 개혁의 시대 (제3의 개혁)		

출처: 오수기 사또루, "일본의 지방분권," 『한국과 일본의 정치와 거버넌스』(아연, 2005), p.188

2. 혁신계의 아래로부터의 분권화 개혁

55년체제가 정착돼 가면서 중앙정당정치의 "보수 대 혁신"의 대립구도는 1963년 제5회 통일지방선거를 기점으로 지방정치에까지 재현된다. 이른바 "혁신자치체시대"가 막을 연 것이다. 이러한 혁신자치체는 일본사

---

31) Yasuo Takao, "Participatory Democracy in Japan's Decentralization Drive," *Asian Survey* XXXVIII-10 (Califonia Univ, 1998), pp.951-953.

회가 고도성장의 후기로 접어드는 시기에 등장해, 저성장시대로 진입하는 1975년 제8회 통일지방선거에 최고조에 이른 후 쇠락의 길을 걷는다. 따라서 혁신자치체시대는 일본의 고도성장 후기와 대체로 일치하고, 이 시기의 공해와 도시문제의 분출과 이로 인한 주민운동의 확산·격화와 관련을 맺고 있다. 혁신자체체는 중앙정치적인 측면에서는 보수지배체제를 풀뿌리부터 타파하려는 혁신세력의 지방교두보로서의 의미가 포함됐다. 혁신자치체의 증대는 시·정·촌에서부터 시작해 대도시권으로 이어지는 도시 자치체의 혁신수장화(革新首長化)경향이라고 할 수 있다. 1963년 2월 기타큐슈(北九州)시장선거에서 사회당 요시다(吉田法晴)가 당선된 것을 시작으로, 그해 4월 제5회 통일지방선거에서 중의원이었던 사회당 아스카타 이치오(飛鳥田日雄)가 요코하마 시장에 당선되는 등, 새로운 혁신수장이 속속 등장했다.

혁신자치체가 증대한 사회적 배경은 신중간대중의 형성을 들 수 있다. 고도성장에 의한 생활의 윤택화, 핵가족화, 고학력화가 중간, 중류의식을 확대했다. 더욱이 성장은 소득수준의 평준화와 생활양식의 등질화를 가져왔다. 이런 현상은 한편으로는 계급적 이데올로기 정치의 쇠약화, 즉 탈정치화를 야기하면서 다른 한편으로 개발, 도시정책의 후유증에 대해 저항하는 성향으로 이어졌다. 또한 다른 배경으로 '공해와 각종 도시문제의 발생'을 들 수 있다. 특히 공해는 그 발생 규모가 전국적이었고, 하수도 미정비나 분뇨, 쓰레기장의 불편 등의 문제는 국가나 자치체가 책임을 질 수밖에 없는 사안이었다. 그리고 1955년 이후 현저히 나타난 도시로의 인구 이동이, 1960년대 이르러 더욱 커져 민족의 대이동 상태에 이르게 된다. 1975년에는 3대 도시권에 총 인구의 48%가 모여 살게 됐다.

이러한 도시로의 급격한 인구 집중은 주공(住工)의 혼재화, 과밀화, 무계획적 택지개발을 가져와 지가 급등, 주택난, 교통난, 폐기물 처리난, 도로, 하수도 미정비, 학교·보육소 부족 등 여러 가지 생활의 곤란을 야기시켰다. 공해·도시문제의 전국적인 분출을 계기로 1960년대 후반부터 '시민·주민운동'이 일본에 확산된다. 이러한 주민운동은 기성정당, 노동조합, 지역단체에 의한 운동이 아니라, 지역생활자로서의 개개주민이 자연발생적으로 조직화한 운동이었다. 또한 운동조직의 기반이 지역사회라고 하는 공간적, 상징적 영역이었고, 계급·계층적인 이해와 관련 없는 탈이데올로기적이며, 기성 정당이나 정치가를 배제하고 직접민주주의 방식을 취하하는 탈정치적인 경향을 가지고 있었다.[32]

이와 같이 도시권으로 유입된 주민과 특히 핵가족화와 함께 도심부로부터 도시외곽지역으로 거주 장소를 옮겨야 하는 청장년층이나 주부, 샐러리맨 층이 지금까지의 일반적 현상인 탈정당화에도 불구하고 도시문제에 직면해 정치화 경향을 보이게 된다. 즉 이들은 자민당 정부의 공해대책이나 도시정책에 대해 깊은 불신감을 가졌다. 그러나 정부의 대응은 지체됐고, 이것에 반해 대화나 참가라고 하는 "입력루트"를 통해 주민의 요구를 수용하려고 애쓰는 혁신자치체의 자세는 크게 공감을 얻었다. 이것이 새롭게 정치화 성향을 띠게 된 유권자층을 혁신계로 유도할 수 있는 결정적인 변수가 됐다. 결국 이들의 집단행동과 정치화가 1959년 통일선거 이후 하락한 수장, 의원선거 투표율을 반전, 상승시키는 원동력이 됐고, 혁신자치체를 성립시키게 된 것이다.[33]

그러나 혁신자치체의 정책은 오일쇼크와 재정위기에 처하자 한계에 봉착하게 된다. 1973년 오일쇼크가 도래했고 시빌미니멈(civil minimum)[34]

---

32) 최종만, "정계개편과 지방정치의 약동," 『일본의 자치체 개혁』(서울: 나남, 1998), pp.206-212.

33) Yasuo Takao, "Participatory Democracy in Japan's Decentralization Drive," *Asian Survey* XXXVIII-10 (Califonia Univ, 1998), pp.953-956.

34) 1960년대, 70년대 주민운동은 정치·행정에 대한 시민규범도입을 지향했지만, 당시 지역행정은 아무것도 없는 빈곤한 상태였기 때문에 무엇인가를 '쟁취하는 행태'의 시민활동이기도 했다. 당시는 도로의 포장조차 돼 있지 않았고, 공원도 없고, 보육원도 부족했으며, 의무교육이었던 초등, 중학교도 열악한 시절이었다. 이 단계의 쟁취의 혁신자치체의 등장은 시빌미니엄으로서 근대적 대도시가 갖춰야 할 최소한의 조건, 사회권, 생활권을 갖는 것이다. 마쓰시타 게이이치(松下圭一), 『일본의 자치·분권』, p.28, 양기웅 역 (小花: 2006).

의 중기계획을 실현할 수 없는 상황에 처했다. 외부로부터는 복지남발과 인건비 과잉이라는 비판이 난무했고 재정전쟁을 선언했으나 신재정확보에 실패한다. 또한 시민참가는 의회 등에 의해 대의제 민주주의를 위협하는 것으로 인식됐고 효율성을 저해하기도 했다. 시빌미니멈 또한 일본국가독점자본주의하에서 일개 혁신자치단체장이 수행할 수 있는 최저한도의 달성이자 '저항권의 구체적인 표현' 이상의 것은 되지 못했고 주민들의 이기주의에 기초한 '물욕'의 대상으로 간주되기조차 했다. 시민 권리의식의 신장이나 공적서비스영역의 확장으로 보기보다는 오히려 공적영역에 대한 오해와 근시안적 편의주의의 산물로 보는 견해가 제시된다.

따라서 고도성장기가 끝나고 저성장기에 접어들면서 저항형의 시민운동은 감소한다. 지방정치 차원에서도 점차 혁신계와 보수계가 제시하는 정책이 근접해 쟁점이 분명하지 않게 됐다. 혁신자치체와 시민운동은 새로운 정치를 제시했지만 그것은 결국 고도성장의 틀 안에서 과거의 행정의존적인 형태로 이뤄진 셈이었다. 즉 당시의 시민운동은 아직 스스로 정책 대안을 제시하고 문제 해결 과정에 주체적으로 참여할 만큼 성숙되지 못해 문제에 대한 대응을 행정에 요구하는 단계에 머물러 있었다. 따라서 자치체가 이들의 요구를 수렴해서 예산을 배분해 문제를 어느 정도 해결하게 되면 운동이 쉽게 정체됐다. 저항형 시민운동의 약화와 더불어 1970년대 후반부터 혁신자치체는 급속히 감소해 1978년에는 교토부, 79년에는 오사카부 등 주요 광역자치체에서도 혁신계가 패배함으로써 혁신자치체의 시대는 막을 내린다. 혁신자치체의 퇴조에는 보수계의 혁신 무너뜨리기 전략, 사회당·공산당과 총평을 축으로 한 혁신계의 통일전선의 분열, 혁신자치체의 재정위기 등 여러 가지 요인이 작용했으나, 가장 중요한 요인은 시민에 의한 분권화 요구이기보다는 혁신계에 의한 또 하나의 위로부터의 분권화와 동원의 한계였다.35)

___

35) 한영혜, "새로운 사회관계의 모색",『일본사회개설』(한울, 2001), pp.312-313. 그러나 혁신수장이 보수자치체와 상이했던 점의 하나가 광청(廣聽) → 대화

이에 대한 반성으로 1980년대에는 지역차원에서 시민들의 네트워크형 조직들이 형성됐고, 과거의 다양한 운동들이 추진세력이 됐다. 1980~90년대에는 인권이나 국제화같은 문제들도 지역의 구체적인 생활과 관련된 과제로서 파악하고 풀어가려는 지향이 나타났으며 따라서 일상생활권인 지역을 근거로 해서 다양한 활동목표를 갖는 시민운동 그룹들이 형성됐다. 혁신자치체의 실패는 1980년대 이후 시민운동의 쟁점이 다양화되고 참가와 대안제시를 중시하게 됐으며 풀뿌리 차원의 네트워크형 운동으로 확산되는 길을 만든다. 이는 90년대 이후 시민참여형의 정치문화를 만드는 경험으로 작용한다. 즉 혁신자치체 운동은 그 전위성으로 인해 실패했지만, 그 경험만큼은 유효했음을 알 수 있다.

IV. 유권자의 탈정당화와 무당파 현상

1. 중앙에서의 무당파 현상

이와 같은 상황에서 2005년 9월 11일 시행된 제44회 일본 중의원선거는 2003년 11월 9일의 제43회 선거 이후 1년 9개월 만에 갑자기 실시됐

→ 참가라고 하는 시민참가의 확대·유도 시책의 전개이다. 이를 이론적으로 보면 광청은 일반통행적으로 추진되는 친절행정의 단계이고, 대화는 쌍방통행적으로, 이를 통해 주민의 이기주의와 행정의 공공성이 근본적으로 재편되는 단계이며, 참가는 자유통행으로서 주민이 주체적으로 참여하는 자치의 창조 단계이다. 그 구체적인 실천방식으로 아스카 요코하마 시장은 홍보실을 시민상담실로 확충해 이를 청사 1층으로 이전하고 시장·간부가 직접 시민을 응대했으며 시내 각지에서 주민집회를 개최했다. 그리고 시장에게 보내는 편지 방식과 일반공모에 의한 시정모니터제도를 도입하고, 장기계획 수립을 위한 시민위원회 등 시민이 참가하는 여러 위원회를 창설했다. 이것들이 종래의 보수자치체에서는 없었던 참신한 주민 직결루트의 개설로서 다른 혁신자치체는 물론 보수자치체에까지 호의적으로 받아들여져 전파됐다.

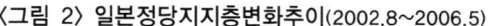

〈그림 2〉 일본정당지지층변화추이(2002.8~2006.5)

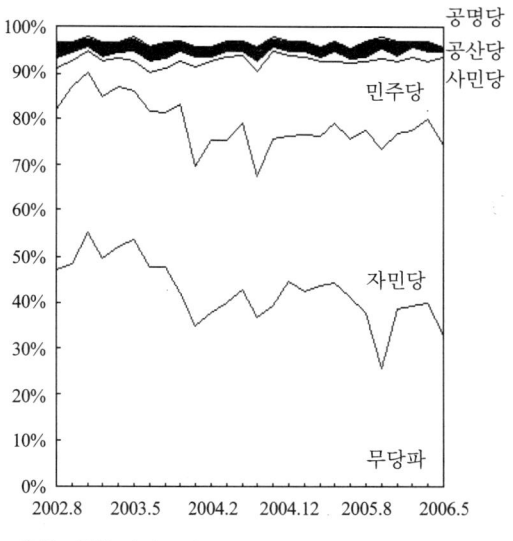

출처: 日経 リサーチ

다. 그 결과는 집권 자민당이 전체 의석 480석 중 296석(점유율 61.6%)을 획득해 압승했다. 이와 같은 자민당의 압승은 1960년 총선 이후 가장 큰 승리였다. 2005년 총선에서 자민당의 압승 요인 가운데는 자민당 지지층의 지지와 함께 자민당을 지지하는 무당파가 증가한 것은 주지의 사실이다. 그러나 당시 총선결과를 두고 일본 국민들의 자민당 보수노선에 대한 지지결과라는 해석은 논란의 여지가 있다. 당시 고이즈미 수상과 자민당에 대한 일본국민의 지지는 오히려 개혁적인 대안정당의 부재로 인한 현상으로 보인다. 대안정당의 부재 속에서 보수정당의 개혁 아젠다가 오히려 야당의 지지기반까지 상실하게 한 것이다.36) 실제 <아사히 신문>의

---

36) 고이즈미 수상은 2003년 9월 자민당 총재 선거에 입후보해 우정민영화를 공약으로 제시하고 총재로 당선됐고, 2003년 11월 총선과 2004년 7월 참의원 선거에서 우정민영화 추진을 정권 공약으로 제시했다. 그리고 고이즈미 내각의 우정민영화 관련 법안은 2005년 7월 중의원에서는 3표차이로 통과

설문조사에 따르면, 자민당 압승의 요인을 묻는 질문에 유권자의 18%만이 "국민이 자민당을 지지해서"라고 답한 반면 58%는 "국민이 고이즈미 수상을 지지해서"라고 답했다.[37] 또한 중의원 해산 전까지만 해도 고이즈미 내각에 대한 지지율은 37%에 불과했고, 우정 민영화에 대한 국민적 관심도 매우 낮았다.[38]

고이즈미 내각에 대한 지지와 우정 민영화에 대한 관심이 급격히 고조되기 시작한 것은 8월 8일 중의원 해산 직후부터다. 따라서 2005년 총선은 역설적이게도 고이즈미 수상의 반자민당적인 개혁정치에 대한 지지였던 것이다. 이는 무당파 유권자들이 자민당의 개혁정치를 기대해 자민당 후보에 대한 지지를 증가시키게 된다. 이와 같이 자민당의 수상이 반자민당적인 개혁정치 아젠다를 통해 국민의 지지를 받는 기형적인 투표와 선거행태의 원인은 무엇일까. 자민당은 <그림 3>과 <그림 4>와 같이 낮은 절대득표율로 정권을 유지해 왔다. 더욱이 절대득표율뿐만 아니라 상대득표율에서도 과반수의 지지를 얻어왔던 것도 아니다.

여기서 자민당의 상대득표율을 살펴보면, 절대득표율과 마찬가지로 정

했지만, 8월 9일 참의원 의결에서는 자민당 내 반대세력의 저항에 의해 부결되고 말았다. 우정관련 법안의 참의원 부결은 민주당을 중심으로 한 전 야당의 반대와 함께 자민당 내 민영화 반대세력의 저항에 따른 결과였다. 자민당 내 저항 세력의 반대는 우정사업 민영화 자체에 대한 반대도 있었지만, 고이즈미 수상의 반자민당적인 개혁정치에 대한 저항의 의미도 강했다. 고이즈미 수상은 2001년 4월 수상으로 취임하기 이전부터 **"일본을 개혁하기 위해서는 먼저 자민당을 개혁 / 붕괴시켜야 한다"**며 자민당 정권의 이권정치, 기득권 중심의 정책결정 구조의 전면적 해체를 주장해 왔다. 때문에 2005년 총선은 정치개혁의 열망을 자민당의 수상이 담지하는 모양으로 치러진 선거였으며, 민주당과 反고이즈미 자민당 의원들은 구정치세력으로 낙인된다. 때문에 2005년 총선은 자민당이 승리한 선거이기보다는 무당파 유권자의 정치개혁 열망을 다시 한번 확인하는 선거였다. 때문에 자민당의 압승을 가리켜 일본 국민이 자민당의 보수노선을 지지했다는 것은 일본 정당과 유권자를 제대로 이해하지 못한 분석이다.

37) 『朝日新聞』, 2005년 9월 14일자.
38) 『每日新聞』, 2005년 7월 18일자.

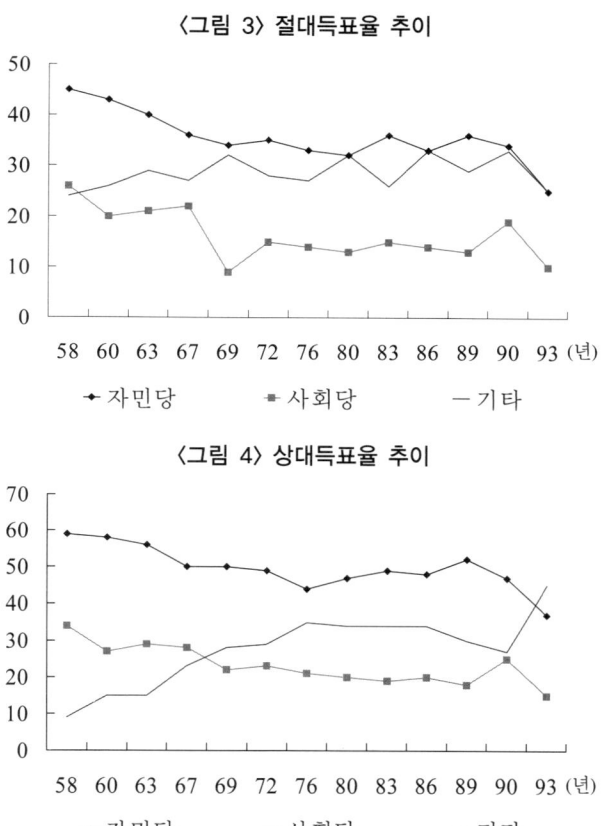

〈그림 3〉 절대득표율 추이

〈그림 4〉 상대득표율 추이

권교체가 이뤄졌던 1993년 중의원 선거의 상당히 오래 전부터 50%를 밑돌고 있다는 점을 알 수 있다. 자민당은 1958년 중의원 선거의 57.8%를 시작으로, 그 후 치러졌던 1960년의 중의원 선거에서는 과반수의 상대득표율을 획득하고 있다. 그러나 1967년 중의원 선거에서 48.8%와 과반수를 밑돈 이래, 50%를 넘는 상대득표율을 한 번도 획득한 적이 없었다. 1976년 중의원 선거에 이르러서는 불과 41.8%의 상대득표율밖에 얻지 못했다.[39] 더욱이 소선거구비례대표병립제가 도입된 1996년 선거에서의 절

---

39) 고바야시 요시아키(小林良彰), 『現代日本の政治過程: 日本型民主主義の計量

대득표율은 22.35%로 급락하고 만다. 2000년(24.84%), 2003년(25.52%)선거와 같이 자민당은 일본 국민을 과다 대표하고 있었다. 때문에 유권자는 자신의 의지와 관계없이 집권당을 유지하는 정치에 대해 더욱 무당파로 돌아서게 된다.

또한 55년체제에서 일본은 중선거구제였기 때문에 선거의 당락은 당 차원이 아닌 개인 차원의 지지를 얼마나 확보할 수 있느냐에 달렸다. 때문에 일본의 정당과 정치가들은 지역구와 자신들의 지지자들에 대한 이익제공을 통해서 자신의 커리어 점수와 당선확률의 극대화를 목표로 행동해 왔다. 이는 소선거구비례대표병립제가 도입된 이후에도 달라지지 않았다. 뿐만 아니라 리쿠르트, 사가와규빈 사건으로 인해 집권이 무너진 이후 연립정권에 의해 국민의 재신임을 받은 후 다시 집권했지만, 자민당 공직자들의 부패스캔들은 근절되지 않았다. 이에 정치불만은 더욱 팽배해졌다.[40]

이처럼 투표율과 자민당의 실질 득표율의 하락, 반자민을 주장하는 자민당의 수상에 대한 국민의 역설적인 지지는 유권자의 요구에 반응하지 않는 정치, 정치가와 정당의 부패로 인한 불신풍조 등의 구조적 이유 때문이다. 이와 같은 무당파의 증가 현상은 단순한 탈정치화기보다는 기존의 정당정치체제에 대한 비판의식이 무당파라는 의식과 행동으로 표출된다는 의미에서 정치적으로 유의미하다. 무당파의 규모가 커지면 그 자체가 정치의 향방을 결정하게 된다는 점에서도 정치성을 띠는 것이다. 그런 의미에서 1970년대 이래의 무당파의 전반적인 증대와, 특히 1980년대 후반 이후의 무당파의 급증 현상은 일본의 정치지형의 변화를 일으키는 중요한 요인이라 할 수 있다.[41]

分析』(東京大學出版會: 2000), 소순창 역, 『현대일본의 정치과정연구』(서울: 한울, 2001), p.187.

40) 고바야시 요시아키(小林良彰), 위의 책, p.187.

41) 한영혜, "새로운 사회변동과 과제," 『일본사회개설』(서울: 한울, 2001), p.269.

2. 지방에서의 무당파 현상

중앙정치의 탈정당화·무당파 현상은 지방선거에서도 그대로 재현된다. 지난 다섯 차례의 지방선거에서 무소속 후보자의 당선이 30%수준으로 늘어난 것이다. 또한 특정 정당 후보자 당선율 가운데 장기 집권당인 자민당 후보자의 당선율 하락은 가장 괄목할 만하다(<표 5>).

4년마다 시행된 통일지방선거는 점차 뚜렷하게 무당파의 증가가 두드러진다. 특히 요미우리(讀經)신문의 선호정당에 대한 조사결과에 따르면 '선호정당이 없다', '모르겠다 / 무응답'을 합한 "무당파층"이 60%나 됐다.

〈표 5〉 지방선거(도도부현)에서 당선자의 정당별 분포(%)

정당명	1983	1987	1991	1995	1999	2003
자민당	46.8	44.7	47.0	38.9	37.7	38.9
민주당	-	-	-	-	8.0	9.2
신진당	-	-	-	6.8	-	-
자유당	-	-	-	-	0.8	0.8
사키가케		-	-	0.5	0.1	-
사민당(구사회당)	14.4	15.9	15.0	11.6	3.4	2.7
민사당	4.5	4.3	-	-	-	-
공산당	9.3	8.9	6.3	6.6	10.5	8.6
공명당	6.3	6.7	6.2	6.4	6.7	8.1
기타 제파	1.7	1.4	1.2	3.1	2.8	2.5
무소속	16.1	18.1	20.8	26.1	30.1	29.2

출처: 『讀經新聞』
http://kyushu.yomiuri.co.jp/news-spe/election/0509/el_509_05090505.htm

더욱이 20대의 젊은층에서는 무당파층이 81%나 돼 정당정치에 대한 심각한 불신과 문제점을 제기하게 됐다.

또한 <그림 5>와 같이 1947년 이후 일관해서 투표율이 낮아지는 경향이 있다. 1967년에서 1975년의 투표율이 증가한 시기는 일본의 혁신자치단체가 등장해 유권자들에게 높은 지지를 받고 있던 때였다. 다시 말하면 유권자들에게 희망을 볼 수 있게 했던 시기인 것이다. 그러나 현재의 일본이 겪고 있는 정치적·경제적 어려움이 일반 시민들에게는 기존의 정당정치에서 비롯됐다고 믿고 있고 이것이 기존 정당에서 유권자들을 이탈하게 하는 요인이 된다. 또한 일본 지방선거의 다른 한 특징은 무소속 출신의 지방의원이 매우 증가한 것이다. 이는 기존의 집권당이나 기존 정당에 대한 불신감 때문에 무소속 의원이 크게 증가한 것이다.

한편, 기초의원(시정촌의원)에 국한되지만 공산당이 부상해 과거 어느

<그림 5> 일본통일지방선거 투표율 변화(%)

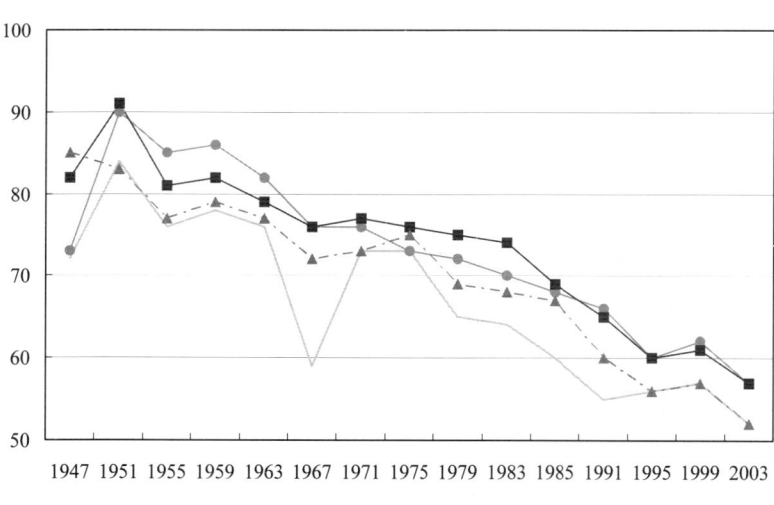

출처: 『明るい選擧推進協會』(http://www.akaruisenkyo.or.jp/index.html)
　　　(검색일: 2006.5.30)

때보다 의회에 진출한 비율이 높아진 것이 지방선거의 특징이라고 볼 수 있다.42) 일반적으로 정당지지에 있어서 유권자들은 참신하고 믿을 수 있는 정당을 찾고 있다. 일본 공산당이 2005년 4월 현재 지방의원 수에 있어서 시정촌기초의원이 3,865명을 차지하는 것은 집권정당인 자민당이 2,018명과 견줘볼 때 상당한 수치임에 분명하다. 또한 공명당이 3,161명, 민주당 749명, 사민당 559명이다. 한편 무소속 의원의 비율은 4만 3,473명으로 지방정치의 탈정당화와 새로운 정당의 출현을 바라는 유권자의 투표행위를 확인할 수 있다. 특히 공산당의 경우 55년체제 붕괴 이후 사회당과 자민당에서 분당한 여러 군소정당들이 일관된 정책이나 이념 없이 이합집산에 의해 움직여 온 것과는 달리 일관된 정책 입장과 유연한 대중정당으로의 변화를 보였던 것이 유권자들에게 호감을 준 것으로 평가할 수 있다.

　반면 도도부현의 광역의원의 수치는 자민당이 가장 많은 의석을 보유

---

42) 그러나 이와 같이 소선거구 이원체제인 지방의회에서 공산당의 선전과 달리 총선에서 공산당은 낮은 의석률을 보이고 있다. 이에 대해 공산당은 "잘못된 선거제도"에 있다고 지적하고 있다. 과거 130개 선거구에서 3~5명씩 선출하는 중선거구제도에도 개인의 사조직과 돈, 지명도가 당락을 결정한 것은 사실이지만, 도시가 지지기반인 공산당은 중선거구제하에서 그들의 득표에도 불구하고 의석이 비례하지 않는 것은 선거제도의 오류때문이라고 주장한다. 실제로 소선거구제에서 득표율과 의석률을 비교하면서 양당제로의 수렴효과를 분석해보면, 2000년 중의원 선거 소선거구에서 자민당은 41%를 득표했지만, 300의석의 58%에 해당하는 177석의 의석을 획득한 반면, 공산당은 득표율은 12.1%였지만 의석을 얻지 못하게 된다. 지난 2003년 총선의 소선거구의 사표 합계는 2,884만 표를 상회해 사표율이 48.5%를 기록했다. 소선거구 비례대표 병립제 도입 이후 처음으로 사표율이 50%를 밑돌게 됐다. 정당별로 민주당이 1,122만표의 사표로 사표율 51.5%를 기록했고, 자민당이 33.1%, 공명당이 11.7%의 사표율을 기록했다. 전선거구에서 후보자를 내놓은 공산당은 지역구 당선자가 한 명도 없어 사표율 100%를 기록했다. 여당 측에 사표가 적었던 것은 연립 여당 간의 선거협력이 주효했다는 것을 말해주는 것이다. 이현출, "2003년 일본 중의원 선거결과 분석," 『입법정보』 제113호 (대한민국 국회, 2003), p.7.

〈표 6〉 후보자들의 정당 합승(相乘り)현상

구분	지사					시구장				
	1975	1979	1983	1987	1991	1975	1979	1983	1987	1991
혁신자치체	10	3	5	3	5	153	134	92	74	68
연합(보수·중도·혁신)	15	30	30	34	32	44	153	302	361	350
기타(단독·무소속 등)	22	14	12	10	10	469	382	280	241	261
합계	47	47	47	47	47	666	669	674	676	679

출처: 최종만, "정계개편과 지방정치의 약동," 『일본의자치체 개혁』 p.206

하고 있다. 자민당 1,403명(49.8%), 그 다음에 무소속 699명(24.8%), 민주당 227명(8.1%), 공명당 203명(7.2%), 공산당 127명(4.5%), 사민당 74명(2.6%) 순이다. 이와 같이 광역의원과 기초의원의 정당점유율이 다른 까닭은 기초단위의 풀뿌리조직이 강한 공산당에 대한 타 정당의 반작용으로 해석할 수 있다. 즉 풀뿌리 시민사회의 역량을 결집시키기가 상대적으로 어려운 광역의원의 경우 공산당을 제외한 타 정당들이 담합에 의해 후보자를 단일화하는 것이다. 이를 정당의 합승(相乘り)현상이라 하는데, 유권자의 입장에서 본다면 선택권 자체를 빼앗는 것이다. 합승에 의한 입후보 지역은 투표율이 더욱 저조하다.

이는 정당의 합승현상이 그만큼 유권자들의 선거에 대한 관심을 떨어뜨리기 때문이다. 또한, 유권자들로 하여금 정책이나 정당선택의 권한을 빼앗아가는 점이 문제점으로 지적된다. 이러한 것이 유권자들로 하여금 선거에 대한 관심과 정당에 대한 관심을 희석시키는 요인이 되고 있다. 이와 같은 정당의 합승현상은 결국 2003년 통일지방선거에서 도도부현 지사 전원이 무소속 출신이 당선되는 것을 비롯해, 시정촌장의 2,936명 (99.9%)이 무소속 출신이 당선돼 유권자의 탈정당화를 더욱 가속시키고 있다.

3. 가치변화와 정치참여변동과정

위에서 살펴본 것과 같이 유권자의 탈정당화, 무당파 현상은 1990년대 이후 일본 유권자들의 현 거버넌스 체제에 대한 불만과 비토이다. 아사히신문(朝日新聞)조사에 나타난 바에 의하면 정치에 불만은 가진 일본인들의 분포는 1993년 66%, 1994년 65%, 1996년 74%로 늘어났다.[43] 앞서 살펴 본 '포스트 55년체제'에서 정당들의 생존경쟁이 국민과 괴리된 채 진행됐다는 것을 보여준다. 본 장에서는 기존정당으로부터 이탈한 유권자들이 만드는 새로운 정치참여를 확인한다.

정치에 대한 무관심은 정치에 대한 증오로 연결되고, 정치가 국민과 상관없는 정치인들만의 직업일 뿐이라는 인식으로 이어진다. 이와 같은 정치문화, 특히 공공 기관에 대한 불신, 정치적 무관심에 대한 논의는 대부분 부정적인 견해가 지배적이다. 그러나 이에 관한 최근의 연구들은 일반의 통념과 달리 그렇게 비관적이지 않다. 어떤 측면에서는 매우 긍정적일 수 있음을 밝히고 있다.[44] <그림 6>에서 확인 할 수 있듯이 일본의

---

43) 이숙종, "공공서비스 제공자로서의 일본시민단체의 대두,"『작은 정부와 일본시민사회의 발흥』(서울: 한울, 2005), p.41.

44) 공공 기관에 대한 불신은 민주주의적 가치에 대한 높은 지지 때문에 나타난다. 즉 공공기관에 대한 불신은 권위주의적 기관에 대한 불신이다. 물론 민주주의는 언제나 긍정적 함의를 갖고 있기 때문에 이 지지가 립서비스 일수도 있다. 그러나 분명한 것은 민주주의에 대한 지지가 그 어느 때보다도 높게 나타난다는 것이다. 경험적 조사는 일관되게 권위에 대한 복종이 체계적으로 쇠퇴하고 있고 개인적인 관심사로 변하고 있다는 것을 보여준다(Inglehart, 1999: 243). 동일한 사회에 살고 있을지라도 탈물질주의자는 물질주의자보다 더 엄격한 기준으로 공공기관을 평가한다. 민주주의와 생활수준이 더 높은 국가의 국민이 그렇지 않은 국가의 국민보다 공공 기관에 대해 더 불신하고 있는 역설적 사실에서 평가 척도의 변화, 즉 가치 변동은 명백해진다 (Inglehart, 1999: 250).
R. Inglehart, "Postmodermization Erodes Respect for Authority but Increases Support for Democracy," *Critical Citizens* (Oxford Univ, 1999), p.250.

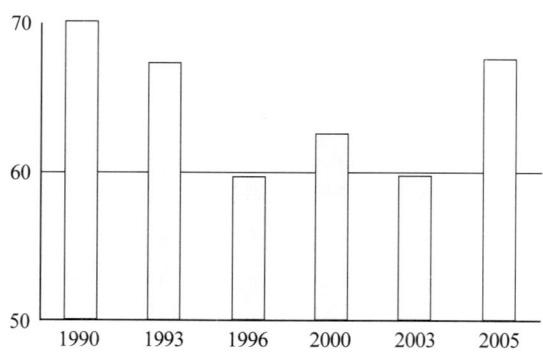

〈그림 6〉 일본 중의원 선거 투표율 변화(1990~2005)[45]

투표율 하락도 비슷한 맥락으로 보인다.

즉 투표율과 당원 수는 대개 정당이 지지자들을 동원하는 능력을 반영한 것임에도 불구하고, 결과적으로 대중의 관심과 개입에 의한 것으로 해석하는 잘못된 지표들이다. 따라서 투표율의 감소는 점차 투표와 정당 가입과 같은 관료적이고 엘리트가 주도하는 참여(elite-directed participation)형식이 쇠퇴하고 개인적이며 엘리트에 도전적인 참여(elite-challenging participation)형식은 증가하고 있다는 것을 보여준다.[46] 유럽사회의 경우 가치의 선호가 물질적인 가치로부터 탈물질적가치로 변할 때 정치적 관심과 흥미가 증가하며, 정치 효능감(political efficacy)이 증가한다.[47] 탈물

---

45) 일본의 중의원 투표율은 1990년(73.31%), 1993년(67.26%), 1996년(59.65%), 2000년(62.49%), 2003년(59.86%), 2005년(67.51%)로 나타난다. 1990년대 들어 지속적으로 투표율이 하락하는 것을 알 수 있다. 2003년 이후의 투표율 증가 현상은 고이즈미 수상의 등장으로 후보자 변수가 주원인이다. 특히 2005년의 높은 투표율은 자민당의 총선압승으로 이어진다. 하지만, 이는 개혁을 열망하는 일본 국민을 대표하는 정당의 부재에서 원인을 찾는 것이 보다 정확할 것이다. 이에 대해서는 본장의 1절에서 설명한다.

46) Inglehart (1999), pp.307-311.

47) R. Inglehart, *Culture Shift in Advanced Industrial Society* (Princeton Univ, 1990), p.289.

〈표 7〉 물질주의자와 탈물질주의자의 분포(%)[48]

국가		물질주의자	혼합형	탈물질주의자
일본	1981	36.3	58	5.7
	1990	28.6	61.4	10.0
	1995	28.9	61.3	9.8
	2000	19.0	70.2	10.8
중국	1990	50.4	44.2	5.4
	1995	69.3	30.7	0
	2001	49.2	47.1	3.7
한국	1982	42.8	48.7	8.5
	1990	45.8	42.8	11.3
	1996	47.5	46	6.5
	2001	46.4	48	5.6
스웨덴	1982	24.1	63.2	12.7
	1990	14.1	63.3	22.6
	1996	10.2	68.4	21.4
	1999	6.4	71.5	22.1

질주의적 가치의 등장은 이처럼 기존 정당에 대한 충성도가 약화되지만 참여유형 자체가 변화하는 것으로 나타난다. 실제로 <표 7>과 같이 일본

---

48) 잉글하트가 발전시킨 12개의 문항을 사용해 물질적인 가치와 탈물질적인 가치를 측정하기로 한다. 잉글하트 초기에는 4개의 설문만을 사용했는데, 그 후 단점을 보완하고 신뢰성과 타당성을 높이기 위해 12개의 문항으로 확대·발전시켰다. 본 논문에서는 일본의 탈물질주의자의 증가추세만을 확인

국민들의 탈물질주의 정도는 지속적으로 증가추세에 있음을 알 수 있다.

잉글하트는 구조적 접근법의 논리를 사용해 탈정당화를 말하고 있다. 사회경제적 발전과 문화의 변화는 탈물질주의 가치관을 대두시켰고 이러한 탈물질주의 가치관은 정당의 쇠퇴, 특히 좌파정당의 쇠퇴를 낳았다는 결론이다. 즉 사회의 안전과 안정성이 비교적 확보되면서 많은 젊은이들이 개인적 자유와 자기표현이라는 대안적 가치를 중시하고 삶의 질을 우선시하는 쪽으로 변하고 있다는 것이다. 그리고 이러한 탈물질주의 가치는 주로 중간계급에 의해 가장 민감하게 표현되고 있다. 사회경제적 변화는 계급구조의 변화와 맞물려 있고 이러한 구조적 변화가 기존의 정당, 특히 좌파정당의 쇠퇴를 낳았고 새로운 운동, 즉 환경운동, 여성, 평화 등의 신좌파운동과 연결되고, 녹색당 등의 새로운 정당으로 나타났다는 것이다. 일본 사례의 경우 제2장을 통해 살펴봤듯이 사회당의 혁신성격이 사라지면서, 이를 대표할 만한 정당은 공산당만이 남는다. 그러나 공산당 역시 고정 지지층을 제외하면 과거와 같은 지지를 받지 못한다. 따라서 공산당의 대중정당으로의 변신은 잉글하트의 논의가 일본정당에도 적용될 수 있음을 말해준다.

뿐만 아니라 신좌파운동은 살라몬이 주장한 것처럼, NPO부상으로 이어진다. 살라몬은 이를 20세기 말의 '결사체 혁명(associational revolution)'이라 일컬어, 19세기 말 민족국가(nation state)의 부상만큼 의미 있는 것이라고 평가한다.49) 일본의 경우도 <표 8>과 같이 "시민사회, NGO, NPO"가 신문에 등장하는 빈도가 급증하면서 점차 시민운동의 지평이 넓어짐을 확인할 수 있다.

특히 일본의 시민사회 활동이 주목받을 수 있는 것은 정부의 기능이었

한다. 응답자의 응답을 바탕으로 요인분석(factor analysis)통해 물질주의-탈물질주의 가치체계의 적실성을 판단하는 12가지 문항에 대해서는 잉글하트 (R. Inglehart:1990)의 논문을 참고하기 바란다.

49) Lester M. Salamon, "The Rise of the Nonprofit Sector," *Foreign Affairs* (July / August, 1994), pp.109-122.

〈표 8〉 아사히 신문에서의 시민사회, NGO, NPO등장 빈도(1990~2000)[50]

	1990	1991	1992	1993	1994	1995	1996	1997	1998	1999	2000
시민사회	48	40	44	37	47	89	77	73	60	99	99
NGO	82	122	348	208	399	521	397	444	399	517	683
NPO	0	0	2	2	6	48	107	117	142	279	381

던 사회·복지 서비스를 시민사회가 대신 제공하는 '행정적 역할'에 돌입함으로써 엘리트 주도형 정치에서 시민주도형의 정치 참여로의 변화를 확인할 수 있기 때문이다. "포스트 55년체제"와 그에 따른 정치·사회·경제구조의 급속한 변화는 지방 정부의 정책 혁신(Policy innovation)및 제도의 혁신을 요구했다. 특히 정치개혁담론과 함께 사회 경제 구조의 많은 문제들에 대한 수정요구가 발생했고, 해당 문제를 풀기에는 기존의 법과 행정적 구조나 정책은 장애가 됐다. 이러한 상황에 대응하기 위해서는 지방 정부의 적극적인 정책 대응이 필요한데, 일본의 경우 중앙 집중적 행정구조하에서 지방 정부의 정책 운용 폭은 제한돼 있고, 더욱이 3할 자치로 불리는 재정적 자율성의 결여는 그러한 지방의 적극적인 정책 수행을 불가능하게 했다. 따라서 행·재정의 중앙집권 구조 자체에 대한 근본적인 변화가 요구됐던 것이다.

이와 같은 상황에 대한 '위로부터의 개혁'은 '작은 정부'를 만들기 위해 신자유주의적 정책를 시행하게 한다. 또한 이를 위해 정부는 시민단체들을 활용해 사회 및 복지 서비스 기능을 대체하게 했다. 경제대공항 이후 '시장의 실패'에 대응해 수정자본주의가 도입되고 복지국가가 제도화됐으나 1970년대의 세계적 불황은 정부의 복지부담이 경제발전을 저해하고 복지를 담당하는 관료기구는 비효율적이라는 이른바 '정부 실패론'

---

50) 쓰지나카(辻中豊), 『現代日本の市民社會·利益』(東京: 木鐸社, 2002), pp.30-31.

을 낳는다. 시장과 정부의 실패는 양자로부터 독립적인 민간섹터이면서
도 공공선(公共善)을 추구하는 시민단체들을 정부가 파트너로 활용, 정부
의 기능을 효율적으로 대체한다는 대안에 관심을 갖게 만들었다. 앞서 살
펴 본 것과 같이 실제로 세계화의 압력 속에서 자민당은 1980년대 이후
로 행·재정 개혁을 실시 '작은 정부'를 만들기 시작한다.51)

1982년과 1983년 노인의료비용의 국고부담을 줄이기 위한 법 개정이
이뤄졌고, 1985년에는 기초 연금을 통합하고 노령연금 수급개시 연령을
60세에서 65세로 상향조정하는 연금법 개정이 이뤄졌다. 이런 일련의 국
가 복지부담 축소 조치들은 사회적 저항 없이 전개됐다. 이는 정부에 의
존하지 않고 개인과 지역사회가 공공서비스의 주체가 된다는 정서가 확
산된 까닭이다.52)

한편, 시민사회에 의한 '아래로부터의 개혁'은 우선 1999년도 공익법
인백서가 조사한 2만 6천개의 공익법인의 절반이 1970년대 중반에 설립
됐으며, 경제기획청이 1997년에 조사한 약 8만 5천개의 풀뿌리 시민단체
의 6할 가량이 1980년대와 1990년대에 설립된 상황으로 해석이 가능하
다. NGO활동추진센터의 1995년 조사에 의하면 국제적으로 활동하는 일
본 NGO의 87.2%가 1980년대와 1990년대에 설립됐음을 알 수 있다. 이는
시기적으로 시민사회가 6,70년대 사회운동의 좌절로 인해 국가권력을 상
대로 한 사회운동 대신 지역단위의 NGO활동으로 지방성과 개별성, 분산

---

51) 1980년대 후반 들어 일본정부는 국고지출금의 보조부담률을 인하해 지방정
부의 사회보장비 부담이 증가하게 된다. 그러나 지방정부의 민생비 부담 증
가의 대부분은 중앙정부가 지방교부세로 보전해줌에 따라 사회보장비 부담
증가로 인한 지방정부의 재정상황이 그다지 악화되지는 않았다. 그럼에도
불구하고 생활보호비의 재원분담이 감소하는 등 일부 사회보장 분야가 후
퇴하는 결과를 가져왔다. 이로써 분권화와 민영화를 키워드로 하는 작은 정
부와 민활과 자조적 복지이념을 강조하는 신보수주의 정책은 1980년대를 거
쳐 사회보장 정책의 패러다임으로 자리잡게 된다.

52) Yamamoto Tadashi, *Deciding the Pulic Good* (Japan Center For International
Exchange, 1999).

성을 갖는 것과 일치한다. 뿐만 아니라 앞서 밝힌 90년대 이후 본격적인 정부의 분권화 개혁이 지방수준에서 NGO의 활동을 자극한 것으로 풀이 된다. 즉 시민사회가 환경, 고령화, 생활복지 등의 다양화되는 사회문제 를 스스로 해결하고자 하는 자활의식(self-reliance)으로 인해 시민섹터가 사회복지 서비스 제공에 적극적으로 나서게 된 것이다. 특히 경제성장과 교육받은 중산층의 대두, 분권화된 사회체제와 민주주의의 성숙 등은 공 공서비스에 시민참여를 장려하는 우호적 사회배경으로 지적된다.[53]

일본의 시민사회는 1970년대 본격화된 환경운동을 계기로 사회운동의 지역화를 이루게 됐는데, 이는 혁신자치체 운동으로 성장하게 된다. 그러 나 1980년대 들어 두 번의 석유파동으로 실패한 것은 3절에서 밝힌 것과 같다. 이후 지역사회는 환경문제는 물론 안전, 소비, 사회교육, 노인 등 제반 사회문제에 대한 시민사회의 관여가 두드러지게 된다.[54] 이처럼 사 회운동의 빈번한 실패는 시민사회를 하나로 연결해 내는 통일성을 상실 하게 하고, 지역활동의 개별성과 분산성을 갖게 된다.[55] 때문에 "생활정 치"에 치중해 국가권력이나 대기업을 비판, 견제하는 기능이 취약하며, 1960년대 안보투쟁 이후 일본은 그 다지 정치적, 사회적 갈등의 양상을 보이지는 않고 있다.

한편 집권당, 관료, 산업의 결합체가 지역에 이익을 유도해 주는 대가 로 지지기반을 획득하는 이익유도정치는 풀뿌리 보수주의와 악순환의 고 리를 형성하고 있다는 비판이 일고 있다.[56] 따라서 이러한 체제에서 이 뤄지는 정책은 주민의 필요를 반영하기보다는 관료와 산업계의 이익을 반영하게 된다. 경제와 산업 우선의 정책이 가져온 사회적 손실(공해, 도

---

53) 이숙종 (2005), p.28.
54) 정미애, "일본의 사회복지서비스 공급조직의 다원화: 재가 복지서비스 공급 조직을 중심으로 한 실증적 고찰,"『일본연구논집』13호 (2001), pp.127-158.
55) 마쯔시다 게이이찌(松下啓一),『自治体NPO政策 - 協同と支援の基本ルール』, (東京: ぎょうせい, 1999).
56) 후쿠이 히데오(福井英雄)外,『新版 日本政治の 視角』(法律文化社, 1994), pp.111-122.

시문제, 생활환경의 빈곤, 낭비적인 공공사업 등)에서 알 수 있는 것처럼 성장과 개발의 이익이 관료와 산업계의 이익으로 귀결된 반면, 시민의 입장에선 사회적 공동소비수단과 공공서비스의 정비는 도외시 돼 왔다는 지적이다.[57] 때문에 정·관·재의 결합체인 현재의 시스템을 개혁하기 위해 생활과 지역을 테마로 한 정치실험들이 끊임없이 전개돼 왔다.[58]

결국 위에서 본 "위로부터의 개혁"과 "아래로부터의 개혁"은 함께 맞물리면서 공공서비스 제공자로 정부를 후퇴시키고, 대신 시민사회가 전면에 나서는 경향을 갖게 한다. 정부가 재정을 지원하고 정책방향을 제시하면서, 지방정부나 대학, 학교, 은행, 사회단체 등의 시민사회가 공공서비스를 제공하는 민관협력을 갖추는 '제3자 정부(Third-Party Government)'의 형태를 갖게 되는 것이다.[59] 즉 공공재 이론에 의하면 시장을 통해 공공서비스를 제공하는 것은 소비자들이 비용을 부담하지 않고 서비스를 받으려는 무임승차를 야기,[60] 공공서비스의 공급부족을 가져오게 된다. 반면에 세금을

---

57) 미야모토 겐이치(宮本憲日), 『社會資本論』(有斐閣); 김기성, "시민자치와 정치적인 것의 변화: 일본사회의 실험을 중심으로," 『한국정치학회보』 33집 2호 (한국정치학회, 1999) 재인용.

58) 가나가와의 경우 1984년 생협운동을 모태로 시민의 직접적인 정치참여를 목표로한 대안정당 가나가와네트워크가 존재한다. 뿐만 아니라 가나가와네트워크와 가나가와 현은 마찌즈꾸리운동(마을만들기운동)과 생협운동 그리고 현이 제안하는 협동사업과 볼런티어기금21 등 민관의 파트너십이 잘 이뤄지고 있는 지역 중에 하나이다.

59) Salamon Lester M. "Of Market Failure, Voluntary Failure, and Third-Party Government," 『Partners in Public Service』(Johns Hopkins Univ, 1995), pp.41-48.

60) 예를 들어 "도요타"시와 같은 기업 도시의 경우, 관련 산업을 포함해 도요타 자동차 노동자의 소비 생활 기반이 전적으로 기업 시설에 의해 성립되고 사회 복지조차도 기업 복지에 의존하게 돼 공공복지가 오히려 기업 복지의 보완적 역할을 담당했던 것이다. 생활 기반을 기업에 의존하지 않을 수 없는 "일본적 노사 관계"의 확립도 이 시기에 성립했으며, 지역 발전이 곧 기업 발전이라고 생각돼 공공성의 실질적 담당자로서의 자치체가 기업에 지원을 우선하는 개발의 논리 구조가 성립됐다. 그런 의미에서 기업은 사회 자본의 무임승차자였고 주민 자신은 공공성을 창출 혹은 관리할 주체로서 성숙하

징수해 공공서비스를 생산할 수 있는 정부는 다수의 지지를 얻는 공공서비스를 생산하는 민주주의 원칙을 좇음으로써 소수의 요구는 충족시키지 못한다. 이에 따라 정부 대신에 비영리 시민단체들이 이들 다양한 소수에게 공공서비스를 제공한다는 것이다. 그러나 이들 단체들은 자원부족, 사회집단과의 관계에서 특수주의, 전문성이 결여된 아마추어리즘 등으로 인해 독립적으로 공공서비스를 제공할 수 없어 정부지원을 받고 관계 당국의 지도하에 이러한 역할을 수행한다. 결국, 시장과 정부의 실패만이 아니라 자원섹터(Voluntary Sector)도 실패하기 때문에 정부와 시민사회는 공공서비스 제공을 위해 협력하게 되는 것이다.

이상의 논의를 <그림 7>을 통해 정리하면 다음과 같다. 즉 일본은 재정자로 인한 정부주도의 위로부터의 지방분권화 개혁과 함께 유권자가 탈물질주의 가치에 의한 새로운 정치참여를 원함으로써 아래로부터의 지방분권화개혁이 동시에 진행된다. 뿐만 아니라, 앞서 2절에서 살펴봤듯이 정당의 생존전략은 유권자로 하여금 탈정당화된 정치유형을 낳게 하고, 지방과 중앙의 이원화된 투표행태를 갖게 만든다. 특히 일본은 사회당, 공산당, 총평 등 기존의 정당 및 노조가 일반 민주주의적 요구나 전국적 사안을 체제 내로 흡수·관리함으로써 시민사회단체는 지방성, 개별성, 분산성에 머물 수밖에 없었다. 특히 이들 정당의 대표성이 사라지면서 시민단체는 중앙수준이 아닌 지방수준에서 공공정책에 참여하는 양상을 갖게 된다. 따라서 중앙정부가 체계수준의 변동에 의한 생존전략의 일환으로 분권화를 진행하면서 'NGO파트너십'을 선택했다는 사실은 이것이 시민사회의 정부에 의한 종속이라기보다는 정부와의 권력분점 현상으로 이해하는 것이 타당하다. 뿐만 아니라 1970년대 주민운동이 주로 지역의 생활환경 침해에 대한 저항·요구 운동이었던 데 반해, 1980년대 이후의 주

지 못했다. 이런·체제는 필연적으로 "4대 공해 재판 사건"과 같은 공해 문제와 각종 도시 문제를 심각하게 만들었고 이에 대한 이의 제기로서 70년대 초반에 주민 운동이 분출하게 됐다. 송정기, "공공성의 구조 전환과 주민자치," 『삶과정치』(대화출판, 1995), pp.78-92.

〈그림 7〉 일본의 정치참여변동과정

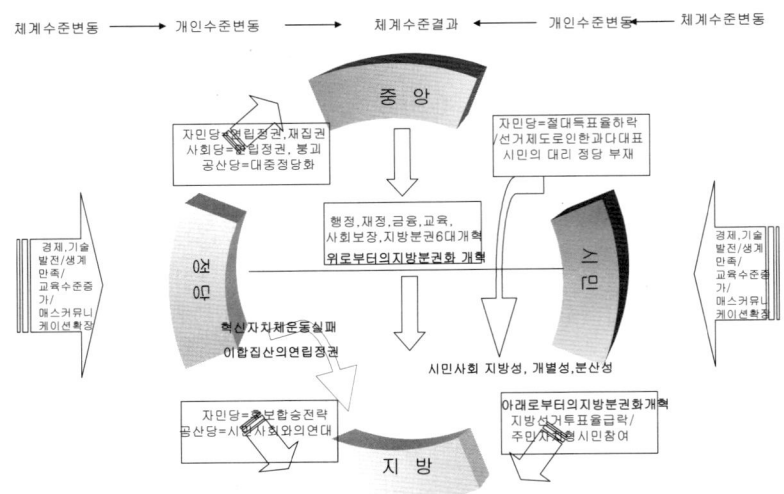

자료 : Inglehart,1990:6의 문화변동의 과정을 일본의 사례에 적용시켜 작성

민운동은 생활상의 문제 외에 보편적인 가치 혹은 사회적 정의와 관련된 다양한 쟁점들로 그 영역이 확장되면서 저항·요구를 넘어서서 참가와 정책대안을 제시하게 됐다. 이는 <그림 7>의 아래로부터의 분권화에서 볼 수 있듯이 주민자치형의 대안정치운동으로 거듭나면서 중앙에서 좌절된 시민주권의 확보를 지방수준에서 되찾고자 하는 움직임으로 시민주도형의 정치참여의 유형을 만들어 가게 된다.

V. 결론

민주주의가 유지되고 발전하기 위해서는 민주주의를 지지하는 관습과 태도가 국민들에게 광범위하게 확산돼야 한다.61) 이 명제는 시민문화론

___
61) Almond, G and S. Verba, *The Civic Culture: Political Attitudes and Democracy*

을 연구하는 학자들에게 꾸준히 제기돼 왔다. 본 논문은 일본의 중앙정치가 보수·우경화의 현상을 보이는 것과 달리 일본의 지방정치에서는 민주주의를 촉진시킬 만한 시민문화가 성장하고 있음에 주목했다. 즉, 지방정치의 측면에서 혁신과 시민참여형의 개혁적인 정치가 이뤄지는 것에 중점을 두고 일본의 정당과 유권자의 행위를 살펴봤다. 그리고 이것을 포스트 55년체제의 일본의 새로운 거버넌스라 정의했다.

지방의 탈정당화 현상과 자민당의 재정적자 해결을 위한 분권화 개혁, 혁신자치체의 실패와 그 실패의 경험이 만들어낸 시민참여형의 거버넌스는 시민문화론을 연구한 학자들의 논의에 하나의 사례를 늘려준다. 특히 지방분권화 개혁이 "위로부터의 개혁"의 일환으로 진행된 사안임을 상기한다면 시민주도의 "아래로부터의 개혁"은 일본 시민사회의 역할로서 평가받을 만하다. 물론 일본의 시민사회는 한국의 그것보다 훨씬 더 수동적이고 체제 순응적으로 보인다. 이러한 일본 시민사회의 수동성과 순응성은 일본의 정치체제를 관찰하는 데 흥미를 느끼지 못하게 한다. 자민, 민주 양당의 정책적 보수성과 함께 혁신계는 중앙정치에서 유효정당으로의 의미가 퇴색했다. 여기에 시민사회마저 체제 순응적이라면 일본 정치체제를 관찰하는 데 단조로움을 느끼지 않을 수 없다.

때문에 일본 공산당 소속 지방의원 3,865명(2005.4), 집권자민당 소속 지방의원 2,018명이라는 숫자는 단순한 숫자가 아니다. 이것은 1993년 일본 자민당의 장기집권체제였던 55년체제가 붕괴하면서 시작된 "포스트 55년체제"의 정당과 유권자의 상호작용이 만들어낸 결과였다. 그리고 일본의 민주주의를 설명하는데, 중앙과 달리 지방에서의 시민문화론의 특징을 설명할 수 있는 가능성을 열었다. 중앙과 지방의 이원화된 정치구조는 정당의 생존전략일환으로 만들어진 선거제도의 결과다. 때문에 일본 국민들은 중앙에 대한 변화 가능성을 찾지 못하고, 지방에 눈을 돌렸다.

물론, 한국이 시민사회의 요구를 대변할 수 있는 정당기구를 갖추지

---

in Five Nations (Princeton Univ. Press, 1963).

못해 시민사회단체가 민주주의적 요구를 수렴하는 정당의 기능까지 대신해야하는 조건 속에서 전투성, 역동성, 통합성을 발휘할 수밖에 없었던 것에 비해, 일본은 사회당, 공산당, 총평 등 기존의 정당 및 노조가 민주주의적 요구나 전국적 사안을 체제 내로 흡수·관리함으로써 시민사회단체는 개별성, 지방성, 분산성에 머물 수밖에 없었다. 더구나 혁신계의 전략적 패착은 유권자로 하여금 무당파로 돌아서게 하는 원인이 된다.

이와 같은 상황에서 유권자의 눈높이가 지방으로 향하는 것은 당연한 귀결이었다. 지방의 자발적이고 다양한 결사체 활동을 시작한 그들은 시민문화의 구성요소로 가져야 할 ▲정치관심 ▲정치지식 ▲정치효능 ▲정치신뢰 ▲정치참여 ▲사회신뢰 ▲관용성 ▲정치평등62) 등을 성장시킬 수 있었다. 이로써 위로부터의 개혁과 함께 아래로부터의 개혁이 가능했던 것이다.

여기에서 자발적 결사체의 밀도(Density)와 다양성(Diversity)을 강화하고 결사체들 간의 네트워크를 긴밀히 하는 풀뿌리 시민조직(grassroots citizen organization)의 필요성이 강조된다. 이 결사체는 주민운동으로 발전했고, 이는 계급·계층적인 이해와 관련 없는 탈이데올로기적인 성향과 기성 정당이나 정치가를 배제하고 직접민주주의 방식을 취하는 탈정치적인 경향을 가지고 있었다. 일본의 유권자는 탈물질주의의 영향으로 선거가 아닌 다른 유형의 정치참여를 선택한 것이다.

더구나 근절되지 않는 자민당 각료들의 부정·부패는 자민당 지지의 유권자 역시 무당파로 돌아서게 한다. 결론적으로 포스트 55년체제의 각 정당의 생존전략이 오히려 유권자들에게는 기존정당에 대한 불만과 비토로 이어진다.

또한 일본 시민사회의 특징은 지방에서 시민들의 자발적 참여의 공간을 활성화시켜 시민들 스스로의 자원을 확대해가는 시민센터의 성장에

---

62) Rice, T. W. and A. F. Sumberg, "Civic Culture and Government Performance in the America States," *Publius: The Journal of Federalism.* 27-1 (1996). pp.99-114.

있다. 따라서 시민참여가 "자발성"과 "자율성"을 갖추고 있다. 결국 이들이 만들어내는 민관의 파트너십은 일본 지방사회에 로컬 거버넌스(가나가와 현이 대표적이다)를 만들어냈다.

이와 같은 시민참여형 거버넌스는 로컬 거버넌스의 형태로 일본 전역에서 성장, 발전하면서 중앙을 견인할 수 있는 힘이 될 것이다. 일본 시민참여형의 거버넌스의 가능성과 특징을 지난 2006년 2월 일본 가나가와를 방문한 한국 대학생의 소감으로 대신한다. 학생의 소감은 포스트 55년체제의 일본의 거버넌스의 특징과 함께 한국에 시사하는 바를 함축적으로 담고 있다.

"시민의 정치참여가 가장 인상 깊었습니다. 정치는 소위 엘리트만의 전유물로 치부되는 경우가 많습니다. 하지만 정치는 강한 자가 권력을 잡는 수단이 아닌, 각계 각층의 사람들이 이야기를 나누고 의사를 결정하는 곳이어야 합니다. 지금까지 한국이나 일본에서는 엘리트들이 정치의 대부분을 차지함으로써 정작 다수의 시민들이 자신들을 위한 정책 수립과정에서 배제되는 상황이 비일비재하게 발생했습니다. 수치상으로는 전체 사회에서 다수를 차지하는 일반 시민들이 정치권력에서는 소수를 차지하는 상황에서 비록 미약하지만 시민이 주체가 돼 시민들에 의한 시민정치를 펼치려는 가나가와의 활동이 대학에서 정치학을 공부하고 있는 저에게 뜻 깊은 경험이었습니다."

(김시훈 | 성공회대학생)[63]

---

63) 제7회 아이사 지역공동체 캠프 보고서, 『일본지역공동체스터디투어』(한국 YMCA, 2006), p.125.

제3부

동아시아의 국제정치

|제11장|
북한 김일성의 Operational Code와 대미협상전략*

조화성

|고려대학교 정치외교학과 박사 졸업

I. 서론

1. 문제제기

북한의 대미협상전략은 위기외교(crisis diplomacy) 및 벼랑 끝 전략(brink-manship strategy)이라는 특징을 보여준다.[1] 위기외교가 협상 상대방의 관심을 유도하고, 양보의 가능성을 극대화시키며 자신의 협상의 지렛대를 확대시킬 수 있는 환경을 조성한다면, 벼랑 끝 전략은 일방적 양보요구, 허장성세, 공갈, 데드라인의 조성 등과 같은 공격적이고 도발적인 전술들

---

* 이 논문은 2006년 고려대학교 정치학박사학위논문(한국정치학회 최우수논문 상 수상)을 정리한 것임.

1) Scott Snyder, *Negotiating on the Edge: North Korean Negotiating Behavior* (Washington, D. C.: United States Institute of Peace Press, 1999), pp.69-76.

의 결합을 의미한다. 그렇다면 북한의 이러한 대미!협상전략의 근원은 무엇인가? 북한은 왜 미국과의 협상에서 위기외교와 벼랑 끝 전략을 선택하는가?

북한의 외교 전략을 위기 외교와 벼랑 끝 전략으로 분석한 스콧 스나이더(Scott Snyder)의 북한 협상 전략의 원인에 대한 설명은 주목된다. 스나이더는 북한의 위기 외교는 게릴라 운동의 비정규적 전술들과 유사한 것으로 보면서, 과거 북한의 항일 게릴라 운동의 역사적 유산은 북한 외교 전략의 필수적 구성요소가 되었다고 주장한다.2) 그리고 북한은 탈냉전 이후에도 미국에 대한 협상력을 극대화하기 위해 이 전략을 버리지 않고 있다고 분석하고 있다. 나아가 이 전략들이 북한의 전략적 목표를 성취하는데 실패를 야기했음에도 불구하고 새로운 환경에 맞는 협상전략의 변화가 없는 것은 일제 식민지 경험에 기인한 주권 이슈에 대한 강한 집착, 자주를 강조하는 주체이데올로기의 영향, 그리고 유연성을 가로막는 수직적으로 분절된 사회주의적 관료제 등에 기인한다고 분석한다.

스콧 스나이더의 분석은 북한 외교 전략의 내적 기원과 본질을 설명하고 있다는 점에서 북한의 협상전략 형성에 관한 의미 있는 설명을 제공해주고 있다. 그러나 스나이더의 구조, 문화, 제도적 접근을 통한 북한 협상전략의 기원에 대한 설명은 다른 한편으로 북한 외교전략의 지속성 문제에 관해 충분한 설명을 제공해 주는 것은 아니다. 왜냐하면, 정책의 지속성 여부는 그 정책 결정자의 선택 여부에 달려있기 때문이다. 매 시기 북한 외교전략의 선택에 관한 직접적 설명은 정책결정자인 행위자에 대한 구체적 분석을 필요로 한다. 특히, 협상 전략이 행위자들의 상호작용에 의해 좌우되고 결정되는 것을 고려하면, 북한의 협상전략에 대한 분석은 정책결정자에 대한 접근이 필수적이라고 할 것이다.

이 논문에서는 북한의 전략에 대한 분석에 있어서 분석의 단위로 김일성이라는 최고 통치자 수준에 초점을 맞추고 있다. 이러한 분석 수준의

---

2) Scott Snyder (1999), p.69.

초점은 무엇보다 북한의 외교정책과 전략을 누가 결정하는가의 문제에 따른 것이다. 이는 북한의 외교정책 결정 체계를 어떻게 규정하고 모델화할 것인가의 연구와 직결된다. 이와 관련하여 주목되는 연구는 알렉산더 만수로프(Alexander Mansourov)의 연구로, 만수로프는 전통적인 북한의 정책결정모델인 전제모델(the autocratic model)을 탈피하며, 핵 이슈의 정책결정과정에서의 강경파와 온건파의 갈등과 타협에 주목하였다. 만수로프의 분석은 북한의 강경파와 온건파의 갈등을 전제하고 이의 절충을 통해 정책결정이 이루어지고 있다고 보고 있기 때문에 일종의 갈등모델이라고 할 수 있을 것이다.

그런데 이 갈등 모델을 북한에 대해 적용할 경우. 최고통치자인 김일성의 의도와 역할에 대한 분석을 어느 정도 비중을 두고 있는가에 대한 부분에서 모호한 측면이 존재한다. 이 점에서 사회주의 국가의 외교정책 결정에서는 투입(input)과 영향력(influence)을 구별해야 한다는 지적[3]을 고려해야 한다. 즉, 여타 인물들이나 조직들이 정책결정 과정에 투입할 수 있다는 사실이 반드시 그들이 정책결정에 결정적 영향을 미치거나 좌지우지하는 것을 의미하는 것은 아니라는 것이다. 따라서 누가 혹은 어떤 집단이 권위를 지닌 정책결정[4]을 하고 있는가에 대한 질문은 북한의 정책결정과정에 관한 연구에서 핵심적이다. 결국 북한의 정책결정과정에서 내부 갈등의 중요성이 강조되더라도 권위 있는 정책결정이 김일성과 김정일에 의해 이루어지고 있다는 사실을 배제할 수는 없으며, 북한의 외교정책과 전략의 분석에서 최고통치자의 역할 혹은 정책적 선호에 대한 분석을 중심적 위치에 둘 필요성이 강조될 수 있다. 이런 배경에서 본 논문에서는 북한의 외교전략 분석에서 최고통치자 모델을 적용하고자 한다.

---

3) 허문영, 『북한외교정책 결정구조와 과정: 김일성 시대와 김정일 시대의 비교』 (서울: 민족통일연구원, 1998), p.13.
4) 권위를 지닌 정책결정이란 무수히 많은 논의와 토론 속에서 최종 대안이 선택되면 역전될 수 없고, 정책의 결정과 집행을 위한 자원을 효과적으로 동원, 활용할 수 있는 것을 말한다.

최고통치자 모델은 기존의 전제형과는 구별된다.5) 무엇보다 기존의 전
제형은 정치체제의 특성이 이의 하위 단위로서 정책결정의 시스템을 좌
우하는 연역적 성격을 띤다면, 최고통치자 모델의 시각은 정치체제의 성
격에 의해 영향을 받지만 최고 통치자의 선호, 경험, 스타일과 이슈의 성
격에 따라 갈등형, 혹은 다원주의형 등의 정책결정체계가 가능하다고 해
석한다. 특히, 이 모델에서 강조하는 바는 그 국가가 위기에 직면했을 때,
체제의 생존에 매우 중요한 이슈 등에 직면해서는 민주주의, 권위주의 체
제 등 체제 성격의 차이에도 불구하고 최고통치자의 개입이 극도로 높아
지고 정책결정의 권한이 대폭 확대된다는 점이다.

이러한 점을 고려하면, 북한의 미국과의 관계에 관련된 정책, 특히 핵
협상이라는 체제 생존에 매우 중요한 이슈, 그리고 지속된 위기의 상황
등의 조건에서는 김일성과 김정일의 정책선호, 스타일, 역할 등은 중요한
변수로서 분석의 핵심적 대상이 된다.

이 글은 이와 같은 문제의식 하에 북한 최고통치자의 리더십을 통해
북한 외교정책을 이해하려는 시도이다. 구체적으로는 최고통치자인 김일
성의 대외 인식, 전략적 동기를 표현하는 Operational code 분석을 통해
북한 협상 전략의 핵심적 특징인 위기외교와 벼랑 끝 전략의 근원을 살
펴보고자 한다. 스콧 스나이더의 분석이 북한의 역사적 경험, 문화적 특
성이라는 거시적 시각에서 이루어졌다면, 여기서는 정책결정자인 북한
최고통치자의 신념 분석에 초점을 맞추고 있다. 외교정책의 행위를 제한
적 합리성(bounded rationality)6)으로 이해할 때, 스나이더의 주장이 역사

---

5) Margaret G. Hermann, Thomas Preston, Baghat Korany and Timothy M. Shaw,
   "Who Leads Matters: The Effects of Powerful Individuals," in Joe D. Hagan and
   Margaret G. Hermann, eds., *Leaders, Groups, and Coalitions: Understanding the
   People and Processes in Foreign Policymaking* (Blackwell Publishing, Inc., Malden,
   MA., USA), pp.84-86.

6) Herbert Simon, "Human Nature in Politics: The Dialogue of Psychological with
   Political Science," *The American Political Science Review,* 79-2 (1984), p.294. 사이
   먼은 합리성의 개념을 실질적, 객관적 합리성과 절차적, 제한적 합리성으로

〈표 1〉 Operational Code 신념의 구성과 내용

<철학적 신념>

1. 정치의 본질은 무엇인가? 정치의 본질은 갈등인가 협력인가? 정치적 경쟁자의 근본적 특성은 무엇인가?
2. 근본적 가치와 열망의 궁극적 실현가능성의 전망은 무엇인가? 낙관적인가, 비관적인가?
3. 정치적 결과와 미래는 예측 가능한가? 어느 의미에서 어느 정도 가능한가?
4. 정치 지도자는 어느 정도 역사발전과 결과의 통제에 영향을 미칠 수 있나?
5. 역사발전과 사건들에 우연의 역할은 무엇인가?

<도구적 신념>

1. 정치 행위를 위한 목표선택에 있어 최선의 접근법은 무엇인가?
2. 정치적 목표는 어떻게 가장 효과적으로 추구될 수 있나?
3. 정치 행위의 위험은 어떻게 계산, 통제, 수용되나?
4. 자신의 이익을 증진시키기 위한 행위의 최상의 타이밍은 무엇인가?
5. 자신의 이익을 증진시키기 위한 서로 다른 수단들의 유용성과 역할은 무엇인가?

와 문화에 제한된 합리성이라면, 이 글은 행위자의 신념에 제한된 합리성에 근거하고 있다.

2. 연구방법

북한의 최고통치자인 김일성의 협상전략 선택에 관한 설명은 Operational code 분석이론과 방법을 적용한다. Operational code[7](이하 Op code)

구분한다. 행위를 선택하는 정책결정자의 속성이 무시되고 단지 주어진 상황으로부터 부과되는 제약만을 고려했을 경우, 상황에 최적으로 적응하는 것을 실질적 합리성으로, 외부적 한계와 더불어 정책결정자의 지식과 계산능력의 한계로부터 부과되는 제약 내에서 효과적으로 적응하는 행위는 제한적 합리성으로 정의했다.

7) Operational Code라는 말은 1940년 Robert Merton에 의해 처음 사용되어졌다. 그는 Operational Code를 개인이 지닌 가치나 세계관으로 보면서, 이것들이 어

는 정책결정자가 지니는 정치적 갈등에 관한 신념, 외부 상황을 어느 정
도 통제, 주도할 수 있을 것인가에 관한 신념, 그리고 목표 실현을 위해
구사하는 전략과 전술에 관한 신념 등을 말한다.[8]

알렉산더 조지(Alexander George)는 Op code를 철학적 신념과 도구적 신
념으로 체계화시켰다. 철학적 신념들이 주변 환경에 대한 인식과 판단을
의미한다면, 도구적 신념들은 정치적 목표를 실현하기 위해 어떻게 수단
을 활용할 것인가에 관한 신념들을 말한다. 아울러, 조지는 이러한 신념
들 중에 첫 번째 철학적 신념인 "정치의 본질은 무엇인가?"의 신념이 가
장 중요한 신념으로서 지배적 신념(master belief)으로 규정하였다.

Op code에 관한 구체적 분석방법으로는 VICS(Verbs in Context System)
기법을 적용한다. VICS 기법은 리더의 공적 언술을 활용하여 정치권력의
행사에 관한 특징과 패턴을 파악하는 양적 분석의 특징을 지닌다. 리더의
정치권력의 행사에 관한 분석에서 갈등과 협력 차원의 질적인 구분을 시
도하고, 다른 한편에서는 갈등과 협력의 각각의 차원에서 수준과 형태의
다양성이라는 양적인 구분을 하고 있다.[9]

VICS 분석기법의 적용은 두 가지의 과정을 거치게 된다. 첫 번째 단계
는 리더가 표현하는 신념들에 관해 원인추론의 속성을 파악하는데, 이는
자신과 타자와의 관계에서 긍정적 혹은 부정적 가치로서 표현된다. 두 번

떻게 정책결정에 영향 혹은 조직하는가에 관해 언급할 때 사용하였다.
Michael F. Cairo, "The Operational Code of the Bush Administration: Leadership
Perceptions and Foreign Policy Making," *Contributions in Political Science*, 395-6
(2004), p.240.

8) Alexander L. George, "The Operational Code: A Neglected Approach to the Study
of Political Leaders and Decision-Making," *International Studies Quarterly*, 23-2
(1969), p.197.

9) Mark Schafer, Michael D. Young, and Stephen G. Walker, "U.S. Presidents as
Conflict Managers: The Operational Codes of George H. W. Bush and Bill Clinton,"
in Linda O. Valenty and Ofer Feldman, eds., *Political Leadership for The New
Century: Personality and Behavior Among American Leaders* (Westport: Praeger
Publishers, 2002), p.51.

째 과정은 긍정적 혹은 부정적 가치로 표현된 자신과 타자와의 관계는 보다 구체적인 갈등 혹은 협력의 다양한 행위형태로 그 특성을 부여하게 된다. 그리고 여기서 말하는 협력 혹은 갈등 행위의 다양한 형태는 자신과 타자와의 관계에서 정치권력의 행사를 표현하는 것을 의미한다. 이는 곧 리더의 언어 행위에서 행위를 표현하는 동사로부터 갈등 혹은 협력 행위의 다양한 형태를 분석하는 것으로, 이 과정은 리더의 정치권력의 행사 방식의 특징과 패턴을 드러내는 것이 된다.

> "우리는 이러한 협상(북과 남사이의 협상)을 위하여 북과 남의 최고위급이 참여하는 당국과 각 정당 수뇌들의 협상회의를 소집할 것을 제의합니다."[10]

위의 문장은 김일성이 인식하는 북한과 한국과의 관계가 표현되어 있다. 행위의 주체는 북한이며 그 대상은 한국이다. 여기서 핵심적 동사는 '제의하다'가 된다. 이 '제의하다'라는 동사는 물리적 행위가 아닌 말의 행위의 범주이자, 협력(+)을 표현하는 동사이다. 한편, '제의하다'는 행위의 강도와 세기의 측면에서 자신의 미래의 행위에 대한 의도를 표현한다.

이와 같이 VICS 기법은 각각의 동사를 그 성격에 따라 범주화시키고 있는데, 세 가지 변수 즉, 1) 갈등과 협력의 여부 2) 말과 물리적 행위 여부 3) 행위의 강도와 세기 등에 따라 6가지로 범주화 한다. 각각의 범주에 +3점부터 –3점까지 부여한다. '보상(reward)'과 '처벌(punishment)'의 범주는 각각 협력적, 갈등적 물리적 행위로서 +3, –3 점을, '지지(support)'와 '반대(oppose)'의 범주는 각각 말의 행위로서 +1, –1점을 부여한다. 그리고 '약속(promise)'과 '위협(threat)'의 경우는 물리적 행위까지는 아니지만, '지지'와 '반대'의 경우보다는 그 강도가 세기 때문에 각각 +2, –2점을 부여하고 있다.

따라서 위의 문장은 <북한(주체), +2(동사범주), 외교(영역), 한국(대상),

---

10) 김일성, "1990년 신년사," 『북한 신년사 분석: 1945-1995』(서울: 북한연구소, 1996).

<표 2> Operational Code 재구성과 VICS의 지표[11]

<진단 성향>
P-1. 정치의 본질: 적대적 / 우호적 P-2. 정치적 가치 실현: 비관적 / 낙관적 P-3. 정치적 미래의 예측: 가능성 낮음 / 높음 P-4. 역사발전에 대한 통제: 가능성 낮음 / 높음 P-5. 우연의 역할: 낮음 / 높음
<선택 성향>
I-1. 전략의 방향: 갈등 / 협력 I-2. 전술의 강도: 갈등 / 협력 I-5. 수단의 효용성: 낮음 / 높음
<변동 성향>
I-3. 위험에 대한 지향: 위험 회피 / 위험 수용 I-4a. 전술의 유연성(갈등과 협력의 타이밍): 낮음 / 높음 I-4b. 전술의 유연성(말과 행동의 타이밍): 낮음 / 높음

북한의 대남정책(이슈 및 맥락)>으로 코딩된다. VICS 분석기법의 구체적 적용은 알렉산더 조지의 10가지의 철학적 신념과 도구적 신념을 리더의 공적 언술자료로부터 발견하고 이를 측정, 총합하는 지표를 구성하게 된다. 스테픈 워커(Stephen Walker)는 조지의 10가지 신념들을 행위의 맥락에서 리더의 진단성향, 선택성향, 변동성향으로 재분류하였다.

이러한 Op code의 지표를 활용하면 리더의 Op code를 유형화하고 이에 따른 전략적 성향과 선호도를 표현할 수 있게 된다. 아래의 그림은 Op code의 지표들을 통해 계량화된 값을 통해 전략의 방향, 강도, 수준 등을 결합시키고 있다. 아울러 각 분면에 위치한 Op code의 유형에 따라 전략적 성향과 선호도가 표현되어 있다.

VICS 지표들은 위 <그림 1>에서 리더의 Op code의 좌표에 따라 리더

---

11) P는 철학적 신념들의 지표들, I는 도구적 신념들의 지표들을 말한다.

〈그림 1〉 Operational code 유형화와 전략적 상호작용 예측

	TYPE A	TYPE C
I-1/P-1		

		TYPE A	TYPE C
extreme	+1.0	Response: If Do, Then Ds, If Eo, Then Ds	Response: If Do, Then Ds, If Eo, Then Es
very	+.75	Tactical Appease Bluff Initiatives: DED EDD	Tactical Reward Deter Initiatives: DDD DEE
definite	+.50	Strategy: APPEASEMENT	Strategy: ASSURANCE
somewhat	+.25	Outcome Ranking: 1Settle>Deadlock>Submit>Dominate 2Settle>Deadlock>Dominate>Submit	Outcome Ranking: 3Settle>Dominate>Deadlock>Submit 4Dominate>Settle>Deadlock>Submit
mixed	0.0	.25 .50 .75 1.0	P-4a/
		very low low medium high very high	P-4b
somewhat	-.25		
definite	-.50	Response: If Do, Then Ds, If Eo, Then Es	Response: If Do, Then Es, If Eo, Then Es
		Tactical Compel Punish Initiatives: EDD EEE	Tactical Bully Exploit Initiatives: EDE DDE
very	-.75	Strategy: COERCIVE DIPLOMACY	Strategy: BULLYING
extreme	-1.0	Outcome Ranking: 1Dominate>Settle>Submit>Deadlock 2Dominate>Settle>Deadlock>Submit	Outcome Ranking: 3Dominate>Deadlock>Settle>Submit 4Deadlock>Dominate>Settle>Submit
I-1/P-1		TYPE DEF	TYPE B

1When VICS locus-of-control index is <.25.
2When VICS locus-of-control index is between .25 and .50.
3When VICS locus-of-control index is between .50 and .75.
4When VICS locus-of-control index is >.75.
출처: Stephen G. Walker, 2000b, p.15

자신을 4분면 내에 위치시켜준다. 도구적 신념의 지표들은 전략과 전술의 지표인 I-1, I-2, 그리고 역사 통제의 소재의 지수인 P-4a이다. 이 지표들의 값은 권력, 소속, 성취 등 동기를 표현하는 각각의 축들에 위치[12]함으로서 리더의 Op code를 유형화하게 된다. 부정적 가치(–)를 지닌 전략과 전술의 지표들은 권력의 축에, 긍정적 가치(+)를 지닌 전략과 전술의 지표들은 소속의 축에 위치하고 통제의 소재에 관한 지표는 성취의 축에 위치하게 된다.

한편, 리더의 철학적 신념에 관한 지표들 역시 위 그림의 4분면에 위치지을 수 있다. 이 철학적 신념의 지표들은 그 리더의 도구적 신념들의 지표들과 같은 분면에 위치할 수도, 위치하지 않을 수도 있다. 철학적 신념의 지표들 중 정치의 본질에 관한 지표인 P-1과 정치적 가치실현의 전망에 관한 지표인 P-2는 그 가치에 따라 권력 혹은 소속의 축에 위치하게 되고, 리더가 아닌 타자의 통제의 소재 지표인 P-4b는 성취의 축에 위치하게 된다. 다시 말하면, P-1, P-2, P-4b의 지표들은 타자를 위의 4분면의 한 분면에 위치지우는 것이다.[13]

이와 같은 과정을 통해 리더의 Op code를 유형화하고 이로부터 그 리더의 전략적 성향과 선호도를 추론할 수 있게 된다. 가령, 특정 리더의 도구적 신념들(선택과 변동 성향) 중 I-1, I-2, P-4a의 지표의 값이 각각 +.41, +.27, +.53이면, 이 리더 자신은 위 그림의 C유형의 분면에 위치하게 된다. 한편, 그 리더의 철학적 신념들(진단 성향)의 지표들 중 P-1, P-2, P-4b 지표의 값이 각각 –.21, –.31, +.47일 경우는 그 리더의 타자에 대한 관점은 위 그림의 DEF유형의 분면에 위치하게 된다. 리더의 자신에 대한 이미지가 위와 같이 특정 유형으로 설정되면, 리더의 정책결정 단위내의

---

12) 세로축의 (+) 값은 소속, (–) 값은 권력의 동기를 표현하고, 가로축은 성취의 정도를 표현한다.
13) 철학적 신념들은 리더가 지닌 정치와 외부환경에 대한 인식과 태도를 말하는데, 이 정치와 외부환경에서 핵심적인 것은 다른 행위자, 특히 경쟁하는 국가나 적대국이 된다.

지배적 위치 혹은 다른 정책결정자들과의 공유 정도에 따라 리더의 행위에 관해 추론할 수 있게 된다.[14]

II. 김일성의 전략성향과 북한의 대미협상 전략

1. 김일성의 대미 Operational code와 협상전략의 성향

Op code 분석은 리더의 대외 인식과 행위 선택의 동기에 초점을 맞춘다. 따라서 김일성의 Op code 분석은 구체적으로는 (1) 대외 인식의 차원에서 '적대적 인식의 정도', (2) 행위 선택의 동기 차원에서 '협력과 갈등 수단 선택의 방향과 강도' (3) 전략적 유연성의 차원에서 '갈등과 협력 수단의 결합 정도'로 구체화된다. 그리고 각각의 차원들은 진단성향, 선택성향, 변동성향[15]으로 표현될 수 있을 것이다.

먼저, 김일성의 Op code 분석을 위해 활용된 자료와 그 특성은 다음과 같다. 자료의 수집과 선별은 탈냉전 이후 북한의 외교정책과 전략이라는 연구의 주제에 따라 1990년 이후 김일성의 저작, 연설, 인터뷰 등으로 한정하였다. 또한, 리더의 Op code는 경제정책, 국내정책, 외교정책 등 정책영역에 따라 상이할 수 있다는 점을 전제하면서 외교정책의 성향을 분석하기 위해 외교정책과 이슈를 다룬 자료를 분석의 대상으로 삼았다. 그리고 앞의 기준들과 더불어 적용된 중요한 기준은 김일성의 공적인 언술 자료를 분석대상으로 설정하는 것으로, 비밀 연설, 미간 자료 등은 제외하였다. 이와 관련하여 공적인 자료만을 분석하기 때문에 김일성의 내면적으로 지닌 진정한 신념을 포착할 수 없다는 비판이 있을 수 있다. 그러

---

14) Stephen G. Walker, Mark Schafer and Michael D. Young (2003), pp.232-234.

15) Stephen G. Walker, Mark Schafer and Michael D. Young, "Systematic Procedures for Operational Code Analysis: Measuring and Modeling Jimmy Carter's Operational Code," *International Studies Quarterly*, 42-1 (1998), p.178.

〈표 3〉 김일성의 1990년대 이후 대미 관계 operational code[16]

진단 성향	김일성		
	평균	1990~3년	1994년
P-1. 정치의 본질	-.97	-1	-.86
P-2. 정치적 가치 실현	-.69	-.73	-.59
P-3. 미래의 예측가능성	.95	1	.73
P-4. 역사발전의 통제			
a. 자신의 통제	.52	.52	.53
b. 상대방의 통제	.48	.48	.47
P-5. 우연의 역할	.51	.48	.61L
선택과 변동 성향			
I-1. 목표 실현의 전략	-.45	-.63	+.25
I-2. 목표 추구의 전술	-.13	-.21	+.17
I-3. 위험 성향	.46	.56	.06
I-4. 전술적 유연성			
a. 협력과 갈등	.45	.38	.75
b. 말과 행동	.05	0	.25

나 Op code 분석은 반드시 리더의 사적인 신념을 분석할 필요성을 제기하지 않는다. 왜냐하면, Op code 분석의 목표와 초점은 리더의 사적인 신

---

16) 김일성의 대미관계 operational code의 시기구분을 1993년까지와 1994년으로 구분한 것은 1993년의 operational code를 분석한 자료는 1993년의 신년사로서 1992년까지의 상황에 대한 인식과 의도에 한정된 성격을 지닌다. 따라서 1993년 이후의 핵 협상에 대한 김일성의 인식과 의도를 보기 위해서 1994년

념이 아닌 국가의 외교행위와 직접적으로 관련되고 공적으로 표현하는 신념에 두고 있기 때문이다.[17] 다시 말하면, 사적 개인이 아닌 정책결정 자로서의 리더의 신념은 국가의 정책결정과정의 산물로서 발현되는 연설, 기자회견, 저작 등에 표현된다는 것이다.[18] 김일성의 Op code 분석을 위해 활용한 자료는 (1) 1990년~1994년까지의 5개의 신년사[19] (2) 1991년의 일본 마이니찌 신문과의 인터뷰,[20] (3) 1994년 미국의 워싱턴 타임스와의 인터뷰[21] 등 7개의 자료이다. 김일성의 미국과의 협상전략의 성향을 파악하기 위해 분석자료 중에서 두 리더의 북·미 관계의 정책과 이슈에 대한 내용을 추출하여 분석한다. 이러한 연구방식은 매우 중요한 함의를 지니는데, 이는 리더의 일반적 Op code로부터 리더십 유형과 이로부터 모든 국가에 적용되는 외교 전략적 선호를 추론하는 하향식(top-down) 방식이 아니라 개별 국가에 대한 인식과 전략적 선호를 추론하는 상향식 (bottom-up) 방식을 말한다.[22] 상향식의 접근은 리더의 인식과 전략이 국가별로 혹은 정책영역과 상황의 변화에 따른 시기별로 상이하게 나타날

의 신년사와 인터뷰 자료로서 그 시기를 구분하였다. 1994년의 자료는 1993년 이후의 북한의 협상과정을 반영하고 있으며 이후 전개될 북한의 협상의 도를 표현해주기 때문이다.

17) Akan Malici and Johnna Malici, "The Operational Codes of Fidel Castro and Kim Il Sung: The Last Cold Warriors?" *Political Psychology*, 26-3 (2005), p.398.

18) Mark Schafer, "Issues in Assessing Psychological Characteristics at a Distance: An Introduction to the Symposium," *Political Psychology*, 21-3 (2000), p.514.

19) 북한연구소, 『북한 신년사 분석: 1945-1995』(서울: 북한연구소, 1996).

20) 김일성, "일본 <마이니찌신붕> 편집국장이 제기한 질문에 대한 대답 (1991. 4. 19)," 『외국기자들이 제기한 질문에 대한 대답 5』(평양: 조선로동당출판사, 1995), pp.67-73.

21) 김일성, "미국 <워싱턴타임스> 기자단이 제기한 질문에 대한 대답 (1994. 4. 16)," 『외국기자들이 제기한 질문에 대한 대답 5』(평양: 조선로동당출판사, 1995), pp.228-244.

22) Stephen G. Walker and Mark Schafer, "The Operational Codes of Bill Clinton and Tony Blair: Beliefs Systems or Schemata?" *American Political Science Association* (Washington, DC, September, 2000), pp.1-2.

수 있다는 것에 기초한다. 따라서 김일성의 대미 관계 Op code는 주요 시기별로 구분한다. 이는 북한과 미국의 협상과정에서의 변화 즉, 대립과 교착상태가 상호 타협으로 귀결되는 것과 Op code의 변화와의 상호 연관을 파악해보는 의미를 지닌다.

김일성의 대미 Op code의 두드러진 특징은 전략의 방향에 관한 지표인 I-1에 있다. 전략의 방향은 갈등 지향적 전략(-.45)의 성향으로 나타났다. I-1의 지표의 변화와 관련하여 확인할 수 있는 또 하나의 중요한 점은 1994년의 전략의 방향이 갈등에서 협력으로 바뀐 점이다. 1990년부터 1993년까지 평균은 (-.63)로서 명확한 갈등지향성을 보였지만, 1994년에는 (+.25)으로 다소 협력적인 전략으로 변화한 사실이다. 이 점은 북한이 1993년 6월 미국과의 고위급 회담에서의 합의에 이르는 등 대화의 증진과 타협을 이룬 것을 반영하고 있는 것으로 보인다.

이러한 전략의 변화는 1994년의 미국과의 핵 협상과정에서의 인터뷰[23]의 내용에서 잘 드러난다. 김일성은 "클린턴행정부 시기에 와서 조미사이에 대화가 열리고 중요한 원칙들에 합의한 것은 의의가 있다고" 평가하면서, 서울 불바다 발언의 의도에 관한 질문에 대해 "개별적 일군의 발언으로 그에 대하여 신경을 쓸 필요는 없다"고 언급하고 있다. 또한, 핵문제 해결의 방안에 관한 질문에 핵문제는 "지금 생각하고 있는 것처럼 복잡한 문제로 되지 않을 것이며 오히려 생각보다 헐하게 해결될 수도 있습니다"라고 응답함으로써 대미 유화적 입장을 분명히 드러내는 것에서 표현되고 있다.

아울러 위의 <표 3>의 1994년의 김일성의 대미관계 Op code는 1993년 이후 김일성이 취하는 대미 전략적 성향을 표현하고 있다. 상대방인 미국의 이미지는 약화되었지만 여전히 적대적이다. 즉, 미국은 북한에 대해 위협적이며 미국의 지배적 동기는 권력욕이다. 한편 북한은 협력적이며

---

23) 김일성, "미국 <워싱턴타임스> 기자단이 제기한 질문에 대한 대답," 『외국기자들이 제기한 질문에 대한 대답 5』(평양: 조선로동당출판사, 1995), pp.231-235.

〈그림 2〉 김일성의 대미관계 Op code 유형화와 전략적 상호작용 예측

	TYPE A	TYPE C

I-1/P-1

		TYPE A		TYPE C	
extreme	+1.0	Response: If Do, Then Ds, If Eo, Then Ds		Response: If Do, Then Ds, If Eo, Then Es	
very	+.75	Tactical Initiatives:	Appease Bluff DED EDD	Tactical Initiatives:	Reward Deter DDD DEE
definite	+.50	Strategy: APPEASEMENT		Strategy: ASSURANCE	
somewhat	+.25	Outcome Ranking: ₁Settle>Deadlock>Submit>Dominate ₂Settle>Deadlock>Dominate>Submit		Outcome Ranking: ₃Settle>Dominate>Deadlock>Submit ₄Dominate>Settle>Deadlock>Submit 김일성③	
mixed	0.0	.25 .50	.75 1.0 P-4a/		
		very low low medium	high very high P-4b		
somewhat	−.25				
		Response: If Do, Then Ds, If Eo, Then Es		Response: If Do, Then Es, If Eo, Then Es 김일성①	
definite	−.50	Tactical Initiatives:	Compel Punish EDD EEE	Tactical Initiatives:	Bully Exploit EDE DDE 김일성②
very	−.75	Strategy: COERCIVE DIPLOMACY 미국❸		Strategy: BULLYING	
extreme	−1.0	Outcome Ranking: 미국❶ ₁Dominate>Settle>Submit>Deadlock ₂Dominate>Settle>Deadlock>Submit 미국❷		Outcome Ranking: ₃Dominate>Deadlock>Settle>Submit ₄Deadlock>Dominate>Settle>Submit	

I-1/P-1

	TYPE DEF	TYPE B

₁When VICS locus-of-control index is <.25.
₂When VICS locus-of-control index is between .25 and .50.
₃When VICS locus-of-control index is between .50 and .75.
₄When VICS locus-of-control index is >.75.

동기에 있어 소속감이 매우 높아졌다. 그리고 상황의 통제정도와 관련해서는 미국보다는 북한이 좀 더 상황을 통제하고 있다. 즉, 미국보다는 북한이 성취욕이 강하게 나타나고 있다. 이러한 해석이 갖는 의미는 김일성의 Op code의 변화를 고려할 때, 1993년 이후 북한의 대미협상 행위는 상황을 주도하면서 미국과의 핵 협상을 타결하려는 강한 욕구와 이를 위해 보다 협력적인 행위를 취할 가능성이 높아진다는 것을 말한다.

위에서 서술한 김일성의 대미협상 전략적 성향은 Op code 유형화와 전략적 상호작용의 분석을 통해 보다 구체화할 수 있다.

위의 <그림 2>에서 김일성의 대미관계 Op code는 전체 평균은 김일성 ①, 1993년까지의 경우는 김일성②, 그리고 1994년은 김일성③으로 표현되었다. 그리고 앞에서 언급한 바와 같이 리더의 철학적 신념들의 지표는 리더가 인식하고 있는 상대방에 대한 전략적 성향을 나타내기 때문에 김일성이 인식하고 있는 미국의 전략적 선호는 각각, 전체 평균은 미국❶, 1993년까지는 미국❷, 그리고 1994년은 미국❸으로 표현되었다.

이 좌표에 근거하면, 김일성의 대미관계 전략적 성향은 평균으로 볼 때 전략적 성향(①)은 TYPE B형이다. 그리고 1993년(②)까지 역시 TYPE B형이다. 이는 상대적으로 적대적인 전략적 성향과 역사 발전에 상대적으로 높은 통제의식을 지니고 있으며, 전략적 선택과 변동 성향에 있어서는 위협전략과 위협 및 악용(exploit)의 전술을 선호할 가능성이 높다고 해석할 수 있다.

그런데 이러한 유형화는 다른 한편으로 전술적 강도(I-2)의 지표와 역사발전의 통제정도의 지표의 수준에 의해 그 신뢰 수준을 평가할 수 있다. 즉, 김일성의 전술적인 갈등 지수는 (-.13)으로 그리 강렬하지 않고, 역사발전의 통제 정도 역시 (.52)로 중간정도이기 때문에 그 신뢰수준이 높지 않고 전술적 변화의 가능성이 존재한다고 평가할 수 있다.

한편, 다른 지표들을 통해서도 전술적 변화의 가능성을 살펴볼 수 있다. 김일성의 B유형으로부터 위협과 악용의 전술은 중간정도의 역사발전의 통제정도, 중간정도 위험 수용성향(.46), 그리고 중간 정도의 갈등과 협력의 전술적 유연성(.45)을 고려해 볼 때, 다른 전술로 변화할 가능성 역시 존재한다고 볼 수 있다. 위의 신뢰수준이 높지 않는 점과 전술적 변화 가능성을 고려해 볼 때, 김일성의 전략선호는 강압외교 혹은 보증 전략(assurance strategy)[24]으로의 변화가능성을 예측해볼 수 있다.

그런데 이는 1994년의 Op code의 유형화(③)를 통해 확인할 수 있다. 김일성은 1994년 대미관계에서는 TYPE C형을 보이는데, 역사발전의 통제 정도는 중간 정도로 유지되고 있고, 전략의 방향에서는 다소 협력적 전략으로 변화하였다. 여기서도 전술적인 협력지수가 (+.17)로 그리 강하지 않고, 역사발전의 통제 정도 역시 중간정도이기 때문에 그 신뢰수준은 높지 않은 편이다. 한편 매우 낮은 위험 성향(.06)과 높은 정도의 갈등과 협력 전술적 유연성(.75)을 고려해 볼 때도 전략적 변화의 가능성이 존재한다고 할 수 있다. 이러한 전략적 변화가능성을 고려하면, 김일성의 전략적 성향과 그 변화의 방향은 B유형의 위협 전략과 C유형의 보증 전략의 사이에 위치하고 있다고 추측할 수 있다.

김일성의 Op code의 핵심적 내용은 높은 적대적 대외인식과 협력적 전략 추구의 공존이다. 그러나 다른 한편으로 협력과 갈등 수단의 결합이라는 측면에서 높은 정도의 전술적 유연성을 지닌다는 점에 유의해야 한다. 갈등적 수단을 구사하는 것을 마다하지 않는다는 것이다. 따라서 북한 김일성의 Op code의 핵심적 특징은 ① 매우 높은 적대의식, ② 협력적 전략선호, ③ 높은 전략적 유연성 등을 지닌다고 평가할 수 있다.

---

24) 강압전략은 행위자들의 상호작용의 측면에서 갈등적 수단과 협력적 수단을 결합하는 특징을 지닌다. 또한, 상대방의 순응을 유도하는 당근이라는 긍정적 유인책을 강압적 수단과 결합한다. 보증전략은 이와 유사한 전략 형태이지만, 상황을 주도하고 자신의 이점을 활용하는 데 보다 강조점이 있기 때문에 먼저 갈등 혹은 협력적 행위를 주도한다. 전략의 형태 구분과 내용은 Russell J. Leng, *Influence Strategies, Interstate Crisis Behavior 1816-1980* (Cambridge University Press, 1993), pp.136-163.

2. 전략게임 분석을 통한 북한의 협상전략 예측

여기서는 김일성의 전략성향과 북한의 협상전략 간의 인과관계를 규명하고자 한다. 이를 위해 김일성의 Op code를 통해 분석된 전략적 성향으로부터 북한의 협상전략을 예측하는 것에 주안점을 둔다. 구체적 분석방법은 게임이론을 적용한다. 게임이론의 적용은 북한의 협상전략이 비합리적 선택이라고 선험적으로 규정하기보다는 최고 정책결정자의 선택의 맥락에 근거하여 이해될 수 있는 합리적 선택임을 보기 위함이다. 리더의 Op code의 내용에는 자신뿐만 아니라 상대방에 대한 전략적 기대가 포함되어 있다. 따라서 김일성의 주관적 신념에 따른 북한과 미국의 협상전략의 게임을 상정할 수 있다. 그리고 협상의 특징인 행위의 연속과정을 고려하여 연속과정 게임을 적용하고자 한다.

위에서 분석한 김일성의 Op code유형은 특정 게임의 구조를 제공해 준다. 아래의 <그림 3>은 김일성의 Op code유형으로부터 구성한 게임의 구조이다.

<그림 3>은 김일성의 미국에 대한 Op code에서 자신과 상대방에 대해 내재하고 있는 서로 다른 전략적 선호도를 표현하고 있다. 이 매트릭스의 각각의 셀은 각 시기에 북한과 미국의 관계에서 가능한 사건들의 상태를 표현하고 있다. 즉 상호협력(CO, CO), 상호 갈등(CF, CF), 그리고 북한이

〈그림 3〉 김일성의 북한과 미국의 전략 게임 구조

	미국				미국	
	CO	CF			CO	CF
북한 CO	2, 3	1, 4		북한 CO	4, 3	1, 4
북한 CF	4, 1	3, 2		북한 CF	3, 1	2, 2

<북한-미국, 1989~1992년>   <북한-미국, 1993~4년>

지배적인(CF, CO) 상태, 미국이 지배적인 상태(CO, CF) 등이 각각의 결과의 순서(ranking: 4 = 최상위...1 = 최하위)에 따라 위치하고 있다. 이러한 선호도에 따라 북한과 미국의 해결 추구 전략에 관한 예측이 가능하다.

위와 같은 게임의 구조가 구성된 것은 1993년까지의 김일성의 Op code의 유형에서 자신의 전략성향은 B유형의 위협전략, 상대방인 미국은 강압외교의 DEF유형으로 구성된 것에 기인한다. 이로부터 북한의 전략적 선호는 지배 > 교착 > 타협 > 복종의 순서로, 미국은 지배 > 타협 > 교착 > 복종의 순으로 구성된다. 이와 같은 전략적 선호도에 따라 <그림 1>의 시기별 북한과 미국의 전략게임의 구조가 구성된 것이다. 이에 따라 위의 각각의 셀에 전략적 선호도에 따라 북한은 좌측에 미국은 우측에 표시되었다.

한편, 위의 게임의 구조에서 미국의 행위 선택은 김일성의 Op code에 내재하는 주관적 게임('subjective' game)을 통해서 예측하게 된다. 주관적 게임은 외부의 환경에 대한 인식을 표현하는 게임으로서, 여기서 인식은 행위자의 시각을 통해 인식된 것을 말한다. 아울러 행위자의 인식에는 다른 행위자에게 부여된 정책적 선호가 포함되어 있다.[25] 이러한 주관적 게임의 특성은 Op code를 통해 전략게임을 적용할 수 있게 한다.

여기서의 김일성의 전략적 선호도로부터 북한과 미국과의 협상에서의 게임의 진행과 해결전략의 추구는 스티븐 브람스(Steven J. Brams)의 게임이론[26]을 활용한다. 브람스의 'TOM(Theory of Move)' 게임이론은 게임 참가자들의 전략적 상호작용을 보다 실제적으로 설명하기 위해 활용된 게임방식이다. 게임은 어떤 상태에서, 누가 먼저 행위 하는가 등의 구체적 상태와 조건을 고려한다. 즉, TOM에서는 두 가지의 중요한 점을 제기한다. 첫째는 행위자들의 게임은 어떤 상태에서 출발하는가, 즉 초기 상태(initial state)가 무엇인가에 따라 게임의 결과가 달라질 수 있다는 점이다.

---

25) Zeeve Maoz, *National Choices and International Processes* (Cambridge: Cambridge University Press, 1990), p.27.

26) Steven J. Brams, *Theory of Moves* (Cambridge: Cambridge University Press, 1994), pp.19-42.

이 점은 전통적 게임보다 보다 현실에 가깝다. 즉 협상과 이에 참여하는 행위자는 기존의 결과, 혹은 현존하는 불균형적 상태에서 출발하게 된다. 그리고 TOM에서 두 번째의 중요한 요소는 게임에서는 게임 순서(the order of play)의 영향이 존재한다는 것이다. 즉 누가 먼저 행위 하는가에 따라 게임의 결과가 달라질 수 있다는 점이다. 이러한 점에 기초하여, TOM의 게임의 전개과정은 과정은 다음과 같다.

게임의 참여자들은 게임 순서에 따라 서로 행위를 한 번씩 주고받는데, 이때 행위자 A는 자신의 선택에 따른 결과가 어떤 결과를 낳을 것인가를 미리 예측하면서 현 상태(혹은 초기 상태)에서 멈출 것인지, 아니면 이동할 것인가를 결정하게 된다. 행위자 A의 이동 선택에 따라 행위자 B 역시 자신의 선택에 따른 결과를 미리 예측하면서 현 상태에서 멈출 것인가 아니면 이동할 것인가를 선택한다.

이 과정에서 행위자 A 혹은 B가 현 상태에서 멈추는 것이 자신의 이득을 극대화시킬 수 있다고 판단하여 멈추는 경우 게임은 종료되고, 그렇지 않고 이동을 선택하는 경우는 게임이 지속되어 초기의 상태로 반복될 경우27)에 게임이 끝난다. 이 일련의 과정에서 중요한 점은 게임의 참가자들이 자신의 선택에 따른 결과를 미리 예측한다는 것인데, 이는 일종의 역추론(backward reasoning)을 말한다. 즉, 행위자 간의 상호 선택을 주고받는 교차의 이동(alternating moves)에 따른 결과의 가능성을 진단하면서 현재의 자신의 선택을 결정하는 것을 말한다.

이러한 게임의 속성에 따라 구체적 게임의 적용은 아래와 같다. 위의 게임구조에서 네 개의 각각의 셀은 북한과 미국 관계의 초기 상태이다. 이 초기상태에서 북한은 Self(S), 미국은 Other(O)로 초기의 상태에서 각각 순서를 바꿔가며 이동해 간다. 그리고 종결상태(survivor)는 초기 상태와

---

27) 초기의 상태로 반복하는 경우에도 행위자들의 선택에 의해 게임이 지속 반복될 수는 있다. 그러나 이 경우 일종의 거래비용과 같이 불필요한 비용의 손실을 발생하기 때문에 게임이 종료된다고 보는 것이 합리적이다.

게임의 순서에 따라 예측되는데, 이는 각각의 행위자들이 초기 상태에 멈출 것인가 아니면 더 나은 결과로 이동할 것인가에 의해 자신의 선호를 극대화시키는 것을 추구하게 된다.

첫 번째 셀인 (2, 3)이 초기 상태인 경우의 게임의 진행은 다음과 같이 표현할 수 있다.

여기서 밑줄이 그어진 표시 가령, (3, 2)는 게임의 진행이 더 이상 이루어지지 않는 상태(stoppage)를 말한다. 즉 S는 (3, 2)으로부터 이동하지 않는다는 의미이다. 그리고 화살표의 진행 다음에 세로로 표시된 (∥)는 게임의 참가자가 게임의 진행 과정에서 어디에 위치하든지 간에 차단된 상태에서(blockage) 이동하지 않고 멈추는 것을 말한다. 미국이 먼저 게임을 시작하는 두 번째 게임 진행 그림에서는 차단된 상태(blockage)가 두 번 발생하고 있는데, 게임의 출발 상태에서 처음으로 차단된 상태인 (2, 3)에서 게임이 종결(stoppage)하게 된다. 위의 게임이 어떻게 종결되면서 게임의 결과(survivor)가 발생되는가는 앞에서 언급한 역추론(backward reasoning)을 통해서 살펴본 것이다.

그리고 아래의 그림은 게임의 종결에 따른 게임의 결과를 판단할 때, 누가 먼저 게임을 출발하는가에 따라 서로 상이한 게임의 결과가 도출됨으로써 서로 충돌하고 있음을 보인다. 즉, 북한이 먼저 게임을 시작하는

행위자 / 국가:	S / 1		O / 1		S / 2		O / 2	
북한 Start:	2, 3	→	4, 1	→	3, 2	→∥	1, 4	2, 3
Survivor:	3, 2		3, 2		3, 2		1, 4	

행위자 / 국가:	O1		S1		O2		S2	
미국 Start:	2, 3	→∥	4, 1	→	3, 2	→∥	1, 4	2, 3
Survivor:	2, 3		3, 2		3, 2		4, 1	

경우 게임의 결과는 (3, 2)이고, 미국이 먼저 게임을 출발하는 경우는 (2, 3)이 되어, 누가 먼저 게임을 시작하는가에 따라 서로 상이한 이득의 결과를 나타내고 있다. 그런데 미국의 경우, 초기의 상태로부터 이동하는 것이 합리적이지 않기 때문에 북한의 이동이 우선권을 지니며, 미국의 멈춤의 결정에 비해 우선하게 된다.[28]

따라서 초기 상태가 (2, 3)인 경우의 게임의 결과는 (3, 2)로 귀결된다. 이 게임이 의미하는 바는 북한은 자신이 복종의 결과(1, 4)에서 뿐만 아니라 미국과의 타협의 결과(2, 3)에서조차 멈추지 않고 자신의 이득이 되는 (3, 2)로 이동하여 교착상태에 빠지게 되는 것을 보여준다.

다음으로 초기 상태가 (1, 4)인 경우의 게임의 진행은 아래와 같이 살펴볼 수 있다.

이 게임의 진행 역시, 북한이 먼저 게임을 출발하는 경우, (3, 2)에서 게임이 끝나고, 미국이 먼저 게임을 시작하는 경우는 (1, 4)에서 종결된다. 게임을 누가 먼저 시작하는가에 따라 게임의 결과가 달라지고 있다.

행위자 / 국가:	S / 1		O / 1		S / 2		O / 2	
북한 Start:	1, 4	→	3, 2	→ ‖	4, 1	→ ‖	2, 3	1, 4
Survivor:	3, 2		3, 2		4, 1		1, 4	

행위자 / 국가:	O1		S1		O2		S2	
미국 Start:	1, 4	→ ‖	2, 3	→	4, 1	→	3, 2	1, 4
Survivor:	1, 4		3, 2		3, 2		3, 2	

28) Brams는 이를 TOM의 규칙 중의 하나로 설명하고 있는데, 만약 게임의 한 행위자가 초기 상태로부터 이동하는 것이 합리적이고, 다른 행위자는 이동하지 않는 것이 합리적일 경우, 이동하는 행위자가 우선권을 가진다는 것이다. Steven Brams (1994), p.28.

행위자 / 국가:	S / 1		O / 1		S / 2		O / 2	
북한 Start:	3, 2	→ ‖	1, 4	→ ‖	2, 3	→	4, 1	3, 2
Survivor:	3, 2		1, 4		3, 2		3, 2	

행위자 / 국가:	O1		S1		O2		S2	
미국 Start:	3, 2	→ ‖	4, 1	→ ‖	2, 3	→ ‖	1, 4	1, 4
Survivor:	3, 2		4, 1		2, 3		3, 2	

이 경우, 앞에서 언급한 바와 같이 미국의 경우 초기 상태에서 이동하는 것은 합리적이지 않기 때문에 게임에서 이동을 하는 북한에게 우선권이 주어진다. 따라서 게임의 결과는 (3, 2)가 된다. 이 게임의 구조에서 특징은 미국은 초기 상태가 복종의 결과(1, 4)일 경우 이동하지 않고 멈춤을 선택한다. 그러나 북한의 경우는 복종의 결과는 수용할 수 없고, 교착상태로 이동하게 된다.

그리고 초기 상태가 (3, 2)였을 경우에 게임의 진행과 결과는 위와 같다.

이 게임의 진행에서는 북한이 먼저 출발하는 경우에 초기 상태인 교착상태에서 이동하지 않고 멈춤을 선택하여 게임이 종결되고, 이는 미국이 먼저 출발하는 경우에도 미국 역시 초기상태인 교착상태에서 이동하지 않고 멈춰 게임은 초기 상태에서 종결된다. 따라서 게임의 결과는 (3, 2)가 된다. 이 게임의 특징 역시, 북한의 경우 자신이 복종인(1, 4) 결과로 이동할 수 없고, 미국 역시 자신이 복종인(4, 1) 결과로 이동할 수 없어 교착상태로 귀착됨을 보여준다.

마지막으로 초기 상태가 (4, 1)인 경우의 게임의 진행을 살펴보면, 북한이 먼저 시작하는 경우, 북한은 미국을 지배하는 초기상태에서 이동하지 않기 때문에 게임은 (4, 1)에서 종결되고, 한편 미국은 북한이 지배하는 초기상태에서 멈추지 않고 교착상태로 이동하여 (3, 2)에서 종결된다. 이

행위자 / 국가:	S/1		O/1		S/2		O/2	
북한 Start:	4, 1	→‖	2, 3	→‖	1, 4	→	3, 2	4, 1
Survivor:	4, 1		2, 3		3, 2		3, 2	

행위자 / 국가:	O1		S1		O2		S2	
미국 Start:	4, 1	→	3, 2	→‖	1, 4	→‖	2, 3	4, 1
Survivor:	3, 2		3, 2		1, 4		4, 1	

경우 게임을 북한이 먼저 시작하는가 아니면 미국이 먼저 시작하는가에 따라 게임의 결과가 달라진다. 여기서 북한은 초기 상태에서 이동하는 것이 합리적이지 않기 때문에 이동하는 미국이 우선권을 갖고, 이에 따라 게임의 결과는 (3, 2)가 된다. 북한의 경우, 자신이 지배하는 결과가 최우선의 선호이며, 미국의 경우에는 복종의 결과를 수용할 수 없기 때문에 교착상태로 이동하게 된다.

결과적으로 게임의 초기 상태에 따른 게임의 결과를 보면, (2, 3) → (3, 2); (1, 4) → (3, 2); (3, 2) → (3, 2); (4, 1) → (3, 2)로 나타난다. 이는 게임의 초기 상태가 무엇이든지, 그리고 누가 먼저 게임을 시작하든지 간에 게임의 결과는 (3, 2)로서 미국과 북한간의 교착상태에 빠지는 것을 보여준다.

다시 말하면, 1990년부터 1993년까지의 김일성의 대미 관계 Op code의 내용에 근거할 때, 1992년까지의 북한과 미국의 협상은 지배나 타협이 아닌 교착상태로 귀결된다는 것이다. 사실 위에서 살펴본 게임의 구조는 본질적으로 영합게임(Zero-sum)구조로서 갈등의 게임구조라고 할 수 있다. 이러한 갈등의 게임구조에서 게임의 결과가 (2, 3)이 아닌 (3, 2)로, 북한이 일종의 이점을 갖는 것은 북한과 미국과의 관계에서 북한이 보다 갈등지향적인 강한 도전자의 위치를 지니고 있는 것에 기인한다.[29]

다른 한편, 김일성의 1994년의 Op code는 1993년까지의 Op code와는 다른 점이 존재한다. 따라서 1994년의 Op code 역시 위의 전략적 게임의 매트릭스를 통해 그 진행과 결과를 살펴볼 필요가 있다.

김일성의 1994년의 Op code는 상대방인 미국에 대한 인식은 조금 적대적 성격이 완화되었지만, 역사발전의 통제 지수의 변화가 없었기 때문에 1993년까지의 Op code유형에서 위치하고 있는 분면은 변화하지 않았다. 한편, 자신의 전략적 성향은 갈등(−)으로부터 협력(+)으로 변화했기 때문에 자신의 유형의 분면이 변화하였다. 따라서 자신은 C유형, 미국은 DEF 유형이 된다.

이에 따른 전략적 선호도를 살펴보면, 북한의 선호도는 타협 > 지배 > 교착 > 복종이 순서가 되고, 미국의 선호도는 지배 > 타협 > 교착 > 복종의 순으로 구성된다. 이에 따른 게임의 구조는 <그림 1>의 북한과 미국의 1993~4년의 게임 매트릭스로 표시되었다. 이에 따른 1993~4년의 북한과 미국의 TOM의 전략게임을 시계방향의 순으로 초기 상태의 변화에 따른 게임의 진행과 결과를 살펴볼 수 있다.

먼저, 초기 상태가 (4, 3)인 경우, 게임의 진행과 결과는 다음과 같이 나타난다. 초기 상태가 상호협력의 경우에 북한이 먼저 게임을 출발하는 상황에서는 북한이 이동하지 않고 멈춤을 선택하는 것은 직관적으로 파악된다. 한편 미국이 먼저 출발하는 경우에 미국은 자신의 이득을 극대화시키기 위해 초기 상태로부터 (1, 4)로 이동할 수 있지만, 게임의 지속에 따른 연속과정에서 결국 초기 상태로 되돌아간다. 또한 매 단계에서의 결과 (survivor)는 초기 상태에서의 멈춤의 선택에 따른 결과와 동일한 (4, 3)이

---

29) 이를 갈등 게임의 전형인 선거에 비유하면, 현직 대통령과 후보와의 관계에서 i) 강한 현직 대통령과 도전자의 게임, ii) 강한 도전자와 현직 대통령의 게임, iii) 도전자들끼리의 게임 등의 구조로 이해할 수 있다. 여기서 강한 현직 대통령 혹은 강한 도전자는 위험 감수 전략을 구사하고 그렇지 않은 행위자는 위험을 회피하는 전략을 구사하는 것을 말한다. 북한과 미국과의 관계는 위험을 감수하는 도전자와 이를 회피하는 현직 대통령의 관계인 ii) 강한 도전자와 현직 대통령의 게임 구조와 유사하다고 볼 수 있다. 이 게임의 구조에 대한 설명은 Steven Brams (1994), pp.48-53.

행위자 / 국가:	S / 1		O / 1		S / 2		O / 2	
북한 Start:	4, 3	→ ‖	3, 1	→	2, 2	→ ‖	1, 4	4, 3
Survivor:	4, 3		2, 2		2, 2		1, 4	

행위자 / 국가:	O1		S1		O2		S2	
미국 Start:	4, 3	→ ‖ c	1, 4	→	2, 2	→	3, 1	4, 3
Survivor:	4, 3		4, 3		4, 3		4, 3	

다. 이런 경우, 일종의 초기 상태로의 순환과정(cycling back; 위의 그림에서는 c로 표시)이 되기 때문에 미국은 초기 상태에서 멈춤을 선택하게 된다. 따라서 이 게임에서 결과는 (4, 3)으로 타협이 된다.

다음으로 (1, 4)가 초기 상황인 경우의 게임의 진행과 결과를 살펴보자. 다음의 게임의 진행에서는 북한이 먼저 출발하는 경우는 교착의 결과(2, 2)로 이동하게 되고, 미국의 경우는 초기 상태가 자신의 이득을 극대화하고 있는 지배의 결과이기 때문에 멈춤을 선택하게 된다. 누가 먼저 게임을 진행하는가에 따라 결과가 달라지는데, 미국의 경우 초기 상태에서 이

행위자 / 국가:	S / 1		O / 1		S / 2		O / 2	
북한 Start:	1, 4	→	2, 2	→ ‖	3, 1	→ ‖	4, 3	1, 4
Survivor:	2, 2		2, 2		3, 1		1, 4	

행위자 / 국가:	O1		S1		O2		S2	
미국 Start:	1, 4	→ ‖	4, 3	→ ‖	3, 1	→	2, 2	1, 4
Survivor:	1, 4		4, 3		2, 2		2, 2	

행위자 / 국가:	S / 1		O / 1		S / 2		O / 2	
북한 Start:	2, 2	→ ‖	1, 4	→ ‖	4, 3	→ ‖	3, 1	2, 2
Survivor:	2, 2		1, 4		4, 3		2, 2	

행위자 / 국가:	O1		S1		O2		S2	
미국 Start:	2, 2	→	3, 1	→	4, 3	→ ‖	1, 4	2, 2
Survivor:	4, 3		4, 3		4, 3		2, 2	

동하는 것은 합리적이지 않기 때문에 북한의 이동에 우선권을 지닌다. 따라서 게임의 결과는 (2, 2)로 교착이 된다. 게임의 특징은 초기 상태가 북한의 복종의 경우에는 북한은 이를 수용하지 않으며, 게임의 과정에서 북한의 지배적(3, 1)일 경우에는 타협(4, 3)으로 이동하지 않는다는 점이다. 한편, 미국의 경우는 복종의(3, 1) 상태에서는 교착으로 이동하게 된다.

그리고 (2, 2)가 초기 상태인 경우의 게임의 진행은 위와 같이 표시된다. 초기 상태가 교착 상태인 경우, 북한이 먼저 출발하는 게임의 순서에서는 초기 상태에서 종결되고, 미국이 먼저 게임을 시작하는 경우는 협력의 상태로 이동하게 된다. 북한과 미국의 게임순서에 따라 게임의 결과가 달라지는데, 북한의 경우 초기 상태에서 이동하는 것은 합리적이지 않기 때문에 미국의 이동이 우선권을 지닌다. 따라서 게임의 결과는 (4, 3)이 된다. 이 게임순서의 중요한 특징은 북한이 게임의 진행과정에서 지배의 상태(3, 1)에 이르렀다 하더라도 타협(4, 3)으로 이동한다는 것이다. 이러한 측면에서 교착의 상태에서 출발하더라도 미국이 먼저 시작하는 경우에는 타협으로 결과한다. 이러한 조건에서 게임은 타협의 결과를 낳는다.

마지막으로 (3, 1)에서 시작하는 게임의 진행을 살펴보면, 북한이 지배적인 상태에서 출발하는 게임의 진행에서는 북한이 먼저 게임을 시작하는 경우는 타협의 상태로 이동하며 최상의 결과를 낳게 된다. 한편, 미국

행위자 / 국가:	S / 1		O / 1		S / 2		O / 2	
북한 Start:	3, 1	→	4, 3	→ ‖	1, 4	→	2, 2	3, 1
Survivor:	4, 3		4, 3		2, 2		2, 2	

행위자 / 국가:	O1		S1		O2		S2	
미국 Start:	3, 1	→	2, 2	→ ‖	1, 4	→ ‖	4, 3	3, 1
Survivor:	2, 2		2, 2		1, 4		4, 3	

이 게임을 먼저 시작하는 경우는 미국은 자신이 복종의 상태에서 이동하여 교착의 결과를 낳는다. 여기서 게임의 결과는 누가 먼저 게임을 출발하는가에 따라 상이한 결과를 낳는다. 아울러 두 행위자 중 누구에게도 우선권을 부여될 수 없는 상태이기 때문에 이 게임에서의 게임의 결과는 비결정적인 것으로 볼 수 있다.[30] 따라서 게임의 결과는 (4, 3) 혹은 (2, 2)으로 비결정적인 상태가 된다. 그런데 이 게임의 순서가 지닌 중요한 특징은 북한이 자신의 최상의 결과를 갖기 위해서는 먼저 게임을 시작하는 P1이 되어야 한다는 것이다. 만약 미국이 먼저 출발하여 북한이 P2가 된다면 이는 교착으로 결과하기 때문이다.

이 게임의 구조에서 초기 상태로부터 발생하는 게임의 결과를 전체적으로 살펴보면, (4, 3) → (4, 3); (1, 4) → (2, 2); (2, 2) → (4, 3); (3, 1) → (4, 3) 또는 (2, 2)으로 나타난다. 게임의 결과는 (4, 3), (2, 2)으로 나타난다. 이러한 게임의 결과가 의미하는 바는, 1992년까지의 갈등의 게임구조와는 달리 상호협력의 결과가 나타날 수 있는 가능성을 볼 수 있다는 점이다.

다시 말하면, 1992년까지의 Op code로부터의 게임의 구조에서는 초기 상태와 게임의 순서와 관계없이 교착의 결과를 나타냈지만, 1993~4년의

---

30) Steven Brams (1994), p.32.

북한과 미국의 게임구조에서는 어떤 상황에서 게임을 시작하고, 누가 먼저 게임을 시작하는가에 따라 교착 혹은 타협이라는 상이한 결과를 나타낸다는 것이다.

그렇다면 1993~4년의 게임의 구조의 특성으로부터 협력의 결과가 유도될 수 있는 초기 상태와 게임의 순서를 살펴보면, 북한이 복종인 상태 (1, 4)인 경우를 제외하고는 나머지 세 상태에서 타협이 가능하다. 여기서 초기의 상태가 명백히 상호협력(4, 3)인 경우를 제외하면 상호협력의 결과는 (1) 초기 상태가 교착(2, 2)에서는 미국이 P1이 되어 이동하는 경우, (2) 초기 상태가 북한이 지배적인 (3, 1) 상태에서는 북한이 먼저 이동하는 P1이 되는 경우이다.

이와 같은 게임의 결론은 북한이 1993년부터 1994년까지 미국과의 핵협상에서 추구하는 북한 외교 전략의 성공 가능성을 보여준다.[31] 교착상태로부터 타협에 이르는 경로는 미국이 먼저 이동하는 경우이다. 따라서 북한의 협상전략은 교착상태에서 미국이 먼저 움직이기를 기다리는 버티기 전략이다. 또 다른 타협에 이르는 경로는 북한이 지배적 위치에서 주도적으로 행위 하는 것이다. 이는 북한은 자신이 미국에 대해 복종인 조건에서는 협력의 결과를 유도할 수 없다는 것을 의미한다. 오히려 북한이 미국으로부터 협력을 유도하기 위해서는 북한이 지배적인 초기의 상태로부터 상호협력의 결과로 이동하는 것이다. 이렇게 보면, 제1차 핵 협상의 과정에서 북한의 핵심적 협상 전략은 강한 위치에서 협상(Negotiating from Strength)[32]하는 것, 그리고 교착상태에서 버티기 전략(Muddling Through)으

---

31) 북한과 미국의 타협이 가능한 또 다른 상황은 앞에서 언급한 대로 교착상태에서 미국이 PI이 되는 경우이다. 그런데 이는 북한의 전략적 선택이라기보다는 게임의 조건이자 미국의 전략적 선택에 의존한다. 따라서 북한의 타협전략에 대한 예측에서는 제외한다.

32) Negotiating from Strength 전략은 이스라엘의 협상전략에 대한 표현이다. Stephen Walker, *Forecasting the Political Behavior of Leaders with the Verbs in Context System of Operational Code Analysis* (Hilliard, OH.: Social Science Automation, 2000), p.25.

로 예측할 수 있다.

III. 결론

1. 분석의 결과

이 논문에서는 김일성의 Op code와 북한 협상전략의 인과 관계를 규명하는 것을 분석의 목표로 설정하였다. 이에 따라 구체적으로 설정된 분석의 목표는 (1) 김일성의 Op code와 대미 전략성향 분석, (2) 김일성의 전략성향으로부터 북한 협상전략의 예측이었다.

먼저, 김일성의 Op code의 핵심적 분석 결과는 높은 적대적 대외인식과 협력적 전략 추구의 공존이었다. 아울러 협력과 갈등 수단의 결합이라는 측면에서 높은 정도의 전술적 유연성을 지니고 있었다.

두 번째로 김일성의 전략적 선호를 통한 북한의 협상전략의 예측은 북한이 미국과의 협상에서 타협에 이르는 협상전략은 무엇인가에 맞춰 시도되었다. 이는 연속적 게임이론의 적용을 통해 게임의 초기상태, 게임의 순서, 게임의 결과를 고려하여 분석되었다. 김일성의 전략 게임에서 북한이 미국과 타협에 도달하는 전략은 강한 위치에서 협상하는 것, 그리고 교착상태에서는 버티는 전략이었다.

이와 같은 게임분석의 결과는 북한의 대미 핵 협상에서의 전략적 상호작용에서 잘 나타난다. 북한은 제 1차 핵 협상시기에 위기조성을 통해 상황을 압도하고, 미국의 정책변화를 유도하여 협상을 유리하게 이끌어 갔던 것이다.

2. 분석의 함의

리더의 Op code분석은 신념체계분석으로서 대외인식 및 이데올로기 분석과 유사하다. 북한에 적용했을 때 북한의 대미인식의 변화나 주체사상 혹은 통치이데올로기의 변화로부터 정책의 변화를 추론한 연구가 된다. 사실 이러한 연구들이 매우 중요한 분석과 분석 결과들을 만들어 내고 있지만, 실제 북한의 정책과 전략의 분석에 적용하기는 쉽지 않다. 이는 공식이데올로기(official ideology)와 실제 작동하는 이데올로기(operating ideology), 그리고 정책 결정자라는 행위자 수준에서 작동하는 신념들 간의 추상화의 차이로부터 그 일치성을 찾기가 매우 어렵기 때문이다. 이런 점에서 실제의 결정과 전략을 분석하기 위해서는 이 논문에서 제기했던 것처럼 정책결정자라는 행위자 수준에 분석의 초점을 맞출 필요성이 있다.

본 논문의 북한의 협상전략에 대한 주요한 분석의 결과는 북한의 타협을 위한 협상전략은 강한 위치에서 협상을 주도하는 것이었다. 이는 장군멍군식 협상 전략[33]이상의 것을 의미한다. 초기 협력을 시도하고 이후 배반에는 배반, 협력에는 협력을 통해 상대방의 협력을 유도해 나가는 전략보다는 초기에 강한 갈등적 전략을 통해 협상에서 우위의 위치에 점하면서 협력을 유도해 가는 방식이다. 또한, 상대방의 배반에는 더욱 강한 갈등적 수단으로 대립의 심화를 마다하지 않는 협상의 방식이다.

이러한 면에서 여기서 분석한 북한의 협상전략은 스콧 스나이더가 분석했던 위기외교와 벼랑 끝 전략과 내용적 일치성이 존재한다. 스나이더가 북한의 이러한 협상전략을 북한의 냉전적 유산과 문화적 환경이라는 구조적 조건을 중심으로 그 근원을 해석했다면, 여기서는 북한의 최고통치자의 마음으로부터 그 근원을 분석하였다. 그 마음의 본질적 측면은 북한은 미국으로부터 강한 위협에 놓여있다는 위협의 인식, 미국에 대한 불신, 그리고 성취를 위해 상황을 주도해야 한다는 동기욕구로부터 비롯된 것이다.

북한의 협상전략은 일종의 패러독스, 즉 대미관계의 정상화라는 외교

---

33) 리언 시걸 저·구갑우 외 역, 『미국은 협력하려 하지 않았다』(서울: 사회평론, 1995), pp.169-170.

목표를 실현하기 위한 수단이 오히려 북한에 대한 신뢰성을 약화시키고, 미국의 강경파를 강화시켜 관계정상화를 가로막는 현상을 발생시키고 있다. 따라서 이 글은 이러한 문제점에도 불구하고 북한은 왜 벼랑 끝 전략을 선택하고, 이를 쉽게 포기하지 못하는 것에 관한 분석이었다. 아울러 이러한 북한의 선택이 기이한 행위 혹은 전략적 행위인가에 관한 질문이었다. 이 논문에서 북한의 정형화된 협상방식으로서 위기조성과 벼랑 끝 전략은 북한 최고 통치자의 신념에 따른 합리성의 추구 방식으로 해석하였다. 김정일 시대 북한의 대미관계의 정상화라는 외교목표의 실현은 바로 이 협상전략이 어떻게 신뢰구축의 전략으로 전환될 것인가에 달려 있을 것이다.

|제12장|
게임 이론적 관점에서 본 탈냉전기 미중 관계: 미중 간의 갈등 관리 능력을 중심으로*

최미진
|고려대학교 정치외교학과 석사 졸업

I. 서론

탈냉전 이후 소련이라는 공동의 적이 사라지면서 미중 관계상의 그 전략적 중요성은 감소하였다. 그러나 동시에 패권국가로 부상하고 있는 미국에 대한 오늘날 국제사회 내 강력한 견제 세력이 중국인만큼, 미국과 중국의 관계는 중국을 세계 강대국으로 인식하든 지역 강대국으로 인식하든 매우 중요한 것이 사실이며 갈수록 그 중요성은 더해지고 있다. 이념과 사회체제, 그리고 문화적 측면 등에서의 현저한 차이에도 불구하고 두 나라는 이제 서로 협력을 모색해 가야 할 국제적 환경 속에 처해 있다. 대만문제, 미사일 방어체제(MD) 문제, 인권문제 등 여러 갈등 요소들의 존재에도 불구하고 경제적 상호 의존 등의 실리적 요소가 미국과 중국

---

* 이 논문은 『동아시아연구』 제5호 (2002년)에 게재되었음.

간 관계가 악화일로로 치닫지 않고 현상유지를 추구할 수 있게 만들었다. 왕지스(Wang Jisi)는 이러한 미국과 중국 간 관계를 냉전(Cold War)이 아닌 뜨거운 평화(Hot Peace)라고 표현하고 있다. 탈냉전기 이후 미국과 중국 간의 관계의 전개 양상을 살펴보는 작업은 현 시점에서 매우 필요하다고 판단되며 이를 통해 미중 관계의 향방을 가늠해 볼 수 있을 것이다. 무엇보다 미국과 중국 두 나라는 서로간의 갈등관리에 있어 보다 구조화되고 협조적인 자세로 임하는 방향으로 나아가는 것으로 보인다는 점이 이 논문이 궁극적으로 제시, 증명하고자 하는 퍼즐이다.

본 논문에서는 이러한 퍼즐을 협상의 양상을 바탕으로 한 게임 이론적 관점에서 풀어가고자 한다. 게임 모델이 상정하는 상호성의 고려는 행위자의 의사결정 과정을 보다 체계적이고 면밀히 조명해 볼 수 있는 분석의 기회를 제공한다. 즉, 협상게임은 연속적인 의사결정과정이며 각 행위자들은 일정한 전략적 합리성을 바탕으로 의사를 결정하여 자신의 이득 극대화를 추구한다. 그러나 게임 모델의 경험적 분석은 결과의 예측에 대한 '정확성'보다는 '적절성'에 초점을 맞추는 것이 더 현실적일 것이다.

클린턴 집권기 미국의 대중 정책 기조는 포용 정책을 강조하면서 중국을 전략적 동반자 관계로 규정하고 미중 간의 협력을 도모하였다. 그러나 1999년 5월 7일 발생한 나토의 유고 주재 중국대사관 오폭 사건은 중국 내 심각한 반미 감정을 유발하였다. 물론 결국 갈등은 관리되었으나 이는 우발적 갈등이 기존의 구조적 안정을 얼마나 크게 뒤흔들 수 있는지를 보여주었다. 한편, 부시 집권기에 들어서면서 미국의 대중 정책 기조는 강경노선으로 전환하였다. 부시 행정부는 중국을 전략적 경쟁자로 규정하기 이르렀고 미중 간 긴장은 고조되었다. 이러한 배경 속에 발생한 2001년 4월 1일의 미국 정찰기와 중국 전투기 간의 충돌 사건은 미국과 중국 간의 신냉전을 방불케 할 만한 우려의 시선을 자아내었으나 갈등은 관리되었고 이는 미국과 중국이 서로간의 이질성에도 불구하고 서로를 얼마나 필요로 하는가를 일깨워주는 계기가 되었다. 이렇게 서로 다른 환경 속에서 발생한 두 사건에 대한 양국의 대응 과정을 일관성과 간결성의 이점을 가진 게임 이론적 관점에서 살펴봄으로써, 미국과 중국이 서로의 이익을 위해 보다 구조화되고 협조적이며 체계적인 갈등(위기) 관리 능력을 보여 가고 있음을 피력하는 것이 본 논문의 연구 목적이다.

이를 위해 본 논문에서는 현상을 게임의 틀에 완전히 짜맞추기보다는 게임 이론적 시각에서 현상을 분석, 결과를 도출해 내는 데 주력할 것이다. 또 탈냉전기 미중 관계의 양상을 전체적으로 모두 단순 열거하기보다는 미중 간의 갈등 상황을 나타내는 사례들을 설정, 이들을 게임 이론적 관점에서 분석하고자 한다. 즉, 탈냉전기 미중 관계를 클린턴 집권기와 부시 집권기로 구분하고 서로 기능적 등가성이 성립한다고 보이는 각 시기의 두 사례, 즉 1999년 5월 7일에 일어난 나토의 유고 주재 중국대사관 오폭 사건과 2001년 4월 1일 발생한 미중 간의 항공기 충돌 사건을 게임 이론적 시각에서 살펴볼 것이다.

이러한 과정에서, 현실에 이러한 게임 모델이 정확히 들어맞으리란 보장이 없음을 감안하여 이들 사례를 분석하는 데 있어 기존의 많은 게임 이론적 분석들처럼 철저히 게임의 틀 속에 사건을 짜맞추어 지나치게 수치화하거나 통계화하는 노력을 지양하고자 한다. 대신 사건의 전개 양상을 보다 일관성 있게 분석할 수 있게 해주는 게임 이론적 분석의 장점을 최대화하면서 클린턴 집권기와 부시 집권기의 미중 간의 갈등 관리의 발전 방향을 보다 환원화하여 살펴보고자 한다. 그리고 게임 이론의 틀을 적용하는 데 있어 게임의 반복까지 모두 고려하면 논지가 매우 복잡해지기 때문에 사건의 진행 상황을 연속적으로 설명하는 확장형 게임이 아닌 일회성의 전략형 게임의 함의 속에서 사례들을 분석할 것이다.

본 연구는 협상게임에 참가하는 국가들이 자국의 이익을 극대화하려는 합리적 게임 참가 당사자임을 가정하며, 이들이 로버트 액설로드가 말한 협조를 위한 보상보복(tit-for-tat) 전략을 고려하고 있다고 본다.[1] 즉, 본

---

[1] 개인적이든 집단적이든 내쉬 균형점이 파레토 최적의 조건을 만족시키는 것이 바람직하다. 바꾸어 말하면 이는 개별적 합목적성과 집단적 합목적성이

연구는 탈냉전기 미국과 중국이 그 관계상의 큰 흐름 속에서 실리와 미래에 대한 고려를 바탕으로 서로 간에 협조와 이익을 위한 방향으로 나아가고 있고, 나아가게 될 환경 속에 처해 있음을 염두에 두고자 한다. 그리고 이러한 큰 흐름의 연속선상에서 미중 간에 우발적인 갈등이 발생한 경우 그 갈등의 진행 양상과 갈등이 관리되는 양상을 게임 이론적 관점에서 살펴봄으로써, 미국과 중국 간의 갈등관리가 보다 구조화되고 협조적인 양상으로 발전해 가고 있음을 피력하고자 한다.

II. 이론틀: 협상 이론과 게임구조

1. 갈등관리

협상에서 합리적인 의사결정(decision making)을 하기 위해서 선행되어야 하는 것이 갈등에 대한 근본인식이다. 갈등은 인간생활 어느 곳에서나 당연히 존재하는 것이며 어느 개인이나 국가도 갈등으로부터 자유로운 상태에 놓일 수 없고 또 갈등 없이는 발전과 개혁이 있을 수 없다. 갈등은 현재 상황보다 더 나은 상황을 위해 존재할 수밖에 없는 필수 불가결한 전환의 단계로 인식해야 하며, 오랫동안 지속적으로 존재할 수도 없고 억제 할 수도 없다. 갈등의 구조를 인식하고 효율적으로 해소하기 위한 방안, 즉 갈등관리의 방안으로써 갈등에 대한 접근 방법에는 갈등의 회피(conflict avoidance), 조기의 갈등해결, 갈등에 대한 강제적이고 적극적인 개입(excessive involvement), 갈등해결을 위한 당사자들의 협조적 행위 유형이 있다. 마지막 것이 바로 협상으로써 공통되면서 상반된 이해관계 상황에

일치하도록 하는 것이다. Tit-for-tat 전략은 이러한 전략의 대표적 예이다. 김재한, 『게임이론과 남북한 관계 – 갈등과 협상 및 예측』(서울: 한울아카데미, 1995), p.14.

서 협조와 경쟁을 통해 전략적으로 자신의 이익을 증진시키는 것이다. 협력은 더 많은 협력을 낳고 경쟁은 더 많은 경쟁을 초래한다. 본 논문에서는 갈등관리를 위한 협상 과정을 게임 이론적 분석을 통해 살펴본다.

2. 협상

간단히 정의해 볼 때 협상은 갈등관계에 있는 당사자들 사이의 이해관계를 해소하고 또 다른 이익을 창출하기 위한 동태적 의사결정과정이다. 즉, 이해당사자들이 갈등을 해소하기 위해 서로 교환하고자 하는 것들을 서로가 이해하고 받아들이는 수준에 도달할 수 있도록 양측이 조정하며, 자신에게 더 좋은 협상결과를 기대하며 전략적으로 의사를 결정하고 때로는 공동의 이익을 위해 전략적으로 조우하는 갈등해소의 과정이라 할 수 있다. 갈등이 존재하게 되면, 이를 해소하기 위해 갈등 당사자들이 해결 기제로서 협상을 선택하고, 각 당사자들은 협상에서의 궁극적 목표달성, 즉 이익을 위해 전략을 수립한다. 협상전략 수립에는 갈등에 대해 객관적 상황분석 및 상대방의 움직임에 대한 합리적 예측뿐만 아니라 협상에 영향을 주는 내·외부의 협상 환경도 고려되어야 한다.[2] 협상과정에서 당사자가 비록 당초의 협상목표 수준에는 완전하게 달성하지는 못하더라도 상호 양보에 의해 합의에 이르는 경우가 있는데, 현실적으로 대부분의 협상이 이러한 형태이다.

3. 협상 이론[3]

국제 정치학을 협상(bargaining)의 한 과정으로 분석하는 것이 체계적이

---

2) Roy J. Lewicki and Joseph A. Litterer, *Negotiation* (Homewood, Ill.: Irwin). pp.209-220.

3) Ki Woo Kim, "An Analysis of Bargaining Theory to International Relations," 『부산대학교 법학연구』 제24권 제1호.

고 과학적인 시각에서 정형화되어 있지는 않다. 셸링(Schelling)은 대부분의 갈등 상황들이 필연적으로 협상 상황임을 강조하면서[4] 피해를 줄 수 있는 힘이 협상 능력(the power to hurt is bargaining power)이라 단언했다.[5] 즉 협상은 국가들의 동적인 상호작용 상황을 내포하며 각 국가는 그 행위가 상대국에게 미칠 영향과 상대국의 행위에 반응하며 행동한다. 이렇게 해서 이 두 국가들은 지켜야 할 행위 규칙과 전략들이 성립된 체계를 창출하는 것이다.

마틴 패천(Martin Patchen)에 따르면, 협상 모델들에는 반응 모델(reaction models), 학습 모델(learning models), 인식 모델(cognitive models), 협상 모델(negotiation models)이 있다. 협상 모델은 보통 흥정 모델(bargaining models)로도 불리는데 행위에 영향을 미치는 다른 세 모델에 반하는 것으로 간주된다. 기본적으로 협상(negotiation)은 둘 혹은 그 이상의 당사자들이 그들의 미래 행위의 지침과 규칙을 제공하기 위한 잠정적인 합의 속에 상호 작용하는 과정이다. 국제 정치 수준에 있어 협상은 평화로운 수단에 의한 국가들 간 행위를 구성하는 외교의 주요 기능들 중의 하나로 간주된다. 협상에 있어서 중요한 것은 상대편에게 상대가 순응하면 해로운 행동이 취하지 않을 것임을 확신시키는 것이다. 좁은 의미에 있어서 협상은 해결점에 도달하기까지 비드(bids)를 거래하는 것이며, 보다 넓은 의미에 있어 협상은 그 행위자의 환경에 대한 행동이다.

4. 게임모델의 검토

게임이론이 적용되기 위해서는 몇 가지의 조건이 수반되어야 한다. 먼저 분쟁 관계에 있는 당사자로서 2인 또는 그 이상의 행위자가 필요하다.

---

4) Thomas Schelling, *The Strategy of Conflict* (New York: Oxford University Press, 1963), p.70.
5) Thomas Schelling, *Arms and Influence* (New Haven: Yale University Press, 1966), p.2.

또 행위자가 통제할 수 있는 변수로서 전략이 존재한다. 그리고 게임의 결과에 따라 행위자 양자에 득실(pay-off)이 결정된다. 또한 환경적 조건들을 구체화한 규칙이 있어야 한다. 이외에도 정보6)의 존재나 전략선택의 동시성 등이 요구된다.

게임이론에 필요한 규칙7)은 다음과 같다. 첫째, 행위자의 합리성(ratio-nality)과 자기 이익의 극대화 추구(self-interest maximizing)에 대한 가정이다. 여기서 "합리적"이란 협상 게임에서 필요한 대안을 미리 인지하고 일어날 확률을 계산하며 또한 자신의 가치체계에 비추어서 상대적으로 자신이 이득을 보는 게임을 하는 것을 의미한다. 둘째, 행위자들이 할 수 있는 선택은 제한적이며 규정되어야 한다. 셋째, 행위자는 자신의 선택뿐 아니라 상대방의 선택에도 의존한다. 마지막으로 행위자의 전략 선택은 결과와 관련한 가치에 조건 지어진다. 이러한 요건과 규칙이 전제되어야만 게임이론은 적용 가능한 접근법이 될 수 있다. 이러한 접근법은 특정 상황에서 선택할 수 있는 전략이 도출되고 각 전략에 가치(효용)가 부여될 때 분석의 틀을 형성하게 된다.8)

게임이론은 유한게임과 무한게임으로 크게 분류할 수 있고 유한게임은 행위자의 수에 따라 2인 게임과 n인(다자) 게임으로 나눌 수 있다. 2인 게임은 2인의 행위자가 당사자가 되어 전략을 선택하는 형태이고 n인 게임은 2인을 초과한 행위자가 서로 게임을 하는 형태이다. 게임이론은 전

---

6) 일반적으로 게임이론에서는 정보의 완전성을 전제로 하고 있으며 정보가 완전하다면 전쟁이 일어나지 않는다고 본다. (Robert Powel., "Crisis Bargaining, Escalation, and MAD," *American Political Science Review*, 81-3 (1987), pp.717-718.); 정보의 완벽성은 각 정보조에 결정점(decision node)이 하나만 있다는 것이다. 상대방이 무엇을 선택한지를 알고 자기 선택을 하는 것이 정보의 완벽성이다. 반면 정보의 완전성은 행위자의 선호도와 선택동기가 알려져 있는 것을 말한다. 완벽한 선택을 하려면 게임의 정보수준이 완전하고 완벽해야 한다(김재한(1995), p.19.).

7) Peter R. Beckman, *World Politics in the Twenties Century* (New Jersey: Prentice Hall, 1984), p.19.

8) Beckman (1984), p.20.

략선택에 따른 효용의 득실차에 의해 제로섬 게임(Zero-sum game)과 논 제
로섬 게임(Non zero-sum game)으로 구분된다.

협상의 게임모델은 주로 실제 협상의 구조와 전략적 상황에 초점을 맞
추어서 상호 협상자 간의 관계를 일반적 가정을 전제로 게임의 모형으로
변형시킨 것이다. 이러한 협상 게임의 모델에는 협상의 기본적인 전략적
상황에 초점을 둔 정상형태(normal form) 게임모델과 특별한 전략적 이동
이 적절하게 연속적으로 계획되어 있는 상세한 모델인 확장형태(extensive
form) 게임모델, 그리고 복잡한 현실 협상의 분석을 아주 용이하게 하기
위해 참가자, 전략 및 선택의 대안을 단순화한 메타게임(meta-game) 협상
모델 등이 있다. 그 중 2인 정상형태 게임모델은 협상구도의 가장 기본적
인 전략적 상황에 초점을 둔 모델이며 본 논문에서는 상기한 바와 같이
이 모델을 중심으로 사례를 분석해 보고자 한다.

일반화된 협상 게임의 기본 유형들을 살펴보면 죄수의 딜레마 게임,
비겁자 게임, 교착상태 게임, 허풍게임, 사슴사냥 게임, 교환 게임 등이
있다. 본 연구에서는 사례 분석을 위해 이들 중 죄수의 딜레마 게임, 비겁
자 게임, 허풍 게임을 경험적 사례에 적용해 보고자 한다. 이 세 게임의
기본구조는 <표 1>, <표 2>, <표 3>과 같다. 협상자 A와 협상자 B는 4개
의 가능한 결과에 대해 각각 하나의 이익을 갖게 된다.

게임의 결과는 서열을 나타내는 선호도가 가장 낮은 것부터 가장 높은

〈표 1〉 죄수의 딜레마 게임

	협조C (부인)	배반D (시인)
협조C (부인)	3(CC), 3(CC)	1(CD), 4(DC)
배반D (시인)	4(DC), 1(CD)	2(DD), 2(DD)

주: 1) 왼쪽 득실(pay-off)은 왼쪽 행위자의 것, 오른쪽 득실은 위쪽 행위자의 것임
  2) 설명의 편의상 득실의 크기를 4, 3, 2, 1로 표기함
출처: 김재한, 『게임이론과 남북한 관계 – 갈등과 협상 및 예측』, p.12

〈표 2〉 비겁자 게임

	협조C (피함)	배반D (직진)
협조C (피함)	3(CC), 3(CC)	2(CD), 4(DC)
배반D (직진)	4(DC), 2(CD)	1(DD), 1(DD)

출처: 김재한, 『게임이론과 남북한 관계 – 갈등과 협상 및 예측』, p.12

〈표 3〉 허풍 게임

	협조C	배반D
협조 C	3(CC), 3(CC)	1(CD), 4(DC)
배반 D	4(DC), 2(CD)	2(DD), 1(DD)

것까지 1부터 4까지의 정수로 나타낸다. 그러나 실제로는 결과가 손실로 나타나거나 부정적일 수도 있다. 각 게임은 4개의 결과로 명확히 서열이 부여되고 4가지 게임들은 모든 혼합된 동기(mixed motive) 게임들의 가능한 우선순위를 나타낸다. 게임 참가자들에게 있어서 항상 각자가 가장 선호하는 결과는 4이다. 선호도가 1일 경우 게임 참가자에게는 가장 불리한 결과가 되고, 2의 경우는 미니맥스의 결과로서 상대편 게임 참가자가 어떤 것을 선택하든지 최소한의 이득이 보장된다. 3은 양측에게 있어 가장 편리한 결과이고, 4는 강압적인 결과로서 각자가 가장 선호하는 결과이다.

　<표 1>에서 보이는 죄수의 딜레마 게임에서, 두 죄수가 다 중범죄 사실을 부인한다면 둘 다 가벼운 형을 받을 것이나(CC), 둘 다 시인한다면 중형을 받을 것이며(DD), 한쪽은 부인하고 다른 한쪽은 시인한다면 부인한 쪽은 극형을 받고(CD), 시인한 쪽은 석방된다(DC). 1회 시행되는 죄수의 딜레마 게임에서는 쌍방이 D를 선택하는 것이 내쉬 균형점이다. 즉 이 상태에서는 자신 혼자만 전략을 바꾸어 자신이 더 유리해 지는 것이

불가능하며(내쉬 균형 상태), 상대방의 전략에 관계없이 자신은 배반하는 것이 유리하다. 그 선호도는 DC > CC > DD > CD이다.

<표 2>에서 보이는 비겁자 게임에서, 쌍방이 서로 정면으로 부딪치면 둘 다 사망할 것이며(DD), 쌍방이 다 피한다면 그들의 체면은 조금 손상 받을 것이며(CC), 한쪽이 피하고 다른 한쪽은 직진한다면 피한 쪽은 비겁자가 되며(CD), 직진한 쪽은 영웅이 된다(DC). 이 게임에서는 상대방을 배반할 욕구가 쌍방의 파멸에 대한 두려움에 의해 견제된다. 그 선호도는 DC > CC > CD > DD이다. 여기서 (2, 4), (4, 2)는 파레토 우위이면서 내쉬 균형이 된다. 이러한 상황에서는 먼저 공격하는 쪽이 유리하다. 물론 이러한 전략이 합목적적이기 위해서는 일정한 조건이 충족되어야 하며 무조건 그러한 전략이 바람직하다고는 할 수 없다. 다다익선의 상황일 때는 굳이 게임 이론적 전략이 필요하지 않다.

비대칭 게임은 위의 대칭 게임에 비해서 복잡한 구조를 가지고 있다. 비대칭게임에서 가장 흔히 잘 알려진 것이 허풍 게임인데 이 게임은 죄수의 딜레마 게임과 비겁자 게임을 합한 것이다. <표 3>에서 A에게는 죄수의 딜레마 게임이 되고 B에게는 비겁자 게임이 되는데 이것을 허풍 게임이라 한다. A는 비겁자 게임을 행하는 B가 결국 C를 행한다는 사실을 알고 있기 때문에 D전략을 행할 수 있다. 게임 참가자 A의 입장에서 보면 만약 B가 D를 행하려고 위협한다면, A는 이러한 허풍을 극복하기 위해 우발적인 DD결과를 회피해야 한다. DD는 A에게는 나쁜 결과이기 때문이다. A가 선호하는 배열은 DC > CC > DD > CD이고 B가 선호하는 배열은 DC > CC > CD > DD이다. 이것은 게임 참가자 A는 경쟁적이고, B는 협력적인 관계를 나타내는 게임구조이다.

게임전략 선택에서 합목적성의 개념은 위에서와 같은 개별적인 차원뿐만 아니라 집단적 차원에서도 논의된다. 파레토최적은 누군가가 희생되지 않고서는 다른 사람이 더 나아질 수 없는 상태를 말한다.9) 위의 <표

___
9) 김재한(1995), p.13.

1>의 죄수의 딜레마 게임에서는 상호 배반하는 것이 내쉬 균형점이다. 그러나 상호 협조하는 것이 두 사람에게 더 유리하다. 즉 죄수의 딜레마 게임에서 DD는 파레토 최적이 아니다. 둘 다 전략 C를 택함으로써 더 나아질 수 있다. 그러므로 DD를 제외한 CD, DC, CC가 모두 파레토 최적이다. 이 상태에서는 동시에 다 좋아하거나 또는 아무도 희생시키지 않고는 누구도 나아질 수 없다. 개인적이든 집단적이든 내쉬균형점이 파레토 최적의 조건을 만족시키는 것이 바람직하다. 바꾸어 말하면 이는 개별적 합목적성과 집단적 합목적성이 일치하도록 하는 것이다. 이러한 전략 중 대표적인 것이 현재의 효용 함수에 미래의 효용까지 포함시키는 보상보복 (tit-for-tat) 전략이다.[10]

위의 고찰을 통하여 다음을 발견할 수 있었다. 각 협상자가 그 협상게임으로부터 어떻게 자신의 이익을 추구할 것인가를 결정하는 것으로부터 게임의 구조가 형성되어진다. 이러한 협상 게임의 구조는 다음과 같다.

← 경쟁이득 추구　　　　　　　　협력이득 추구 →

교착상태 게임 – 죄수의 딜레마 게임 – 비겁자 게임 – 사슴사냥 게임 – 교환 게임

III. 게임 이론적 관점에서 본 클린턴 정부기 미중 관계의 분석 사례: 나토의 유고 주재 중국대사관 오폭 사건(1999. 5. 7)

1. 사건의 배경(게임 환경): 미중 간 상호 정책 기조

탈냉전기 미중 관계는 세계의 유일한 초강대국으로 남게 된 미국의 패권과 경제적, 외교적, 군사적 측면에서 부상하고 있는 중국의 도전에서부

---

10) 김재한 (1995), p.14.

터 파악되어져야 한다. 1970년대 미소 간 데탕트가 무너지면서 소련에 대항하는 미국과 중국의 사실상의 동맹 관계가 형성되었다. 그러나 1989년 천안문사태 이후 미국은 중국에 대한 불편한 심기를 드러내면서 중국에 대한 온건한 제재를 가했다.

클린턴 정부의 중국에 대한 정책은 전체적으로 살펴볼 때 부시 행정부의 정책의 연속선상에 있었다.11) 물론 클린턴 대통령은 출범 초기에 중국에 대해 온건 노선을 펴고 있는 부시 정권을 비난하면서 특히 중국에 대한 최혜국 대우 연장 등 정책에 강력히 반대했다. 또 중국의 무역관행, 인권문제, 무기판매 등을 포함한 다양한 구실로 중국을 압박하기 시작했다. 그러나 클린턴 행정부의 강경한 대중정책으로 말미암아 미중 관계가 계속 악화되는 상황하에서도, 중국은 정치적 안정 속에서 경제적 성장을 거듭하고 국제적 위상이 제고됨으로써, 미국 내에는 인권에 집착한 대중정책의 부작용에 대한 우려 및 비판의 소리가 일기 시작했다. 클린턴 행정부는 마침내 미중 관계의 경색이 여하한 문제도 해결할 수 없다는 결론에 도달하였다.

결국 클린턴 행정부가 현실에 기초한 대중정책의 전환을 검토함으로써 중국과의 '포괄적 접촉'이 모색되기 시작했다. 1993년 11월 아시아태평양 경제협력회의에서 미중 정상회담이 성사됨으로써, 미중 간 상호 이해증진은 물론 관계개선의 새로운 장을 여는 계기가 되었다. 결국 1994년 중국 내 인권 상황은 오히려 악화되었지만 미국은 중국에게 최혜국 대우를 갱신해 주었다. 그리고 앞으로 중국에 대한 인권문제와 최혜국 대우 문제를 연계하지 않을 것임을 명백히 밝혔다. 그 해 11월에 이루어진 미중 간 제2차 정상회담에서 미국과 중국은 양국 간의 평화공존과 신뢰구축을 강조하였다. 이로써 클린턴 정부 초기의 대중 강경노선은 거대한 중국 시장이 가지는 경제적 효용 가치와 중국이 동아시아에서 가지는 안보

---

11) Peter R. Jr. Moody, "American China Policy in the 1990s: A time of drift," 『충남대 북미주학연구』 8 (1999. 2), p.76.

적 중요성을 이유로 마감되었다. 이는 미국의 대중 정책이 봉쇄에서 포괄적 포용으로 전환되었음을 의미했다.

비록 대만문제로 인해 미중 두 나라의 관계는 1995년과 1996년 큰 위기를 맞게 되었지만 이를 통해 미국인들은 자신들이 얼마나 중국과의 전쟁에 가까웠는가를 실감하며 중국에 대한 정책을 재고하게 되었다. 즉 미국은 중국을 봉쇄하기보다는 국제사회의 책임 있는 일원으로서 행동하도록 유도해야 하며, 이것이 미국의 국가이익 추구와 동아시아의 안정에 도움이 된다고 인식하게 되었다.12)

한편, 중국은 냉전종식 이후 소련이라는 안보적 위협이 사라지면서 경제발전 추구에 매진해 왔다. 중국은 사회주의 시장경제라는 독특한 형태의 정치, 경제 체제의 결합을 추구하고 있으며 이러한 체제의 성공적 유지 및 발전을 위해서는 경제발전과 현대화 계획이 차질 없이 추진되어야 한다. 이러한 과정에서 중국은 미국과의 협력을 절실히 필요로 하고 있으며, 양국 간의 우호적 관계를 위해 중국은 미중 간 여러 이슈들을 분리하여 협력과 갈등의 양상이 공존되게 하고 있다. 중국은 또 안보 측면에서도 미국과의 협력을 원하고 있는데 중국의 경제발전을 위해서는 평화로운 주변환경이 필요하기 때문이다. 아태 지역은 많은 부분 미국의 세력 하에 있으며 동아시아 지역에서 중국이 세력을 팽창하기 위해서는 미국과의 협력이 급선무이다.

이러한 상호간의 인식 변화와 노력과 함께 클린턴 집권 이후 중국과의 접촉 유지를 주장하는 주류파의 의견이 우세를 점하기 시작했다. 그들은 중국에 대한 억제 전략은 중대한 실책으로서 호혜관계의 정립에 기초한 정책 선택만이 미국의 이익에 부합된다고 주장하였다. 1996년 5월 이후 미국 정부는 이러한 기본적인 공감대를 바탕으로 대중 정책에 대해 신중히 검토하기 시작했다. 마침내 APEC 정상회담을 계기로 양국 정상 간의

---

12) Joseph S. Nye, "The Case for Deep Engagement," *Foreign Affairs*, 74-4 (July / August 1995), p.94.

접촉 유지가 회복됨으로써 미중 관계의 분위기는 현저히 개선되고 안정적 발전을 위한 기반이 구축되었다. 중국과의 협력관계의 중요성을 인식한 클린턴 행정부는 1997년 대통령 연두교서에서 중국에 대한 미국의 정책을 '포괄적 개입'으로 확정하였다. 그리고 같은 해 10월 장쩌민 주석은 워싱턴에서 클린턴과의 공동성명을 통해 미국과 중국 간 '건설적인 전략적 동반자 관계(constructive strategic partnership)'의 구축에 합의하였다. 또 이은 1998년의 미중 정상회담에서도 클린턴 행정부는 다시 한번 공식적으로 중국을 전략적 동반자로 인정하였다. 이러한 미중 간의 우호적, 평화적 환경 속에서 나토의 유고 주재 중국대사관 피폭 사건이 발생하게 되었는데 이는 분명 미중 간 협력 구도에 큰 위협이었다.

2. 게임의 성격과 규칙 - 미중 간의 2인 게임

1999년 5월 7일 발생한 나토의 유고 주재 중국대사관 오폭 사건은 탈냉전기 이후 미국과 중국이 우여곡절 끝에 확립한 구조적 안정을 뒤흔든 우발적 갈등이었다. 이 사건의 전개 양상과 그 과정 속에서 나타난 미국과 중국의 갈등 관리 능력을 보다 일관된 흐름의 시각으로 살펴보기 위해 이 사건을 게임 모델의 틀 속에 적용해 분석하겠다. 이 게임은 일단 미국과 중국 간의 2인 게임이며 게임의 성격은 논 제로섬 게임(Non zero-sum game)으로 볼 수 있다. 게임의 결과에 있어 양국의 대립으로 인한 교착 상태나 일방적 희생을 통해서보다는 양측의 적절한 양보와 협조를 통해 양쪽이 더 많은 이득을 얻을 수 있는 상황이기 때문이다. 이 사건으로 인한 미중 간 갈등 양상은 비대칭 게임인 허풍 게임 즉, 죄수의 딜레마 게임과 비겁자 게임을 합한 게임의 양상을 보이고 있다. 곧 이 상황은 중국에게는 죄수의 딜레마 게임이 되고 미국에게는 비겁자 게임이 된다.

3. 사건(게임)의 전개

코소보 분쟁으로 유고연방의 수도 베오그라드 공습에 나섰던 나토 전폭기들이 1999년 5월 7일 유고 주재 중국대사관에 미사일을 발사하여 3명이 사망하고 20명이 다치는 사태가 발생했다. 중국 당국은 즉시 야만적 행위라고 비난하면서 맞대응할 것이라고 경고했다. 미국과 나토는 즉각 오폭이라고 주장하면서 사과의 뜻을 밝혔다. CNN방송은 사고 이틀 후인 5월 9일, 나토의 베오그라드 주재 중국대사관 오폭사고는 대사관이 4년 전에 이전한 사실을 파악하지 못한 CIA의 잘못된 지도 때문이라고 보도했다. 조지 테넷 CIA국장과 윌리엄 코언 국방장관은 같은 날 공동 성명을 통해 '오폭사고'는 조종사의 잘못이나 기계상의 문제가 아니라 빈약한 정보 탓이라고 밝혔다. 미국 측의 주장에 의하면 조종사는 정조준을 해서 제대로 쏘았는데 그 자리에 중국대사관이 있었는지 몰랐다는 것이다. 미국 합참본부의 찰스 월드 공군소장은 나토의 당초 공습 목표는 유고연방 조달국 즉, 무기창고라고 말했다.

그러나 4년 전에 옮긴 중국대사관의 위치가 CIA의 지도에 반영되지 않았다는 데 대해서 의문을 제기하는 시각도 많았다. 그리고 공습 목표의 설정과 실행 과정에서 거듭되는 검토와 수정작업을 거치는데 그것이 과연 걸러지지 않고 넘어갈 수 있는가 하는 것이기도 했다. 중국 측에서는 나토의 중국대사관 공격이 의도적인 것이 아닌가 하는 의구심을 감추지 않았다. 나토의 대사관 폭격 직후 장쩌민 국가 주석은 미국 주도의 나토가 반드시 이번 사건의 모든 책임을 지고 중국 측의 요구를 모두 들어주어야 한다고 거듭 강조했다. 또 중국 정부는 유엔 안전보장이사회의 소집요구와 함께 중국 내부에서 일어나는 반미시위의 법적 보호를 선언하였다.

미국에게 있어 오폭사건은 적절한 처리의 방법이 좀처럼 발견되지 않는 골치 아픈 문제였다. 대통령의 사죄에 이어 미국 정부는 '토마스 피카링' 국무차관을 특사로서 파견하여 오폭의 원인에 대해 공식적인 설명을 했다. 그 내용으로 첫째, 오래된 지도의 사용에 의한 공폭 목표설정의 실수, 둘째, 군사 데이터베이스의 결여, 셋째, 체크기능이 작동되지 않았던 점(타깃 검토 과정상 문제)등을 들고, "현재도 CIA와 국방성에서 관계자를 조사하고 있으며 조사 종료 이후 관계자 처분을 약속한다"고 설명했다. 그러나 중국 측은 공개적인 정식사죄, 전면적으로 철저한 사건 조사, 조사결과의 즉각 공표, 관계자의 엄중처벌 등을 요구했으며 미국 측의 해명이 불충분하다고 하여 피카링 특사의 설명을 거부했다. 중국으로서는 오폭의 대가로서 미국으로부터 무언가를 얻지 못한다면 이 문제를 결말지을 수 없다고 생각할 수밖에 없었다.

그러나 곧이어 중국정부는 시위대의 군집을 진압하기 시작했다. 왜냐하면 1919년 5·4 운동 때도 일본에 대한 배외주의적인 행동이, 불만이 쌓인 민중으로 하여금 반정부 행동을 취하게 하여 그 칼날을 정부에게로 돌리게 한 것과 같이, 이번에도 시위군중 일부에서 반정부적인 민주화 운동의 기운이 느껴졌기 때문이다. 그래서 천안문사건(1989. 6. 4) 10주년을 맞아 잠재되어 있던 민주화 운동의 움직임이 나오는 것을 중국정부는 염려하기 시작한 것이다. 결국 반미의 이름을 빌어 반정부적인 민주화 운동을 전개할지도 모르는 학생들의 움직임이 5·4 운동 때와 같은 행동으로 전화하는 것을 두려워한 것이다. 학생들도 직접 정부에 민주화 요구를 하면 탄압되지만, 배외주의적인 행동인 경우 허용됨을 알고 5·4 운동 때와 마찬가지로 표면적으로는 반미, 실제로는 반정부운동을 행하는 전략을 생각했다고 보인다.13) 이렇듯 중국정부가 미국의 사죄를 기본적으로 받아들여 이 문제를 더 이상 거론하지 않기로 한 것은, 오폭 사건으로 미국으로부터 무언가 유리한 거래조건을 꺼내려고 한 예상이 오히려 틀어지게 되었기 때문이다.

이러한 가운데 5월 25일 미 국방성은 코언 국방장관의 6월로 예정된 중국 방문을 연기한다고 발표했는데 그 배후에는 미중 관계의 악화가 있

---

13) 슈토 마시, "불투명한 미, 중 관계," 『극동문제』 249호 (1999. 11), p.50.

던 것이 확실하다.

4. 미중 간의 허풍 게임

위 사건에서 나타난 미중 간 갈등 양상은 비대칭 게임인 허풍 게임 즉, 죄수의 딜레마 게임과 비겁자 게임을 합한 게임의 양상이었다. 곧 이 상황은 중국에게는 죄수의 딜레마 게임이 되고 미국에게는 비겁자 게임이 된다. 이를 보다 자세히 분석하면서 어떻게 갈등이 관리되었는가를 살펴보겠다.

나토의 유고 주재 중국대사관 오폭 사건은 중국의 대미외교에 반격의 기회를 제공하였다.[14] 비록 사건이 일어날 당시 미국과 중국의 관계가 화해 국면 속에 놓여 있긴 하였지만 그 표면 깊숙한 곳에 있는 미중 간의 이질성과 이해 갈등 등은 미해결 된 채로 존속하였다. 특히 중국은 당시 미국과의 외교에서 적지 않은 수세적 요소를 간직하고 있었다. 인권문제, 티벳과 대만문제, WTO 가입 문제 등이 그것들이었다. 더구나 오폭 사건에 이어 일어난 핵기술 스파이 사건도 중국을 당혹시키기에 충분했다. 따라서 중국은 나토의 공습사건을 계기로 미국의 공세를 역전시키려 했다.[15] 중국은 중국의 인권문제에 대한 개입을 공습의 비인도성과 인명의 희생에 연계시키면서 비판하고, 공습 중지와 유고내전에 대한 개입 금지 요청을 통해 티벳과 대만문제에 대한 미국의 간섭을 용납하지 않겠다는 의지를 표명했다. 또한 여기에는 강력한 반미운동을 통해 중국 내부에 형성되는 반정부적 에너지의 분산과 해소를 도모하겠다는 의도도 있었다. 이와 같은 의도와 배경 속에 중국은 이 사건을 통해 미국으로부터 최대한 많은 것을 얻어내려 했다. 이 사건을 일으킨 장본인인 미국이 취할 행동은 사과뿐임을 중국은 잘 알고 있었기 때문이다.

---

14) 김광식, "나토의 중국대사관 오폭과 미·중·소의 치열한 각축," 『월간 말』 156호 (1999. 6), p.131.
15) 슈토 마시 (1999), p.131.

이를 게임 이론적 시각으로 보면 다음과 같다. 각 협상자가 그 협상게임으로부터 어떻게 자신의 이익을 추구할 것인가를 결정하는 것으로부터 게임의 구조가 형성되어진다. 이 사건의 갈등 양상은 허풍 게임에 해당하며 이는 미국에게는 비겁자 게임, 중국에게는 죄수의 딜레마 게임이 된다. 게임 참가자인 중국은 (사건의 장본인으로 사과할 수밖에 없는) 비겁자 게임을 행하는 미국이 결국 협조(사과 내지는 순응)할 거라는 사실을 알고 있기 때문에 배반 전략(비타협)을 행할 수 있다. 미국의 입장에서 보면 만약 중국이 비타협(적대) 전략을 행하려고 위협한다면, 미국은 이러한 허풍을 극복하기 위해 우발적인 DD결과(중미 간 반목)를 회피해야 한다. DD는 미국에게는 나쁜 결과이기 때문이다. 미국은 오폭 사건으로 인해 그동안 꾸준히 구축해 온 중국과의 협조 관계를 무너뜨리는 것을 결코 원하지 않았음이 분명하다. 미국의 입장에서는 중국과의 반목보다는 양보하는 것이 더 유리했다. 실수였든 중국측 주장대로 진의였든 미국에게 이 사건의 책임이 있는 만큼 미국으로서는 중국과의 반목이라는 최악의 상황을 피하기 위해 무조건 협조해야 하는 상황이었다. 이러한 미중 간의 허풍 게임을 표로 나타내면 다음과 같다.

〈표 4〉 미중 간의 허풍게임

B 미국

		협조C	배반D
A 중국	협조C	3(CC), 3(CC) 미국과 중국 둘 다 협력했을 때	1(CD), 4(DC) 중국이 협력하고 미국이 배신하면 중국에게 최악 1, 미국에게 최고 4
	배반D	4(DC), 2(CD) 중국이 배신하고 미국이 협력하면 중국은 이익 극대화 4, 미국에게는 2	2(DD), 1(DD) 둘 다 배신할 경우 미국에게는 최악, 중국에게는 2

이 게임 상에서 중국이 선호하는 배열은 DC > CC > DD > CD이고 미국이 선호하는 배열은 DC > CC > CD > DD이다. 이것은 게임 참가자인 중국은 경쟁적이고, 미국은 협력적인 관계를 나타내는 게임구조이다. 여기서 미국이 배반(비타협)하고 중국이 타협할 가능성은 거의 없으므로 미국의 입장에서는 DC의 경우 다음인 CC, 즉 양쪽의 협조(타협) 경우를 가장 선호하게 된다. 중국의 경우 자신이 배반(비타협)하고 미국이 협조하는 경우인 DC가 가장 이득이 된다. 이 때문에 중국은 미국과의 외교에서 우위를 점하기 위한 목적하에, 국가 차원에서의 유감과 분노의 표시와 함께 반미 감정을 조장, 묵인하는 등의 비타협적 행위를 통해 미국으로부터 최대한의 양보와 이득을 얻어내려는 전략을 보였다.

그러나 이러한 중국의 의도는 주로 중국 내부적 요인에 의해 성사되지 못했다. 반미 감정의 고조로 나타난 전 국민적 시위와 비난을 목도하면서 중국 당국은 처음에는 이를 묵인하며 미국에게 타협을 거부하면서 더 많은 것을 얻어내려는 거래를 하려 했다. 그러나 반대로 중국은 오히려 대중적인 반미감정의 고조가 있는데 이를 방임해 버린다면 이는 중국 정부에 대한 반대로 발전해 버리지 않을까 하는 두려움을 가지게 되었다. 무엇보다도 상술한 바와 같이 반미 시위 군중 일부에서 반정부적인 민주화 운동의 기운이 느껴졌기 때문이었다.

이는 분명 중국의 이해에 반하는 것이었다. 천안문사건 10주년을 맞아 잠재되어 있던 민주화 운동의 움직임을 감지한 중국 정부는 두렵지 않을 수 없었으며, 이 사건에 대한 초기 전략 대신 협조(사죄 수용) 전략을 택하면서 미국의 사죄를 받아들이고 문제를 덮기로 결정하였다. 중국 또한 DD전략, 즉 미국과 중국의 반목을 원하지 않은 것은 물론이다. 이로써 미국과 중국은 개별적 합목적성(rationality) 관점에서 자국의 이익을 현실적으로 가장 극대화시키면서 집단적 합목적성 관점에서 공히 서로에게 가장 이득이 되는 상호간 CC(협조)전략을 선택하였고 갈등은 관리되었다.

5. 사건(게임)의 결과

지금까지 논한 유고주재 중국대사관 피폭 사건은 미중 관계상의 큰 위기로 인식되었다. 이 사건은 그동안 중국의 WTO 가입을 놓고 진행되어 오던 미중 회담의 최종 단계에 영향을 미치는 등 미중 쌍방은 10여 년간의 부단한 화해 노력이 물거품이 될 위험에 직면하였다. 그러나 미중 쌍방은 신중하고 적절한 선택을 결정함으로써 일시 중단되었던 회담을 조속히 회복하는 한편 최종 합의를 도출하였고, 미중 관계는 또다시 위험에서 벗어날 수 있었다.

장쩌민과 클린턴 대통령 간의 오클랜드에서의 회담은 성공적이었으며 미중 관계는 개선되기 시작했다. 또 1999년 11월에 미국과 중국은 중국의 WTO 가입 문제와 지난 중국대사관 피폭 사건의 보상 문제에 대해 합의를 보았다.

이듬해 1월에는 원래 1999년 후반으로 예정되었다가 중국대사관 피폭으로 인해 연기되었던 미중 간 고위급 장성 회의가 재개되었다.[16] 또한 클린턴 대통령은 그의 모든 정치적 자원을 동원하여 의회를 상대로 중국에 대한 '영구적 정상무역지위 부여(PNTR)' 법안이 통과될 수 있도록 적극 설득함으로써 이전의 미중 간 합의를 확인하였다.

비록 미중 간에 대만문제와 인권문제 등과 같은 주요 사안들이 갈등의 요인으로 존속하기는 했지만 이러한 모든 과정들은 미중 관계의 발전에 크게 기여하였다.

---

16) Editorial, "Warmer Sino-US Relations," *Hong Kong Ta Kung Pao* (January 26, 2000).

IV. 게임 이론적 관점에서 본 부시 정부기 미중 관계의 분석 사례: 미중 간 항공기 충돌 사건(2001. 4. 1)

1. 사건의 배경: 미중 간 상호 정책 기조

1) 부시 행정부 시기 미국의 대중 정책 전반 기조

21세기의 새로운 국제질서를 이끌어 갈 미국의 부시 행정부는 2001년 1월 신정부 출범과 함께 클린턴 시대와는 다른 세계 전략과 동아시아 정책을 표명하였다. 전체적으로 부시 행정부의 기본적 외교 방침은 권력의 중요성을 강조하면서 이데올로기나 이상주의보다는 질서와 국가이익에 큰 비중을 두는 실용주의에 기반한 전통적 보수주의로 회귀하고 있다.[17]

부시 행정부 대외 정책[18]의 첫 번째 기조는 '힘을 통한 평화'라고 할 수 있다. 이는 공화당의 전통적 외교 이념인 '현실주의적 국제주의(realistic internationalism)'에 입각한 군사력 중시 외교를 의미한다. 부시 대통령은 이를 '미국적 국제주의(American Internationalism)'라 명명하였다. 이는 '자유주의적 국제주의'를 표방한 클린턴 정부의 외교 방식과 차이가 있다. 둘째, 부시 행정부는 국제문제에 대한 '선택적 개입'을 추구한다. 인도적 사태 발생 시 미국의 리더십 발휘를 강조한 클린턴 대통령과는 달리 부시 대통령은 지정학적 우선순위에 따라 미국의 개입이 선택적으로 이루어져야 한다고 강조한다. 셋째, 부시 행정부는 '동맹우선주의'를 표방한다. 클린턴 행정부와 비교할 때 상대적으로 부시 행정부는 유엔을 더 경시하고 있으며 이에 따라 미국과 유엔 간의 관계가 더욱 소원해지고 미국의 독주에 대한 개도국들의 반발이 거세어지고 있는 것이 사실이다.

탈냉전기 미국의 동북아 전략은 이 지역에 미국 중심의 질서를 구현하

---

17) Doo-Bok Park, "Prospects for U.S. – China Relations," *Korean Observations on Foreign Relations* (Korean Council on Foreign Relations, 2001), p.50.

18) 김성한, "미국 신행정부의 대중국 정책 – '미 정찰기 충돌사건' 이후 미, 중 관계 전망," 『외교』 제58호 (한국외교협회, 2001), pp.31-32.

여 전략적 불확실성을 감소시키는 방향으로 전개되어 왔으며, 미국의 입
장에서 볼 때 아시아 지역 내 어느 다른 국가가 미국을 앞질러 동아시아
지역 패권으로 부상하는 하는 것은 용납할 수 없다. 따라서 급속도로 부
상하고 있는 중국은 미국의 견제 대상일 수밖에 없으며 이는 대중 강경
노선을 표방하고 있는 부시 행정부에게는 더욱 그렇다. 무엇보다 부시의
외교정책은 미-일 동맹과 한-미 동맹을 주축으로 동아시아 안보 구도를
구축하는 한편, 중국과의 관계 규정을 클린턴 시대의 '전략적 동반자 관
계(strategic partnership)'에서 '전략적 경쟁 관계(strategic competition)'로 수정
하면서 동아시아에서 중국과의 갈등 수위를 높여가고 있다. 즉 부시 행정
부의 대중 정책은 기본적으로 포용적이기는 하나 클린턴 집권기와 비교
할 때 중국 봉쇄의 수위를 높이고 있다.

부시 행정부와 클린턴 행정부의 동아시아 전략의 차이는 이 지역 내
중국의 지위에 대한 평가의 차이 때문이라 해도 과언이 아니다.[19] 클린
턴 행정부는 중국을 세계적 강대국으로 인식하고 미중 간의 협력관계를
바탕으로 한 동아시아 전략을 폈다. 반면 부시 행정부는 중국을 세계적
강대국이라기보다는 지역 강대국으로 인식하고 있다. 특히 부시 행정부
는 중국을 그 지역적 입지를 확장하려는 부상 세력으로 파악하기 때문에
이 지역의 현상 유지를 위협하고 있는 중국의 팽창을 억제하는 데 초점
을 두고 있다. 부시 행정부의 현실적이고 일방적인 외교정책이 추진됨에
따라 21세기 국제 관계의 중심축으로 간주되고 있는 미중 관계가 갈등의
중심에 놓이게 되었다. 또한 이에 따라 정치적 갈등과 경제적 협력이라는
미중 간의 이중구도는 더욱 첨예화되었다.[20]

2) 부시 행정부 시기 중국의 대미 정책 전반 기조

이러한 미국의 대중 정책들에 대해 중국의 대미 정책은 중국 내부의

---

19) Doo-Bok Park (2001), pp.51-52.
20) 강준영, "미국 부시 행정부 출범 이후의 중, 미 관계: 정찰기 충돌 사건을 중
   심으로," 『국제 지역연구』 제5권 제2호 (2001년 여름), p.168.

정치 상황을 반영하면서 상대적으로 보다 일관적이고 안정적인 성격을 보여 왔다.21) 중국인민회의(the Chinese People's Assembly) 제15차 총회에 뒤이어 중국은 장쩌민 주석과 그의 잠재적 경쟁자들 간의 권력 분배에 대한 당내 불화를 최소화하고 장쩌민의 주요 균형자로서의 입지를 강화하는 대타협을 실현하였다. 중국 지도부의 안정적 구조는 중국인들 사이에 민족주의(애국심)를 고취시켰고 반미 감정 조장의 필요성은 감소하였다.22) 게다가 군부에 대한 장쩌민의 권위가 가시적으로 제도화되면서 미국에 대해 강경노선을 유지해 왔던 중국 군부의 중국 외교정책에 대한 영향력이 감소하면서 중국의 대미 정책은 유연성을 확보하게 되었으며 보다 넓은 범주 내 정책 선택이 가능해지게 되었다. 이로써 대미 정책은 중국 외교정책의 중심에 위치하면서 중국은 미국과의 효과적인 관계 발전을 위한 정치적 안정을 확보하게 되었다.23)

이에 중국 정부는 부시 정부의 강경 자세가 실질 정책으로 현실화되지 않도록 다양한 노력을 적극적으로 펼치고 있다. 중국 정부는 부시 정부와의 정면 대결을 피하면서 부시 정부의 강경노선을 완화할 수 있는 우호적 환경 마련에 부심하고 있다. 미국의 부정적 태도를 완화하려는 중국의 이러한 노력들 중 가장 대표적인 것이 대만에 대한 강경 입장의 완화이다. 중국은 '하나의 중국'과 '한 국가, 두 체제' 원칙에 대해 기존의 전통적 입장에서 벗어나 보다 실용적이고 유연한 입장을 보이기 시작했다.24)

---

21) Doo-Bok Park (2001), p.56.

22) Doo-Bok Park (2001), p.56.

23) Doo-Bok Park, "Prospects of Domestic and External Situations of China after the 15th Central Committee Meeting of the CCP and Countermeasures of Korea," *Policy Study Series*, 97~8 (The Institute of Foreign Affairs and National Security). p.31.

24) '하나의 중국' 원칙에 대해 중국 정부는 중국과 대만이 공히 하나의 중국에 속함을 강조하면서 중국과 대만이 국가적으로 대등함을 사실상 인정하고 있다. 또 중국은 대만이 중국의 일부라는 것보다 하나의 중국 속에 중국과 대만의 공존을 강조하면서 유연한 입장을 보이고 있다. 중국은 이러한 입장과 함께 대만과의 협상에 노력하고 있다. Doo-Bok Park (2001), pp.57-58.

이러한 노력들을 통해 중국은 미국에게 미중 관계가 상호간에 얼마나 중
요한가를 거듭 주지시키면서, 실용적이고 합리적인 시각을 통해 상호간
의 협력을 도모해야 함을 촉구하고 있다.

한편 이러한 중국 내부적 상황과는 별도로 중국 내에서는 미국의 대중
강경 자세에도 불구하고 미중 관계의 발전에 대한 낙관론이 지배적이다.
이러한 낙관론25)의 근거로는, 첫째, '공통 이익의 존재', 즉 강대하고 안정
된 중국은 미국의 이익에 합치한다는 점, 둘째, 중국을 국제사회에 끌어들
인다는 점, 셋째, 미국이 용인할 수 없는 문제가 있으면, 강경한 조치를
취한다는 3가지 점이 있다. 또 미국은 지역대국인 중국과 한반도를 포함
한 아시아·태평양 지역의 평화와 안정에서 이익을 공유할 뿐 아니라, 대
량살상무기의 확산 방지에서도 중국의 협력이 필요하다. 또한 중국은 성
장이 뚜렷한 거대시장이며 경제적 공통이익의 크기는 말할 필요도 없다.

중국은 부시 행정부에 대한 이러한 낙관론의 근거를 또한 그동안의 미
중 관계의 역사에서 찾고 있다. 지난 클린턴 행정부 시기의 미중 관계를
돌아보건대 클린턴 시대의 미중 관계는 심한 기복의 연속이었지만, 관계
악화 시마다 항상 복귀의 힘이 작용했다. 수많은 우여곡절을 거쳐 형성된
'미중 관계 발전의 흐름'은 역전되지 않는다는 중국 측의 확신은 이제 동
요하지 않는 것처럼 보이며 이는 부시 정권의 대중국 정책을 낙관하는
근거로 작용해 왔다. 또한 현 부시 대통령이 과거 중국과 친밀한 관계를
유지한 아버지 부시의 아들이란 점도 낙관론의 근거가 되었다. 부시 행정
부의 대중 정책에 대해 전체적으로 중국은 '지켜본다'는 입장을 견지해
왔으며, 대미 정책에 대한 중국의 기본 입장은 협조이다.

3) 미중 간 협력 관계 및 교류 발전

현재 미국의 부시 행정부가 규정하고 있는 전략적 경쟁관계가 중국과
의 경쟁적 부분을 강조하고 있는 것은 사실이다. 그러나 전략적 경쟁관계

---

25) Doo-Bok Park (2001), p.72.

가 모든 분야에서 경쟁을 하자는 의미는 아니다. 즉 전략적 경쟁관계는 주요 부분에서는 경쟁관계를 강조하고 있지만, 냉전시대의 전략적 적대관계와는 달리, 제한적이지만 특정 부분, 예를 들어 하위안보(low security)분야나 심지어는 부분적으로 상위안보(high security)분야에 한해서는 협력관계를 유지하는 내용을 포함하고 있다.26)

향후 미중 전략적 경쟁관계의 구도가 협력을 강조하는 방향으로 전개될 것이라는 논거의 중심에는 미중 양국이 서로간의 안보, 전략적 인식 차이에도 불구하고 상호간의 번영과 안정을 위한 경제적 필요성이 있기 때문이며, 특히 냉전의 종식 이후 심화되어 온 경제적 상호의존 현상이 경제분야에서의 미중 협력을 더욱 가속화시키고 있기 때문이다. 냉전의 종식과 천안문사태 이후 미중 관계가 대립과 화해를 거듭해 왔음에도 불구하고 1990년대의 10년 동안 미국에 대한 중국의 경제적 의존도가 지속적으로 또 큰 폭으로 증가해 왔다는 점을 상기해 볼 때, 현재의 전략적 경쟁관계 구도 속에서도 미중 협력관계가 지속적으로 발전할 것이라는 예측은 설득력을 가질 수 있다.27)

비록 미국의 대중국 무역적자는 늘어만 가고 있지만, <표 5>에서 나타나듯 1999년에 이미 중국과 미국은 서로에게 중요한 무역 파트너이다. 특히 미국은 자국이 중국에 대해 비교우위를 가지고 있는 통신, 유통, 금융 부문에서 거대한 경제적 이익을 보장해 줄 수 있는 잠재력을 가진 13억 인구의 중국시장을 필요로 해왔고, 중국은 지속적인 경제성장을 위해 미국의 자본, 기술 그리고 시장을 필요로 하는 것이 사실이다.28) 중국의 입장에서 볼 때, 정통성이 약한 중국공산당이 정권을 계속 유지하기 위해서

---

26) David Shambaugh, "Sino-American Strategic Relations: From Partners to Competitors," p.100; David Shambaugh, "The Inescapable Ambiguity: China and the US Share a Network of Cooperation and Competition," *Asiaweek* (April 20, 2001).

27) 한석희, "부시의 대중정책 변화와 미중 관계: 전략적 경쟁관계를 중심으로," 『동서연구』 제13권 제1호 (연세대학교 동서문제연구원, 2001), p.105.

28) 한석희 (2001), p.105.

〈표 5〉 미국과 중국은 서로 최대의 무역 파트너

중국(단위: 10억) 1999년	
1. 일본	$ 66.2
2. 미국	61.4
3. 홍콩	43.8
4. 한국	25.0
미국(단위: 10억) 1999년	
1. 캐나다	$ 362.2
2. 멕시코	196.6
3. 일본	188.9
4. 중국	94.9

출처: Fareed Zakaria, "After the Showdown,"『뉴스위크 한글판』통권 475호 (2001. 4. 18.), p.24

는 고속의 경제성장과 낮은 실업률을 유지하는 것이 필수적이고, 이는 미국과의 긴밀한 경제협력을 통해서만 이루어질 수 있다. 중국은 미국의 거대한 시장일 뿐 아니라 미국으로부터의 자본과 기술에 상당 부분 의존하기 때문에 미국과 중국 간의 원만한 교류와 경제 협력은 특히 중국의 지속적인 경제발전과 정권 유지를 위해 필수적이라 볼 수 있다.

미중 간 협력의 요소는 사회, 문화 방면에서도 지속되고 있다.[29] 1979년 미중 관계 정상화 이후 20여 년간 구축되어 온 양국 간의 문화, 사회, 과학 분야의 교류는 안보, 전략적 경쟁 관계에도 불구하고 상당한 지속성을 가지고 있으며 이는 양국 간의 대립과 갈등을 완화시키는 역할을 해왔다. 기술, 과학, 환경 보호, 에너지원에 관한 영역에서의 미중 간 협력

---

29) 한석희 (2001), p.106.

은 1998년에도 꾸준히 지속되었다. 양국 간의 스포츠, 문화 방면의 교류
도 서로간의 이해를 증진시키는데 긍정적인 역할을 하고 있다. 특히 2001
년 7월의 2008년 올림픽의 북경개최 결정은 양국 간의 관계정상화에 상
당한 기여를 할 수 있는 사건으로 간주되고 있다. 또한 양국 간의 다각적
인 비정부 교류는 세계화의 추세와 양국 간의 두터운 네트워크에 의해
형성되어 오고 있으며, 양국 관계에 흔히 일어나는 정치적, 전략적 대립
내지는 경쟁을 완화시켜 줄 수 있는 강력한 완충지대 역할을 하고 있다.

2. 게임의 성격 및 규칙: 미중 간의 2인 게임

2001년 4월 1일에 일어난 미중 간의 항공기 충돌 사건과 이를 둘러싼
양국 간의 갈등은 부시 행정부가 공언했던 미중 전략적 경쟁관계를 현실
적으로 실험해 보는 계기가 되었다. 이는 부시 행정부의 대중 강경노선
표방이라는 환경 속에서 일어난 사건인 동시에 사건 발생 장소가 미중
양국 간에 이해관계가 상충되는 남중국해 지역이었다는 점에서 1999년
5월 7일 발생한 나토의 중국대사관 오폭 사건보다 사건의 게임 환경상
갈등의 심각성이 더했다고 판단된다. 이 사건(게임) 또한 미국과 중국 간
의 2인 게임이며 게임의 성격은 논 제로섬 게임(Non zero-sum game)으로
볼 수 있다. 이 사건으로 인한 미중 간 갈등 양상은 대칭 게임인 비겁자
게임의 양상을 보이고 있다.

3. 사건(게임)의 전개

2001년 4월 1일 8시 45분에 미국 해군 소속 EP-3 정찰기가 영공을 침
범하였다. 그 위치는 하이난다오(海南島)에서 남동쪽으로 104km 떨어진
지점(미국은 112km 떨어진 곳이라고 주장)이었다. 이를 중국 영공에서 쫓아
내려던 중국 F8 전투기들과 미 정찰 기간에 서로 큰 피해를 입는 충돌이
일어났고, 미 정찰기는 서둘러 가장 가까운 비행장인 하이난다오 링수이

공군기지로 비상 착륙을 했다.

사고 소식은 즉각 중국 베이징과 미국 워싱턴에 전해졌다. 장쩌민 중국 국가주석은 사고대책본부를 즉시 만들도록 지시했고, 외교부와 국방부를 중심으로 태스크포스(task-force)팀이 마련되었다. 당시 일요일을 맞아 휴식 중이던 조지 부시 미국 대통령도 비보를 받았다. 콜린 파월 국무장관, 콘돌리자 라이스 외교안보보좌관 등 핵심 브레인이 대책 마련에 들어갔다. 결론은 사고가 일어난 해역은 중국 측 주장대로 '중국 영해'가 아닌 '공해'상이며 미군 정찰기가 억울하게 누명을 썼다는 것이었다. 부시 대통령은 4월 2일 기자회견을 열어 즉각 석방을 요구하는 성명을 강도 높게 발표했다.

그러나 사태의 열쇠는 애당초 중국이 쥐고 있었다. 24명의 승무원과 최신예 정찰기라는 '호박'을 손에 쥔 중국이 열심히 뛸 이유는 전혀 없었다.[30] 장쩌민 주석은 실종 조종사를 찾는 것이 최우선 과제이며 모든 책임은 미국에 있다고 강하게 몰아붙였다. 그는 "미국은 이 사건에 대해 중국에 사과하고 모든 책임을 져야 한다"라고 요구하면서 중국 해안에 대한 정찰비행을 중단하라고 촉구하였다.[31]

미국은 어쩔 수 없이 양보를 해야 했다. 부시 팀은 공개적으로 머리를 조아리지 않으면서도 중국이 원하는 대로 중국의 체면을 세워주는 방안을 모색해야 했다.[32] 미국은 서둘러 꼬리를 내렸다. 부시 행정부에서 대

---

30) 중국측 주장에 의하면, 중국은 피해국이며 사건 발생지이고 가해한 혐의 비행기의 비상 착륙국가였다. 따라서 중국 정부는 국내법에 따라 사고를 야기한 미 정찰기를 조사할 권리를 가지고 있었으며, 조사를 위해 충분한 시간이 필요했다. 더욱이 미 정찰기는 민간 항공기가 아니라 군용 정찰기로 불법적으로 중국의 영토에 침입해 국제법과 중국 국내법을 위반한 만큼 중국의 주권과 영공에 심각한 위협을 조성했다. 그러므로 미 정찰기는 불법적으로 중국에 들어 왔으므로, 면책특권을 누릴 수 없었다. 김규환, "영공, 주권침해 사과부터 하라,"『뉴스피플』제464호 (2001. 4. 19.), p.38.
31) 김규환 (2001), p.24.
32) 김규환 (2001), p.24.

표적 온건파인 파월 국무장관이 4월 4일 양제츠 주미 중국대사를 부른 자리에서 이번 사태에 대해 유감 표명을 했으며, 하루 뒤인 4월 5일에는 부시 대통령이 나서 "중국인 조종사의 희생에 대한 유감을 표명하고 유가족들에게 기도를 보낸다"[33]라고 말했다.

이 사건은 사건 11일 만에 해결국면으로 접어들었다. 미국 측은 중국이 주장하는 '사과'를 '매우 미안(very sorry)'하다는 용어로 대신하면서 이 내용의 서한[34]을 4월 10일 중국 측에 전달하였다. 그리고 중국은 4월 11일 미국의 유감표명을 받아들여 하이난 섬에 비상 착륙한 EP3 정찰기 승무원 24명을 12일 송환했다. 중국 지도부는 그것이 진정한 사과가 아니라는 것을 알고 있었지만, 어쨌든 이는 중국 측이 제시한 눈높이에 부응하는 일이었으며, 중국의 정부기관지 베이징 모닝 포스트는 미국이 마침내 사과했다고 대서특필하기도 했다.[35] 이후 미국과 중국은 4월 18일부터 기체송환과 책임 규명 등에 관한 치열한 논의를 가졌고, 결국 중국 측이 기체를 분해하여 송환함으로써 사건은 마무리되었다.

4. 미중 간의 비겁자 게임

위 사건에서 나타난 미중 간 갈등 양상은 대칭 게임인 비겁자 게임의 양상을 보였다. 이를 보다 자세히 분석하면서 어떻게 갈등이 관리되었는가를 살펴보겠다.

---

33) 김규환 (2001), p.25.
34) 리처드 아미티지 국무 부장관과 조지프 프루어 중국주재 대사는 소위 '미안 미안해 편지'로 알려진 서한을 작성했다. 여기서 "미국은 중국 조종사가 숨진 데 대해 매우 미안하며(very sorry), 미국 정찰기가 사전허가 없이 중국 영공에 진입한 데 대해 매우 미안하다(very sorry)"는 유감표명을 했다. Evan Thomas and John Barry, "The Conflict to Come," 『뉴스위크』 한국판 제11권 제17호 (통권 476호) (2001. 4. 25.), p.28.
35) 배연해, "꼬인 미·중, 원·원 전략 마련 고심," 『주간한국』 1868호 (2001. 4. 26.), p.28.

남중국해는 미국과 중국 모두에게 전략적 요충지였다. 중국은 남중국해에서 미국의 영향력을 감소시키고자 하였고, 중국과 영유권 분쟁을 빚고 있는 이 지역 많은 국가들은 미국이 이 지역 내 중국의 영향력을 최소화해 주기를 바라고 있었다. 또 미국 역시 해상로 확보 차원에서 이곳을 중국에 내 줄 수 없다는 입장을 보였기에 이번 충돌 사건은 불가피성을 내포하고 있었다.36) 실제로 수년간 하이난 섬 인근 해역은 미중 양국의 소리 없는 전쟁터였다. 중국의 남중국해 진출을 감시하려는 미 첩보 정찰기와 이를 축출하려는 중국 전투기 사이에 신경전이 계속되고 있었던 것이다.

이러한 배경 속에 사건이 터지자 사고 직후 미국과 중국이 보인 초기 자세는 강경 대응이었다. 미국은 영공침해 사실이 없다며 강력하게 혐의를 부인했고 이에 중국은 피해국임을 내세워 거듭 미국의 사과를 요구하며 서로 한치의 양보도 없이 맞섰다. 여기에는 이번 협상에서 밀리면 앞으로 상대방에게 끌려 다닐 수밖에 없다는 계산이 작용했다. 양측은 사태가 통제불능으로 치달을지 모른다는 인식을 가졌고 필사적으로 자국의 체면을 세우려 했으며, 외교관들도 성명 문구를 분석하고 케케묵은 조약까지 들먹여야 했다. 흡사 냉전시대로 회귀한 것 같았다.

중국과 미국은 처음엔 이처럼 자신들의 권리를 강경하게 주장했지만, 상황이 수습 불능으로 치달을지 모른다는 생각이 들면서 양측은 비난 강도를 낮추기 시작했다.37) 당초 어떤 형태의 사과도 거부하던 미국이 곧 '유감' 표명 용의를 밝혔고, 중국도 처음엔 공식 사과를 요구했지만, 이틀 뒤엔 장쩌민 국가주석이 자신의 요구는 간단한 사과에 더 가깝다고 설명했다. 이 같은 태도 변화와 함께 수차례에 걸친 외교접촉을 통해 긴장은 완화되었다.

사건 발생 직후 중국과 서로 강경한 자세로 맞서던 미국은 사건의 심

---

36) 강준영 (2001), p.170.
37) Fareed Zakaria, "After the Showdown,"『뉴스위크』한국판 통권 475호 (2001.
　　4. 18.), p.18.

각성을 깨닫게 되면서 억류된 승무원 송환과 기체 반환을 위해 중국에게 매우 미안(very sorry)하다는 서안을 보내는 등 타협을 위한 저자세를 취했다.[38] 예상과는 달리 정찰기 승무원들이 며칠 내로 송환되지 않자 부시 대통령은 초기의 비난공세를 완화하고 조용한 외교적 해법을 모색하게 된 것이었다. 어떻게 하면 물렁하게 보이지도 않고 사납게 보이지도 않으면서 대만의 안보를 유지하고 미국 기업들의 원활한 대중국 무역을 보장할 것인가 하는 것[39]이 미국이 당면한 이 사건이 내포하는 또 하나의 문제였다. 또한 미국은 그 상대가 자국의 MD에 반대하고 있는 부상하는 중국이라는 점을 염두에 두지 않을 수 없었다.

이에 대해 중국도 계속 권리를 주장하며 고압적 자세를 취하는 대신 매우 유연한 자세를 취하며 승무원 송환을 순조롭게 이행했다. 정찰기 기체는 차치하고라도 미국이 우선순위를 두는 자국민 보호사항과 관련, 미군 승무원 송환이 늦어지거나 불미스런 사고로 피해가 날 경우 사태는 걷잡을 수 없이 악화될 것이고, 중국도 이를 원하지 않았기에 송환이 늦

---

38) 미국은 체면을 지키면서도 중국을 만족시키는 사과를 하기 위해 고심했다. 중국에서 사과행위는 중요할 뿐만 아니라 복잡하기도 하다. 방법과 태도, 그리고 사과하는 사람의 지위와 신분이 모두 중요하다. 또 중국어에서는 '미안하다(I am sorry)'는 말과 '사과하다(I apologize)'는 말이 다르다. 그러나 영어의 I am sorry는 두 가지로 다 번역될 수 있다. 따라서 이론상으로는 영어로 '미안하다'고 말하면서도 중국어로는 '사과한다'로 번역할 수 있다. Evan Thomas and Melinda Liu, "A Crash in the Clouds," 『뉴스위크』 한국판 통권 475호 (2001. 4. 18.), p.26.

39) 중국에 막대한 이해가 있는 미국 재계는 외교 위기의 불똥이 자신들에게 튈까 우려했다. 미국 대기업들은 오래 전부터 12억 명이 넘는 인구를 가진 중국 시장을 자본주의의 새 개척지로 여기며 엄청난 투자를 해왔다. 중국이 막 세계무역기구(WTO) 가입을 위해 무역장벽을 낮추려는 찰나 미국 의회 강경파가 제재설을 들먹이면서 그 모든 것이 수포로 돌아갈 위기에 처한 것이었다. 이처럼 이해관계가 크기 때문에 재계 로비스트들은 중미 간 관계조율을 위해 인맥을 총동원했으며 미국기업인들은 중국과의 우호관계가 미국의 국익에 도움이 된다고 주장했다. Keith Naughton, "Fallout for the Bottom Line," 『뉴스위크』 한국판 통권 475호 (2001. 4. 18.), p.27.

어질수록 양측은 도움될 것이 없었다.[40] 그리고 중국으로서는 이 사건을 원만하게 해결해야 하는 다른 이유들이 있었다.[41]

우선 중국은 2000년 미국에게서 항구적정상무역관계(PNTR) 협정을 맺었다. 이 협정은 세계무역기구(WTO) 가입을 전제로 한 것이며 미국의 입김이 없이는 불가능한 것이었다. 또한 PNTR 협정을 맺었지만 2001년까지는 미 의회에서 최혜국 대우(MFN)를 연장 받아야 했다. 만일 중국이 MFN 연장을 받지 못할 경우 중국은 2001년 대미 수출에 최고 30% 오른 막대한 관세를 물어야 했다. 이 경우 경제적인 타격은 극심할 수밖에 없었다.

미국 의회는 또 2001년에 대만에게 이지스 구축함 판매 등 첨단무기 판매를 결정하도록 되어 있었다. 부시 대통령은 4월말로 예정된 미, 대만 연례 군수회의에서 대만이 요청한 10억 달러 규모의 최첨단 군사 장비를 팔 것인지를 결정해야 했다.[42] 양안관계는 중국으로서도 여간 골치 아픈 문제가 아니었으며, 만일 미국이 이 사건을 빌미로 대만에 이지스 구축함을 포함한 첨단무기를 대량 판매할 경우 중국은 국방력 측면에서 적지 않은 타격을 받게 되어 있었다.

게다가 중국은 오는 2008년 올림픽을 베이징에서 유치하려는 계획과 관련, 미 의회가 이를 보이콧하는 방안을 논의하는 것 역시 달갑지 않게 여겼다. 1990년 아시안게임을 유치했던 중국으로서는 증가한 경제여력을 과시하고 체제안정에 절대적으로 기여할 올림픽 유치가 큰 관심사일 수밖에 없었고 이에는 미국의 의중이 적지 않은 영향을 미칠 것이 분명했다.

이에 더하여 미국 재계의 이익을 대변하는 영향력 있는 제3자들이 보내온 신호 또한 크게 작용했다.[43] 헨리 키신저는 인질상황에 대한 미국

---

40) 최철호, "아시아의 걸림돌 – 충돌은 손해,"『뉴스피플』제464호 (2001. 4. 19), p.41.

41) 최철호 (2001), p.41.

42) 홍인표, "미국의 오만, 중국 앞에서 멈칫,"『뉴스메이커』419호 (2001. 4. 19), p.73.

43) Thomas & Barry (2001), p.28.

인들의 분노가 폭발하면 연간 1,160억 달러에 이르는 양국 교역이 위협받을 수 있다고 경고했다. 또한 남중국해 영유권 문제가 돌출되는 것도 중국에게는 부담이었다.[44] 중국의 남중국해 진출 활동이 국제적 관심을 불러일으킬 경우 주변국의 경계심만 키울 수 있었기 때문이었다.

여기에는 중국 내부적 요인도 작용하였다. 중국 정부는 특히 반미 감정의 분출을 우려했다. 중국 지도자들은 공산주의 이념의 붕괴에 집중되는 국민의 관심을 다른 곳으로 돌릴 요량으로 극렬한 민족주의를 조장해 왔다. 중국 정부는 1999년 5월에 있던 나토의 유고 주재 중국대사관 피폭 때도 그랬던 것처럼 이번 사건으로 중국 시위 군중이 다시 득세할 것을 우려했다. 반미의 이름으로 벌어지는 시위들이 민주화 운동으로 이어질지 모를 일이었다. 그래서 중국 정부는 하찮은 시위 조짐만 있어도 경찰을 풀어 진압했다. 또 정부가 고용한 웹마스터들은 인터넷을 철저히 감시해 과격시위를 촉발할 만한 채팅을 단속했다.

무엇보다도 여기에는 2002년에 새 지도부를 구성해야 하는 중국 내 권력승계 구도 문제가 얽혀 있었다.[45] 국민 정서에 매우 민감한 중국 당지도부로서는 국민들에게 민족주의가 고취되어 반미 감정이 득세할수록 대미 강경론자들이 지지를 얻게 되어 장쩌민을 위시한 온건파들에게 불리하게 되어 있었다. 장쩌민의 장기적 목표는 부시와 긴밀한 관계를 맺고 미국의 첨단무기가 대만에 수출되는 것을 차단하며 WTO에 가입하고 2008년 올림픽 개최권을 따내는 것이었다. 이를 위해 장주석은 서방과의 관계가 회복불능으로 악화되거나 외교적 긴장이 통제불능의 상황으로 치닫는 것을

---

44) 배연해 (2001), p.45.

45) 중국 내 대대적인 권력 승계가 임박한 것이 사실이다. 중국 지도부 대다수가 퇴임을 앞둔 가운데 그들은 각자 자신의 후계자를 내세우고 있다. 장쩌민 주석은 2002년과 2003년에 각각 중국공산당 총서기직과 국가주석직에서 물러난다. 또 중국의 최고 의사결정기구인 정치국 상무위원회 7인의 상무위원 중 5명이 16차 당대회에서 퇴임할 예정이다. Melinda Liu, "Beijing's Next Big Battle," 『뉴스위크』 한국판 통권 475호 (2001. 4. 18), p.28.

원치 않았다. 위기의 확대는 원만한 후계자 승계에 좋지 않기 때문에 그는 국민들의 반미 시위를 치밀하게 원천 봉쇄하거나 진압해 왔다.[46]

위의 분석을 게임 이론적 관점에서 살펴보겠다. 이 사건의 갈등 양상은 대칭 게임인 비겁자 게임에 해당하며, 미국과 중국 모두 서로에 대한 비겁자 게임이 된다. 사건이 발생하자마자 미국과 중국은 서로 책임을 회피하면서 서로에게 고자세를 보였다. 비겁자 게임은 상대방이 협조(순응)하게 만들어야만 자신의 이익이 극대화될 수 있는 배짱 싸움이기 때문에 먼저 공격하는 쪽이 유리한 법이다. 사건 발생 직후 보인 부시 대통령과 장쩌민 주석의 강경 발언은 이 게임에서 기선을 제압하여 상대를 굴복시키려는 전략에 해당한다. 그러나 승무원들이 억류되어 있고 기체가 돌아오지 않은 상황에서 미국과 중국 간 기선 제압 승부는 중국 쪽의 승리로 판가름 나게 되었다.

미국으로서는 만약 중국과의 타협이 결렬되고 중국과 반목하게 될 경우(DD의 경우) 최악의 상황을 맞게 되어 있었다. 승무원들의 송환과 기체 반환은 미국에게 있어서는 절실한 사항이었다. 중국이 비타협적으로 나올 경우 미국은 무작정 서로 반목하며 밀어붙일 수 없었다. 사건의 성격상 미국과 중국 간 반목이라는 DD의 상황으로 사건이 전개되면 양국 모두에게 최악의 결과이지만, 상대적으로 미국 쪽에서 당장 잃는 것이 더 많았다. 이로써 중국은 이 사건에 대한 협상에 있어 보다 유리한 입지를 점하게 된다. 이러한 미중 간의 비겁자 게임을 표로 나타내면 다음과 같다.

이 게임 상에서 중국이 선호하는 배열은 DC > CC > CD > DD이며 미국이 선호하는 배열 역시 DC > CC > CD > DD이다. 미국의 경우 중국이 이 사건에 대한 협상에 있어 보다 유리한 입지를 점하게 된 상황이기에 최악의 DD경우를 피하기 위해 협조 전략을 택할 수밖에 없으며, 그러므로 미국이 협조 전략을 선택할 경우 미국에게 가장 이득이 되는 배열은 미국과 중국이 상호 협조하는 CC상태이다. 중국의 경우 미국이 협조하고

---

46) Liu (2001), p.29.

〈표 6〉 미중 간의 비겁자 게임

B 미국

		협조C	배반D
A 중국	협조C	3(CC), 3(CC) 미국과 중국 둘 다 협력했을 때	2(CD), 4(DC) 중국이 협력하고 미국이 배신하면 중국에게 2, 미국에게 최고 4
	배반D	4(DC), 2(CD) 중국이 배신하고 미국이 협력하면 중국은 이익 극대화 4, 미국에게는 2	1(DD), 1(DD) 둘 다 배신할 경우 미국과 중국 모두에게 최악의 결과

자신이 배신(비협조)하는 경우인 DC가 가장 이득이 된다. 미국의 협조를 알고 있는 상황에서 중국은 충분히 DC를 취할 수도 있겠으나, 결국 중국은 CC전략을 택하기로 결심한다. 이는 현재의 효용 함수에 미래의 효용 함수까지 포함시키는 보상보복(tit-for-tat) 전략에 대한 고려 때문이다. 미국과 중국은 이념과 체제, 역사와 생활방식, 문화, 사고방식 등의 면들에 있어 서로 동떨어진 나라들이지만, 탈냉전기 미국과 중국은 서로를 필요로 하고 있으며 평화롭고 효과적인 공존을 모색해야 하는 상황에 놓여 있다.

즉 중국과 미국은 집단적 합목적성의 고려가 필요한 환경 속에 있으며, 이들은 여러 이슈 영역에서 끊임없이 서로를 상대해야 한다. 상기한 바와 같이 중국은 경제적 이득과 대만에 대한 무기 판매 문제, 올림픽 유치 문제 등의 국내외적 상황과 미래에 대한 이익을 고려해 본 결과, DC배열의 전략 대신 CC(협조)전략을 택하게 된다. 즉, 미중 간의 게임이 앞으로도 반복될 것을 감안하여 오늘 협조한 것에 대해 상대방이 미래에 보상할 것이란 기대 속에 협조 전략을 택하게 되는 것이다. 또 중국은 미국과의 매 게임에 있어서 미국과의 경제적 상호의존 심화와 상호 교류의 발전이라는 상황을 염두에 두지 않을 수 없다. 이로써 미국과 중국은 지속적인 (개별적, 집단적) 합목적성 추구를 위해 공히 서로에게 이득이 되는 상호간 CC(협조)전략을 선택하였고 갈등은 관리되었다.

5. 사건(게임)의 결과

지금까지 논한 미중 간의 항공기 충돌 사건은 미국과 중국이 1979년 수교를 한 이래 최대의 군사적 충돌이라는 의미를 가진다. 이는 미국의 부시 행정부가 출범한 이후 미중 간 갈등에 대한 첫 시험대였고 이를 제대로 문제를 풀지 못할 경우 양국 모두에게 치명적임에 틀림없었다. 특히 이 사건이 미국 내 부시 행정부의 대중 강경노선 표방이라는 국제적 환경 속에서 발생한 만큼, 이 우발적 갈등이 미중 간의 긴장을 더욱 고조시킬 것이라는 우려도 컸다. 그럼에도 불구하고 이 충돌 사고는 미중 간의 견해차를 드러내기는 했으나, 과거에 그랬던 것처럼 양국은 순리적인 해결책과 주도면밀하게 구성된 합의를 이끌어낼 수 있었다. 또 이 갈등이 해결되는 양상은 미국과 중국 양국이 파국을 원하지 않음을 분명히 보여주었다. 미중 문제 전문가들은 이 사건 해결 방안을 단순화해 진단할 경우, 이 사건을 통해 양측의 대화빈도와 수준이 이전보다 높아질 것이라고 진단하면서 이 사건이 악화되었던 미중 관계에 전화위복의 계기가 될 것이라고 말했다.[47]

실제로 이 사건 이후 양국 간의 여러 문제에 있어 줄다리기는 있지만 나름대로 적절한 타협점을 찾아가고 있음을 볼 수 있다.[48] 우선 2001년 4월에는 미국이 유엔 인권위원회에 제출한 중국인권결의안이 표결에 부쳐지지 않았으며, 4월 말에는 큰 논란 속에 있긴 하지만 미국의 대(對)대만 무기판매가 이지스 구축함의 판매를 제외한 예년 수준으로 결정되었

---

47) 최철호 (2001), p.41.
48) 강준영 (2001), pp.172-173.

다. 또 2001년 6월 초에 있었던 미국이 중국에 부여한 '항구적정상무역관계(PNTR)' 연장 문제도 미 의회가 부시 대통령의 입장을 받아들여 연장이 결정되었으며, 7월 13일에는 드디어 중국이 자국 이미지 제고와 북경의 국제 도시화를 위해 거국적으로 추진하고 있는 2008년 하계 올림픽의 북경 개최가 모스크바에서 결정되었다. 게다가 2001년 10월 20-21일 이틀간 중국 상하이에서 개최되는 APEC 정상회의에 부시 대통령이 참석하였으며 2001년 12월 11일을 기점으로 중국이 세계무역기구(WTO) 정식회원국이 되었다. 11월 10일 WTO가 회원국 가입을 공식승인한 데 따른 30일간의 국내비준절차가 마무리됨으로써 중국은 143번째 회원국이 되었다.

그러나 이처럼 미국이 대중국 강경 외교를 완화시켜가는 일련의 과정 속에서도 미국은 천수이볜 대만 총통의 중남미 순방을 위한 미국 경유와 달라이 라마의 미국 방문을 동시에 진행하면서 중국을 자극하였다. 이는 미국의 대중국 정책이 아주 전략적임을 잘 보여주며 대중 인식에 있어 양보할 수 없는 한계를 보여준 것이기도 했다.

V. 결론

지금까지 협상 이론에 근거한 게임모델의 검토와 구체적 사례들의 게임 이론적 분석을 통해 탈냉전기 미국과 중국이 서로의 이익과 공존을 위해 보다 협조적이며 체계적인 갈등(위기) 관리 능력을 구축해 가고 있음을 살펴보았다. 게임 이론적 관점에서 구체적 두 사례를 분석한 본 연구는 보다 단순화된 게임 이론적 시각의 사례 분석이 그 효용성 측면에서 매우 설득력 있음을 발견할 수 있었다. 게임 모델의 경험적 분석은 탈냉전기 미국과 중국의 갈등 관리를 위한 전략적 상호 작용을 보다 체계적이고 면밀히 조명할 수 있게 할 뿐 아니라 보다 적절한 결과의 예측을 가능하게 한다. 또 게임 이론이 가지는 일관성과 간결성의 이점은 본 논문이 제시한 퍼즐을 보다 효과적으로 증명하는데 기여했다고 판단된다.

1999년 5월 7일 발생한 나토의 유고 주재 중국대사관 오폭 사건과 2001년 4월 1일 발생한 미중 항공기 충돌 사건은 둘 다 구조적 안정 속의 우발적 갈등이었다는 점에서 기능적 등가성을 지녔다고 할 수 있겠다. 이 두 사건은 각각 클린턴 행정부와 부시 집권기에 있어 미중 간의 갈등 관리 능력을 시험해 볼 수 있던 대표적 사례들이었다.

중국대사관 피폭 사건은 우여곡절 끝에 성립된 미중 간의 협력 관계를 뒤흔드는 갈등이었다. 이 갈등 상황은 게임 이론적 관점에서는 허풍 게임의 양상을 보였으며 이는 특히 중국으로서는 경쟁적 이득을 추구할 수 있는 상황이었다. 그러나 중국은 주로 내부적 요인으로 인해 미국과의 상호협조 자세로 돌아섰으며 클린턴이 공표한 미중 간의 전략적 동반자 관계가 위협받지 않게 사건이 해결되고 갈등은 관리되었다.

미중 항공기 충돌 사건은 그 게임 환경적 측면에서 미중 간의 긴장이 고조된 상황 속에서 일어났다. 게임 환경상으로는 정치적 갈등이 심화되는 상황 속에 일어난 사건이었지만, 미국과 중국은 신속하고 구조화된, 높은 수준의 갈등관리 능력을 보여준 것으로 평가된다. 사건의 해결에는 미중 간의 경제적 상호의존의 심화와 상호 교류의 발전에 대한 고려와 여러 다른 이슈들에 있어 미국의 협조를 필요로 하는 중국의 미래에 대한 계산이 크게 작용하였다.

사건이 일어난 배경, 곧 게임 환경과 사건의 결과간의 고려를 통해서도 미중 간 갈등 관리 능력의 향상을 파악할 수 있지만, 각 사건, 곧 각 게임의 전개 양상과 미국과 중국의 전략 선택을 분석해 봄으로써 양국이 협력적 이득을 보다 추구하는 모습을 보이고 있음을 관찰할 수 있다. 즉 위 두 사례에서 보이는 게임의 양상은 각각 허풍 게임과 비겁자 게임이었다. 게임 참가자가 그 협상 게임으로부터 어떻게 자신의 이익을 추구할 것인가를 결정하는 것으로부터 게임의 구조가 형성되므로 허풍 게임보다는 비겁자 게임에서 참가자들은 협력이득을 보다 추구함을 알 수 있다. 또한 비대칭 게임인 허풍 게임에서 대칭 게임인 비겁자 게임으로의 전환은 참가자 간 협력 의지와 상호성 인식의 증대를 의미한다고 볼 수 있겠다. 특히 두 번째 사례의 비겁자 게임에서 중국이 보인 협력 전략 선택을 통해서 중국이 미래의 효용까지 고려하는 협조를 위한 최고 전략인 보상 보복 전략을 염두에 두고 있음을 파악할 수 있다. 중국의 이러한 보상 전략의 채택은 미중 간에 평화적 공존과 실리를 위한 상호협력 체제 구축의 반증이자 그에 대한 노력이라고 판단된다.

이에 대한 청신호로 2001년 10월 상해에서 개최된 APEC 정상회의 당시 양국 정상은 공개적으로 새로운 관계조성을 위해 노력할 것을 약속했다. 중국의 장쩌민 국가주석은 "중국은 미국과 건설적이고 협력적인 관계를 구축하기 위해 노력할 준비가 기꺼이 되어 있다"고 언급했으며, 부시 대통령은 "미국은 중국과 솔직하고 건설적인 협력관계를 지속적으로 추구할 것"이라고 화답했다. 그러므로 부시 대통령이 양국 간 공통 이익 및 갈등에 대한 기대심리를 적절히 억제하여 양국 간 관계를 동반자 또는 경쟁국 관계로 지극히 단순화시키는 우를 범하지 않을 경우, 향후 더욱 성숙한 대중국 정책을 추진할 수 있는 토대의 구축이 가능할 것으로 보이며,[49] 이를 통해 미중 관계는 상호 협조를 위한 방향으로 보다 발전해 나갈 수 있을 것이다.

---

49) 애버리 골드스타인, "미국의 중국 정책 변화 전망," 『극동문제』 1월호 (극동 문제연구소, 2002), p.126.

색 인

세계화시대 동아시아의 민족주의와 민주주의

인 쇄: 2006년 8월 23일
발 행: 2006년 8월 28일

엮은이: 서진영·김인성
발행인: 부성옥
발행처: 도서출판 오름
등록번호: 제2-1548호(1993. 5. 11)

서울특별시 서초구 서초동 1420-6 통일시대연구소빌딩 301호
전화: (02) 585-9122, 9123 / 팩스: (02) 584-7952
E-mail: oruem@oruem.co.kr
URL: http://www.oruem.co.kr

ISBN 89-7778-267-8   93340   정가 18,000원

* 잘못된 책은 교환해 드립니다.